Karl Morasch
Florian Bartholomae

W0049312

Internationale Wirtschaft

Handel und Wettbewerb auf
globalen Märkten

UVK Verlagsgesellschaft mbH · Konstanz
mit UVK/Lucius · München

WISU-Texte sind die Lehrbuchreihe
der Zeitschrift WISU – DAS WIRTSCHAFTSSTUDIUM
(www.wisu.de)

Prof. Dr. Karl Morasch lehrt und Florian Bartholomae promoviert an der Universität
der Bundeswehr München.

Bibliografische Information der Deutschen Nationalbibliothek
Die Deutsche Nationalbibliothek verzeichnet diese Publikation in der
Deutschen Nationalbibliografie; detaillierte bibliografische Daten sind
im Internet über http://dnb.ddb.de abrufbar.

ISBN 978-3-8252-8475-6

Das Werk einschließlich aller seiner Teile ist urheberrechtlich geschützt.
Jede Verwertung außerhalb der engen Grenzen des Urheberrechtsgesetzes
ist ohne Zustimmung des Verlages unzulässig und strafbar. Das gilt insbesondere
für Vervielfältigungen, Übersetzungen, Mikroverfilmungen und
die Einspeicherung und Verarbeitung in elektronischen Systemen.

© UVK Verlagsgesellschaft mbH, Konstanz und München 2011

Einbandgestaltung: Atelier Reichert, Stuttgart
Einbandmotiv: istockphoto.com, Hanquan Chen
Druck und Bindung: fgb · freiburger graphische betriebe, Freiburg

UVK Verlagsgesellschaft mbH
Schützenstr. 24 · 78462 Konstanz
Tel. 07531-9053-0 · Fax 07531-9053-98
www.uvk.de

Inhaltsübersicht

Inhaltsverzeichnis

Web-Service: http://www.uvk-lucius.de/morasch-bartholomae

Vorwort: Motivation und Überblick

Es existiert eine Vielzahl guter Lehrbücher zum Bereich internationale Wirtschaft. Warum also noch ein Buch zu diesem Thema? Warum sollten Sie als Studierende sich gerade für unser Lehrbuch entscheiden? Was spricht für Sie als Dozent oder Dozentin dafür, diesen Text als Grundlage für Ihre Veranstaltung zu wählen oder es den Studierenden zur Lektüre empfehlen?

Eine zentrale Motivation war für uns die Orientierung an einem nicht rein volkswirtschaftlich orientierten **Leserkreis**: Unser Buch wendet sich nicht nur an Volkswirte, sondern insbesondere auch an Studierende der Betriebswirtschaft in Bachelor, Master und MBA-Studiengängen, für die Kenntnisse über Handel und Wettbewerb auf globalen Märkten sehr wichtig sind.

Vor diesem Hintergrund stellen wir den Zusammenhang zwischen Wettbewerbssituation und Außenhandel sowie die Unternehmen als zentrale Akteure im Außenhandel stärker in den Fokus der Analyse. Damit wird auch die enge Beziehung zwischen der volkswirtschaftlichen Analyse internationaler Wirtschaftsbeziehungen und dem betriebswirtschaftlichen Thema des internationalen Managements verdeutlicht.

Die Orientierung an diesem erweiterten Leserkreis bedingt eine im Vergleich zu rein volkswirtschaftlichen Texten weniger formale Darstellung mit vielen Graphiken und Anwendungsbeispielen. Um den Gesamtumfang des Buches in Grenzen zu halten, steht der Erweiterung der Analyse auf Wettbewerbsaspekte und die Unternehmensperspektive eine thematische Beschränkung gegenüber: Wir konzentrieren uns auf die realwirtschaftliche Analyse des Außenhandels und die Handelspolitik und verzichten auf eine Behandlung der Aspekte Währung und internationale Makroökonomik.

Warum haben wir bei einem Lehrbuch zur realen Außenwirtschaft den Aspekt „**Wettbewerb**" durch die Berücksichtigung im Titel besonders betont? Dies liegt darin begründet, dass sowohl die Erklärung der Handelsstruktur als auch die Gründe für die Vorteilhaftigkeit des Außenhandels sich in Abhängigkeit von der Wettbewerbssituation grundlegend unterscheiden:

- In den klassischen Modellen zur Erklärung des Handels und zur Analyse der Handelspolitik wird vollkommener Wettbewerb unterstellt, also eine Situation mit einer Vielzahl von Wettbewerbern, die ein homogenes Produkt mit konstanten Skalenerträgen herstellen. Unter diesen für die meisten Märkte eher unrealistischen Voraussetzungen wird Handel durch Unterschiede der Länder und daraus resultierende komparative Kostenvorteile bei der Herstellung bestimmter Güter erklärt. Handelspolitische Interventionen führen in diesem Modellrahmen grundsätzlich zu einer Verringerung der Wohlfahrt, es sei denn, ein großes Land verfügt als Ganzes über Marktmacht auf den Weltmärkten. Wird realistischerweise von Mehr-Faktoren-Modellen ausgegangen, so führen Handel und Handelspolitik zu ausgeprägten Verteilungseffekten.

- Werden die Annahmen homogener Produkte und konstanter Skalenerträge aufgehoben, so befinden wir uns in einer Situation mit monopolistischer Konkurrenz. Unter diesen Umständen ist die Aufnahme von Außenhandel auch zwischen vollkommen identischen Volkswirtschaften vorteilhaft, da der größere Absatzmarkt den Zielkonflikt zwischen Realisierung von Skalenerträgen und Gewährleistung einer möglichst großen Produktvielfalt abschwächt. Solange die Volkswirtschaften sich sehr ähnlich sind, treten hier bei Aufnahme von Handel kaum Verteilungseffekte auf.

- Sind Skalenerträge sehr ausgeprägt oder beschränken andere Formen von Markteintrittsbarrieren die Anzahl der Wettbewerber in einem Markt, so stellen die in solchen Märkten realisierbaren (Monopol-)Renten einerseits einen zusätzlichen Anreiz für die Aufnahme von Außenhandel dar und andererseits können durch Handelspolitik Renten ins Inland umgelenkt werden, womit die inländische Wohlfahrt prinzipiell erhöht wird.

Wie haben wir den **Unternehmensblickwinkel** in unserem Lehrbuch konkret berücksichtigt? Wichtig ist dabei zunächst der Ausgangspunkt: Trotz der stärkeren Betonung des Unternehmensaspekts handelt es sich von der Methodik her um ein volkswirtschaftliches Buch, das auf dem aktuellen Stand der realen Außenwirtschaftstheorie argumentiert. Wir behandeln jedoch zum einen die aus Unternehmenssicht besonders interessanten Themen wie ausländische Direktinvestitionen oder Oligopolwettbewerb in globalen Märkten besonders ausführlich. Zum anderen betrachten wir die Ergebnisse der volkswirtschaftlichen Analyse immer wieder aus dem Unternehmensblickwinkel, dem der abschließende fünfte Teil zudem explizit gewidmet ist.

Damit Sie das Buch möglichst gewinnbringend nutzen können, möchten wir nun kurz den **Aufbau** erläutern. Da die einzelnen Teile des Buches aufeinander aufbauen, sollten sie grundsätzlich auch in dieser Reihenfolge behandelt werden. Wir weisen jedoch auf einige volkswirtschaftlich anspruchsvollere Kapitel bzw. Abschnitte hin, die gegebenenfalls auch übersprungen werden können.

- Thema von Teil I ist die Empirie des Außenhandels. Dabei geht es insbesondere darum, zentrale empirische Fakten aufzuzeigen, die die Analyse in den folgenden Teilen des Buches motivieren können. Zudem betrachten wir das Thema Handelskosten, das für Unternehmensentscheidungen sehr wichtig ist, in der Handelstheorie jedoch weitgehend vernachlässigt wird.

- In Teil II beschäftigen wir uns mit der traditionellen Handelstheorie, die Außenhandel im Kontext vollkommenen Wettbewerbs erklärt und bei der die Länder und Produktionsfaktoren im Mittelpunkt der Analyse stehen. Grundlegend für das Verständnis sind dabei die Kapitel 3, 5 und 6. In den Kapiteln 4 sowie 7 bis 9 liefern wir eine detaillierte und vertiefte Darstellung der Konzepte im Kontext der allgemeinen Gleichgewichtstheorie. In einer eher für Betriebswirte ausgerichteten Veranstaltung kann auf eine Behandlung dieser theoretisch etwas anspruchsvolleren Teile auch verzichtet werden.

- Teil III führt dann in die neueren Ansätze zu Handel bei unvollkommenem Wettbewerb ein, bei denen die Unternehmen als Wettbewerber stärker im Fokus stehen. Um die Inhalte auch für Studierende ohne entsprechende Vorkenntnisse in der Monopol- und Oligopoltheorie zugänglich zu machen, beginnt Kapitel 10 mit einer Einführung in die für die Außenhandelsmodelle relevanten Aspekte. Während Kapitel 11 sich bei der Erklärung des intra-industriellen Handels auf die Grundidee der dahinter stehenden Modellierung beschränkt, geht Kapitel 12 stärker in die Tiefe und diskutiert auch die aktuellen Modelle mit heterogenen Firmen und Mehrproduktunternehmen. Prinzipiell kann das anspruchsvollere Kapitel 12 analog zu den entsprechenden Kapiteln in Teil II auch übersprungen werden. Da die Analyse mit heterogenen Firmen (12.3) auch in den Kapiteln 13 und 19 im Zusammenhang mit Direktinvestitionen wieder aufgegriffen wird, sollte jedoch zumindest dieser Abschnitt auf jeden Fall behandelt werden.

- Die normative und positive Analyse der Handelspolitik ist Thema von Teil IV. Da Wettbewerbsaspekte bei uns im Fokus stehen, wird dabei auch die Handelspolitik bei Monopol, Oligopol und fragmentierten Produktionsprozessen detailliert behandelt. Kapitel 16 enthält zu Beginn eine kurze Einführung in spieltheoretische Konzepte, die für die Analyse strategischer Handelspolitik und des Optimalzolls mit Vergeltung in Kapitel 17 die notwendigen Grundlagen schaffen. Etwas anspruchsvoller sind in diesem Teil die Abschnitte 16.3 und 16.4 sowie 17.4 und 17.5.

- Teil V nimmt schließlich explizit die Unternehmensperspektive in den Blick, aus der Handel sowohl als Chance als auch als Bedrohung der eigenen Wettbewerbssituation wahrgenommen werden kann. Kapitel 18 fasst dabei die aus Unternehmenssicht besonders relevanten Ergebnisse der bisherigen Analyse zusammen. Kapitel 19 vertieft dann die Analyse der Direktinvestitionsentscheidung auf Grundlage des Transaktionskostenansatzes. Kapitel 20 erläutert schließlich die Tätigkeit globaler Intermediäre vor dem Hintergrund der Intermediationstheorie und diskutiert, auf welcher Grundlage die Entscheidung über eine globale Wettbewerbsstrategie erfolgen sollte.

Folgende **didaktische Elemente** sollen Sie bei der Erarbeitung des Stoffes unterstützen:

- Zu Beginn jedes Kapitels haben wir in einer grauen Box die zentralen Themen bzw. Fragestellungen des Kapitels stichpunktartig angegeben. Dem steht die Box „Was haben wir gelernt?" am Ende des Kapitels gegenüber, in der die wesentlichen Ergebnisse kurz zusammengefasst werden. Im Anschluss daran finden Sie Hinweise zu ergänzender und weiterführender Literatur sowie einige Kontrollfragen und

Übungsaufgaben zur weiteren Vertiefung.

- Das Verständnis der ökonomischen Zusammenhänge wird durch zahlreiche Abbildungen und Tabellen erleichtert. Insbesondere in den grundlegenden Kapiteln veranschaulichen wir die Inhalte auch durch Zahlenbeispiele. Die Boxen im Text dienen zum einen der Erläuterung ökonomischer Grundkonzepte und zum anderen liefern sie als Exkurse interessante praktische, empirische oder konzeptionelle Ergänzungen.

- Durch Fettschrift haben wir zum einen wichtige Schlagworte markiert und zum anderen an einigen Stellen versucht, die inhaltliche Struktur des Textes optisch zu unterstützen. Englischsprachige Fachausdrücke haben wir zur besseren Unterscheidung kursiv gesetzt.

Wie Sie der Fußzeile entnehmen können, gibt es zu diesem Buch auch eine eigene **Website**, auf der wir zusätzliches und aktualisiertes Material bereitstellen. Hervorzuheben ist dabei zum einen eine interaktive Anwendung zur Erfassung und Darstellung aktueller Daten zum Außenhandel. Zum anderen sollen in einem Erratum noch verbleibende Fehler im Buch korrigiert werden – für entsprechende Hinweise auf sprachliche oder inhaltliche Fehler wären wir dankbar.

Zum Abschuss möchten wir denjenigen danken, die uns bei der Fertigstellung dieses Lehrbuchs unterstützt haben. Dabei ist zuerst Herr Martin Hofmann, M. A. zu nennen, der die Daten für den Empirieteil gesammelt und aufbereitet hat, uns bei der Erstellung des Index zur Seite stand und darüber hinaus Vorarbeiten für Teil I und V geleistet hat. Für die Korrekturarbeit des Manuskripts möchten wir Frau Dr. Beate Sauer und Frau Dipl.-Volkswirtin Gergana Höckmayr danken, die uns geholfen haben, den Text verständlicher und fehlerärmer zu machen.

München, im Juni 2011

Karl Morasch und Florian Bartholomae

Teil I

Empirie:
Außenhandel und Handelskosten

1 Ausmaß und Struktur des Handels

Themenüberblick

- Begriffe und Maßgrößen:
  Exporte, Importe, Warenhandel vs. Dienstleistungshandel, Exportquote vs. Handelsquote, Direktinvestitionen und multinationale Unternehmen
- Entwicklung der weltwirtschaftlichen Verflechtung im Zeitablauf unter Einfluss politischer und ökonomischer Rahmenbedingungen
- Bedeutung des Außenhandels im internationalen Vergleich
- Regional- und Güterstruktur des Welthandels:
  Inter-industrieller vs. intra-industrieller Handel
- Außenhandel der Bundesrepublik Deutschland:
  Umfang, Handelspartner und Güterstruktur
- Direktinvestitionen, multinationale Unternehmen und unternehmensinterner Außenhandel

Als Grundlage für eine Analyse der Außenhandelsbeziehungen und der Handelspolitik ist es vorteilhaft, zunächst eine grundsätzliche Vorstellung von Ausmaß und Struktur der außenwirtschaftlichen Verflechtung zu erhalten. Wir wollen darum sowohl auf weltwirtschaftlicher Ebene als auch aus dem Blickwinkel Deutschlands die wichtigsten empirischen Auffälligkeiten in Augenschein nehmen. Dadurch lassen sich die empirisch beobachtbaren Phänomene veranschaulichen, die in der späteren Analyse untersucht und erklärt werden sollen. Insbesondere werden drei Aspekte deutlich: Die seit dem Zweiten Weltkrieg stetig zunehmende internationale Verflechtung, der hohe Anteil der Industrieländer und von Industrieprodukten am Außenhandel sowie die Bedeutung multinationaler Unternehmen für den internationalen Handel.

1.1 Begriffe und Maßgrößen

In der Außenhandelsstatistik werden die weltweiten Handelsbeziehungen zahlenmäßig erfasst. Um diese Daten richtig interpretieren zu können, müssen wir uns zunächst vor Augen führen, wie die verwendeten Begriffe definiert sind.

Die zentralen Kategorien für die Messung des Außenhandels sind Importe und Exporte. Dabei wird folgende Abgrenzung verwendet: Unter **Importen** versteht man

Güter und Dienstleistungen, die ein Inländer (Wohnsitz als Kriterium: Nationalität spielt keine Rolle!) von einem Ausländer erwirbt; entsprechend bezeichnen **Exporte** Güter und Dienstleistungen, die ein Inländer an einen Ausländer veräußert.

Was bedeutet dies konkret für die Zuordnung von Exporten und Importen? Betrachten wir zunächst ein Beispiel mit Warenhandel, bei dem das Inländerkriterium deutlich wird: Wenn ein in Wolfsburg produzierter VW Golf an einen in Paris lebenden US-Amerikaner verkauft wird, so ist das für Deutschland ein Export und für Frankreich ein Import. Aber auch Dienstleistungen können exportiert werden, wobei hier im Unterschied zum Warenhandel häufig nicht die Dienstleistung ins Importland transferiert, sondern für den Konsumenten im Exportland erbracht wird: Verbringt beispielsweise ein Russe aus Moskau seinen Winterurlaub in Garmisch, so werden seine Ausgaben für die Hotelübernachtung, die Restaurantbesuche und den Skipass in der deutschen Leistungsbilanz als Export und in der russischen als Import von Dienstleistungen verbucht.

In der Außenhandelsstatistik sind Importe und Exporte nicht nur nach Waren und Dienstleistungen differenziert, sondern nach verschiedenen Warengruppen und Dienstleistungskategorien sowie den Herkunfts- bzw. Zielländern weiter aufgegliedert. Dies ermöglicht zum einen Aussagen über die Güterstruktur des Außenhandels und zum anderen darüber, wie intensiv die Handelsbeziehungen zwischen den einzelnen Ländern sind.

Um die relative Bedeutung des Außenhandels für verschiedene Länder vergleichen zu können, sind die absoluten Werte für Exporte und Importe wenig geeignet. Dieses Problem versucht man dadurch zu lösen, dass man das Außenhandelsvolumen auf die mit dem Bruttoinlandsprodukt (BIP) gemessene Wirtschaftsleistung bezieht. Häufig verwendet wird dabei die **Exportquote**, die für eine bestimmte Zeitperiode (meist ein Jahr) die gesamten Exporte eines Landes ins Verhältnis zu seiner durch das BIP gemessenen Wertschöpfung in Beziehung setzt. Die Exportquote ist somit definiert als der prozentuale Anteil der Exporte am BIP:

$$\text{Exportquote} = \frac{\text{Exporte}}{\text{BIP}}. \tag{1.1}$$

Werden Daten aus den nationalen Statistiken verschiedener Länder gewonnen, so hat die Exportquote als relative Größe den Vorteil, dass diese dann auch unmittelbar verglichen werden können, wenn die Außenhandelsdaten in unterschiedlichen Währungen erhoben werden. Die Verwendung der Exportquote ist jedoch in anderer Hinsicht nicht ganz unproblematisch. Während Veränderungen der weltweiten Außenhandelsverflechtung mit diesem Maß zutreffend abgebildet werden können, da sich auf Weltebene Exporte und Importe entsprechen müssen, besteht bei einzelnen Ländern das Problem, dass sich Export- und Importvolumen deutlich unterscheiden können. So hat beispielsweise Deutschland traditionell einen Exportüberschuss, während die USA aktuell fast doppelt so hohe Importe wie Exporte aufweisen. Einen besseren Indikator für die Offenheit eines Landes, d. h. die Einbindung eines Landes in den Welthandel, stellt damit die **Handelsquote** dar. Diese mittelt Im- und Exporte und setzt sie relativ zum BIP:

$$\text{Handelsquote} = \frac{(\text{Importe} + \text{Exporte}) / 2}{\text{BIP}}. \tag{1.2}$$

Bei der Interpretation von Export- und Handelsquoten muss man jedoch auch beachten, dass das Außenhandelsvolumen auf Grundlage des Gesamtwertes der transferierten Güter und Dienstleistungen ermittelt wird, während das BIP die im Inland erbrachte Wertschöpfung abbildet, also die Differenz zwischen dem Importwert der Vorprodukte und dem Exportwert der weiterverarbeiteten Güter.

Der Fokus der normalen Außenhandelsstatistik liegt auf den Handelsbeziehungen zwischen den Ländern. Zentrale Akteure beim Handel sind jedoch in marktwirtschaftlich orientierten Volkswirtschaften die Unternehmen. Gerade die großen Unternehmen sind dabei meist nicht nur als Exporteure oder Importeure tätig, sondern haben Produktionsstätten und Vertriebsnetze in mehreren Ländern. Diese internationale Verflechtung der Unternehmen wird statistisch über das Konzept der **ausländischen Direktinvestitionen** (*foreign direct investment* – FDI) erfasst. Dabei müssen die Direktinvestitionen von sogenannten Portfolioinvestitionen unterschieden werden: Bei Direktinvestitionen geht es um Kontrolle über bzw. Einfluss auf ein Unternehmen im Ausland. Demgegenüber erfolgen Portfolioinvestitionen ausschließlich unter dem Blickwinkel der Verzinsung des Kapitals. Erfolgen ausländische Direktinvestitionen durch ein Unternehmen, so entsteht ein multinationales Unternehmen.

Bei der Erfassung von Direktinvestitionen muss zum einen geklärt werden, anhand welcher Kriterien die Unterscheidung gegenüber Portfolioinvestitionen erfolgt. Zum anderen müssen die Bestände an Direktinvestitionen und die (jährlichen) Investitionsflüsse, d. h. Änderung der Bestände, unterschieden werden. Normalerweise wird von einer Direktinvestition ausgegangen, wenn ein Anteil von mindestens 10 % an einem Unternehmen erworben bzw. gehalten wird. Da es letztlich aber auf die Kontrollabsicht ankommt, wird unter bestimmten Voraussetzungen von dieser Grenze abgewichen. Auch bei den Direktinvestitionen kann deren Anteil am BIP verwendet werden, um verschieden große Länder besser miteinander vergleichen zu können.

1.2 Entwicklung und Struktur des Welthandels

In diesem Abschnitt wollen wir zunächst die weltweit zunehmende Bedeutung des Außenhandels seit dem Zweiten Weltkrieg verdeutlichen und aufzeigen, wie sie sich in der Entwicklung der Handelsquoten einzelner Länder widerspiegelt. Dann werden wir auf die Regionalstruktur des Handels eingehen, die durch eine Dominanz der Industrieländer gekennzeichnet ist. Schließlich werden wir die Veränderungen der Güterstruktur des Außenhandels im Zeitablauf betrachten.

1.2.1 Bedeutung des Welthandels im Zeitablauf

Das reale Welthandelsvolumen hat in den Jahren von 1950 bis 2008 stark zugenommen, wie auch Abbildung 1.1 zeigt. In jedem Zehnjahreszeitraum seit 1950
sind zudem die Warenexporte der Welt stärker gewachsen als die durch das Welt-
BIP gemessene weltweite Wertschöpfung: Im Gesamtzeitraum wuchs das Welt-BIP
durchschnittlich um etwa 3,7 % pro Jahr, während sich das Welthandelsvolumen im
Jahresdurchschnitt um 6 % erhöhte.

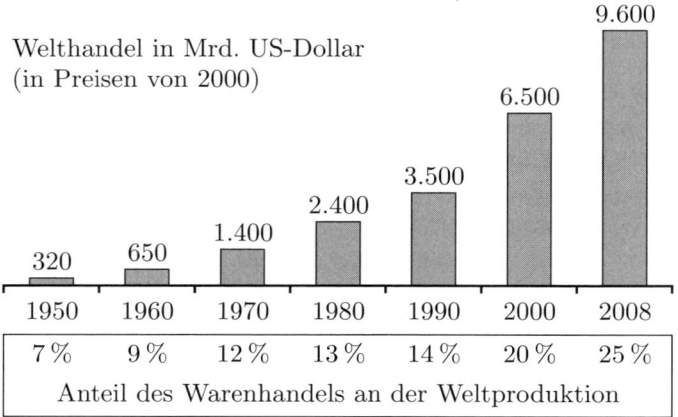

Quelle: Eigene Darstellung basierend auf Daten von WTO und Weltbank.

Abb. 1.1: Reale Entwicklung des Welthandels

Der Anteil des Außenhandels (Warenhandel) an der Weltproduktion ist entsprechend
stetig gewachsen – von 7 % im Jahr 1950 auf 25 % im Jahr 2008. In der Abbildung
nicht erfasst ist der Handel mit Dienstleistungen (z. B. Reisen, Transport etc.), da
hierfür erst seit den 1980er-Jahren einigermaßen verlässliche Daten vorliegen. Der
Dienstleistungshandel betrug im Jahr 2008 etwa 19 % des gesamten Außenhandels
und ist seit den 1980er-Jahren stärker gewachsen als der Warenhandel.

Die zunehmende Bedeutung des Außenhandels ist insbesondere auf eine Verminderung der politischen Handelsbarrieren nach dem Ende des Zweiten Weltkriegs zurückzuführen. Dafür sind zum einen der Abbau von Handelshemmnissen im Rahmen
von GATT/WTO (*General Agreement on Trade and Tariffs/World Trade Organization*) und zum anderen die regionale Integration, wie z. B. im Rahmen der Europäischen Union (EU) oder der nordamerikanischen Freihandelszone NAFTA (*North
American Free Trade Agreement*), verantwortlich. Mit diesen Aspekten werden wir
uns in Teil IV ausführlich beschäftigen.

Box 1.1 Handelseinbrüche: Große Depression und Finanzkrise

Während der Großen Depression schrumpfte der weltweite Warenhandel binnen vier Jahren auf weniger als ein Drittel des ursprünglichen Volumens. Ein wichtiger Grund dafür waren Zölle und Kontingente, die von den nationalen Regierungen zum Schutz der heimischen Unternehmen festgelegt wurden. So erhöhte beispielsweise die amerikanische Regierung 1930 durch den „Smoot-Hawley-Act" die Zölle auf über 900 Importgüter.

Weltwarenhandel in Prozent vom Maximum

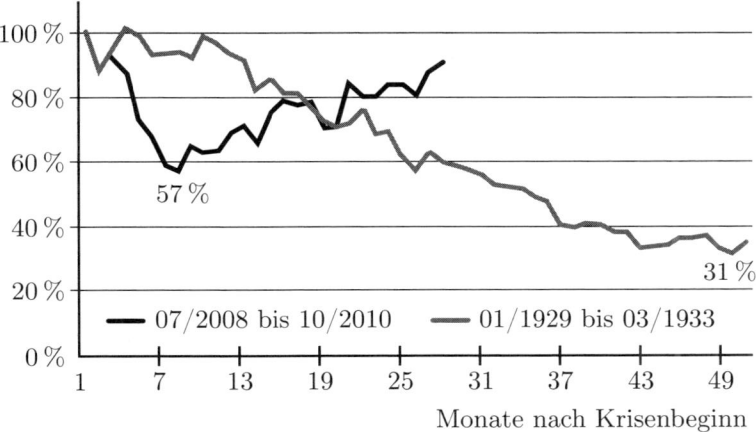

Quelle: Eigene Darstellung basierend auf Daten der WTO und historischen Daten aus Kindleberger, C. P. (1975), The World in Depression 1929–33, Berkeley: University of California Press.

Im Unterschied dazu zeigt sich in der jüngsten Finanzmarktkrise ein anderes Muster. Das weltweite Handelsvolumen nahm zwar ausgehend von 1,4 Billionen US-Dollar im Juli 2008 binnen sieben Monaten auf 810 Milliarden US-Dollar ab – ein Rückgang auf 57 % des Höchstniveaus. Nach diesem drastischen Rückgang erholte sich der Außenhandel aber aufgrund weltweit aufgelegter Konjunkturprogramme und Notenbankinterventionen sowie des weitgehenden Verzichts auf Schutzzölle deutlich schneller.

1.2.2 Außenwirtschaftsverflechtung im internationalen Vergleich

Wir wollen uns nun mit der Bedeutung von Außenhandel für einige ausgewählte Länder beschäftigen. Hierfür spiegelt Abbildung 1.2 zum einen die zunehmende Bedeutung des Außenhandels wider, da sich in allen betrachteten Ländern die Handelsquote im Zeitablauf erhöht hat. Zum anderen werden aber auch die großen Unterschiede zwischen den Ländern in Bezug auf die relative Bedeutung des Handels deutlich. Wie sind diese Unterschiede zu erklären?

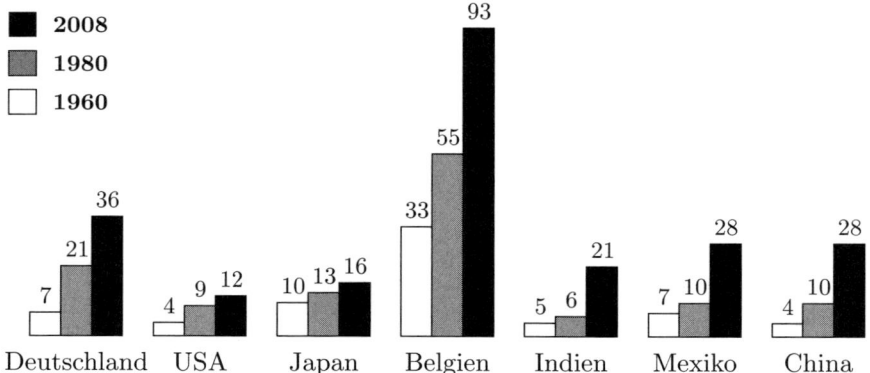

Quelle: Eigene Darstellung basierend auf Daten der WTO.

Abb. 1.2: Handelsquoten für Warenhandel ausgewählter Länder im Zeitverlauf

Das relative Volumen des Außenhandels unterscheidet sich erheblich zwischen den Staaten: Deutschlands Handelsquote von 36 % ist im Vergleich zu wirtschaftlich ähnlich großen Ländern überdurchschnittlich hoch. Dies ist insbesondere durch den innereuropäischen Handel und die enge wirtschaftliche Integration im Rahmen der Europäischen Union erklärbar. Bei einem Land wie Belgien, das wesentlich kleiner ist als Deutschland und viele direkte Nachbarn besitzt, ist dieser Effekt noch stärker ausgeprägt. Belgien weist in dieser Reihe auch in anderer Hinsicht noch eine Besonderheit auf, wie Box 1.2 erläutert.

Im Gegensatz zu Belgien oder auch Deutschland weisen die USA einen sehr großen Binnenmarkt auf und haben nur zwei direkte Nachbarn (Kanada und Mexiko). Dasselbe gilt in etwas geringerem Maß auch für Japan, das (vielleicht etwas überraschend) eine im Verhältnis zu Deutschland relativ geringe Handelsquote aufweist.

Als Beispiel für die früheren Entwicklungs- und heutigen Schwellenländer zeigt sich in Indien ein ähnliches Muster wie in den USA, wobei jedoch in jüngster Zeit die Bedeutung des Handels für Indien drastisch zugenommen hat. Indien und China wiesen in den letzten beiden Jahrzehnten hohe Wachstumsraten des BIP auf. Noch stärker ist allerdings der Handel dieser beiden Länder gewachsen: Chinas Handelsquote im Jahr 2008 belief sich auf 28 % des BIP, seine Exportquote betrug sogar 35 %! Für Mexiko spielten insbesondere in den 1970er- und 1980er-Jahren Erdölexporte eine wichtige Rolle, während seit der Integration mit den USA und Kanada im Rahmen der NAFTA in jüngerer Zeit der Handel im Industriesektor an Bedeutung gewonnen hat. Diese regionale Integration hat für Mexiko wegen des deutlich kleineren Inlandsmarktes eine viel größere Bedeutung als für die USA.

Box 1.2 *Supertrader*

Wie wir in Abbildung 1.2 sehen, unterscheiden sich die Handelsquoten verschiedener Länder drastisch. Noch extremer ist allerdings der Wert für Singapur: Hier beträgt die Exportquote für Warenhandel 186 % des BIP. Wie kann das sein? Liegt hier ein Fehler in der Außenhandelsstatistik vor?

Hierzu muss man sich vor Augen führen, dass Exporte und Importe auf Grundlage des Gesamtwertes der Güter bestimmt werden, während es sich beim BIP um eine Wertschöpfungsgröße handelt. Wir wollen uns die Auswirkung dieses Unterschieds an einem kleinen Beispiel veranschaulichen: Ein Land importiert in der Automobilindustrie Vorprodukte (z. B. Reifen, Motor, Karosserie) für 8.000 Euro. Im Land selbst werden diese Vorprodukte dann zu einem fertigen Fahrzeug montiert, das anschließend für 10.000 Euro exportiert wird. Im Rahmen des BIP wird nur die Wertschöpfung in Höhe von 2.000 Euro erfasst, während bei Importen und Exporten der Gesamtwert von 8.000 Euro bzw. 10.000 Euro berücksichtigt wird. Bei der Datenerhebung wurden somit keine Fehler gemacht: Bei Ländern wie Singapur oder Hongkong, die wichtige Warenumschlagplätze sind, kann dieser Effekt so stark sein, dass die Handelsquoten 100 % und mehr betragen.

Generell sind Handelsquoten von über 50 % ein neues Phänomen der Globalisierung und resultieren insbesondere aus der Aufspaltung der Wertschöpfungsketten. Länder, die solche Handelsquoten aufweisen, werden als *Supertrader* bezeichnet.

1.2.3 Regionalstruktur des Welthandels

Welche Länder handeln miteinander? In diesem Abschnitt unterscheiden wir die Länder zum einen nach dem Grad der wirtschaftlichen Entwicklung und teilen sie in Industrieländer sowie Entwicklungs- und Schwellenländer ein. Zum anderen wollen wir aufzeigen, dass Handel normalerweise innerhalb geographischer Regionen wie Europa, USA oder Asien ausgeprägter ist als zwischen diesen Regionen.

Wie Abbildung 1.3 zeigt, findet die Hälfte des Welthandels zwischen Industrieländern (der sogenannten Triade Europa – USA – Südostasien) statt. Dieser Handel besteht insbesondere aus dem sogenannten intra-industriellem Handel, d. h. Handel erfolgt innerhalb einer Branche (englisch „industry") in beide Richtungen. So importiert beispielsweise Deutschland französische Automobile und exportiert in Deutschland hergestellte Fahrzeuge nach Frankreich. Berücksichtigt man zusätzlich den Handel der Industrienationen mit Entwicklungsländern, so zeigt sich, dass die Industrieländer für etwa zwei Drittel der Exporte verantwortlich und an fast 90 % des gesamten Welthandels (als Importeur oder Exporteur) beteiligt sind. Der Außenhandel

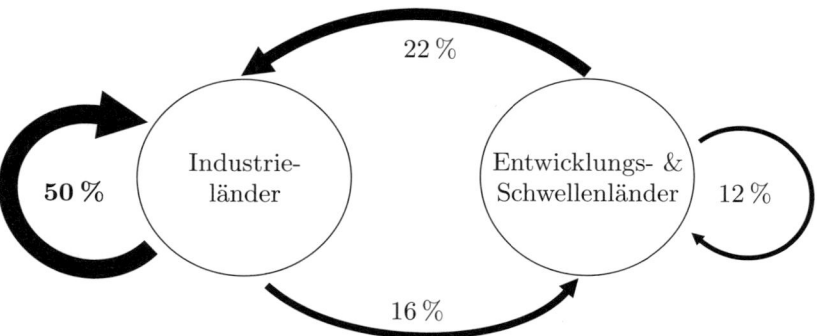

Quelle: Eigene Darstellung basierend auf Daten der WTO.

Abb. 1.3: Regionalstruktur des Welthandels (Werte für 2009)

zwischen Entwicklungs- und Schwellenländern ist demgegenüber relativ unbedeutend. Der Anteil des Handels, an dem die Industrieländer und die Entwicklungs- und Schwellenländer beteiligt sind, ist zumeist inter-industrieller Handel, d. h. Güter einer Branche werden exportiert um, dafür Güter einer anderen Branche zu importieren. Die Entwicklungs- und Schwellenländer exportieren dabei insbesondere Rohstoffe, Nahrungsmittel und arbeitsintensive Industrieprodukte, wie beispielsweise Textilien, in die Industrieländer und tauschen sie gegen kapitalintensiv hergestellte Industrieprodukte aus den Industrieländern.

nach aus	Europa	Asien	Amerika	Afrika
Europa	**29,9**	3,6	5,8	1,2
Asien	6,7	**21,8**	8,5	1,1
Amerika	3,1	3,7	**9,6**	0,3
Afrika	0,9	1,4	0,8	**0,3**

Quelle: Eigene Darstellung basierend auf Daten der WTO.

Tab. 1.1: Regionale Handelsströme (Anteile am Weltwarenhandel 2009)

Tabelle 1.1 veranschaulicht den Aspekt der regionalen Konzentration der Handelsströme. Aufgrund geringerer Handelskosten (genaueres dazu in Kapitel 2) ist der Handel zwischen benachbarten Staaten normalerweise ausgeprägter als zwischen geographisch weit entfernten Nationen und Wirtschaftsräumen. Dieser Effekt zeigt sich bei intra-industriellem Handel zwischen den relativ ähnlichen Industrieländern deutlicher als beim Handel mit Rohstoffen und Agrarprodukten. Da für die Länder Afrikas aufgrund ihres Entwicklungsstandes intra-industrieller Handel nur eine geringe Rolle spielt und das Gesamt-BIP der afrikanischen Länder relativ gering ist, ist hier der Handel mit den anderen Regionen relativ bedeutsamer.

1.2.4 Welthandelsstruktur nach Warengruppen

Wie wir oben gesehen haben, wuchs der weltweite Warenhandel von 1950 bis 2008 mit einer durchschnittlichen jährlichen Wachstumsrate von 6 %. Dabei änderte sich aber wie Abbildung 1.4 zeigt die Zusammensetzung des Handels mit zunehmendem technischem Fortschritt und der verstärkten Industrialisierung nach dem Zweiten Weltkrieg drastisch.

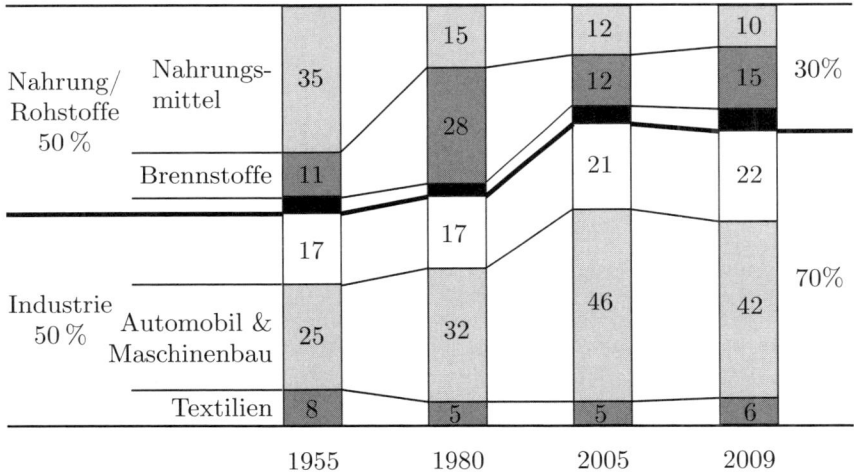

Quelle: Eigene Darstellung basierend auf Daten der WTO.

Abb. 1.4: Entwicklung der Welthandelsstruktur nach Warengruppen

Während der Handel mit Agrarprodukten seit den 1950er-Jahren im Jahresdurchschnitt um 3,5 % wuchs, nahm der Handel mit Industrieerzeugnissen mit einer mittleren Jahresrate von 7,5 % mehr als doppelt so stark zu. Dies spiegelt sich in der Entwicklung der relativen Zusammensetzung des Welthandels wider: Betrug im Jahr 1955 der Anteil von landwirtschaftlichen Produkten an den weltweiten Exporten noch über ein Drittel, so verminderte sich dieser Anteil bis 2009 auf knapp 10 %. Im gleichen Zeitraum wuchs der Anteil der Industrieerzeugnisse von 50 % auf 70 % des weltweiten Warenhandels.

Eine Besonderheit ist bei der Entwicklung des Handels mit Brennstoffen zu erkennen: Hier ist der Anteil im Betrachtungszeitraum im Gegensatz zu Agrarprodukten und anderen Rohstoffen leicht angestiegen. Der extrem hohe Anteil für 1980 und die Entwicklung von 2005 auf 2009 verweisen auf die drastischen Preisschwankungen des

Ölpreises: 1980 war der Höhepunkt der zweiten Ölpreiskrise und seit 2005 ist der Ölpreis ebenfalls wieder deutlich gestiegen. Für die Veränderung der Anteile sind also weniger Veränderungen im Volumen, als vielmehr Schwankungen des Preises verantwortlich.

Box 1.3 Handel und Handelsgüter in früheren Zeiten

Bereits in prähistorischer Zeit war eine rege Handelstätigkeit in Europa zu beobachten: Die damaligen Handelswaren umfassten Metalle, Bernstein, Glasperlen, Schmuck aus Muscheln, Salz, Tongefäße und Elfenbeinwaren. Es wurden somit nicht nur Güter des täglichen Bedarfs, sondern zuallererst natürliche Ressourcen gehandelt, die geographisch weit verteilt anzufinden sind.

In der Antike imponiert die enorme Warenvielfalt, die der griechische Stadtstaat Athen importierte: Schwerter und Tassen aus Chalkida; Bronze aus Korinth; Wollwaren, Kardamom und Bettgestelle aus Milet; Waffen aus Argos; Knoblauch aus Megara; Wild und Geflügel aus Böotien; Käse und Schweinefleisch aus Syrakus; Datteln und Feigen aus Rhodos; Eicheln und Mandeln aus Paphlagonien; Mostrich aus Zypern; Zwiebeln aus Samothraki; Majoran aus Bozcaada; Wein aus Attika, Chios, Knidos und Thasos; Trompeten aus Etrurien; Streitwagen aus Sizilien; opulente Stühle aus Thessalien; Teppiche und Kissen aus Karthago; Weihrauch aus Syrien und Jagdhunde aus Epirus.

Im römischen Imperium fand Handel nicht nur zwischen den Provinzen, sondern auch zwischen Rom und den benachbarten Reichen statt: Mit den Germanen etwa tauschten die Römer Wein und Edelmetalle gegen Pelze, Vogelfedern und Frauenhaar. Aus Sardinien, Sizilien, Ägypten und Afrika bezog Rom Getreide und aus Spanien und Afrika Olivenöl. Auch mit weit entfernten Gebieten wurden Handelsbeziehungen unterhalten, wie Indien und China, aus dem Seide bezogen wurde; von den Beduinen aus der Sahara bezog man Datteln und aus Arabien Gewürze, Edelsteine und Kamele, die allesamt entweder gegen Handwerkserzeugnisse oder Gold- und Silbermünzen getauscht wurden.[1]

1.3 Entwicklung und Struktur des deutschen Außenhandels

Beim internationalen Vergleich der außenwirtschaftlichen Verflechtung haben wir festgestellt, dass die Bundesrepublik Deutschland eine relativ offene Volkswirtschaft ist. In diesem Abschnitt wollen wir uns nun etwas genauer mit dem deutschen Außenhandel beschäftigen.

---

[1]Quellen: Polanyi, K. (1977), The Livelihood of Man, New York: Academic Press; Temin, P. (2006), The Economy of the Early Roman Empire, Journal of Economic Perspectives, Vol. 20, No. 3, 133-151.

1.3.1 Deutscher Außenhandels im Zeitablauf

Abbildung 1.5 gibt für ausgewählte Jahre die Export- und Importquoten sowie den als Differenz zwischen Export- und Importquote gemessenen Außenbeitrag an.

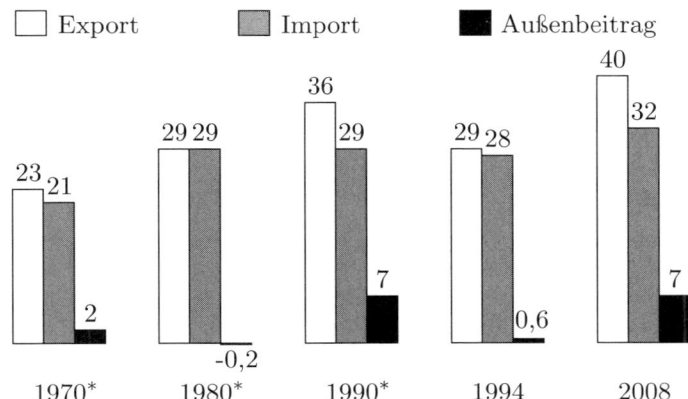

*Daten bis 1990 für Westdeutschland

Quelle: Eigene Darstellung basierend auf Daten von WTO und Weltbank.

Abb. 1.5: Deutscher Warenaußenhandel: Exporte, Importe und Außenbeitrag

Es ist eine im Vergleich zum Anteil des Weltaußenhandels an der Weltproduktion starke und im Zeitablauf zunehmende außenwirtschaftliche Verflechtung der Bundesrepublik Deutschland zu erkennen. Zusätzlich ist zu berücksichtigen, dass die Exportabhängigkeit für wichtige Sektoren des verarbeitenden Gewerbes noch deutlich ausgeprägter ist – so wird beispielsweise in der Automobilbranche etwa die Hälfte der Produktion exportiert. Die Automobilindustrie (inklusive Zulieferindustrie) sowie der Maschinenbau exportierten im Jahr 2009 Güter im Wert von jeweils etwa 120 Milliarden Euro und sind damit die mit Abstand bedeutendsten Sektoren für die deutsche Exportwirtschaft.

Normalerweise ist die Differenz zwischen Importen und Exporten, der sogenannte **Außenbeitrag**, von Deutschland positiv. Eine Ausnahme bildet allerdings das Jahr 1980 – die Ursache war der zweite Ölpreisschock, der die Importe verteuerte und sich gleichzeitig dämpfend auf die Nachfrage nach deutschen Exportgütern auswirkte.

Beachten Sie, dass sich die Werte bis einschließlich 1990 auf Westdeutschland beziehen. Erst ab 1994 ist Gesamtdeutschland inklusive der neuen Bundesländer erfasst. Da der innerdeutsche Handel (Exporte und Importe zwischen der BRD und der DDR) somit nicht mehr erfasst wird, ist der Anteil des Außenhandels am BIP in den 1990er-Jahren zunächst geringfügig zurückgegangen. Bis zum Jahr 2008 sind jedoch sowohl Import- als auch Exportquoten wieder stark gestiegen. Auch der Außenbeitrag ist mit 7 % vom Bruttoinlandsprodukt wieder deutlich positiv.

1.3.2 Handelspartner Deutschlands

In Abbildung 1.6 werden die Anteile der Industrieländer sowie der Entwicklungs- und Schwellenländer an den deutschen Exporten und Importen dargestellt. Knapp vier fünftel des deutschen Außenhandels erfolgt mit Industrieländern, der Großteil davon mit den EU-Mitgliedern und den anderen europäischen Ländern. Der Handel innerhalb Europas ist für Deutschland somit von zentraler Bedeutung. Der Anteil des Handels im **europäischen Binnenmarkt** hat durch die EU-Erweiterung und die Währungsunion seit 1990 nochmals merklich zugenommen.

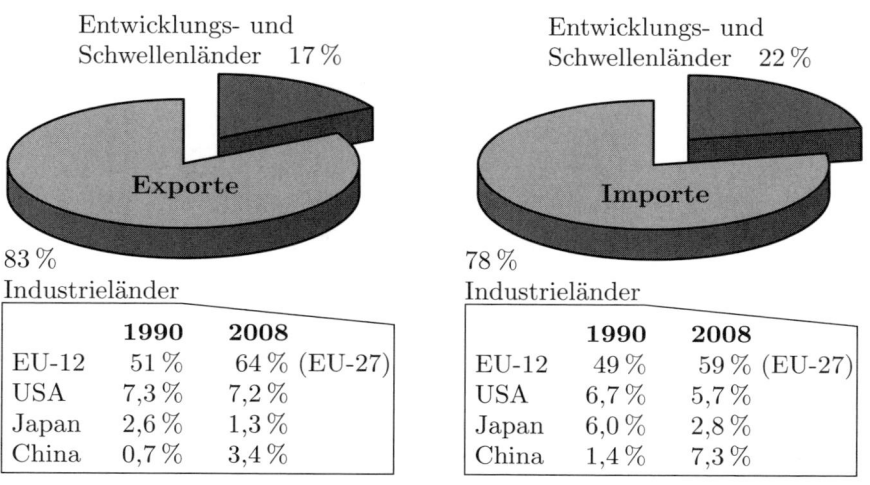

Entwicklungs- und Schwellenländer 17 %

Entwicklungs- und Schwellenländer 22 %

83 % Industrieländer

78 % Industrieländer

	1990	2008
EU-12	51 %	64 % (EU-27)
USA	7,3 %	7,2 %
Japan	2,6 %	1,3 %
China	0,7 %	3,4 %

	1990	2008
EU-12	49 %	59 % (EU-27)
USA	6,7 %	5,7 %
Japan	6,0 %	2,8 %
China	1,4 %	7,3 %

Quelle: Eigene Darstellung basierend auf Daten des Statistischen Bundesamts.

Abb. 1.6: Regionale Verteilung der deutschen Außenhandelsumsätze 2008

Nur eine Nebenrolle spielen im Vergleich die Handelsbeziehungen zu Asien (13,7 %) und dem amerikanischen Kontinent (weniger als 10 %). Aus diesen beiden Räumen wurden exemplarisch drei wichtige Länder – USA, Japan und China – herausgegriffen, die in Bezug auf die Struktur und die Entwicklung des deutschen Außenhandels in den letzten zwanzig Jahren interessant sind. Deutschland weist gegenüber den meisten Ländern einen Exportüberschuss auf, wie an den Daten für die EU und die USA zu erkennen ist. Im Handel mit Japan und China liegt demgegenüber ein deutliches bilaterales Handelsdefizit vor. Beim Vergleich der Zahlen für 1990 und 2008 erkennt man den erheblichen Bedeutungsverlust Japans und die drastische Zunahme des Handels mit China, das bei den deutschen Importen inzwischen wichtiger ist als die USA.

1.3.3 Warenstruktur des deutschen Außenhandels

Die große Bedeutung des intra-industriellen Handels für Deutschland wird in Abbildung 1.7 widergespiegelt: Bei Importen und Exporten dominieren Industrieprodukte. Bei den Importen sind jedoch auch Nahrungsmittel (10 %) und vor allem Rohstoffe (19 %) relativ wichtig: Die Bundesrepublik exportiert einen Teil seiner Industrieprodukte, um dafür Rohstoffe und Nahrungsmittel zu erhalten (inter-industrieller Handel).

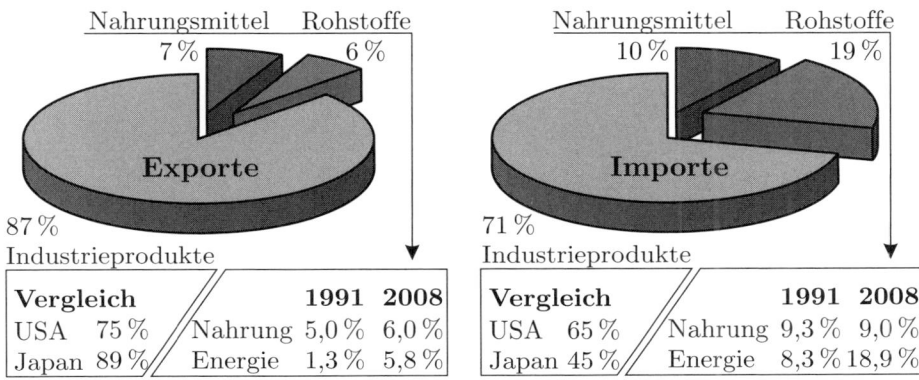

Vergleich		1991	2008		Vergleich		1991	2008
USA 75 %	Nahrung	5,0 %	6,0 %		USA 65 %	Nahrung	9,3 %	9,0 %
Japan 89 %	Energie	1,3 %	5,8 %		Japan 45 %	Energie	8,3 %	18,9 %

Quelle: Eigene Darstellung basierend auf Daten der WTO.

Abb. 1.7: Warenhandelsstruktur Deutschlands im Jahr 2008

Die Rohstoffabhängigkeit der Bundesrepublik ist durch die Energiekrisen in den 1970er-Jahren deutlich geworden. Als rohstoffarmes Land ist Deutschland auf Öl- und Gasimporte angewiesen: Etwa 70 % des Primärenergiebedarfs werden durch Importe gedeckt. Bei den meisten anderen nicht-regenerierbaren Rohstoffen wie Kupfer, Eisenerz etc. werden sogar nahezu 100 % importiert.

Im Vergleich zu Deutschland hat der Handel mit Industrieprodukten für die USA eine etwas geringere Bedeutung. Für Japan ist weniger der intra-industrielle Handel – über die Hälfte der Importe sind Rohstoffe und Nahrungsmittel – als vielmehr der inter-industrielle Handel wichtig: 89 % der japanischen Exporte bestehen aus Industrieerzeugnissen. Im Austausch dafür werden nur 45 % der Importe in Form von Industrieerzeugnissen importiert, die übrigen Importe setzen sich aus Nahrungsmitteln (11 %) und Rohstoffen (43 %) zusammen.

1.4 Struktur und Entwicklung ausländischer Direktinvestitionen

Nachdem wir bislang den Handel auf Weltebene und aus der deutschen Perspektive betrachtet haben, wollen wir nun den Unternehmensaspekt in den Blick nehmen.

Zentral ist dabei die Betrachtung ausländischer Direktinvestitionen. Dabei entstehen multinationale Unternehmen, die anschließend einen nicht unbedeutenden Teil des Außenhandels innerhalb des Unternehmens durchführen.

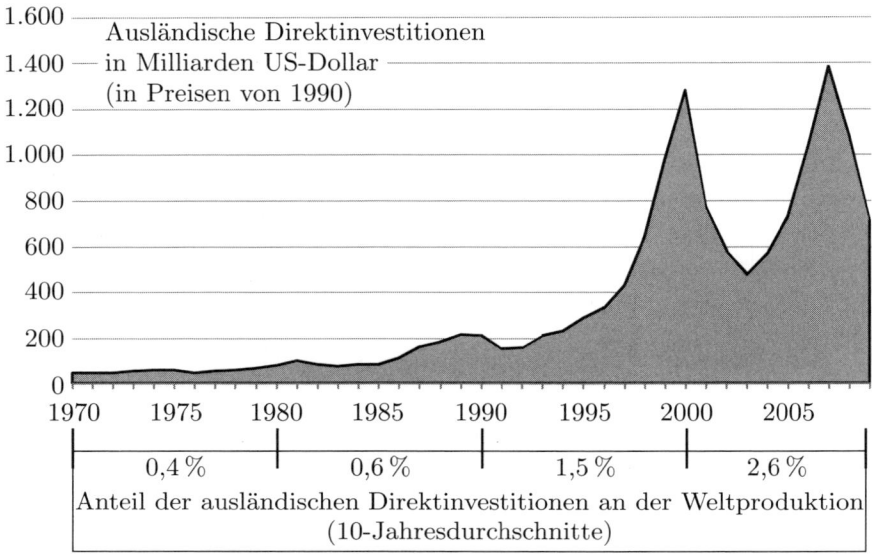

Quelle: Eigene Darstellung basierend auf Daten der UNCTAD.

Abb. 1.8: Ausländische Direktinvestitionen und ihr Anteil am Welt-BIP

In Abbildung 1.8 sehen wir die Entwicklung der weltweiten (realen) ausländischen Direktinvestitionen im Zeitablauf. Seit den 1970er Jahren sind diese bis zum Jahr 2000 relativ stetig angewachsen. Ähnlich wie beim Handel ist auch der Anteil am BIP von 0,4 % auf 2,6 % deutlich gestiegen. Auffällig ist jedoch die starke Schwankung insbesondere seit 2000, die auf die grundsätzlich hohe Volatilität von Investitionen verweist: Mit dem Platzen der Internetblase der „New Economy" und damit einhergehend enttäuschten Hoffnungen auf rentable Investitionsmöglichkeiten halbierte sich weltweit das Volumen ausländischer Direktinvestitionen binnen kurzer Zeit. Seit 2003 nahmen die weltweiten Direktinvestitionen wieder zu und erreichten im Jahr 2007 den Rekordwert von knapp 1,4 Billionen US-Dollar (in Preisen des Jahres 1990). Im Zuge der Finanzkrise nahm das Volumen in den Jahren 2008 und 2009 aber sowohl in den USA als auch in Europa erneut deutlich ab (vgl. hierzu auch Box 1.1).

Wie wir Tabelle 1.2 entnehmen können, stammt der Großteil der ausländischen Direktinvestitionen (*foreign direct investment* – FDI) aus den Industrieländern, was aufgrund der relativ besseren Ausstattung an Kapital und Know-how wenig verwunderlich ist. Es ist auffällig, dass selbst in den 2000er-Jahren noch zwei Drittel

	1970–1979	1980–1989	1990–1999	2000–2009
Industrieländer				
FDI Zufluss	45	93	248	571
FDI Abfluss	69	111	330	724
Entwicklungsländer				
FDI Zufluss	11	23	111	288
FDI Abfluss	1	7	40	129
Anteil an FDI Zufluss	19 %	20 %	31 %	34 %
Anteil an FDI Abfluss	1 %	6 %	11 %	15 %

Quelle: Eigene Darstellung basierend auf Daten der UNCTAD.

Tab. 1.2: Direktinvestitionen der Industrie- und Entwicklungsländer (10-Jahresdurchschnitte in Mrd. US-Dollar von 1990 und Anteile)

der Direktinvestitionen in die Industrieländer flossen, was zeigt, dass ähnlich wie beim Außenhandel die Industrieländer auch bei den Direktinvestitionen dominieren. Trotzdem hat sich die Bedeutung der Entwicklungsländer im Zeitablauf deutlich erhöht: Statt nur 1 % in den 1970er-Jahren stammen nun immerhin 15 % der Direktinvestitionen aus den Entwicklungs- und Schwellenländern. Auch der Anteil der Zuflüsse hat sich von unter 20 % auf über ein Drittel erhöht.

Wenn wir für die Flüsse der ausländischen Direktinvestitionen in den 2000er-Jahren und die Bestände im Jahr 2009 die Anteile am BIP in Tabelle 1.3 betrachten, so zeigt sich, dass die internationale Verflechtung der USA auch bei den Direktinvestitionen relativ gering ist. Aber auch die Anteile Deutschlands sind geringer als diejenigen im Durchschnitt der europäischen Länder. Die sehr hohen Anteile für Asien sind vermutlich dem Umstand zu verdanken, dass große asiatische Länder, wie beispielsweise China, im Augenblick noch ein relativ geringes BIP haben, aber dennoch aufgrund ihres starken Wachstums für Direktinvestitionen aus den Industrieländern interessant sind. Andererseits haben China und andere asiatische Länder dank ihrer Exportüberschüsse sehr viel Kapital für Direktinvestitionen in anderen Ländern zur Verfügung.

Durch ausländische Direktinvestitionen entstehen multinationale Unternehmen. Auch wenn die Anzahl multinationaler Unternehmen in den letzten fünfzig Jahren drastisch zugenommen hat (für Details siehe Box 13.1 in Kapitel 13), ist sie im Vergleich zur Gesamtzahl der Unternehmen sehr gering. Allerdings sind multinationale Unternehmen deutlich größer und auch sehr stark am Außenhandel beteiligt. So betrug der Anteil des firmeninternen Handels am Gesamthandel der USA bereits in den 1990er Jahren etwa 40% (der Gesamtanteil am Handel liegt noch deutlich). Für andere Industrieländer wie Frankreich, Japan und Schweden lag der Wert für firmeninternen

10-Jahresdurchschnitte 2000–2009 in Mrd. US-Dollar von 1990

	Deutschland	USA	Europa	Asien
FDI Zufluss (real)	50	131	387	175
FDI Abfluss (real)	60	147	543	130
FDI Zufluss (Anteil BIP)	2,3 %	1,4 %	3,6 %	4,7 %
FDI Abfluss (Anteil BIP)	2,7 %	1,6 %	5,1 %	3,5 %
FDI Inward Stock* (real)	670	2.277	3.766	3.034
FDI Outward Stock** (real)	864	2.747	4.832	2.508
FDI Inward Stock* (Anteil BIP)	30 %	25 %	35 %	80 %
FDI Outward Stock** (Anteil BIP)	39 %	30 %	46 %	67 %

*Bestand der ausländischen FDI im Inland, **Bestand der inländischen FDI im Ausland
Quelle: Eigene Darstellung basierend auf Daten der UNCTAD.

Tab. 1.3: Bedeutung von FDI für verschiedene Regionen in den 2000er-Jahren

Handel bei etwa 25%, wobei im Unterschied zu den USA der Anteil bei den Exporten jeweils deutlich höher war als bei den Importen. Dies ist vermutlich darin begründet, dass zumindest zum damaligen Zeitpunkt eine großer Teil der multinationalen Unternehmen Konzerne mit amerikanischer Mutter waren. Wie wir in Kapitel 13 noch genauer thematisieren werden, steht der Handel innerhalb der Unternehmen in enger Beziehung zur Aufspaltung der Wertschöpfungskette und der Verlagerung einzelner Wertschöpfungsstufen in andere Länder.

Was haben wir gelernt?

■ Seit dem Zweiten Weltkrieg hat nicht nur das reale Welthandelsvolumen, sondern auch der Anteil des Außenhandels an der Weltproduktion drastisch zugenommen. Diese Zunahme des Außenhandels kann insbesondere durch den Abbau von Handelsbeschränkungen erklärt werden. Die Wirkung von Handelsbeschränkungen und ihr Abbau im Rahmen internationaler Vereinbarungen ist Thema in Teil IV des Buches.

■ Der größte Teil des Handels findet zwischen und unter Beteiligung der Industrieländer statt. Der Handel innerhalb der Industrieländer ist zu einem bedeutenden Anteil intra-industrieller Handel, d. h. Güter aus derselben Branche werden sowohl exportiert als auch importiert. Beim Handel mit den Entwicklungsländern steht hingegen inter-industrieller Handel im Vordergrund: Rohstoffe, Agrarprodukte und Textilien werden von den Entwicklungsländern exportiert, die im Gegenzug Industrieprodukte aus den Industrieländern importieren. Erklärungsmodelle für inter-industriellen Handel werden in Teil II und für intra-industriellen in Teil III des Lehrbuchs vorgestellt.

- Deutschlands Handelsquote ist deutlich höher als diejenige anderer großer Industrienationen wie der USA oder Japan. Grund dafür sind die intensiven Handelsbeziehungen mit den Ländern der Europäischen Union, die über die Hälfte des Handels der Bundesrepublik ausmachen. Dies führt auch dazu, dass der intra-industriell geprägte Handel mit Industrieprodukten für Deutschland sehr bedeutsam ist.

- Die internationale Verflechtung hat sich auch durch die zunehmende Bedeutung von Direktinvestitionen erhöht. Die entstehenden multinationalen Unternehmen sind an einem großen Teil des internationalen Handels beteiligt. Neben dem Absatz der Endprodukte durch die lokalen Tochterunternehmen spielt dabei im Rahmen international fragmentierter Wertschöpfungsketten auch der Handel von Vorprodukten zwischen den Konzernunternehmen eine wichtige Rolle.

Datenquellen

http://comtrade.un.org/pb [*Vereinte Nationen, Statistisches Jahrbuch des internationalen Handels: Relevant für Daten über ausländische Direktinvestitionen.*]

http://www.wto.org/english/res_e/statis_e/looking4_e.htm [*Welthandelsorganisation: Daten über Welthandel und Handelsbeschränkungen.*]

http://data.worldbank.org [*Weltbank: Daten über BIP und Entwicklungsländer.*]

http://www.oecd.org [*Organisation für wirtschaftliche Zusammenarbeit und Entwicklung: Daten für Industrieländer.*]

http://ims.destatis.de/aussenhandel [*Statistisches Bundesamt Deutschlands*]

http://epp.eurostat.ec.europa.eu/portal/page/portal/statistics/themes [*Europäisches Amt für Statistik*]

Kontrollfragen und Übungsaufgaben

1. Betrachten Sie folgende Daten (Angaben in Mio. Euro):

Land	BIP	Exporte	Importe
A	138	39	41
B	174	69	12
C	104	19	15

a) Definieren Sie die Exportquote und bestimmen Sie diese für die drei Länder! Beurteilen Sie anhand dieser Quote die relative Offenheit der drei Länder!

Benennen Sie zwei Faktoren, die die Höhe der Quote beeinflussen!

b) „Bei der Exportquote handelt es sich um ein systematisch verzerrtes Maß". Auf welches Problem der Exportquote wird hingewiesen? Was wäre ein besseres Maß für die Bestimmung der Außenhandelsverflechtung? Würde sich durch die Verwendung des alternativen Maßes die Beurteilung der Länder im konkreten Fall ändern?

c) Betrachten Sie nun Land D, das bei einem BIP von 65 Mio. Euro Güter im Wert von 89 Mio. Euro exportiert und dessen Importe 86 Mio. Euro betragen. Erläutern Sie, wie es dazu kommen kann, dass Exporte bzw. Importe das BIP eines Landes übersteigen! Wie werden solche Länder bezeichnet?

2. Betrachten Sie Abbildung 1.4 und beantworten sie folgende Fragen:

a) Welche Gründe könnten für die Entwicklung des Anteils des Handels mit Rohstoffen zwischen 1955 und 2005 verantwortlich sein?

b) Wie kann der Verlauf des Handels mit Industrieprodukten erklärt werden?

c) Inwiefern hatte der Rückgang des Welthandels im Jahr 2009 Auswirkungen auf die einzelnen Gütergruppen?

3. Sie finden das Programm „auswertung_WTO.exe" und zwei Dateien im pdf-Format („Anleitung Download Warenexporte WTO.pdf" und „Bedienung Auswertungstool.pdf") auf der Internetseite des Lehrbuchs. Um die folgenden Aufgaben zu lösen, laden Sie bitte diese drei Dateien herunter und führen mit Hilfe der Anleitungsdateien das Programm „auswertung_WTO.exe" aus.

a) Betrachten Sie die Handelsverflechtung zwischen sich entwickelnden Volkswirtschaften und Industrieländern im Jahr 2000 und 2008 im Vergleich. Welcher Trend lässt sich erkennen? Wie ist dieser zu erklären?

b) Wie wir gelernt haben, ist der Welthandel während der Finanzkrise in den Jahren 2008 und 2009 in kurzer Zeit stark zurückgegangen. Vergleichen Sie nun die Handelsströme zwischen Industrieländern und sich entwickelnden Volkswirtschaften der Jahre 2008 und 2009! Welche Rückschlüsse auf den (unterschiedlichen) Effekt der Finanzkrise auf die Handelsströme können Sie aus Ihren Ergebnissen ziehen? (Tipp: War die Wirtschaftsleistung der Industriestaaten oder der sich entwickelnden Volkswirtschaften stärker betroffen?)

2 Handelskosten und Gravitationsmodell

Themenüberblick

- Anteile am Welthandel und Anteile an der weltweiten Wertschöpfung als potentielle Determinanten für das bilaterale Handelsvolumen
- Empirische Bedeutung von Transportkosten, politischen Handelsbarrieren und anderen Kosten des Außenhandels
- Gravitationsmodell als empirischer Ansatz zur Analyse der Determinanten des bilateralen Handelsvolumens

In Teil II und III des Lehrbuchs werden wir ökonomische Modelle kennenlernen, die dazu geeignet sind, die Güterstruktur des Handels zu erklären, d. h. welche Güter ein Land exportiert, welche es importiert und in welchen Branchen wir Handel identischer oder sehr ähnlicher Produkte in beiden Richtungen beobachten. Da diese Modellansätze von zwei Ländern ausgehen und von Handelskosten abstrahieren, liefern sie nur indirekt Prognosen darüber, in welchem Umfang die einzelnen Länder am Außenhandel beteiligt sind und zudem stehen die Vorhersagen (z. B. mehr Handel zwischen unterschiedlichen Ländern) teilweise im Widerspruch zur beobachtbaren Regionalstruktur des Handels.

In diesem Kapitel wollen wir uns darum mit einem empirisch orientierten Ansatz zur Analyse der bilateralen Handelsströme beschäftigen. Als Ausgangspunkt verwenden wir ein einfaches Modell, bei dem die Anteile der Handelspartner am gesamten Welthandel zur Vorhersage der bilateralen Handelsströme genutzt werden. Wenig überraschend passen die Prognosen mit dem tatsächlichen Handelsumfang nicht sehr gut überein. Als offensichtliche Erklärung bieten sich Unterschiede in den Handelskosten (z. B. Transportkosten und Zölle) an, mit denen wir uns in einem zweiten Schritt näher beschäftigen. Abschließend wollen wir das Gravitationsmodell diskutieren, das einer Vielzahl an aktuellen empirischen Studien zugrunde liegt. Dieses benutzt neben diesen Handelskosten den Anteil der Länder am Welt-BIP als Erklärungsvariable für das Handelsvolumen.

2.1 Bilaterales Handelsvolumen in einer Welt ohne Handelskosten

Zunächst wollen wir ein grundlegendes Modell betrachten, bei dem der Umfang des Welthandels und der Anteil der einzelnen Länder am Welthandelsvolumen als exogen gegeben angenommen wird. Auf Grundlage der Export- und Importanteile trifft das Modell dann eine Vorhersage über die bilateralen Handelsströme, wobei implizit unterstellt wird, dass es rein zufällig ist, aus welcher Exportnation i ein Importland j ein bestimmtes Gut bezieht.

Wie funktioniert das konkret? Angenommen, das weltweite Handelsvolumen eines Gutes liegt bei HV, die Exporte von Land i betragen EX_i und die Importe von Land j belaufen sich auf IM_j. Damit gibt der Anteil $ex_i = EX_i/HV$ die Wahrscheinlichkeit an, dass Land i beim Export einer Einheit des Gutes der Exporteur ist. Entsprechend ist mit einer Wahrscheinlichkeit von $im_j = IM_j/HV$ Land j der Importeur. Die Wahrscheinlichkeit für einen Export des Gutes von Land i nach Land j ergibt sich dann als Produkt der beiden als unabhängig angenommenen Wahrscheinlichkeiten:

$$\text{Prob}_{i \to j} = ex_i \cdot im_j. \tag{2.1}$$

Auf Grundlage dieser Wahrscheinlichkeit können wir nun das Exportvolumen $EX_{i \to j}$ zwischen Land i und Land j vorhersagen:

$$EX_{i \to j} = HV \cdot ex_i \cdot im_j = \frac{EX_i \cdot IM_j}{HV}. \tag{2.2}$$

Wir wollen nun an einem Beispiel empirisch überprüfen, ob sich die vorhergesagten Handelsströme mit den tatsächlichen Handelsbeziehungen decken. Dazu betrachten wir den Gesamtwert der deutschen Warenexporte nach Frankreich und nach Japan. Im Jahr 2008 betrug der Anteil der Exporte von Deutschland (Land i) am gesamten Welthandelsvolumen 8,5 %, während die Importe Frankreichs (Land j) für 4,2 % und diejenigen von Japan für 4,6 % des Welthandelsvolumen verantwortlich waren. Nach dem Wahrscheinlichkeitsmodell würden wir prognostizieren, dass 8,5 %·4,2 % = 0,357 % aller weltweit gehandelten Güter von Deutschland nach Frankreich und entsprechend 8,5 %·4,6 % = 0,391 % von Deutschland nach Japan exportiert würden. Nach Daten der WTO und des Statistischen Bundesamtes Deutschland liegt der tatsächliche Anteil für Frankreich aber bei 0,7 % und derjenige für Japan bei nur 0,09 %.

Das einfache Wahrscheinlichkeitsmodell unterschätzt also die Exporte von Deutschland nach Frankreich, während es diejenigen von Deutschland nach Japan deutlich überschätzt. Da die drei Länder bezüglich ihres Entwicklungsstandes, ihrer Wirtschaftskraft und des produzierten Güterspektrums relativ ähnlich sind, stellt sich die Frage, wie diese doch erhebliche Diskrepanz zu erklären ist. Eine Erklärungsmöglichkeit bieten Unterschiede in den Handelskosten: Aufgrund der geographischen Distanz fallen beim Handel zwischen Deutschland und Japan deutlich höhere Transportkosten an und zudem bestehen zwischen den EU-Mitgliedern Deutschland und Frankreich keine politischen Handelshemmnisse in Form von Zöllen oder Kontingenten.

Wie können wir die Auswirkung von Handelskosten in unseren Modellansatz integrieren? Die Handelskosten können als eine Art Widerstand aufgefasst werden, der den Handel zwischen zwei Ländern abschwächt. In einer modifizierten Form von (2.1) können wir den Effekt durch einen **Widerstandsfaktor** $R_{i \to j}$ abbilden:

$$\text{Prob}_{i \to j} = \frac{\text{ex}_i \cdot \text{im}_j}{R_{i \to j}}. \tag{2.3}$$

Der Parameter $R_{i \to j}$ kann dabei von einer Vielzahl an Einflussgrößen abhängig sein: Neben der geographischen Distanz oder der Einbindung in eine regionale Freihandelszone kann beispielsweise auch die kulturelle Verschiedenheit zweier Länder ein Aspekt sein, der die Handelsbeziehungen hemmt. Der Parameter $R_{i \to j}$ müsste also beispielsweise in Abhängigkeit von der Distanz zunehmen und bei der Integration in eine Freihandelszone einen geringeren Wert annehmen – im konkreten Beispiel würde die Modellvorhersage bei einem Faktor 4 für Japan und einem Faktor 0,5 für Frankreich stimmen. Wie man entsprechende Größen empirisch schätzen kann, werden wir bei der Diskussion des Gravitationsmodells in Abschnitt 2.3 zeigen. Zunächst wollen wir uns aber mit den Handelskosten näher beschäftigen, die diesen Widerstand verursachen können.

2.2 Transportkosten, Zölle und andere Handelskosten

In den Modellen der traditionellen Außenhandelstheorie bei vollkommenem Wettbewerb, die wir in Teil II betrachten werden, wird von Handelskosten abstrahiert: Länder werden dadurch voneinander abgegrenzt, dass die Produktionsfaktoren zwischen den Ländern immobil sind. Der Außenhandel selbst ist friktionslos und findet auf einem Punktmarkt statt. Nur bei der Analyse der Handelspolitik werden Handelskosten in Form von Zöllen berücksichtigt. In der neuen Außenhandelstheorie (Teil III) werden teilweise Handelskosten eingeführt, um eine Separierung der Märkte zu erreichen. Auch hier spielt jedoch ebenso wie bei der Analyse der Handelspolitik die geographische Distanz keine Rolle.[1]

Da Handelskosten empirisch bedeutsam sind, halten wir es für sinnvoll, sie am Anfang dieses Buches zu thematisieren, auch wenn sie anschließend in der theoretischen Analyse nur wenig berücksichtigt werden. Konkret wollen wir nun folgende Fragen

---

[1]Anders sieht es in neueren regionalökonomischen Ansätzen aus, die auf der Modellierung im Rahmen der neuen Außenhandelstheorie aufbauen und die Verteilung ökonomischer Aktivitäten im Raum analysieren. Diese Ansätze sind für außenwirtschaftliche Fragestellungen durchaus von Interesse, können aber aus Platzgründen im vorliegenden Lehrbuch nicht behandelt werden. Als weiterführende Literatur hierfür können wir empfehlen:
Brakman, S., Garretsen, H., van Marrewijk, C. und A. van Witteloostuijn (2006), Nations and Firms in the Global Economy, Cambridge: Cambridge University Press, insbesondere Part II sowie Combes, P.-P., Mayer, T. und J.-F. Thisse (2008), Economic Geography, Princeton, NJ: Princeton University Press.

klären: Welche Arten von Handelskosten gibt es? Welchen Umfang haben Handelskosten im Vergleich zu den Herstellungskosten der Güter? Wie hoch ist die relative
Bedeutung einzelner Arten von Handelskosten wie beispielsweise Transportkosten
oder Handelsbeschränkungen? Welche Rolle spielen Handelskosten für die Integration verschiedener Länder in die Weltwirtschaft und für die Aktivitäten von Unternehmen? Wie haben sich wichtige Arten von Handelskosten im Zeitablauf entwickelt?

2.2.1 Abgrenzung, Messung und Bedeutung von Handelskosten

Unter **Handelskosten** werden alle Kosten zusammengefasst, die damit verbunden
sind, ein Gut vom Hersteller zum Konsumenten zu bringen. Handelskosten umfassen
somit alle Ausgaben, die für den Transport, im Zusammenhang mit der Überwindung von Landesgrenzen und bei der Distribution der Güter im Zielland anfallen.
Handelskosten sind trotz des weltweiten Abbaus von Handelshemmnissen, Innovationen bei der Kommunikation und im Transportsektor sowie der Verbesserung der
Infrastruktur nach wie vor ökonomisch nicht vernachlässigbar.

Die Messung von Handelskosten ist in der Praxis schwierig. Zwar gibt es für ökonomische Handelsbarrieren, wie beispielsweise Zölle sowie für Transportkosten durchaus Datenquellen, andere Handelskosten können jedoch meist nur indirekt erfasst
werden. Eine Möglichkeit dafür ist der Vergleich von Preisen. So können durch den
Vergleich des f.o.b.-Exportpreises (f.o.b. = *free on board*) mit dem c.i.f.-Importpreis
(c.i.f. = *cost insurance freight*) die Kosten des Transports vom Exporthafen zum
Importhafen erfasst werden. Wird statt dem c.i.f.-Importpreis der Verkaufspreis im
Importland herangezogen, so werden auch Zölle und Distributionskosten im Zielland
erfasst. Schließlich können Handelskosten im Rahmen eines ökonomischen Modells
geschätzt werden, bei dem Handelsströme und beobachtbare Variablen zur Schätzung der Handelskosten herangezogen werden. Diese Schätzungen basieren normalerweise auf dem Gravitationsmodell, das eine Erweiterung des Wahrscheinlichkeitsmodell aus dem letzten Abschnitt darstellt.

Handelskosten unterscheiden sich erheblich zwischen den einzelnen Ländern. Sie sind
beispielsweise höher, wenn Länder keinen Zugang zum Meer haben oder sich weit
entfernt von wichtigen Handelspartnern befinden. Andererseits verringert etwa der
Abbau regulatorischer Hemmnisse im Rahmen des europäischen Binnenmarkts die
Handelskosten zwischen den Mitgliedsländern der EU erheblich. Die ökonomische
Relevanz der Handelskosten hängt aber auch von der Art der Güter ab. So sind
beispielsweise Transportkosten bei hochwertigen Industrieprodukten im Vergleich
zu Agrargütern und Rohstoffen relativ unwichtig.

Um eine Vorstellung von der grundsätzlichen Dimension der einzelnen Arten der
Handelskosten zu erhalten, wollen wir nun aber von diesen Unterschieden abstrahieren und die durchschnittlichen Handelskosten für ein Industrieland betrachten.
Nach Anderson/van Wincoop (2004) entsprechen die durchschnittlichen Handelskosten beim Export in ein Industrieland einem Aufschlag von 170 % auf die Her-

stellungskosten: Zum einen entstehen beim Handel eines Gutes internationale Handelskosten, welche sich wiederum aus Transportkosten und grenzbezogenen Kosten zusammensetzen und das Gut damit um 74 % verteuern. Zum anderen ergeben sich Vertriebskosten im Zielland, die insgesamt 96 % betragen (bezogen auf den reinen Herstellungspreis ohne internationale Handelskosten). Die Aufspaltung in die verschiedenen Arten von Handelskosten ist in Tabelle 2.1 im Detail dargestellt.

Kostenkategorie	in %
Frachtkosten	11
Zeitkosten	10
Σ Transportkosten	21
Zölle und andere Handelsbarrieren	10
Sprachbarrieren	9
Wechselkurs- und Währungskosten	19
Informationskosten	10
Sicherungskosten	5
Σ Grenzbezogene Kosten	53
Σ Internationale Handelskosten	74
Σ Nationale Vertriebskosten	96
Σ Gesamter Preisaufschlag	170

Quelle: Eigene Darstellung basierend auf Daten aus Anderson/van Wincoop (2004), S. 692f.

Tab. 2.1: Schätzung der Preisaufschläge durch Handelskosten am Beispiel USA

Interessant ist bei dieser Aufstellung, dass direkt erfassbare Kosten wie Frachtkosten sowie Zölle und andere Handelsbarrieren, nur einen relativ kleinen Teil der internationalen Handelskosten ausmachen. Indirekte Transaktionskosten in der Form von Zeitkosten, Sprachbarrieren, Informationskosten und Sicherungskosten sind demgegenüber bedeutsamer.

Handelskosten sind in zweierlei Hinsicht wichtig für die Analyse von Handel und Wettbewerb in globalen Märkten:

■ Zum einen führen Handelskosten dazu, dass die geographische Lage eines Landes einen starken Einfluss darauf hat, in welchem Ausmaß das Land in den internationalen Handel eingebunden ist und wie sich die Güterstruktur seines Außenhandels zusammensetzt. Wir haben diesen Aspekt bereits in Kapitel 1 anhand des Vergleichs zwischen Deutschland auf der einen und den USA und Japan auf der anderen Seite thematisiert.

▪ Zum anderen sind Handelskosten für die Entscheidungen der Unternehmen über die Ausgestaltung ihrer Wertschöpfungsprozesse in Produktion und Distribution von zentraler Bedeutung. Sollen bestimmte Teile des Produktionsprozesses in andere Länder ausgelagert werden? Auf welchen Absatzmärkten soll das Unternehmen aktiv sein? Darüber hinaus bietet die Existenz von Handelskosten einen Anreiz, als Intermediär Teile des Handelsprozesses zu geringeren Kosten abzuwickeln.

Wir wollen nun zunächst im Kontext der politischen Handelsbarrieren die Frage der Beteiligung von Ländern am Außenhandel vertiefen. Im Anschluss werden wir die Unternehmensperspektive in Zusammenhang mit der Entwicklung der Transportkosten beleuchten.

2.2.2 Politische Handelsbarrieren und Anteil am Welthandel

Wie bereits angesprochen, sind die in Tabelle 2.1 angegebenen durchschnittlichen Werte für Zölle und andere Handelsbarrieren mit nur 10 % im Vergleich zu den anderen Kosten eher unbedeutend. Für Agrargüter, Bergbauerzeugnisse und Textilien sind die Handelsbarrieren jedoch häufig erheblich höher. So betrug in der EU im Jahr 1999 das Zolläquivalent für Bergbauerzeugnisse 71 %, für Agrarprodukte 32 % und für Kleidung 31 %, während der durchschnittliche Schutz bei Industrieprodukten nur bei knapp 8 % lag. Durch diese Maßnahmen verringert sich insbesondere der inter-industrielle Handel mit den Entwicklungs- und Schwellenländern, während die Handelsbarrieren beim intra-industriellen Handel zwischen den Industrieländern nur eine geringe Rolle spielen.

Die Höhe der politisch verursachten Handelsbarrieren unterscheidet sich jedoch nicht nur deutlich zwischen den verschiedenen Gütern sondern auch zwischen Industrie- und Entwicklungsländern. Zudem sind in vielen Entwicklungsländern die Handelskosten häufig deswegen höher, da die Qualität der staatlich bereitgestellten Infrastruktur (z. B. Schienen- und Straßennetz) schlechter als in Industrieländern ist. Des Weiteren können durch eine ineffiziente Zollverwaltung trotz niedriger Zollsätze erhebliche Handelsbarrieren entstehen. In Tabelle 2.2 wird hierzu aufgezeigt, wie viele Tage es je nach Region im Durchschnitt dauert, um ein Gut in ein Land dieser Region einzuführen und welcher Anteil der Importgüter kontrolliert wird.

Die Tabelle zeigt in der linken und mittleren Spalte die Zeitdauer jeweils für die Jahre 2005 und 2010, die in der jeweiligen Region durchschnittlich benötigt wird, bis für ein importiertes Gut alle relevanten Dokumente für die Einfuhr ausgefüllt und geprüft sind, das Gut im Importhafen verladen ist und gegebenenfalls die Fracht durch den Zoll kontrolliert ist. Hier wird die Dimension der Zeitkosten deutlich, die gerade im südlichen Afrika die für die USA in Tabelle 2.1 geschätzten 10 % um ein Mehrfaches übersteigen dürfte. Die Hauptverzögerung entsteht dabei aber nicht durch Mängel der Infrastruktur, sondern durch die Zollverwaltung: Die Vorbereitung von Einfuhrunterlagen, Zollkontrollen und Inspektionen ist für etwa drei Viertel

Region	Tage für Import 2005	Tage für Import 2010	kontrollierte Importfracht (%)
OECD-Mitgliedsländer	14	11	5
Ostasien und Pazifik	28	24	31
Lateinamerika und Karibik	36	20	51
Osteuropa und Zentralasien	43	28	18
Mittlerer Osten und Nordafrika	43	24	63
Südasien	47	33	69
Südliches Afrika	59	38	67

Quelle: Eigene Darstellung basierend auf Daten des Doing Business Report 2006 (S. 54; 57) und Datenbank auf www.doingbusiness.org.

Tab. 2.2: Nicht-tarifäre Handelshemmnisse im weltweiten Vergleich

der angegebenen Zeitspanne verantwortlich. Der Vergleich von 2005 und 2010 zeigt allerdings, dass die Zeitdauer stark rückläufig ist: Allein im mittleren Osten und Nordafrika sind sie von 43 auf 24 Tage und damit um 45 % gesunken. In Deutschland ist die Dauer hingegen unverändert geblieben und beträgt im Schnitt 7 Tage.

In der rechten Spalte steht der prozentuale Anteil der Importe, der genauer kontrolliert wird. Der hohe Anteil in Afrika und Südasien führt sowohl zu deutlich höheren Kosten der Zollverwaltung als auch zu der oben thematisierten Zeitverzögerung. Berücksichtigt man außerdem noch, dass in vielen Entwicklungsländern bei der Einfuhr bis zu 80 Unterschriften benötigt werden, kann man sich leicht vorstellen, dass über die Zeitverzögerung hinaus noch zusätzliche Handelskosten durch die hohe Wahrscheinlichkeit von Korruption auftreten.

Aber selbst in stark integrierten Handelsräumen wie dem europäischen Binnenmarkt können staatliche Regulierungen den zwischenstaatlichen Handel beeinträchtigen. So gilt in der EU der Grundsatz, dass beim Handel zwischen EU-Mitgliedsländern die Rechtsnormen des Staates angewendet werden, in dem der Verbraucher lebt. Ein deutscher Küchengerätehersteller muss sich dann an polnisches oder französisches Vertrags- und Haftungsrecht halten, wenn er seine Küchengeräte nach Polen oder Frankreich exportiert. Für mittelständische Unternehmen in Deutschland sind diese verschiedenen Rechtsordnungen ein wichtiges nicht-tarifäres Handelshemmnis: In einer Umfrage der Deutschen Industrie- und Handelskammer nannten 29 % „Rechtsunsicherheit" als Haupthindernis für grenzüberschreitende Geschäfte in der EU.

2.2.3 Transportkosten und Unternehmensentscheidungen

Wie wir nun gesehen haben führen Transportkosten beim Handel zwischen Industrieländern im Durchschnitt nur zu einem Aufschlag von etwa 20 % auf die Herstellungskosten, wobei sich die Bedeutung von Transportkosten je nach dem betrachteten Gut drastisch unterscheiden kann. Andererseits sind bei bestimmten Gütern die Aspekte Schnelligkeit und Zuverlässigkeit der Lieferung so wichtig, dass die Höhe der Transportkosten dabei eher in den Hintergrund tritt.

In Kapitel 1 haben wir argumentiert, dass die Reduktion von Zöllen und anderen Handelsbarrieren für die Ausweitung des Handels von zentraler Bedeutung ist. Die Frage ist nun, ob nicht die Entwicklung der Transportkosten oder zumindest diejenige der Transportqualität ähnlich bedeutsam ist.

In der zweiten Hälfte des letzten Jahrhunderts gab es zwei zentrale Entwicklungen beim weltweiten Transport. Zum einen gewann der Lufttransport zunehmend an Bedeutung – so wurden im Jahr 2004 in den USA 32 % des Importwerts und sogar 53 % des Exportwerts per Luftfracht transportiert. Zum anderen verbesserte sich die Nutzung von Containern, hier insbesondere der kombinierte Transport zu Schiff und auf dem Land, und ermöglichte es in modernen Ozeanriesen mehr als das zehnfache der durchschnittlichen Tonnage der Handelsschiffe um 1950 zu transportieren. Während beim Lufttransport seit 1950 ein stetiger Rückgang der Transportkosten zu verzeichnen war, ist beim Schiffstransport eine uneinheitliche Entwicklung zu verzeichnen: Zunächst waren die Kosten weitgehend konstant, erhöhten sich dann ab 1970 im Zuge der Ölpreiskrisen deutlich, um anschließend wieder zurückzugehen. Dabei ist jedoch zu beachten, dass durch die verkürzten (Um-)Ladezeiten durch die Containernutzung eine deutliche Qualitätserhöhung entstanden ist.

Die sich zunehmend verbessernde Informations- und Kommunikationstechnologie sowie modernere und größere Frachter senken die Transportkosten weiter. Abhängig davon, wie intensiv ein internationales Unternehmen von diesen neuen Möglichkeiten im Rahmen des Supply-Chain-Management Gebrauch macht, kann es dadurch erhebliche Wettbewerbsvorteile erzielen.

Wir können uns somit die Frage stellen: Wie wichtig sind Transportkosten für die Unternehmen? Transportkosten spielen eine entscheidende Rolle bei der Wahl des Landes, in welchem ein Unternehmen produziert: Bei hohen Transportkosten liegt es nahe, im Rahmen eines multinationalen Unternehmens nicht unbedingt im Heimatland des Mutterunternehmens oder in einem Land mit möglichst geringen Produktionskosten für die entsprechende Wertschöpfungsstufe zu produzieren, sondern in der Nähe der Kunden. Beispielsweise plante Tesla Motors, der amerikanische Hersteller von Elektrofahrzeugen, zunächst, die benötigte 450-Kilogramm schwere Batterie in Thailand herzustellen, dann in einer Fabrik in Großbritannien in die Karosserie einzubauen und erst die Endmontage in den USA durchzuführen. Aufgrund steigender Ölpreise und damit höherer Transportkosten entschied sich das Management von Tesla Motors jedoch letztlich, die gesamte Wertschöpfung in den USA, also in der Nähe der potentiellen Kunden, zu erbringen.

2.3 Gravitationsmodell

Mit dem grundlegenden Verständnis über die Quellen von Handelskosten und damit des „Widerstandsfaktors" aus dem Wahrscheinlichkeitsmodell, können wir uns nun dem Gravitationsmodell zuwenden. Dort wird eine ökonomische Erklärung für die Anteile der Länder am Handel eingeführt: Der Anteil am Außenhandel ist proportional zur mit dem **BIP** gemessenen wirtschaftlichen Größe eines Landes. Dies erscheint plausibel: In einem großen inländischen Markt finden sich sicherlich mehr exportierende Firmen als in einem kleinen Markt. Umgekehrt werden Unternehmen eher in wirtschaftlich bedeutende Länder exportieren, da sie dort die größten Chancen für ihren Produktabsatz sehen.

Auf Grundlage dieser Überlegungen können wir einen einfachen Zusammenhang herleiten, der berücksichtigt, dass die Exporte umso größer sein werden, je größer der inländische und der ausländische Markt sind und je geringer der Widerstand zwischen den beiden Ländern ist:

$$\mathrm{EX}_{i \to j} = \frac{\mathrm{BIP}_i \cdot \mathrm{BIP}_j}{R_{i \to j}}. \tag{2.4}$$

Diese Gleichung stellt die einfachste Form des Gravitationsmodells dar. Die Bezeichnung stammt daher, dass sie analog dem Newtonschen Gravitationsgesetz aufgebaut ist, das die Anziehungskraft zweier Massen beschreibt. Der Anziehungskraft, die im physikalischen Gravitationsgesetz erklärt wird, entsprechen hier die Exporte von Land i nach Land j. Der gemeinsame Handel fällt umso größer aus, je ähnlicher und je größer die Länder bezogen auf ihr BIP sind. Dieses Modell eignet sich besonders zur Analyse des intra-industriellen Handels, mit dem wir uns in den Kapitel 11 und 12 näher beschäftigen werden. Hier wird im Gegensatz zu den Ansätzen der traditionellen Handelstheorie der Handel für in Bezug auf Technologie, Präferenzen und Faktorausstattung symmetrische Länder erklärt und gezeigt, wie Handelsmotive aufgrund dieser Asymmetrien den Gravitationseffekt überlagern können.

Wir können uns die Plausibilität des Grundansatzes und die Implikationen für den Umfang des bilateralen Handels an einem stark vereinfachten Beispiel veranschaulichen. In Szenario A ist das gesamte Welt-BIP sehr ungleich verteilt, Land i hat einen Anteil von 95 % und Land j verfügt entsprechend über die restlichen 5 %. In Szenario B ist das Welt-BIP gleichmäßig aufgeteilt und beide Länder haben jeweils einen Anteil von 50 %. Wir gehen nun davon aus, dass die Ausgaben für Produkte aus den beiden Ländern in dem prozentualen Umfang getätigt werden, den sie an den Weltausgaben haben. Wir abstrahieren damit implizit vollständig von Handelskosten und Präferenzen für heimische Produkte, die einen größeren Anteil der heimischen Produkte an den Gesamtausgaben bedingen würden. Die Bewohner beider Länder werden dann in Szenario A 95 % ihres Einkommens (und damit ihres BIPs) für Güter aus Land i aufwenden – in Szenario B liegt der Ausgabenanteil entsprechend bei 50 %. Somit ergibt sich für Land i in Szenario A eine Exportquote von 5 % und in

Szenario B von 50 %. Nun gewichten wir die Exportquoten entsprechend dem BIP-Anteil der Länder. Damit werden in Szenario A $5\% \cdot 95\% + 95\% \cdot 5\% = 9{,}5\%$ des Welt-BIPs exportiert. In Szenario B sind es hingegen $50\% \cdot 50\% + 50\% \cdot 50\% = 50\%$ und damit deutlich mehr.

Somit sagt das Gravitationsmodell voraus, dass zwischen wirtschaftlich etwa gleich großen Ländern mehr Handel stattfinden wird als zwischen unterschiedlich großen Nationen. Dieser Zusammenhang bleibt in abgeschwächter Form auch dann erhalten, wenn wir die strikten Annahmen der gleichverteilten Konsumausgaben und das Fehlen jeglicher Handelskosten lockern. Für die absolute Exportmenge spielt aber nicht nur die relative, sondern natürlich auch die absolute Größe der Handelspartner eine wichtige Rolle: Zwei ähnliche, aber sehr kleine Länder werden ein (absolut) geringeres Handelsvolumen aufweisen als zwei gleich ähnliche Länder mit höherem BIP.

Das Gravitationsmodell liegt heute vielen empirischen Studien zugrunde. Hierfür müssen die einzelnen erklärenden Variablen allerdings noch gewichtet werden – diese Gewichtungsfaktoren sind schließlich die Parameter, die geschätzt werden. Üblicherweise wird auch nicht ein allgemeiner Widerstandsfaktor betrachtet, sondern konkret die Entfernung zwischen den Handelspartnern als Widerstandsgröße verwendet:

$$\mathrm{EX}_{i \to j} = k \cdot \mathrm{BIP}_i^{\alpha} \cdot \mathrm{BIP}_j^{\beta} \cdot D_{ij}^{-\gamma}. \tag{2.5}$$

Dabei ist k eine Konstante und D_{ij} die geographische Entfernung zwischen den beiden Ländern. Die Parameter α, β und γ stellen die Schätzgrößen dar: Je größer sie ausfallen, umso stärker ist der Einfluss ihrer erklärenden Variablen. So bedeutet etwa $\alpha > \beta (> 0)$, dass eine Erhöhung des BIPs im Exportland die Exporte dieses Landes stärker erhöhen würde, als ein gleichgroßer Zuwachs des BIPs im Importland.

Die üblicherweise verwendete und einfachste Schätzmethode ist die sogenannte Methode der kleinsten Quadrate. Dabei wird von einem linearen Zusammenhang zwischen der erklärten und den erklärenden Variablen ausgegangen und ein normalverteilter stochastischer Störterm unterstellt. Um aus (2.5) einen linearen Zusammenhang abzuleiten, müssen wir beide Seiten logarithmieren:

$$\ln \mathrm{EX}_{i \to j} = \ln k + \alpha \cdot \ln \mathrm{BIP}_i + \beta \cdot \ln \mathrm{BIP}_j - \gamma \cdot \ln D_{ij}. \tag{2.6}$$

Zur Erhöhung der Aussagekraft ist es zudem sinnvoll, zusätzliche Einflussfaktoren für die Handelskosten, wie beispielsweise die gemeinsame Mitgliedschaft in einer Freihandelszone oder das Vorliegen einer gemeinsamen Grenze, als weitere Erklärungsvariablen zu berücksichtigen. Eine relativ aktuelle ökonometrische Schätzung der Gravitationsgleichung[2] führt auf folgende Parameter:

---

[2]Feenstra, R. C., J. R. Markusen und A. K. Rose (2001), Using the Gravity Equation to Differentiate among Alternative Theories of Trade, Canadian Journal of Economics, Vol. 34, No. 2, 430–447.

$$\ln \text{EX}_{i \to j} = \ln k + 0{,}54 \cdot \ln \text{BIP}_i + 0{,}81 \cdot \ln \text{BIP}_j - 0{,}89 \cdot \ln D_{ij} +$$
$$+ 0{,}26 \cdot \ln \text{Grenze} + 0{,}61 \cdot \ln \text{Sprache} + 1{,}06 \cdot \ln \text{FHA} \quad (2.7)$$

Dabei handelt es sich bei Grenze, Sprache und Freihandelsabkommen (FHA) um sogenannte Dummy-Variablen, d. h. sie nehmen den Wert 1 an, wenn die Bedingung erfüllt ist und andernfalls den Wert 0: Grenze nimmt dann den Wert 1 an, wenn die Handelspartner über eine gemeinsame Grenze verfügen, Sprache ist dann 1, wenn in den Partnerländern die gleiche Sprache gesprochen wird und FHA nimmt den Wert 1 an, wenn zwischen den Ländern ein Freihandelsabkommen besteht. Andernfalls sind die Werte jeweils 0.

Die Interpretation der Gleichung ist einfach: Positive Schätzgrößen weisen auf einen positiven Zusammenhang hin, während negative Größen einen negativen Zusammen-hang widerspiegeln. Wir erkennen damit, dass ein höheres BIP des Export- und des Importlandes die Exporte vergrößert und, dass der Effekt des Ziellandes dabei aus-geprägter ist. Ebenfalls von Vorteil sind eine gemeinsame Grenze, eine gemeinsame Sprache und ein Freihandelsabkommen. Dabei ist etwa der Effekt eines Freihan-delsabkommens stärker als derjenige einer gemeinsamen Sprache oder einer gemein-samen Grenze ($1{,}06 > 0{,}61 > 0{,}26$). Wie zu erwarten, nehmen die Exporte zudem mit zunehmender Entfernung ab, wobei die Schätzung mit logarithmierten Größen folgende Interpretation erlaubt: Wenn die Entfernung um $1\,\%$ zunimmt, sinkt das Exportvolumen um durchschnittlich $0{,}89\,\%$.

Box 2.1 Bedeutung von Grenzen am Beispiel USA und Kanada

Als kritische Annahme des Gravitationsmodell erweist sich die Unterstellung, dass bei der Wahl der konsumierten Güter das Ursprungsland keine Rolle spielt. Wir können jedoch an einem konkreten Beispiel zeigen, dass im Allge-meinen mehr Handel *innerhalb* von Ländern als zwischen Staaten stattfindet – trotz gleicher geographischer Entfernung zwischen den handelnden Regionen und der Mitgliedschaft in einer gemeinsamen Freihandelszone.

Dieses Ergebnis wurde in einer empirischen Studie abgeleitet, bei der aus sechs der *sieben* kanadischen Provinzen, die die Grenze mit den USA bilden, und sechs Bundesstaaten der USA jeweils Paare bestehend aus einer kanadischen Provinz und einem amerikanischen Bundesstaat gebildet wurden. Die Paarbil-dung erfolgte danach, dass beide Regionen ungefähr gleich weit von British Columbia, der siebten kanadischen Provinz im Südwesten Kanadas, entfernt liegen.

Wenn wir jetzt die Handelsbeziehungen (Exporte und Importe) dieser Regionen-Paare mit British Columbia im Jahr 1996 vergleichen, zeigt sich, dass der Handel als Anteil am BIP bei allen kanadischen Provinzen deutlich höher ist als derjenige mit dem jeweils gleich weit entfernten amerikanischen

Bundesstaat. Transportkosten kommen aufgrund der gleichen Entfernung nicht als Ursache in Frage. Da sowohl die USA als auch Kanada Mitglieder der NAFTA sind, können auch Zölle nicht als Erklärung dienen – die Grenze ist eine der offensten Grenzen der Welt. Auch sind sich beide Länder kulturell sehr ähnlich und bis auf die französischen Provinzen im Osten Kanadas können auch Sprachbarrieren keine Rolle spielen.

Die Abnahme des Handels muss also durch die bloße Notwendigkeit eines Überschreitens der Grenze zwischen zwei Nationen erklärt werden. Nach Schätzungen mit dem Gravitationsmodell ist dabei der Effekt der Grenzüberquerung vergleichbar mit einem Transport der Güter über eine Distanz von rund 2.900 km (1.780 Meilen).[3]

Was haben wir gelernt?

■ Die Anteile am Welthandel sind, allein betrachtet, kaum geeignet, bilaterale Handelsströme vorherzusagen. Transportkosten und andere Handelskosten führen dazu, dass der Handel mit den unmittelbaren Nachbarländern normalerweise sehr viel ausgeprägter ist als mit geographisch weit entfernten Ländern.

■ Bei den Handelskosten spielen die unmittelbar monetär erfassbaren Transportkosten und Zölle eine geringere Rolle als indirekte Transaktionskosten wie Zeit-, Sicherungs- und Informationskosten.

■ Internationale Handelskosten sind insgesamt bedeutsam und sorgen dafür, dass für die meisten Länder der Außenhandel deutlich weniger ausgeprägt ist als der Binnenhandel. Handelskosten sind jedoch nicht homogen und spielen insbesondere beim Handel mit relativ hochwertigen Industrieprodukten zwischen Industrieländern eine deutlich geringere Rolle.

■ Das Gravitationsmodell zeigt, dass die bilateralen Handelsströme prinzipiell proportional zur wirtschaftlichen Größe der beteiligten Länder sind, wenn für die geographische Distanz und für andere wichtige Determinanten der Handelskosten kontrolliert wird.

---

[3]Engel, C. und J. H. Rogers (1996), How Wide is the Border?, American Economic Review, Vol. 86, No. 5, S. 1120.
Quelle: McCallum, J. (1995), National Borders Matter: Canada-U.S. Regional Trade Patterns, American Economic Review, Vol. 85, No. 3, 615–623.

Ergänzende und weiterführende Literatur

Anderson, J. E. und E. van Wincoop (2004), Trade Costs, Journal of Economic Literature, Vol. 42, 691–751. [*Überblick zu empirischen Arbeiten und Ergebnissen bezüglich Handelskosten.*]

Feenstra, R. C. (2004), Advanced International Trade. Theory and Evidence, Princeton: Princeton University Press, ch. 5. [*Verbindung zwischen der Theorie intra-industriellen Handels und Gravitationsmodell. Überblick zu empirischen Studien mit dem Gravitationsmodell.*]

Hummels, D. (2007), Transportation Costs and International Trade in the Second Era of Globalization, Journal of Economic Perspectives, Vol. 21, No. 3, 131–154. [*Entwicklung der Transportkosten seit dem Zweiten Weltkrieg.*]

Krugman, P. R. und M. Obstfeld (2009), International Economcis. Theory and Policy, Boston: Pearson Education, S. 13–19. [*Gute Einführung in das Konzept des Gravitationsmodells mit Anwendung auf Handel der USA mit Europa, Kanada und Mexiko.*]

Kontrollfragen und Übungsaufgaben

1. Bewerten Sie die Aussage: „Wenn Deutschland 10 % des weltweiten Volumens eines Gutes exportiert und Namibia 5 % des weltweiten Volumens importiert, dann beträgt der Gesamthandel beider Länder 0,5 % des weltweiten Volumens."

2. Aus welchen Komponenten setzen sich die Handelskosten zusammen? Benennen Sie mögliche Ursachen dafür, warum die einzelnen Komponenten unterschiedlich stark relevant für die Gesamtkosten sind!

3. Ihnen wird folgendes Ergebnis einer ökonometrischen Studie vorgelegt:

$$\ln EX_{i \to j} = \ln k + 1{,}758 \cdot \ln BIP_i - 0{,}523 \cdot \ln BIP_j + 1{,}744 \cdot \ln D_{ij},$$

   wobei EX_{ij} der Exportwert, BIP_i und BIP_j das BIP von Exportland i und Importland j und D_{ij} die Entfernung zwischen den Handelspartnern bezeichnet.

   a) Erläutern Sie zunächst allgemein die Idee des zugrundeliegenden Gravitationsmodells und stellen Sie die allgemeine Gleichung auf! Diskutieren Sie, ob dieses Modell besser zur Abbildung inter- oder intra-industriellen Handels geeignet ist!

   b) Sind die obigen Ergebnisse plausibel? Interpretieren Sie die Schätzgrößen! Wo könnten Fehler unterlaufen sein?

   c) Benennen Sie zwei weitere Variablen, die Ihrer Meinung nach berücksichtigt werden sollten und begründen Sie deren Einfluss!

Teil II

Traditionelle Handelstheorie: Länder und Faktoren

3 Vollkommener Wettbewerb und Handelsvorteile: Partialanalyse

Themenüberblick

- Bestimmung des Marktgleichgewichts bei vollkommenem Wettbewerb und Wohlfahrtsanalyse im Angebot-Nachfrage-Diagramm
- Außenhandel im Ein-Sektor-Modell mit zwei Ländern: Bestimmung des Weltmarktpreises und der Wohlfahrtswirkung bei Übergang zu Freihandel
- Wirkung von Handelskosten und Wechselkursanpassungen auf das Außenhandelsgleichgewicht
- Außenhandel aus Unternehmensperspektive

Ausgangspunkt unserer Analyse ist eine Situation mit **vollkommenem Wettbewerb** in einem Partialmarkt. Für vollkommenen Wettbewerb müssen zwei zentrale Bedingungen, vollkommener Markt und polypolistische Marktstruktur, erfüllt sein.

- Man spricht von einem **vollkommenen Markt**, wenn die Güter homogen – d. h. sachlich gleichartig – sind, keine räumlichen, zeitlichen oder persönlichen Präferenzen der Konsumenten für einen der Anbieter bestehen und die Marktteilnehmer vollständig informiert sind. Unter diesen Bedingungen muss sich im Gleichgewicht ein einheitlicher Preis für das Gut ergeben.

- Für vollkommenen Wettbewerb muss zusätzlich die Zahl der Anbieter und der Nachfrager jeweils so groß sein, dass kein Marktteilnehmer den Marktpreis beeinflussen kann. Man spricht dann von einer **polypolistischen Marktstruktur**, in der sowohl Anbieter als auch Nachfrager den Marktpreis als gegeben betrachten und ihre Produktions- und Konsummengen optimal anpassen.

Die Bedingungen für vollkommenen Wettbewerb sind in der Realität meist nicht erfüllt – am ehesten noch für Rohstoffe (z. B. Öl) oder Agrargüter (z. B. Weizen). Das Marktmodell bei vollkommenem Wettbewerb dient aber als ideales Referenzmodell für andere realistischere Modelle (etwa für Wohlfahrtsvergleiche). Zudem sind viele grundsätzliche Wirkungsmechanismen gleichermaßen in komplexeren Modellen vorhanden, können aber unter den vereinfachenden Annahmen des vollkommenen Wettbewerbs klarer herausgearbeitet und besser veranschaulicht werden.

3.1 Wohlfahrtsanalyse im Angebot-Nachfrage-Diagramm

Im volkswirtschaftlichen Referenzmodell mit einem vollkommenen Wettbewerb sorgt das Zusammenspiel von Angebot und Nachfrage für markträumende Preise. Die Nachfrage in Abhängigkeit vom Marktpreis ist dabei das Ergebnis der Nutzenmaximierung der privaten Haushalte, während sich das Angebot in Abhängigkeit vom Marktpreis als Resultat der Gewinnmaximierung der Unternehmen einstellt. Der Marktprozess auf einem einzelnen Markt führt unter idealen Voraussetzungen – insbesondere unter der Annahme einer Vielzahl von Konsumenten und Produzenten – zu einer Maximierung des sozialen Überschusses, d. h. der Summe aus Konsumenten- und Produzentenrente. Da die Analyse mit Hilfe dieser partialanalytischen Wohlfahrtsmaße gerade in der Theorie der Handelspolitik eine wichtige Rolle spielt und auch die Vorteilhaftigkeit des Handels bereits im einfachen Partialmodell bei vollkommenem Wettbewerb veranschaulicht werden kann, soll dieser Modellansatz im Folgenden zunächst kurz vorgestellt werden.

Die **Angebotskurve** entspricht bei Preisnehmerverhalten der Unternehmen deren Grenzkostenkurve ab dem Minimum der Durchschnittskosten: Ein Unternehmen ist bereit, eine zusätzliche Einheit anzubieten, solange der Preis die eigenen Grenzkosten übersteigt. Jeder Anbieter nimmt den Marktpreis als gegeben hin, weil er wegen der großen Zahl an Wettbewerbern nicht davon ausgehen kann, den Preis durch das eigene Verhalten beeinflussen zu können. Analog zur Situation bei den Unternehmen steht hinter der **Nachfragekurve** der Grenznutzen der Konsumenten: Der Konsum einer weiteren Einheit des Gutes ist vorteilhaft, wenn der dafür zu entrichtende Preis geringer ist, als der aus dem Konsum resultierende zusätzliche (in Geldeinheiten bewertete) Nutzen.

Das **Marktgleichgewicht** auf einem Partialmarkt ergibt sich im Schnittpunkt von Angebot und Nachfrage: Die zu diesem Preis von den Unternehmen angebotene Menge entspricht dann gerade der von den Konsumenten nachgefragten Menge. Da sich beide Marktseiten als Preisnehmer verhalten, ist bei diesem Modellansatz aber nicht geklärt, wie sich der markträumende Preis bildet. Im Rahmen der sogenannten Intermediationstheorie wird diese Frage dadurch beantwortet, dass Intermediäre wie etwa Börsenmakler oder Handelsunternehmen die Funktion der Preissetzung und Preisanpassung übernehmen. Dass Unternehmen als Intermediäre auftreten können, spielt auch im Außenhandel eine wichtige Rolle und wird in Teil V thematisiert. Im Augenblick ignorieren wir dieses Problem und gehen davon aus, dass der Marktpreis durch den Schnittpunkt von Angebot und Nachfrage bestimmt ist.

Über die zentrale Eigenschaft der Markträumung hinaus gilt im Schnittpunkt zwischen Angebots- und Nachfragekurve noch ein zweites wichtiges Ergebnis: Da hier der Grenznutzen der Konsumenten den Grenzkosten der Unternehmen entspricht, wird der in diesem Markt realisierbare soziale Überschuss maximiert. Dieses Ergebnis soll nun anhand von Abbildung 3.1 mit Hilfe der Konzepte Konsumenten- und Produzentenrente verdeutlicht werden.

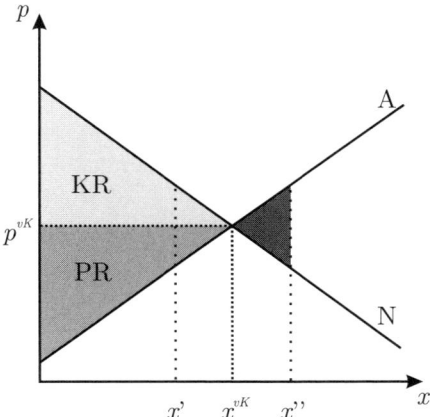

Abb. 3.1: Sozialer Überschuss bei vollkommenem Wettbewerb

Die **Konsumentenrente** (KR) lässt sich graphisch als Fläche zwischen der Nachfragekurve und der Preisgeraden darstellen. Da die Nachfragekurve zu jeder Mengeneinheit den entsprechenden in Geld ausgedrückten Grenznutzen angibt, stellt die Fläche unter der Nachfragekurve den resultierenden (Brutto-)Nutzen dar. Zieht man davon den Gesamtpreis für die entsprechende Menge ab – graphisch ist das die Fläche unter der Preisgeraden –, so erhält man den Nettonutzen der Konsumenten, der sich bei dieser Preis-Mengen-Kombination einstellt. Die Rente entsteht, weil alle Konsumenten einen einheitlichen Preis entrichten müssen – also auch diejenigen, die eine höhere Zahlungsbereitschaft für das Gut haben.

Analog ist die **Produzentenrente** (PR) als Fläche zwischen Preisgerade und Grenzkosten bzw. Nachfragekurve gegeben: Die Fläche unter der Preisgeraden gibt den Umsatz an, während die Fläche unter der Grenzkostenkurve die Summe der (variablen) Stückkosten widerspiegelt. Im langfristigen Gleichgewicht bei vollkommenem Wettbewerb entspricht die Produzentenrente gerade den Fixkosten, d. h. es treten keine ökonomischen Gewinne oder Verluste auf.

Die Summe aus Produzenten- und Konsumentenrente stellt das Wohlfahrtsmaß des **sozialen Überschusses** dar. Durch den Vergleich dieser Größe für verschiedene Situationen (z. B. mit und ohne Außenhandel), lässt sich eine Aussage darüber treffen, welche Option unter Wohlfahrtsaspekten vorzuziehen wäre. Der soziale Überschuss ist jedoch nur unter zwei Bedingungen ein sinnvoller Indikator: Zum einen müssen die Fixkosten jeweils identisch sein – ansonsten ist es notwendig, statt der Produzentenrente die Gewinne zu berücksichtigen – in diesem Fall muss somit die Summe aus Gewinnen und Konsumentenrente als Wohlfahrtsmaß verwendet werden. Analytisch stellt das keine zusätzliche Schwierigkeit dar, eine unmittelbare graphische Veranschaulichung ist jedoch dann nicht mehr möglich. Zum anderen dürfen sich keine (wesentlichen) Nebenwirkungen auf anderen Märkten ergeben. Dies ist jedoch gerade im Kontext außenhandelstheoretischer Problemstellungen häufig keine angemessene Annahme. Eine zuverlässige Wohlfahrtsanalyse muss dann im Kontext des allgemeinen Gleichgewichts vorgenommen werden, wo Wechselwirkungen zwischen Märkten explizit berücksichtigt werden.

In der Abbildung lässt sich nun leicht erkennen, dass das Marktgleichgewicht den sozialen Überschuss maximiert: Ausgehend von einer Menge $x' < x^{vK}$ ist es offensichtlich, dass eine Mengenausweitung die Summe aus Konsumenten- und Produzentenrente erhöht. Eine weitere Erhöhung der Menge über x^{vK} hinaus ist nicht vorteilhaft, wie das Beispiel $x"$ zeigt: Die dunkelgraue Dreiecksfläche zwischen x^{vK} und $x"$ stellt einen Rückgang der Wohlfahrt dar, da hier die Angebotskurve über der Nachfragekurve liegt und somit die Grenzkosten höher sind als der Grenznutzen. Es muss hierbei jedoch beachtet werden, dass nur die **allokative Effizienz** einzelner Märkte an der Maximierung des sozialen Überschusses – der Summe aus Konsumenten- und Produzentenrente – gemessen werden kann. Die Verteilung des Gesamtnutzens auf die Marktteilnehmer, also die Aufteilung des sozialen Überschusses auf Konsumenten und Produzenten, wird bei dieser rein **allokativen Betrachtung** nicht bewertet. Der Aspekt Verteilung ist eine separate wirtschaftspolitische Aufgabe. Der Markt führt zwar zu einem effizienten, aber nicht notwendigerweise zu einem aus Sicht der Gesellschaft als gerecht empfundenen Ergebnis.

3.2 Außenhandel im Partialmodell

Wenn wir versuchen, die Preisbildung bei Freihandel mit dem üblichen Angebot-Nachfrage-Schema zu analysieren, stoßen wir zunächst auf Schwierigkeiten: Sowohl für das Inland als auch das Ausland existieren eigenständige Angebots- und Nachfragekurven. Wie können wir dann eine Analyse für beide Länder zusammen vornehmen, die uns sowohl die Produktions- und Konsummengen als auch die Import- und Exportmengen liefert?

Die Idee ist, dass wir zwei Angebot-Nachfrage-Diagramme nebeneinander stellen. Wir betrachten dann zunächst die Situation bei **Autarkie**, d. h. ohne Handel.[1] Der Schnittpunkt der Angebots- und Nachfragekurven eines Landes stellt dann das **Autarkiegleichgewicht** in diesem Land dar. Das Land mit dem geringeren Autarkiepreisverhältnis wird das Gut exportieren, dasjenige mit dem höheren wird zum Importland. Der Weltmarktpreis wird bei Außenhandel im Gleichgewicht zwischen den beiden Autarkiepreisen angesiedelt sein und bei friktionslosem Handel stellt er dann für jedes der beiden Länder auch den im Inland relevanten Preis dar. Im Handelsgleichgewicht müssen sich jetzt nicht mehr Angebot und Nachfrage in den einzelnen Länderdiagrammen, sondern die Exportmenge des Exportlandes und die Importmenge des Importlandes entsprechen.

---

[1] Dabei dient der (fiktive) Zustand der Autarkie zum einen als Referenzgröße, um die Wohlfahrtswirkung von Handel beurteilen zu können und zum anderen dazu, Aussagen über die Export- und Importstruktur des Landes treffen zu können.

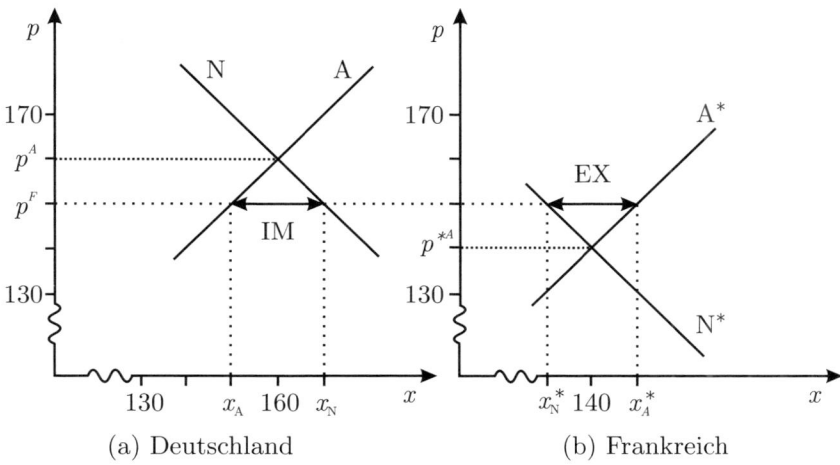

Abb. 3.2: Aufnahme von Handel im Partialmodell

Zur Veranschaulichung der Effekte bei **Aufnahme von Handel** im Partialmodell wollen wir nun eine stilisierte Analyse am Beispiel des Marktes für Weizen vornehmen. Dazu betrachten wir zunächst den Handel zwischen den beiden EU-Ländern Deutschland und Frankreich. Das inländische Angebot ist sowohl in Deutschland als auch in Frankreich durch $x_A(p) = p$ gegeben, wobei der Weizen x in Mio. Tonnen gemessen wird und p den Preis in Euro pro Tonne bezeichnet. Die Nachfrage beträgt in Deutschland $x_N(p) = 320 - p$ und in Frankreich $x_N^*(p) = 280 - p$ (durch Sternchen * werden jeweils die Werte für das Ausland – im konkreten Fall Frankreich – gekennzeichnet). Die Situation wurde absichtlich so gewählt, dass sich beide Länder nur auf der Nachfrageseite voneinander unterscheiden, um zu verdeutlichen, dass sowohl Unterschiede auf der Nachfrage- als auch auf der Angebotsseite zu Preisdifferenzen bei Autarkie und damit zu Handelsanreizen führen können.

Betrachten wir in einem ersten Schritt die Autarkiesituation. Zur zeichnerischen Darstellung in Abbildung 3.2 müssen wir die Nachfrage- und Angebotsfunktionen zunächst invertieren, um die Angebots- und Nachfragekurven für das Preis-Mengen-Diagramm zu erhalten. Für den deutschen Markt erhalten wir im Autarkiegleichgewicht einen Preis von $p^A = 160$ Euro, für den französischen Markt einen Preis von $p^{*A} = 140$ Euro. Der Grund für den Preisunterschied ist die höhere Nachfrage in Deutschland.

Was passiert nun, wenn beide Länder miteinander Handel aufnehmen? In einem integrierten Markt ohne Handelsbeschränkungen muss sich ein einheitlicher Preis einstellen. Beim Gleichgewichtspreis p^F entspricht dabei die Gesamtnachfrage in beiden Ländern dem Gesamtangebot. Zur Analyse des Außenhandels wird, wie oben bereits erläutert, für die graphische Darstellung nicht ein einziges Marktdiagramm für den Gesamtmarkt, sondern eine Darstellung mit beiden Marktdiagrammen für

Deutschland und Frankreich gewählt. Die Bedingung für einen markträumenden Preis ist dann gegeben, wenn sich das französische Exportangebot (d. h. die Strecke auf der Preislinie zwischen Nachfrage und Angebot im Marktdiagramm für Frankreich, $x_A^* - x_N^*$) und die deutsche Importnachfrage (die Strecke zwischen Angebot und Nachfrage im deutschen Preis-Mengen-Diagramm, $x_N - x_A$) entsprechen. Dieser Preis beträgt in unserem Beispiel $p^F = 150$ Euro je Tonne. Dabei werden in jedem Land 150 Mio. Tonnen Weizen hergestellt, wovon 20 Mio. Tonnen von Frankreich nach Deutschland exportiert werden.

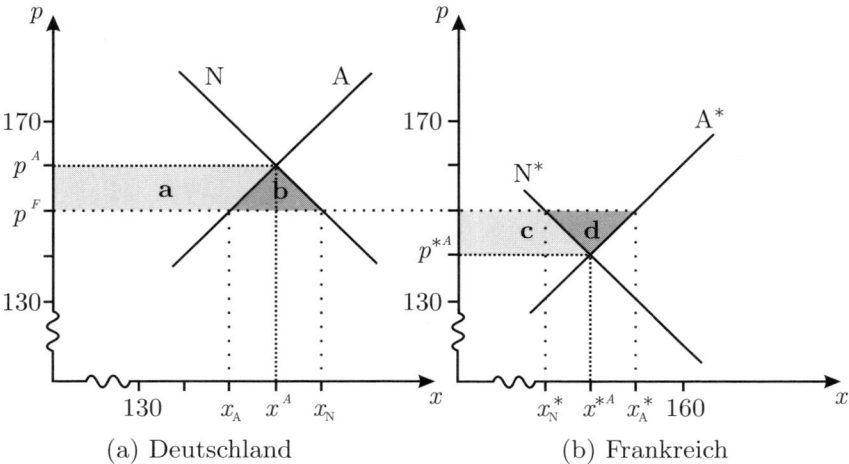

(a) Deutschland   (b) Frankreich

Abb. 3.3: Wohlfahrtswirkung der Handelsaufnahme

In Abschnitt 3.1 zeigten wir für einen einzelnen Partialmarkt, dass der soziale Überschuss beim Gleichgewichtspreis p^{vK} maximiert wird. Dieses Konzept können wir auch verwenden, um die **Wohlfahrtswirkungen** bei Aufnahme des Außenhandels zu analysieren. Wie wir noch sehen werden, gilt das dabei abgeleitete Resultat allgemein und nicht nur in unserem einfachen Partialmodell: Beide Länder profitieren von der Aufnahme des Außenhandels, aber es gibt in jedem Land Gewinner und Verlierer. Abbildung 3.3 veranschaulicht den Effekt für unser konkretes Beispiel: In Deutschland steht einem Zuwachs der Konsumentenrente um die Flächen **a** und **b** ein Rückgang der Produzentenrente um die Fläche **a** gegenüber, so dass ein Nettowohlfahrtszuwachs von **b** resultiert. In Frankreich gewinnen die Produzenten die Flächen **c** und **d** dazu, während die Konsumenten **c** verlieren, woraus sich eine Erhöhung des sozialen Überschusses um **d** ergibt.

3.3 Handelskosten und Wechselkurs

Der bislang betrachtete Handel zwischen Frankreich und Deutschland stellt in zweierlei Hinsicht einen Sonderfall dar: Zum einen bestehen aufgrund des **EU-Binnen-**

marktes keinerlei politische Handelsrestriktionen und zudem ist es wegen der direkten Nachbarschaft der beiden Länder einigermaßen legitim, internationale Transportkosten bei der Betrachtung zu vernachlässigen. Zum anderen sind beide Länder Mitglied der Europäischen Wirtschafts- und Währungsunion und haben aufgrund dessen eine einheitliche Währung, den Euro.

Um die Auswirkungen von Handelskosten und die Funktion des Wechselkurses veranschaulichen zu können, wollen wir nun den Handel zwischen der EU und den USA betrachten. Die verschiedenen Arten von Handelskosten wie Zölle, Transportkosten etc. und ihre empirische Bedeutung haben wir in Abschnitt 2.2 schon kennengelernt. Jetzt geht es darum, die Wirkung auf den Handel in einer Modellanalyse nachzuzeichnen. Entsprechend wollen wir auch eine grundsätzliche Vorstellung der Funktion von Wechselkursen beim Handel mit Waren und Dienstleistungen vermitteln. Im Rest des Lehrbuches werden wir uns nicht mehr mit Wechselkursen beschäftigen, da sie zum Bereich der monetären Außenwirtschaft gehören.

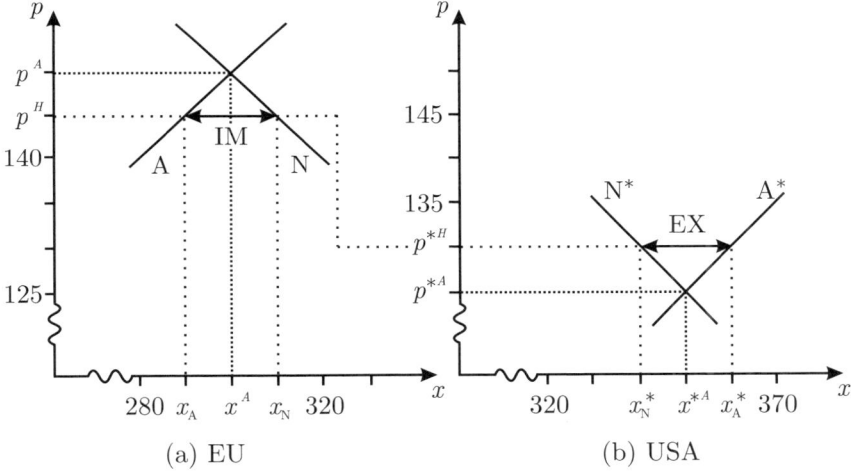

Abb. 3.4: Handel bei Handelskosten

In Weiterführung des bisherigen Beispiels gehen wir nun zur Vereinfachung davon aus, dass die Europäische Union nur aus Frankreich und Deutschland besteht. Die aggregierte Angebotsfunktion in der EU ist dann durch $x_A(p) = 2 \cdot p$ gegeben und die aggregierte Nachfragefunktion lautet $x_N(p) = 600 - 2 \cdot p$, falls die Bedingung $p \le 280$ erfüllt ist. Wir nehmen zunächst an, dass US-Dollar und Euro im Verhältnis eins zu eins gegeneinander getauscht werden können. Erst in einem zweiten Schritt wollen wir dann die Implikationen von Wechselkursen mit einem davon abweichenden Tauschverhältnis diskutieren. Wir konzentrieren uns somit auf den ersten Aspekt, die **Handelskosten**, und wollen zudem deutlich machen, dass Unterschiede auf der Angebotsseite ebenso wie die vorher betrachteten Unterschiede auf der Nachfrageseite einen Handelsanreiz darstellen können. Die Nachfragefunktion in den USA sei darum durch $x_N^*(p) = 600 - 2 \cdot p$ gegeben, während wir auf der Angebotsseite $x_A^*(p) = 2 \cdot p + 100$ annehmen. Zusätzlich fallen Handelskosten für Transport und Zölle in Höhe von 15 Euro je Tonne an.

Die für die graphische Darstellung notwendige Umrechnung auf inverse Angebots- und Nachfragekurven führt bei der Nachfrage in beiden Märkten auf die Funktionen $p(x_N) = 300 - 0,5 \cdot x_N$ bzw. $p(x_N^*) = 300 - 0,5 \cdot x_N^*$, die Angebotskurven sind durch $p(x_A) = 0,5 \cdot x_A$ in Europa und $p(x_A^*) = -50 + 0,5 \cdot x_A^*$ in den USA gegeben. Abbildung 3.4 zeigt beide Märkte analog zur Darstellung in Abbildung 3.2. Die USA haben bei Autarkie den niedrigeren Preis $p^{*A} = 125$ und exportieren somit bei Aufnahme des Handels Weizen nach Europa. Aufgrund der Handelskosten sind die Preise in beiden Märkten jetzt jedoch auch mit Handel nicht gleich. Der Preis in Europa, $p^H = 145$ ist um 15 Euro höher als derjenige in den USA, $p^{*H} = 130$ – also genau um den Betrag der Handelskosten. Graphisch wird das durch eine „Treppenkurve" mit einer 15-Euro-Stufe erreicht. Analog zur Analyse ohne Handelskosten muss diese Treppenkurve im Gleichgewicht genau so liegen, dass die gewünschte Exportmenge der amerikanischen Produzenten, $x_A^* - x_N^*$, den gewünschten Importen der EU, $x_N - x_A$, entspricht. Im Beispiel werden erneut 20 Mio. Tonnen Weizen gehandelt.

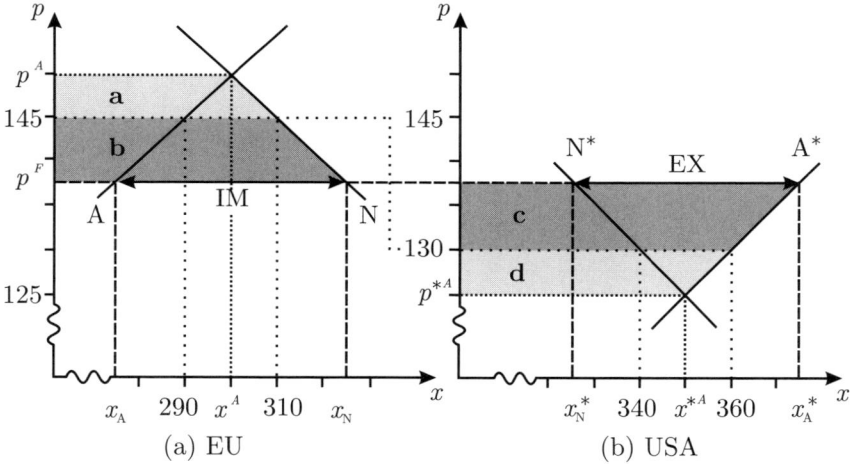

Abb. 3.5: Geringerer Wohlfahrtszuwachs bei Handelskosten

In Abbildung 3.5 haben wir zum Vergleich das Ergebnis ohne Handelskosten und die Wohlfahrtswirkungen für die beiden Szenarien eingezeichnet. Auch mit Handelskosten stellen sich beide Länder besser, aber das Handelsvolumen ist geringer und damit auch der Vorteil aus dem Handel: Die hellgrauen Flächen **a** und **d** kennzeichnen die Nettovorteile in der EU und den USA für die Situation mit Handelskosten. Ohne Handelskosten würden sich die deutlich höheren Handelsvorteile **ab** und **cd** realisieren lassen. Wie wir sehen, wird durch die Handelskosten natürlich auch der Umverteilungseffekt innerhalb der Länder reduziert. Hier zeigt sich ein Bezug zur

Handelspolitik, die wir in Teil IV ausführlich behandeln werden: Die negativen Auswirkungen des internationalen Wettbewerbs für die importkonkurrierende Branche zu verringern, ist einer der zentralen Gründe für handelspolitische Interventionen in Form von Zöllen und mengenmäßigen Importbeschränkungen.

In unserem Beispiel kommt es trotz Handelskosten zu Außenhandel. Wenn die Handelskosten relativ zur Preisdifferenz allerdings ausreichend groß sind, wird Handel vollständig unterbunden. Konkret ist diese Preisdifferenz dann gegeben, wenn die Handelskosten mindestens so hoch sind wie der Preisunterschied zwischen den beiden Ländern. Im Fall der Zollpolitik spricht man dann von einem Prohibitivzoll.

Kommen wir nun zur **Analyse des Wechselkurses**. Welche Auswirkung hat eine Änderung des Wechselkurses zwischen Euro und US-Dollar auf den Handel? Wir abstrahieren jetzt von Handelskosten und untersuchen in diesem Kontext, wie sich eine Abwertung des Euro (und damit eine Aufwertung des US-Dollar) auswirkt. Wenn wir statt einem Wechselkurs von einem Euro je US-Dollar nun davon ausgehen, dass wir für einen Euro nur noch 0,8 US-Dollar erhalten (bzw. 1,25 Euro für einen US-Dollar bezahlen müssen), so verschieben sich die europäischen Angebots- und Nachfragekurven im in Abbildung 3.6 dargestellten US-Dollar-Diagramm nach unten. Die ursprünglichen Kurven bei einem Wechselkurs von 1:1 sind zum Vergleich gestrichelt eingezeichnet.

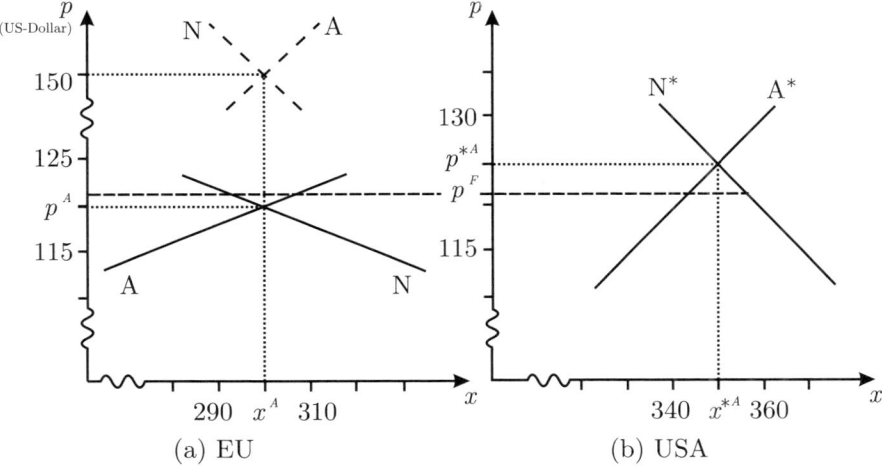

Abb. 3.6: Auswirkung des Wechselkurses auf die Handelsrichtung

Wird der Preis wie in Abbildung 3.6 geschehen in US-Dollar angegeben, so ergibt sich für die europäische Nachfragefunktion $x_N(p) = 600 - 2,5 \cdot p$ und damit für die Nachfragekurve $p(x_N) = 240 - 0,4 \cdot x_N$. Für das Angebot resultiert entsprechend $x_A(p) = 2,5 \cdot p$ und damit $p(x_A) = 0,4 \cdot x_A$. Konkret kommt es somit nun zu einem europäischen Autarkiepreis von $p^A = 120$ Dollar, der somit unter dem Preis in den USA liegt. Die Abwertung des Euro (bzw. Aufwertung des US-Dollar) führt also dazu, dass Weizen nun aus Europa in die USA exportiert wird. Dies gilt zumindest ohne Handelskosten: Würden wie oben Handelskosten von 15 Euro je Tonne angenommen, so würde es überhaupt nicht mehr zu Handel kommen. Wir hätten genauso die gleiche Analyse analog mit Euro-Beträgen durchführen können: In diesem Fall müsste man die Angebots- und Nachfragekurven für die USA nach oben verschieben und würde einen neuen Autarkiepreis von 155,25 Euro erhalten, der über dem europäischen Autarkiepreis von 150 Euro liegt.

3.4 Außenhandel aus Unternehmensperspektive

Wie sieht nun die Aufnahme von Außenhandel aus der Perspektive eines einzelnen inländischen Unternehmens aus? Die Kosten dieses Unternehmens determinieren dessen individuelle Angebotskurve: Langfristig wird das Unternehmen, ausgehend vom Minimum seiner Durchschnittskosten, die gewinnmaximale Menge entsprechend seiner Grenzkostenkurve anbieten. Veränderungen des inländischen Preises durch Aufnahme von Außenhandel, handelspolitische Maßnahmen oder Veränderungen der Wechselkurse wirken sich somit auf die Angebotsentscheidung und die Gewinnsituation des Unternehmens aus.

Betrachten wir zuerst die **Importkonkurrenz** durch ausländische Wettbewerber und gehen wir davon aus, dass das inländische Unternehmen in der Ausgangssituation seine Produkte auf dem Heimatmarkt profitabel anbieten konnte. Liegt der Weltmarktpreis unter dem Autarkiepreisverhältnis, so wird das Unternehmen seine Produktion reduzieren wodurch sich seine Produzentenrente und damit auch sein Gewinn verringern werden. Wenn der Weltmarktpreis das Minimum der Durchschnittskosten des inländischen Unternehmens unterschreitet, so wird dieses langfristig aus dem Markt austreten. Ist er sogar niedriger als das Minimum der durchschnittlichen variablen Kosten, so wird das Unternehmen die Produktion sofort einstellen.

Vor diesem Hintergrund ist es verständlich, dass die Unternehmen der importkonkurrierenden Branchen häufig fordern, dass sie durch handelspolitische Maßnahmen vor der ausländischen Konkurrenz geschützt werden. Andererseits kann aber in dynamischer Perspektive die tatsächliche oder potentielle Importkonkurrenz die Unternehmen wettbewerbsfähiger machen, indem ihnen ein Anreiz gegeben wird, effizienter zu produzieren und ihre Produkte zu verbessern.

Für die Unternehmen der **Exportbranche** im Land mit den geringeren Autarkiepreisen ist die Aufnahme von Handel klar positiv: Der Exportmarkt bietet zusätzliche Absatzmöglichkeiten und zudem steigt der Preis, da der Weltmarktpreis den lokalen Autarkiepreis übersteigt. Im politischen Prozess können diese Vorteile für die Exportbranchen dann ein wirksames Gegengewicht zu den Wünschen der importkonkurrierenden Sektoren nach Protektion darstellen.

Flexible Wechselkurse führen zu Unsicherheit für Unternehmen im globalen Wettbewerb. Kurzfristig können sich Unternehmen (z. B. bei Lieferverträgen) gegen Wechselkursrisiken durch sogenanntes *Hedging* absichern. Bei einem Import von Vorprodukten aus den USA, bei denen der Vertrag die Bezahlung in US-Dollar vorsieht, kann ein europäisches Unternehmen bereits bei Vertragsschluss eine Option auf die notwendigen US-Dollar zum Terminkurs erwerben. Da die Finanzinstitutionen sich diese Leistung bezahlen lassen, führt dies jedoch zu erheblichen zusätzlichen Handelskosten (laut Tabelle 2.1 führen Wechselkurs- und Währungskosten im Durchschnitt zu einem Aufschlag von 19 % auf die Herstellungskosten). Bei langfristigen Investitionsentscheidungen (z. B. der Frage, ob ein neues Werk in Europa oder den USA gebaut werden soll) ist eine solche Absicherung nicht mehr praktikabel und das Unternehmen muss das zusätzliche Risiko selbst tragen.

Was haben wir gelernt?

- Im Angebot-Nachfrage-Diagramm lässt sich für einen Partialmarkt in einem Land zeigen, dass vollkommener Wettbewerb zur Markträumung und zur Maximierung des sozialen Überschusses, d. h. der Summe von Konsumenten- und Produzentenrente, führt.

- Bei Erweiterung auf zwei Länder determinieren die Gleichgewichte im Autarkiefall die Handelsrichtung: Das Land mit dem geringeren Autarkiepreis exportiert, dasjenige mit dem höheren importiert das Gut. Im Handelsgleichgewicht ohne Handelskosten kommt es zu einem einheitlichen Weltmarktpreis, während sich bei Handelskosten Import- und Exportpreis um den Betrag der Handelskosten unterscheiden. In beiden Fällen muss aber im Gleichgewicht das Exportangebot gerade der Importnachfrage entsprechen.

- Durch Außenhandel erhöht sich der soziale Überschuss in beiden Ländern, wobei es jedoch Gewinner und Verlierer gibt: Im Importland gewinnen die Konsumenten und die Produzenten verlieren; im Exportland ist es genau umgekehrt.

- Änderungen des Wechselkurses können erhebliche Auswirkungen auf den Handel haben: Durch eine ausreichend hohe Abwertung kann das Importland zum Exportland werden.

- Für die Unternehmen im Importland ist die Aufnahme aufgrund des zusätzlichen Wettbewerbs unattraktiv. Demgegenüber profitieren die Unternehmen im Exportland vom zusätzlichen Absatzmarkt. Flexible Wechselkurse führen zu Unsicherheit für die Unternehmen und verursachen Absicherungskosten, die Handel insgesamt weniger attraktiv machen.

Ergänzende und weiterführende Literatur

Siebert, H. und O. Lorz (2006), Außenwirtschaft, 8. Aufl., Lucius & Lucius (UTB): Stuttgart, Kap. 3. [*Ausführliche Darstellung, wie der Wechselkurs, als Bindeglied zwischen realer und monetärer Sphäre, relative Preisvorteile in absolute Preisvorteile umsetzt.*]

Pindyck, R. S. und D. L. Rubinfeld (2009), Microeconomics, 7th. ed., Pearson Education: Boston, ch. 2 und 9. [*Gelungene Einführung in die Angebots-Nachfrage-Analyse und Untersuchungen der Wohlfahrtswirkungen im Marktdiagramm.*]

Kontrollfragen und Übungsaufgaben

1. Was sind die zentralen Bedingungen für vollkommenen Wettbewerb?

2. Erläutern Sie die Konzepte „Produzentenrente", „Konsumentenrente" und „sozialer Überschuss"!

3. Erläutern Sie, wie aus der Autarkiesituation zweier Länder darauf geschlossen werden kann, welches Land welches Gut exportiert!

4. Argumentieren Sie, ob Schwankungen in den Wechselkursen Änderungen der Exportstruktur hervorrufen können!

5. In Vietnam wird Reis entsprechend $x_A(p) = 2 \cdot p$ angeboten und mit $x_N(p) = 600 - p$ nachgefragt, wobei x Reis in Mio. Tonnen bezeichnet und der Preis p in US-Dollar gemessen wird. Auf den Philippinen steht dem Angebot von $x_A^*(p^*) = 0{,}5 \cdot p^*$ eine Nachfrage von $x_N^*(p^*) = 1.200 - p^*$ gegenüber.

   a) Bestimmen Sie graphisch und rechnerisch die Autarkiepreise und -mengen in beiden Ländern! Begründen Sie, welches Land bei Handelsaufnahme Reis importieren und welches exportieren wird!

   b) Zeigen Sie, dass bei einem Freihandelspreis von $p^F = 400$ der Markt geräumt wird!

   c) Bestimmen Sie graphisch und rechnerisch die Auswirkungen der Handelsaufnahme auf Konsumentenrente, Produzentenrente und sozialem Überschuss in beiden Ländern! Welche Gruppe gewinnt und welche verliert jeweils?

4 Außenhandel im Allgemeinen Gleichgewicht

Themenüberblick

- Darstellung des allgemeinen Gleichgewichts in einem Diagramm mit Produktionsmöglichkeitenkurve und Indifferenzkurven
- Modell ohne Produktion: Handelsvorteile durch Ausstattungs- oder Präferenzunterschiede
- Modell mit Produktion: Handelsstruktur in Abhängigkeit von Autarkiepreisverhältnissen und Zerlegung des Gesamtvorteils in Konsum- und Produktionseffekt
- Verteilungswirkungen bei Aufnahme von Außenhandel und Vorteilhaftigkeit durch potentielle Pareto-Verbesserung trotz Verteilungseffekten

In der Partialmarktanalyse im vorangehenden Kapitel haben wir gelernt, dass Preisunterschiede bei Autarkie Außenhandel vorteilhaft machen und das Gut aus dem Land mit dem geringeren Autarkiepreis in das andere Land mit dem höheren Autarkiepreis exportiert wird. In der partialanalytischen Angebot-Nachfrage-Analyse wurden diese Güter mit Geld als Tauschmittel bezahlt. Dies ermöglichte uns, die Interaktion des (realen) Außenhandels mit dem monetären Phänomen des Wechselkurses zu behandeln. Die Analyse blieb jedoch insofern unvollständig, als nicht thematisiert wurde, woher die Geldmittel kommen, die das Importland zur Zahlung seiner Exporte benötigt. Kurzfristig können solche Mittel natürlich in Form von Krediten des Exportlandes bereitgestellt werden. Langfristig muss aber eine entsprechende reale Gegenleistung erbracht werden. Dies geschieht normalerweise in Form des Exports anderer Güter oder Dienstleistungen, wobei der Wert der Importgüter dem Wert der Exportgüter entsprechen muss. Um folglich ein vollständigeres Bild der Außenhandelsbeziehung zeichnen zu können, müssen wir zumindest ein Modell mit zwei Sektoren – dem Import- und dem Exportsektor – analysieren. Wir werden in diesem Kapitel die einfachste Form eines solchen allgemeinen Gleichgewichtsmodells in graphischer Darstellung für die Analyse der Anreize zu Außenhandel und der Auswirkung der Handelsbeziehung heranziehen.

4.1 Handelsvorteile im Tauschmodell

Wir betrachten nun zunächst eine Welt mit zwei Ländern, Inland und Ausland. In der Autarkiesituation werden in beiden Ländern sowohl Industriegüter x als auch Agrarprodukte y hergestellt und konsumiert. Wie können wir die Nachfrage- und Angebotsseite in diesem Fall graphisch adäquat abbilden? Wir werden dazu ein (x,y)–Diagramm verwenden, bei dem auf der horizontalen Koordinatenachse der Konsum bzw. die Produktion der Industriegüter und auf der vertikalen Achse die entsprechenden Größen für die Agrarprodukte abgebildet werden.

Auf der Nachfrageseite führt dies auf ein Diagramm, in dem das reale Austauschverhältnis der Güter analog zur Budgetgerade bei der individuellen Konsumentscheidung dargestellt werden kann. Der Betrag der Steigung der Budgetgeraden eines Konsumenten gibt in diesem Diagramm das Preisverhältnis p_x/p_y der beiden Güter an. Analog können die Tauschmöglichkeiten einer Volkswirtschaft angegeben werden: Steht im Inland bei Autarkie die Mengenkombination (x^A, y^A) zur Verfügung, so gibt die Preisgerade p^F mit Steigung $-p_x^F/p_y^F$, entsprechend dem Preisverhältnis bei Freihandel, die Tauschmöglichkeiten zwischen Inland und Ausland bei friktionslosem Außenhandel wieder.

Die Entscheidung für ein bestimmtes Güterbündel fällt der einzelne Konsument auf Basis seines Nutzenkalküls, das im (x,y)-Diagramm durch **Indifferenzkurven** abgebildet werden kann. Diese geben alle Kombinationen von x und y mit gleichem Nutzenniveau an. Zur Vereinfachung der Analyse sei nun zunächst angenommen, dass Budget und Präferenzen aller Konsumenten eines Landes identisch sind. Damit können wir mit entsprechenden Indifferenzkurven die Wohlfahrt des Landes insgesamt abbilden. Wir können uns somit auf die Wirkung des Außenhandels auf das Land als Ganzes konzentrieren und müssen die Verteilungswirkungen innerhalb des Landes nicht berücksichtigen. Eine erste Analyse dieser Verteilungswirkungen werden wir in Abschnitt 4.3 vornehmen. Im Detail werden wir uns damit in Kapitel 8 in Modellen beschäftigen, in denen auch die Faktormärkte explizit abgebildet werden.

Gehen wir in einem ersten Beispiel davon aus, dass die Präferenzen im Inland und Ausland identisch sind und die Konsumenten bei gegebenem Preisverhältnis *unabhängig* vom Einkommen immer das gleiche Güterverhältnis wählen – man spricht dann von **homothetischen Präferenzen**. Dies wäre z. B. dann der Fall, wenn der Nutzen jedes Konsumenten durch die gleiche Cobb-Douglas-Nutzenfunktion $u(x,y) = x^\alpha \cdot y^\beta$ mit $\alpha, \beta > 0$ beschrieben werden kann.

Die meisten außenhandelstheoretischen Modelle legen den Schwerpunkt auf die Produktionsseite. Wir wollen hier kurz zeigen, dass Außenhandel selbst in einer Ökonomie ohne Produktionsmöglichkeiten vorteilhaft sein kann. Hierzu betrachten wir den Güteraustausch zweier Länder in Abbildung 4.1. Die beiden Tauschpartner unterscheiden sich in Bezug auf ihre **Erstausstattungen**: Das Inland verfügt über $E^A = (x^A, y^A)$, das Ausland über $E^{*A} = (x^{*A}, y^{*A})$. Dies führt auf verschiedene **Autarkiepreisverhältnisse**, die sich in unterschiedlichen Steigungen der Preisge-

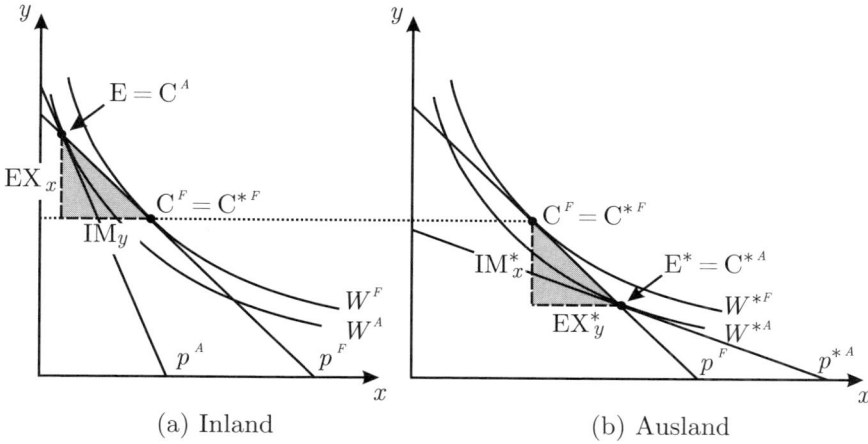

(a) Inland   (b) Ausland

Abb. 4.1: Allgemeines Gleichgewicht: Handel ohne Produktion

raden bei Autarkie widerspiegeln, p^A für das Inland und p^{*A} für das Ausland. Wie wir sehen, wird x im Ausland im Vergleich zum Inland relativ billiger sein (p^{*A} verläuft flacher als p^A) und y relativ teurer. Dies liegt daran, dass das Ausland über relativ mehr x als das Inland verfügt. Bei friktionslosem Außenhandel wird sich dann ein Preisverhältnis p^F zwischen den beiden Extremen einstellen – im vorliegenden Fall ohne Produktion muss dabei die entsprechende Preisgerade durch die beiden Erstausstattungspunkte verlaufen.

Aufgrund der identischen homothetischen Präferenzen wird sich in beiden Ländern nach Aufnahme des Handels das gleiche Konsummuster einstellen. In der Abbildung haben wir zusätzlich unterstellt, dass die beiden Länder sich in der Autarkiesituation auf identischen Wohlfahrtsindifferenzkurven befinden: $W^A = W^{A*}$. In diesem Fall ist nach Aufnahme des Handels nicht nur das Konsummuster, sondern auch der Konsum in beiden Ländern identisch. Würde sich demgegenüber ein Land bei Autarkie auf einer höheren Wohlfahrtsindifferenzkurve befinden, dann würde in diesem Land nach Aufnahme des Außenhandels mehr von beiden Gütern konsumiert (beide Konsumbündel würden sich auf einer Geraden durch den Ursprung des Koordinatensystems befinden).

Exporte und Importe sind in den Diagrammen jeweils durch das **Handelsdreieck** gekennzeichnet, das zwischen Erstausstattungspunkt und Konsumpunkt bei Außenhandel definiert wird. In der Graphik ist dann zu erkennen, dass den Exporten (Importen) des Inlands entsprechende Importe (Exporte) des Auslands in gleicher Höhe gegenüberstehen müssen.

Die Voraussetzung für die Vorteilhaftigkeit des Außenhandels sind also verschiedene Autarkiepreisverhältnisse. Diese Unterschiede wurden im vorliegenden Fall durch Unterschiede in der Anfangsausstattung ausgelöst. Bei identischen Erstausstattun-

gen könnten sich solche Unterschiede auch durch zwischen den Ländern differieren-
de Präferenzen einstellen. Eine gute Veranschaulichung dafür liefern die deutschen
Kriegsgefangenenlager im Zweiten Weltkrieg. Hier waren beispielsweise Engländer
und Franzosen in voneinander abgetrennten Lagerbereichen untergebracht. Die Ge-
fangenen erhielten vom Roten Kreuz identische Versorgungspakete. Engländer und
Franzosen unterschieden sich aber systematisch in ihren Präferenzen für Tee und
Kaffee. Tee war damit im englischen Teil des Lagers, Kaffee im französischen Teil
relativ wertvoll.

In diesem Kontext lässt sich auch ein erster Blick auf die Funktion von Unternehmen als Intermediäre im internationalen Handel werfen. Für Personen, die Zugang
zu beiden Teilen des Lagers hatten, z. B. die Lagergeistlichen, bot sich nun die Möglichkeit, die Preisunterschiede zur Realisierung von Arbitragevorteilen zu nutzen.
Von **Arbitrage** spricht man grundsätzlich dann, wenn Güter auf einem Markt zu
einem günstigen Preis gekauft und auf einem anderen davon separierten Markt zum
dort vorherrschenden höheren Preis verkauft werden. Für das Unternehmen resultiert dann ein Arbitragegewinn, der ein solches Vorgehen attraktiv macht. Wenn
die Geistlichen also bei den Engländern für eine geringe Menge an Tee eine relativ große Menge Kaffee eintauschten, so konnten sie bei den Franzosen dafür eine
große Menge an Tee erhalten. Wir sehen, dass von dieser Arbitrageaktivität alle Beteiligten profitieren: Im französischen Teil des Lagers war nun eine größere Menge
Kaffee verfügbar, im englischen Teil mehr Tee und der Lagergeistliche erzielte einen
Arbitragegewinn.

4.2 Handelsvorteile im Produktionsmöglichkeitendiagramm

Die Annahme gegebener Anfangsausstattungen und damit die vollständige Abstrak-
tion von Produktionsentscheidungen ist außer im oben geschilderten Sonderfall eines
Kriegsgefangenenlagers bestenfalls beim Außenhandel mit Ressourcen einigermaßen
vertretbar. Normalerweise sind die einzelnen Länder jedoch in der Lage, durch Verschiebung von Produktionsfaktoren aus einem Sektor in den anderen die Produktion der beiden Güter zu variieren. Im einfachsten Fall einer Technologie mit nur
einem Produktionsfaktor und konstanten Skalenerträgen führt dies zu einer linearen
Produktionsmöglichkeiten- bzw. Transformationskurve im (x, y)-Diagramm. Diesen
Fall werden wir im Rahmen des sogenannten Ricardo-Modells im nächsten Kapitel
thematisieren.

Realistischer ist der Einsatz von zwei oder mehr Produktionsfaktoren bei unterschiedlichen Technologien für die Herstellung der beiden Güter. In diesem Fall ergibt sich eine nach außen gewölbte, konkave Produktionsmöglichkeitenkurve, die wir
für die weitere Analyse in diesem Abschnitt zugrunde legen wollen. Eine genauere
Analyse der dahinter stehenden Anpassungsprozesse auf dem Faktormarkt erfolgt
später im Rahmen des sogenannten Heckscher-Ohlin-Modells. An dieser Stelle soll
nur kurz eine intuitive Erläuterung für unser Beispiel mit Industrie- und Agrargü-

tern gegeben werden: Die Produktion von Agrargütern benötigt insbesondere den Faktor Boden, während für die Industriegüter insbesondere der Faktor Kapital benötigt wird. Sollen nun mehr Agrargüter hergestellt werden, so macht sich zunehmend die Knappheit des Faktors Boden bemerkbar. Eine Verringerung der Industriegüterproduktion und entsprechende Verlagerung von Produktionsfaktoren führt dann bei einem hohen Agrargüteranteil nur noch zu einem relativ geringen Zuwachs bei der Agrargüterproduktion. Die gleiche Überlegung gilt analog für eine Ausweitung der Industrieproduktion auf Kosten der Herstellung von Agrargütern.

In Abbildung 4.2 haben wir die sich aus diesen Überlegungen ergebenden **Produktionsmöglichkeiten** abgetragen. An den jeweiligen Schnittpunkten mit den Achsen sind direkt die Mengen abzulesen, die das Land produzieren kann, wenn es seine gesamte Faktorausstattung in diesem Sektor einsetzt, d. h. an der x-Achse die maximal mögliche Produktion an Industriegütern und an der y-Achse diejenige an Agrargütern. Während alle Güterbündel (x, y) oberhalb der Kurve bei der gegebenen Faktorausstattung nicht realisierbar sind, ist das Land in der Lage alle Güterkombinationen unterhalb der Kurve herzustellen. Da hier aber nicht alle Faktoren genutzt werden, könnte man mehr von beiden Gütern produzieren. Nur auf der Kurve selbst werden die verfügbaren Faktoren vollständig eingesetzt. Wenn jetzt mehr Industriegüter produziert werden sollen, muss dafür ein Teil der Produktion der Agrargüter aufgegeben werden. In der Volkswirtschaftslehre bezeichnet man Zustände, in denen es eine solcher *trade-off* besteht als *effizient*. Daher spricht man bei der Transformations- bzw. Produktionsmöglichkeitenkurve auch vom *effizienten Rand* der gesamtwirtschaftlichen Produktion. Die beschriebene Substitutionsbeziehung zwischen den beiden Güter wird durch die Steigung der Produktionsmöglichkeitenkurve quantitativ angegeben: Je mehr Industriegüter produziert werden, desto mehr Agrargüter müssen aufgegeben werden um ein zusätzliches Industriegut zu erzeugen (die Kurve wird steiler). Diese Steigung wird als **Grenzrate der Transformation** bezeichnet.

Wir haben in der Abbildung außer der Produktionsmöglichkeitenkurve auch **Wohlfahrtsindifferenzkurven** W eingezeichnet. Jede einzelne dieser Indifferenzkurven gibt an, welche Güterkombinationen den identischen Individuen den gleichen Nutzen liefern. Je weiter außen diese Kurven verlaufen, desto höher ist die gesamtwirtschaftliche Wohlfahrt. Wir können analog zur unserer Überlegung bei der Produktionsmöglichkeitenkurve an der Steigung der Indifferenzkurve – der sogenannten **Grenzrate der Substitution** – ablesen, wie viele Industriegüter wir den Konsumenten geben müssten, damit sie bereit wären, auf ein Einheit des Agrarguts zu verzichten. Über je mehr Industriegüter die Konsumenten bereits verfügen, desto weniger sind sie bereit, für zusätzliche Industriegüter auf ein Agrargut zu verzichten. Dies drückt sich im zunehmend flacheren Verlauf der Wohlfahrtsindifferenzkurve aus.

Im Produktionsmöglichkeitendiagramm in Abbildung 4.2 ergibt sich das Autarkiegleichgewicht $P^A = C^A$ als Tangentialpunkt der Wohlfahrtsindifferenzkurve mit der **Transformationskurve**. In diesem Punkt entspricht die Grenzrate der Transformation zwischen x und y, $\text{GRT}_{x,y}$, der Grenzrate der Substitution im Konsum, $\text{GRS}_{x,y}$. Es lässt sich zeigen, dass sich analog zum Gleichgewicht im Partialmarkt bei vollkommenem Wettbewerb gerade ein Preisverhältnis p_x/p_y einstellen wird, das dem Betrag der Steigung der durch den Autarkiepunkt verlaufenden Preisgeraden p^A entspricht. Schließlich wählt jeder Konsument im Konsumoptimum sein Güterbündel gerade so, dass seine Grenzrate der Substitution dem Marktpreisverhältnis entspricht, womit die Bedingung $p_x/p_y = \text{GRS}_{x,y}$ erfüllt ist. Entsprechend wird die auf der Produktionsmöglichkeitenkurve mit der kostenminimalen Faktorkombination produzierte Güterkombination bei optimaler Produktionsentscheidung der Unternehmen so gewählt, dass die Grenzrate der Transformation dem Marktpreisverhältnis entspricht, d. h. $p_x/p_y = \text{GRT}_{x,y}$. Nur wenn dieses Verhältnis gerade dem Marktpreisverhältnis für den Tausch der beiden Güter entspricht, hat ein Unternehmen keinen Anreiz, von einem der beiden Güter mehr herzustellen.

Wie im Fall ohne Produktion wird sich auch bei einer nach außen gewölbten Produktionsmöglichkeitenkurve bei Aufnahme von Handel wieder ein Preisverhältnis zwischen den beiden Autarkiepreisverhältnissen einstellen. Die Autarkiepreisverhältnisse hängen jedoch jetzt von Unterschieden in der verfügbaren Technologie, den Faktorausstattungen und den Präferenzen ab. Bei identischen Präferenzen wird beispielsweise eine relativ zum Ausland bessere Ausstattung mit Boden oder eine unterlegene Technologie bei der Herstellung von Industrieprodukten dazu führen, dass die Agrargüter im Inland bei Autarkie relativ preisgünstig sind. Die Änderung des Preisverhältnisses vom Autarkiepreisverhältnis p_x^A/p_y^A zum **Weltmarktpreisverhältnis** p_x^W/p_y^W hat jetzt nicht nur eine Anpassung des Konsums, sondern auch eine Anpassung der Produktion an das neue Preisverhältnis zur Folge. Beachten Sie, dass wir nun vom Weltmarkt- und nicht vom Freihandelspreis sprechen. Im Gegensatz zur Analyse im letzten Abschnitt gehen wir nun nämlich nicht mehr von zwei Ländern aus, sondern betrachten ein kleines Land ("klein" bedeutet hier, dass das Land den Weltmarktpreis nicht beeinflussen kann), das ausgehend von einer Autarkiesituation, zum Weltmarktpreis Außenhandel aufnimmt.

In der graphischen Darstellung in Abbildung 4.2 werden die Effekte auf Konsum und Produktion verdeutlicht, die sich durch die Preisänderung ergeben:

- **Produktionseffekt**: Ausgehend von der Produktion bei Autarkie in Punkt P^A wird beim neuen Preisverhältnis p_x^W/p_y^W die Produktion auf P^W verlagert, wo die Weltmarktpreisgerade p^W die Produktionsmöglichkeitenkurve des Inlands tangiert. Das Inland verringert also nach Aufnahme des Außenhandels die Industrieproduktion und stellt mehr Agrargüter her. Der Grund dafür ist, dass beim Weltmarktpreisverhältnis der relative Preis für Industriegüter geringer ist als bei Autarkie und entsprechend der relative Preis für Agrargüter höher. Es ist dann für das Inland attraktiv, eine höhere Menge an Agrargütern herzustellen, einen Teil davon zu exportieren und im Gegenzug Industriegüter zu importieren.

- **Konsumeffekt**: Der Konsumpunkt C^W bei Freihandel ergibt sich dann auf dieser Weltmarktpreisgerade, durch den Berührpunkt mit der Wohlfahrtsindifferenzkur-

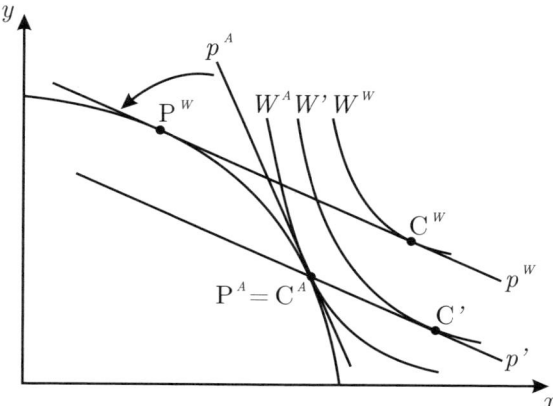

Abb. 4.2: Allgemeines Gleichgewicht: Produktions- und Konsumeffekt

ve W^W, die die inländische Wohlfahrt zu den durch die Preisgerade beschriebenen Konsummöglichkeiten maximiert.

Um den Gesamteffekt in die Auswirkung der Konsumanpassung und diejenige der Produktionsanpassung zerlegen zu können, haben wir mittels der Weltmarktpreisgerade p' durch $P^A = C^A$ zusätzlich die Lösung ohne Produktionsänderung eingezeichnet. Die hierbei resultierende Wohlfahrtsindifferenzkurve W' im Konsumpunkt C' liegt zwar weiter vom Ursprung entfernt als die Indifferenzkurve W^A, die die Produktionsmöglichkeitenkurve im Konsumpunkt bei Autarkie, C^A, tangiert. Die Wohlfahrt ist aber geringer als in C^W, weil jetzt der Spezialisierungsvorteil durch die Produktionsanpassung entfällt. Ein Hinweis für diejenigen, die mit der mikroökonomischen Konsumtheorie vertraut sind: Diese Zerlegung in einen Konsum- und Produktionseffekt ist eng verwandt mit derjenigen in Substitutions- und Einkommenseffekt bei einer Preisänderung.

4.3 Gewinner und Verlierer beim Außenhandel

Die bisherige Analyse lieferte zwei zentrale Ergebnisse:

- Erstens zeigte sich, dass eine Handelsmöglichkeit zu einem vom Autarkiepreisverhältnis abweichenden Weltmarktpreis das reale Einkommen im Inland erhöht, wobei sich sowohl die resultierende Konsumanpassung als auch die resultierende Produktionsanpassung positiv auswirken.

- Zweitens gilt bei einem Unterschied in den Autarkiepreisverhältnissen zweier Länder, dass beide von der Aufnahme von Außenhandel von einem dazwischen liegenden Preisverhältnis profitieren werden.

Diese Vorteilhaftigkeit des Außenhandels wurde jedoch unter der Annahme identischer Konsumenten abgeleitet. Wir wollen uns daher nun überlegen, ob dieses Ergebnis auch bei **heterogenen Konsumenten** Bestand hat und ob alle Konsumenten gleichermaßen von Handel profitieren.

Bereits in unserem sehr einfachen Modell mit gegebener Anfangsausstattung eines Landes und identischen homothetischen Präferenzen kann aufgezeigt werden, dass es normalerweise bei Aufnahme des Außenhandels innerhalb eines Landes nicht nur Gewinner, sondern auch Verlierer gibt. Dazu genügt es, eine ungleichmäßige Verteilung der Anfangsausstattungen auf die einzelnen Konsumenten anzunehmen. Verlieren werden dann diejenigen Konsumenten, die in der Ausgangssituation über eine Anfangsausstattung mit höherem Anteil an demjenigen Gut verfügen, das nach Aufnahme des Handels importiert wird.

Abbildung 4.3 veranschaulicht dies: Der Konsument 1 mit Anfangsausstattung E^1 verfügt im Unterschied zu Konsument 2 über eine relativ hohe Ausstattung mit Gut y, das in vorliegenden Beispiel bei einer Handelsaufnahme importiert werden wird. Ohne Handel würde er x zum Autarkiepreisverhältnis gegen y tauschen und den im Inland bei Autarkie nutzenmaximierenden Konsummix C^A konsumieren. Durch die Aufnahme von Außenhandel sinkt jedoch der Preis von y und der Konsument kann sich nur noch ein Konsumbündel C^1 leisten, das einem geringeren Nutzen entspricht.

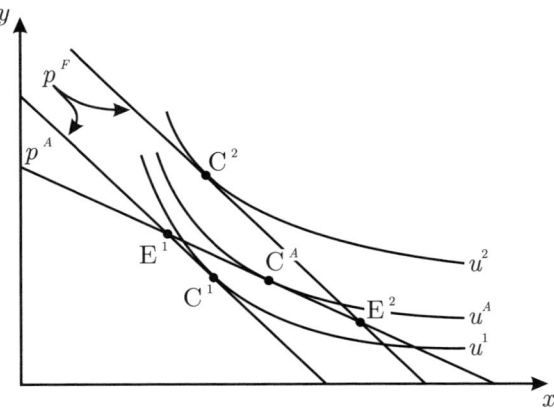

Abb. 4.3: Heterogene Konsumenten: Gewinner und Verlierer

Ist damit bei Unterschieden der Konsumenten die Vorteilhaftigkeit des Handels nicht mehr sichergestellt? Dies ist nicht der Fall, da sich zeigen lässt, dass die Gewinner des Außenhandels (in unserem Fall Konsument 2) die Verlierer vollständig kompensieren könnten und trotzdem noch ein Nettovorteil für sie verbleiben würde. Dies lässt sich in der vorliegenden Darstellung explizit zeigen: Wenn die Anfangsausstattungen so umverteilt werden, dass jeder Konsument genau das Güterbündel C^A erhält, das in der Situation ohne Außenhandel konsumiert würde, so führt die Aufnahme von Handel für alle Konsumenten zu einem Nutzenzuwachs.

Diese grundsätzliche Aussage bleibt auch in komplexeren Modellen mit Berücksichtigung von Faktormärkten, heterogenen Präferenzen etc. erhalten. Darüber hinaus lässt sich zeigen, dass Freihandel nicht nur der Autarkie überlegen ist, sondern auf Weltebene und in Bezug auf einzelnen kleine Länder (d. h. Länder ohne Marktmacht in den Weltmärkten) grundsätzlich pareto-optimal, d. h. auch jeder Art von Handelspolitik überlegen ist.

Eine zentrale Schwierigkeit bei der dafür notwendigen **Kompensation** besteht in der Realität jedoch darin, dass der Staat zur Durchführung die entsprechenden Informationen über die Individuen zur Verfügung haben müsste. Dies ist jedoch insbesondere bei den Präferenzen problematisch, da bei einer direkten Abfrage immer einen Anreiz besteht, sich als Verlierer des Außenhandels auszugeben. Es lässt sich jedoch zeigen, dass prinzipiell anreizkompatible Mechanismen existieren, die eine Offenbarung dieser Information sicherstellen.

Mit einer geeigneten Umverteilung könnte dann eine Pareto-Verbesserung gewährleistet werden, d. h. jedes Individuum wäre mindestens so gut gestellt wie vor der Handelsaufnahme. Selbst wenn keine Umverteilung erfolgt, liegt immerhin eine **potentielle Pareto-Verbesserung** vor, da die Gewinner die Verlierer ja kompensieren *könnten*. Diese Eigenschaft wird von vielen Ökonomen als ausreichend für die Begründung der Vorteilhaftigkeit des Außenhandels erachtet.

In der Realität kommt es üblicherweise zu keiner oder bestenfalls zu einer nur teilweisen Kompensation der Verlierer. Handelspolitische Fragen, wie beispielsweise der Beitritt zu einer Freihandelszone, also einer Gruppe von Ländern, die untereinander Freihandel praktizieren, sind deshalb häufig sehr umstritten. Wie wir im Rahmen der Erklärung der faktisch beobachtbaren Handelspolitik (positive Analyse) in Kapitel 17 noch genauer untersuchen werden, spielt dabei eine wichtige Rolle, dass die Vorteile von Handelsbeschränkungen meist einer relativ kleinen Gruppe von Individuen zugute kommen, während die Kosten über höhere Preis von allen Konsumenten getragen werden und damit weniger spürbar sind.

Was haben wir gelernt?

- Die Aufnahme von Außenhandel ist für zwei Länder vorteilhaft, falls sich deren Autarkiepreisverhältnisse unterscheiden. Es ist dabei unerheblich, ob diese Preisdifferenz durch Unterschiede in den Präferenzen, Technologien oder Faktorausstattungen begründet ist.

- Die Vorteile durch Außenhandel ergeben sich sowohl durch die Anpassung des Konsums als auch durch die resultierende Verlagerung der Produktion. Das relativ teurer werdende Gut wird exportiert, das relativ billiger werdende importiert.

■ Bei Aufnahme von Außenhandel gibt es innerhalb eines Landes normalerweise Gewinner und Verlierer. Es ist jedoch immer möglich, aus den Vorteilen der Gewinner die Verlierer vollständig zu kompensieren. Somit ist durch die Aufnahme von Handel trotz der Verteilungswirkungen eine potentielle Pareto-Verbesserung sichergestellt.

Ergänzende und weiterführende Literatur

Caves, R. E., Frankel, J. A. und R. W. Jones (2007), World Trade and Payments. An Introduction, Boston: Pearson Education, ch. 2. [*Darstellung der Handelsvorteile im allgemeinen Gleichgewicht mit interessanten Anwendungsbeispielen. Edgeworth-Box, Tauschkurven und relative Angebots- und Nachfragekurven als alternative Darstellungsmöglichkeiten zum Produktionsmöglichkeitendiagramm.*]

Feenstra, R. C. (2004), Advanced International Trade. Theory and Evidence, Princeton: Princeton University Press, ch. 6. [*Überblick zur Literatur über die Vorteilhaftigkeit des Handels trotz Verteilungseffekten.*]

Kontrollfragen und Übungsaufgaben

1. Was versteht man unter einer Produktionsmöglichkeitenkurve? Stellen Sie diese in einer geeigneten Graphik dar und zeigen Sie auf, welche Aussagen sich aus ihr ableiten lassen!

2. Benutzen Sie die beiden Konzepte Produktionsmöglichkeitenkurve und Wohlfahrtsindifferenzkurve um folgende Fragen zu beantworten:

   a) Wie stellt sich die Situation in Autarkie dar? Welche Bedingungen müssen erfüllt sein?

   b) Welche Auswirkungen ergeben sich durch die Handelsaufnahme? Grenzen Sie dabei die Effekte durch die Konsum- und die Produktionsanpassung voneinander ab!

   c) Gehen Sie nun davon aus, dass sich die Konsumenten in ihren Präferenzen unterscheiden. Werden alle Konsumenten von der Handelsaufnahme profitieren? Erhöht Handel immer noch die Wohlfahrt des Landes als Ganzes?

3. Gehen Sie davon aus, dass das Land bereits Handel treibt und betrachten Sie die beiden Situationen, die sich durch die Integration eines weiteren Landes in die Weltwirtschaft ergeben: (i) Der relative Preis des exportierten Gutes steigt und (ii) der relative Preis des importierten Gutes steigt.

   a) Welche Auswirkungen ergeben sich bei einer moderaten Ausprägung der Preisänderungen in den beiden Szenarien? Erläutern Sie dabei, wie sich die Wohlfahrt im Vergleich zum Handel vor der Integration des neuen Landes ändert! Ist nach wie vor eine Wohlfahrtssteigerung im Vergleich zu Autarkie gegeben?

   b) Welche Auswirkungen könnte eine drastische Änderung der relativen Preise bewirken?

5 Ricardo-Modell: Technologieunterschiede und komparative Kosten

Themenüberblick

- Analyse des Außenhandels in einem Ein-Faktor-Modell mit Technologieunterschieden zwischen den Ländern
- Komparative Kostenvorteile als Handelsmotiv und Determinante der Handelsstruktur
- Relatives Angebot/relative Nachfrage als alternatives Darstellungskonzept zum Produktionsmöglichkeitendiagramm
- Handelsmuster mit und ohne Transportkosten im erweiterten Ricardo-Ansatz mit vielen Gütern

Wir haben bereits in Abschnitt 4.1 im letzten Kapitel gesehen, dass die Außenhandelstätigkeit eines Landes deshalb vorteilhaft ist, da hierdurch die Tauschmöglichkeiten erweitert werden: Ausgehend von gegebenen Anfangsausstattungen mit zwei Gütern ist Handel dann vorteilhaft, wenn die beiden potentiellen Tauschpartner bei Autarkie unterschiedliche Grenzraten der Substitution zwischen den beiden Gütern (unterschiedliche Steigungen der Indifferenzkurven) aufweisen.

Bei der Frage nach der Vorteilhaftigkeit des Außenhandels und der Erklärung der empirisch beobachteten Handelsmuster, d. h. welche Güter ein Land importiert und welche es exportiert, wird im allgemeinen die Produktionsseite in den Vordergrund gestellt. Die Vorteilhaftigkeit von Außenhandel ist in diesem Kontext unmittelbar einsichtig, wenn in einer Situation mit zwei Ländern **absolute Kostenvorteile** vorliegen, d. h. jedes Land eines von zwei Gütern mit geringerem Ressourceneinsatz herstellen kann. Der englische Ökonom David Ricardo (1772–1823) hat in seiner Theorie der komparativen Kosten (1817) jedoch gezeigt, dass Außenhandel auch dann für ein Land vorteilhaft ist, wenn es beide Güter effizienter als seine Handelspartner produzieren kann. Bei der Frage nach der Vorteilhaftigkeit von Handel kommt es nicht auf absolute, sondern auf komparative Kostenvorteile an.

5.1 Absoluter und komparativer Kostenvorteil

Wir wollen uns nun zunächst den Unterschied zwischen absoluten und relativen Kostenvorteilen und die Grundidee des Ricardo-Modells anhand zweier Beispiele veranschaulichen. Als erstes wollen wir die Situation in Tabelle 5.1 untersuchen, in der die beiden Länder Deutschland und Frankreich betrachtet werden, die jeweils Bier und Wein herstellen können.

	Deutschland	**Frankreich**
Bier	2 Stunden pro Liter	4 Stunden pro Liter
Wein	10 Stunden pro Liter	5 Stunden pro Liter

Tab. 5.1: Beispiel 1 – Absolute Kostenvorteile

In Übereinstimmung mit den Annahmen des Ricardo-Modells gehen wir davon aus, dass der Faktor Arbeit als einziger Produktionsfaktor zum Einsatz kommt. In der Tabelle sind daher die **Arbeitskoeffizienten** aufgeführt, die angeben welcher Arbeitseinsatz notwendig ist, um eine Einheit des jeweiligen Gutes herzustellen – im Beispiel also, wie viele Stunden ein Arbeiter benötigt, um einen Liter Bier oder Wein herzustellen – alternativ hätten wir auch die Produktivität der Arbeiter angeben können, wie Box 5.1 zeigt. Ein geringerer Wert für den Arbeitskoeffizienten bei einem Gut spiegelt dabei einen **absoluten Kostenvorteil** wider. Wir sehen, dass Deutschland bei der Bierproduktion weniger Arbeitsstunden als Frankreich einsetzen muss, während Frankreich bei der Weinherstellung einen absoluten Kostenvorteil hat. Es erscheint dann unmittelbar einleuchtend, dass sich Deutschland bei Handel auf die Herstellung von Bier und Frankreich auf die Weinproduktion spezialisieren sollte.

Box 5.1 Beschreibung der Produktionstechnologie

Die Produktionstechnologie kann im Ricardo-Modell auf zwei Arten beschrieben werden: Entweder als Produktivität der Arbeiter oder als Arbeitskoeffizient. Den Unterschied zwischen beiden Konzepten wollen wir uns anhand des Beispiels zu absoluten Kostenvorteilen verdeutlichen. Wir haben (und werden das auch weiter in diesem Kapitel) die Technologie über Arbeitskoeffizienten beschrieben. Wir können die Situation aus Tabelle 5.1 aus über die Produktivität darstellen:

	Deutschland	**Frankreich**
Bier	0,5 Liter pro Stunde	0,25 Liter pro Stunde
Wein	0,1 Liter pro Stunde	0,2 Liter pro Stunde

- Die **Produktivität** eines Arbeiters drückt aus, wie viel dieser in einer gegebenen Zeit produzieren kann. So kann im betrachteten Beispiel ein deutscher Arbeiter entweder 0,5 Liter Bier oder 0,1 Liter Wein in einer Stunde herstellen.

- Der **Arbeitskoeffizient** gibt an, wie viele Arbeiter notwendig sind, um eine Einheit des Gutes zu produzieren. So werden in Frankreich zur Produktion von einem Liter Bier 4 Arbeitsstunden benötigt – entweder arbeitet ein Arbeiter 4 Stunden an dem Getränk oder es müssen 4 Arbeitskräfte eine Stunde lang eingesetzt werden.

Beide Konzepte verhalten sich dabei invers zueinander:

$$\text{Arbeitskoeffizient} = \frac{1}{\text{Produktivität}}.$$

Je nachdem, welches Konzept verwendet wird, kann der absolute Vorteil anders beschrieben werden: Deutschland hat bei Bier einen absoluten Kostenvorteil, da es produktiver in dessen Herstellung als Frankreich ist (Produktivität) bzw. da es weniger Arbeitsstunden in dessen Produktion als Frankreich einsetzen muss (Arbeitskoeffizient).

Die interessantere Frage ist jedoch, ob Außenhandel auch dann noch sinnvoll ist, wenn ein Land beide Güter effizienter, d. h. mit geringerem Arbeitskräfteeinsatz, produzieren kann. Dass dies der Fall ist, zeigt die Theorie komparativer Kostenvorteile, die wir nun anhand des zweiten Beispiels erläutern wollen. Wir betrachten hierzu die zwei Länder Deutschland und Vietnam, die zwei Güter, Autos (x) und Schuhe (y), herstellen. Wie im vorigen Beispiel wird zur Produktion dieser Güter ausschließlich der Faktor Arbeit eingesetzt und es liegen **konstante Skalenerträge** vor, d. h. durch einer Verdoppelung des Faktoreinsatzes kann gerade die doppelte Menge hergestellt werden. Jedes Land verfügt über eine gegebene Anzahl an Arbeitskräften, die vollständig zur Produktion der beiden Güter eingesetzt werden. In Tabelle 5.2 ist hierzu die Produktion je Arbeitsstunde für beide Güter und beide Länder angegeben.

	Deutschland	Vietnam
Autos	500 Stunden pro Stück	5.000 Stunden pro Stück
Schuhe	1 Stunde pro Paar	2 Stunden pro Paar

Tab. 5.2: Beispiel 2 – Komparative Kostenvorteile

Wir können leicht erkennen, dass Deutschland bei beiden Gütern absolute Kostenvorteile hat: Sowohl Autos als auch Schuhe können in Deutschland mit einem geringeren Arbeitskräfteeinsatz hergestellt werden. Vietnam hat jedoch einen **komparativen Kostenvorteil** bei der Schuhproduktion, d. h. es ist in diesem Sektor relativ produktiver: Während die Deutschen bei der Herstellung von Autos zehnmal so effizient sind wie die Vietnamesen, sind sie in der Schuhherstellung nur doppelt so produktiv. Die Theorie komparativer Kosten besagt nun, dass sich bei Außenhandel beide Länder besserstellen können, wenn, ausgehend von den Autarkiemengen, Deutschland mehr Autos und Vietnam mehr Schuhe produziert.

	Deutschland	**Vietnam**	**Vorteil**
Arbeitsstunden-verlagerung	1 Mio. aus Schuh-in Autoproduktion	3 Mio. aus Auto-in Schuhproduktion	
Autos	+2.000 Stück	−600 Stück	+1.400 Stück
Schuhe	−1 Mio. Paar	+1,5 Mio. Paar	+500.000 Paar

Tab. 5.3: Beispiel 2 – Vorteilhaftigkeit der Produktionsverlagerung

Wir können uns das anhand Tabelle 5.3 verdeutlichen: Verlagert Deutschland 1 Mio. Arbeitsstunden aus der Schuh- in die Autoproduktion, werden 1 Mio. Paar weniger Schuhe hergestellt, während die Autoproduktion um 2.000 Einheiten steigt. Eine Verlagerung von 3 Mio. Arbeitsstunden aus der Auto- in die Schuhproduktion in Vietnam führt hingegen zu einem Rückgang der dortigen Autoproduktion um 600 Stück, während die Schuhproduktion um 1,5 Mio. Paar zunimmt. Aggregiert man die Veränderungen der Produktionsmengen in Deutschland und Vietnam, so zeigt sich, dass durch die Verlagerung der Produktion mit dem gleichen Arbeitskräfteeinsatz mehr hergestellt wird – in der Autoproduktion um 1.400 Stück und in der Schuhproduktion um 500.000 Paar. Beachten Sie, dass in Vietnam eine größere Anzahl an Arbeitskräften als in Deutschland verlagert wurde. Dies ist aufgrund der absoluten Kostenvorteile notwendig, da bei einer Verlagerung von nur 1 Mio. vietnamesischen Arbeitskräften die Schuhproduktion nicht stark genug steigen würde, um den Rückgang in Deutschland ausgleichen zu können.

Warum ist die Aufnahme von Außenhandel hier vorteilhaft? Der Handelsvorteil ergibt sich daraus, dass die mit der Spezialisierung verbundene Arbeitsteilung eine Veränderung der Produktionsstruktur ermöglicht: Der Effizienzvorsprung von Deutschland ist in der Autoproduktion ausgeprägter als bei der Herstellung von Schuhen. Durch die Verlagerung der Produktion kann so mit gleichem Arbeitskräfteeinsatz eine größere Menge beider Güter hergestellt werden. Durch den internationalen Warenaustausch können die Güter anschließend derart auf beide Länder verteilt werden, dass sich beide gegenüber der Autarkiesituation besserstellen.

Die Vorteilhaftigkeit der Spezialisierung und des Außenhandels lässt sich auch mit Hilfe des Konzepts der Opportunitätskosten verdeutlichen. Die **Opportunitätskosten** geben an, um wie viel (bei gegebenen Ressourcen) die Produktion einen Gutes vermindert werden muss, um eine zusätzliche Einheit des anderen Gutes herzustellen. Ohne Außenhandel liegen die Opportunitätskosten für Autos in Deutschland bei 500 Paar Schuhen je Automobil, während sie in Vietnam 2.500 Paar Schuhe je Automobil betragen. Somit sind, in realen Ressourcen gerechnet, Autos ohne Handel in Deutschland wesentlich billiger. Umgekehrt gilt, dass für die Produktion eines zusätzlichen Schuhpaars in Vietnam nur 1/2.500 Auto aufgegeben werden muss, wohingegen in Deutschland 1/500 Auto weniger produziert werden müsste. Es ist daher vorteilhaft, dass ein Land die Produktion auf dasjenige Gut verlagert, bei dem es geringere Opportunitätskosten als sein Handelspartner aufweist.

Das Ricardo-Modell und insbesondere das Konzept der Opportunitätskosten kann im Rahmen einer **Analyse mit Produktionsmöglichkeitenkurven**, wie wir sie in Kapitel 4 kennen gelernt haben, auch graphisch veranschaulicht werden. Wir können hiermit auch verdeutlichen, dass bei Außenhandel im **Ein-Faktor-Modell** normalerweise die **vollständige Spezialisierung** auf die Herstellung eines Gutes die optimale Strategie ist. Um den Unterschied zwischen absoluten und komparativen Kostenvorteilen in der Abbildung herausstellen zu können, nehmen wir dabei an, dass sowohl in Deutschland als auch in Vietnam jeweils 100 Mio. Arbeitsstunden zur Verfügung stehen. Die Produktionsmöglichkeiten der beiden Länder sind in Abbildung 5.1 dargestellt. In Deutschland können mit diesem Arbeitsstundenpotential entweder 100 Mio. Paar Schuhe oder 200.000 Autos (bzw. eine entsprechende Linearkombination) produziert werden, während in Vietnam mit dem gleichen Einsatz lediglich 50 Mio. Paar Schuhe oder 20.000 Autos hergestellt werden können. Aufgrund der Ein-Faktor-Produktionstechnologie mit konstanten Skalenerträgen verlaufen die Transformationskurven linear.

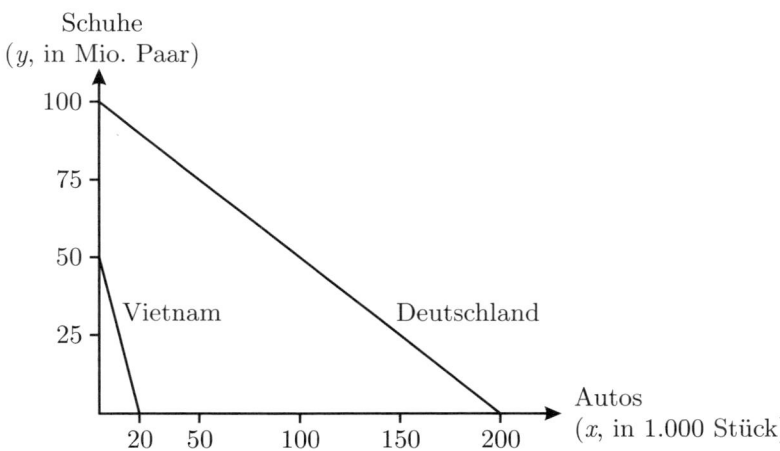

Abb. 5.1: Produktionsmöglichkeitenkurven von Deutschland und Vietnam

Wie wir sehen können, liegt die deutsche Produktionsmöglichkeitenkurve weiter außen als die vietnamesische. Dies zeigt den absoluten Kostenvorteil Deutschlands an.

Der komparative Vorteil Vietnams bei der Schuhproduktion drückt sich demgegenüber dadurch aus, dass die vietnamesische Produktionsmöglichkeitenkurve steiler verläuft als die deutsche. Der absolute Wert der Steigung der Produktionsmöglichkeitenkurve gibt dabei die Opportunitätskosten der Güter an: Die Steigung beträgt für Deutschland −500, da sich die Opportunitätskosten für Autos in Deutschland auf 500 Paar Schuhe je Automobil belaufen; entsprechend beträgt die Steigung für Vietnam −2.500, da die entsprechenden Opportunitätskosten 2.500 Paar Schuhe je Automobil betragen.

Wie wir aus Kapitel 4 wissen, muss bei Autarkie der Konsum- mit dem Produktionsplan übereinstimmen. Dies ist dann der Fall, wenn die Grenzrate der Transformation gleich der Grenzrate der Substitution ist (GRT = GRS). Nun ist aber dank der linearen Form der Produktionsmöglichkeitenkurve die Grenzrate der Transformation (GRT) in jedem Punkt identisch. Damit können wir unabhängig von der Nutzenfunktion das Autarkiepreisverhältnis direkt ablesen: Es entspricht den Opportunitätskosten.

Beide Länder profitieren durch die Aufnahme von Außenhandel. Wie die Vorteile aus dem Außenhandel tatsächlich aufgeteilt werden, ergibt sich durch das Weltmarktpreisverhältnis. Ohne Information über die Nachfragestruktur lässt sich nur sagen, dass sich der Weltmarktpreis für ein Auto in Paar Schuhen zwischen 500 und 2.500 bewegen muss – schließlich wäre es bei einem Preis über 2.500 für Vietnam vorteilhaft, die Autos selber zu produzieren, während es sich bei einem Preis von weniger als 500 für Deutschland lohnen würde, selbst Schuhe herzustellen.

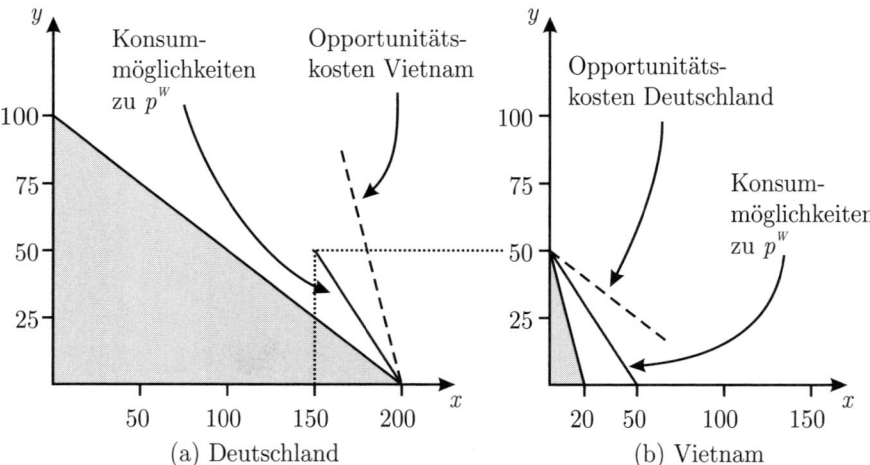

(a) Deutschland   (b) Vietnam

Abb. 5.2: Gewinne aus Außenhandel

Gehen wir nun davon aus, dass sich ein Weltmarktpreis von 1.000 Paar Schuhen pro Automobil ergeben hat. Diese Situation wird in Abbildung 5.2 dargestellt. Wenn sich jedes Land auf die Herstellung desjenigen Gutes spezialisiert, bei dem es einen komparativen Kostenvorteil hat, so ergeben sich bei Freihandel die Konsummöglich-keiten eines Landes entsprechend der durch diesen Produktionspunkt verlaufenden Weltmarktpreisgerade (die Steigung entspricht dabei dem Preisverhältnis). In der Abbildung kann man unmittelbar erkennen, dass bei Freihandel die Konsummög-lichkeiten beider Länder größer sind als in der Autarkiesituation: Ohne Außenhandel würden die Konsumoptionen durch die Produktionsmöglichkeiten (graue Flächen) beschränkt. Sowohl im Diagramm für Deutschland als auch in demjenigen für Vi-etnam liegt die Weltmarktpreislinie oberhalb der Transformationskurve des Landes, was die erweiterten Konsummöglichkeiten widerspiegelt. Für Deutschland ergibt sich jedoch insofern eine Einschränkung, als Vietnam auch bei vollständiger Spezialisie-rung maximal 50 Mio. Paar Schuhe liefern kann. In Abschnitt 5.2 werden wir uns mit dem Fall beschäftigen, dass die Nachfrage nach einem Gut die Produktionsmög-lichkeiten des Landes mit dem komparativen Vorteil übersteigt. Wir werden dabei zeigen, dass auch in diesem Fall sichergestellt ist, dass sich jedes Land nach Aufnah-me des Außenhandels mindestens so gut stellt wie bei Autarkie.

In der öffentlichen Diskussion wird der zunehmende Außenhandel häufig wenig posi-tiv wahrgenommen: Einerseits wird kritisiert, dass der Handel unfair sei und sich die Industrieländer auf Kosten der Entwicklungsländer bereichern würden. Andererseits wird der Verlust von Arbeitsplätzen und eine Verringerung des Wohlstands befürch-tet. Zwar kann Handel durchaus für bestimmte Gruppen in einem Land negative Effekte haben, die pauschale Kritik ist jedoch meist unberechtigt. Das Ricardo-Modell hilft, eine Reihe von **Denkfehlern bei** dieser **Kritik am internationalen Handel** aufzudecken. So wird beispielsweise vorgebracht, dass der Außenhandel für die Entwicklungsländer unfair und letztlich nachteilig sei, weil sie mehr Arbeit zur Produktion der Exportgüter einsetzen müssen, als in ihren Importgütern an aus-ländischer Arbeit enthalten ist. Tatsächlich kommt es aber bei der Vorteilhaftigkeit des Außenhandels darauf an, dass für die Herstellung der Importgüter im Inland mehr inländische Arbeit eingesetzt werden müsste, als in den eigenen Exportgütern enthalten ist, die das Inland gegen die Importgüter eintauscht. So würden bei einem Freihandelspreis von 1.000 Paar Schuhen für ein Auto zwar für die Schuhe 2.000 Stunden vietnamesische Arbeit eingesetzt, während nur 500 Stunden an deutscher Arbeit in dem dafür eingetauschten Auto stecken. Würden die Vietnamesen das Auto jedoch selbst herstellen wollen, so würden dafür sogar 5.000 Arbeitsstunden benötigt!

In einem nächsten Schritt wollen wir die Analyse um den Aspekt der **Faktorent-lohnung** erweitern. Dabei nehmen wir an, dass auf dem Güter- und dem Arbeits-markt vollkommener Wettbewerb herrscht. Da bei vollkommenem Wettbewerb keine (ökonomischen) Gewinne realisiert werden und der Faktor Arbeit der einzige Pro-duktionsfaktor ist, wird im Gleichgewicht der Preis eines Gutes den Arbeitskosten je Produkteinheit entsprechen. Im folgenden wird der Stundenlohn eines deutschen Arbeitnehmers mit w und derjenige eines vietnamesischen Arbeiters mit w^* bezeich-net. In der Autarkiesituation ergeben sich dann folgende Güterpreise: Der Preis für Autos in Deutschland beträgt $500 \cdot w$ und der Preis für ein Paar Schuhe w. In Vietnam werden Autos demgegenüber $5.000 \cdot w^*$ und ein Paar Schuhe $2 \cdot w^*$ kosten. Bei Freihandel ist es nun zum einen von der Technologie und zum anderen von der Relation der Lohnsätze abhängig, welches Land ein bestimmtes Gut kostengünstiger herstellen kann.

Welche Aussage lässt sich jetzt in unserem Beispiel über die Löhne bei Außenhandel treffen? Grundsätzlich können wir drei Bereiche für die Lohnsätze unterscheiden: Wenn $w < 2 \cdot w^*$ gilt, können in Deutschland sowohl Autos als auch Schuhe kostengünstiger hergestellt werden. Umgekehrt würde Vietnam bei $500 \cdot w > 5.000 \cdot w^*$, d. h. bei einem relativen Lohn $w/w^* > 10$, Schuhe und Autos kostengünstiger produzieren. Schließlich wären im Bereich dazwischen, d. h. für $2 \leq w/w^* \leq 10$, Autos in Deutschland und Schuhe in Vietnam kostengünstiger. Es lässt sich jetzt argumentieren, dass sich im Gleichgewicht nur ein relativer Lohn in diesem mittleren Bereich ergeben kann. In den beiden Extrembereichen würde nämlich eines der Länder keines der beiden Güter herstellen. Damit käme es jedoch in diesem Land zu Arbeitslosigkeit und durch den Angebotsüberschuss auf dem Arbeitsmarkt würden die Löhne sinken. Im Gleichgewicht muss jedes Land also zumindest eines der beiden Güter herstellen und dies ist nur möglich, wenn sich die relativen Löhne im mittleren Bereich befinden.

Wenn wir nun den zulässigen Bereich $2 \leq w/w^* \leq 10$ betrachten, so sehen wir, dass die Löhne in Vietnam deutlich niedriger sind als in Deutschland. Der Grund dafür ist der absolute Vorteil Deutschlands: Da die vietnamesischen Arbeiter bei der Herstellung beider Güter weniger produktiv sind, können sie Schuhe nur dann kostengünstiger als in Deutschland herstellen, wenn die Entlohnung weniger als die Hälfte des deutschen Lohnsatzes beträgt. Beachten Sie, dass die Vietnamesen aufgrund der absoluten Kostennachteile zwar ärmer als die Deutschen sind, sich aber durch Außenhandel mit Deutschland aufgrund der komparativen Kostenvorteile in der Schuhproduktion trotzdem besserstellen.

Diese Analyse mit Arbeitslöhnen hilft uns, ein häufig von Globalisierungsgegnern in den Industrieländern vorgebrachtes Argument zu entkräften: Ausländischer Wettbewerb aus Entwicklungsländern wie China oder Vietnam aufgrund niedriger Löhne ist „unfair" und schadet der heimischen Wirtschaft. Wie wir gesehen haben, müssen die Löhne in diesen Ländern deswegen niedriger sein, weil dort die Produktivität geringer ist. Die niedrigen Löhne sind also nicht unfair, sondern ermöglichen es den Industrieländern, diejenigen Produkte, bei denen die Entwicklungsländer nur einen geringen Produktivitätsnachteil haben, kostengünstig zu importieren und im Gegenzug die Produkte mit großem Produktivitätsvorsprung der Industrieländer zu exportieren.

5.2 Annahmen und formale Analyse des Ricardo-Modells

Für die Interpretation der Ergebnisse und die Anwendung auf die Realität ist es sehr wichtig, dass wir die Annahmen des Modells kennen. Wir wollen uns darum nun die zentralen Annahmen des Ricardo-Modells verdeutlichen und dabei auch die Notation für die darauf folgende formale Analyse einführen.

Das Ricardo-Modell betrachtet die Handelsbeziehungen zwischen zwei Ländern, wobei wir üblicherweise eines davon als Inland und das andere als Ausland bezeichnen. Die Variablen, die sich auf das Ausland beziehen sind, wie schon bisher, mit einem Sternchen (*) gekennzeichnet.

Faktormarkt: In jedem der beiden Länder steht als einziger Produktionsfaktor eine gegebene Anzahl an Arbeit L zur Verfügung. Dieser Faktor wird unelastisch angeboten, d. h. die zur Produktion verfügbare Arbeitsmenge ist unabhängig von der Höhe des Lohns, der in der Ökonomie gezahlt wird. Durch die Annahme vollkommenen Wettbewerbs auf dem Arbeitsmarkt ist außerdem Vollbeschäftigung der Faktoren impliziert, d. h. es gibt keine Arbeitslosigkeit. Die Arbeitskräfte sind homogen, d. h. alle Arbeiter sind absolut identisch, insbesondere in Bezug auf ihre Produktivität. Zwischen den Sektoren herrscht vollständige Mobilität, d. h. ein Arbeiter kann in beiden Sektoren eingesetzt werden und jederzeit von einem Sektor in den anderen wechseln. International sind die Arbeitskräfte demgegenüber vollkommen immobil.

Produktion: Es werden zwei Güter x und y mit den linearen Produktionstechnologien

$$x = \frac{1}{a_x} \cdot L_x \quad \text{und} \quad y = \frac{1}{a_y} \cdot L_y \tag{5.1}$$

hergestellt, wobei a_i den jeweiligen Arbeitskoeffizienten, d. h. den Arbeitseinsatz je Outputeinheit bezeichnet, im Sektor $i = x, y$ bezeichnet. Wie wir leicht erkennen können, weist diese Technologie konstante Skalenerträge auf: So führt etwa eine Verdoppelung der eingesetzten Faktormenge zu einer Verdopplung der Produktion. Damit es zu Handel kommt, muss sich das Verhältnis der Arbeitskoeffizienten zwischen den Ländern unterscheiden, d. h. $a_x/a_y \neq a_x^*/a_y^*$. Das Angebot der Güter erfolgt unter der Annahme vollkommenen Wettbewerbs.

Nachfrage: Auch wenn die Konsumpräferenzen im Ricardo-Modell nicht explizit spezifiziert sind, so gibt es doch einige grundlegende Annahmen, die zu berücksichtigen sind. So stellen die Arbeitskräfte zugleich die Konsumenten des Landes dar. Außerdem fragen die Konsumenten beider Länder beide Güter nach – würde nur ein Gut nachgefragt, ergäbe sich schließlich keine Tauschmöglichkeit. Bei der Bestimmung des Gleichgewichts werden wir außerdem zur einfacheren graphischen Darstellung unterstellen, dass die Präferenzen in beiden Ländern identisch und homothetisch sind.

Aus diesen Annahmen ergeben sich eine Reihe von Implikationen für das Modell: Der vollkommene Wettbewerb auf dem Arbeitsmarkt in Verbindung mit Mobilität der Faktoren führt dazu, dass die Löhne in beiden Sektoren in beiden Ländern jeweils identisch sein werden, d. h. $w_x = w_y = w$ und $w_x^* = w_y^* = w^*$. Andernfalls hätten die Arbeitskräfte einen Anreiz, in den jeweiligen Hochlohnsektor abzuwandern. In der Autarkiesituation bestimmt sich der absolute Güterpreis dadurch, wie viel den jeweiligen Arbeitern bezahlt werden muss, um eine Einheit des Gutes zu produzieren. Vollständige Konkurrenz auf den Gütermärkten verhindert dabei, dass auf die Herstellungskosten ein Gewinnaufschlag erhoben werden kann:

$$p_x = a_x \cdot w \quad \text{bzw.} \quad p_y = a_y \cdot w. \tag{5.2}$$

Wie wir bereits aus dem vorigen Abschnitt wissen und auch aus (5.2) folgern können, wird das Autarkiepreisverhältnis den Opportunitätskosten entsprechen, d. h. $p_x/p_y = a_x/a_y$. Im Ausland werden die Preise entsprechend $p_x^* = a_x^* \cdot w^*$ und $p_y^* = a_y^* \cdot w^*$ betragen. Somit ist der absolute Preis eines Gutes i im Inland dann niedriger, wenn $w \cdot a_i < w^* \cdot a_i^*$ bzw. $w/w^* < a_i^*/a_i$ gilt. Wäre diese Bedingung in beiden Sektoren erfüllt, dann könnte das Inland beide Güter kostengünstiger anbieten. Wie wir schon im vorherigen Abschnitt gezeigt haben, ist dies jedoch nicht mit der Annahme vollkommenen Wettbewerbs und damit von Vollbeschäftigung in beiden Ländern vereinbar. Im Gleichgewicht muss jedes Land wenigstens ein Gut kostengünstiger oder zumindest zu identischen Kosten produzieren.

Nach diesen Vorüberlegungen können wir mit der eigentlichen Analyse beginnen. Zunächst wollen wir dabei ermitteln, wie die Arbeiter auf die Sektoren verteilt werden können und wie viel das Land dann jeweils produzieren kann. Wir werden somit aus der Technologie die **Produktionsmöglichkeitenkurve** des Landes ableiten, wie wir sie in Abschnitt 4.2 kennengelernt haben. Aus (5.1) wissen wir, wie viel von den jeweiligen Gütern bei einem bestimmten Arbeitseinsatz hergestellt werden kann. Dabei müssen wir nun noch berücksichtigen, dass die Ökonomie nur eine begrenzte Anzahl an Arbeitskräften L zur Verfügung hat. Daraus ergibt sich die Nebenbedingung

$$L_x + L_y \leq L. \tag{5.3}$$

Der Arbeitskräfteeinsatz für die Produktion von Gut x und von Gut y kann das gesamtwirtschaftliche Arbeitsangebot nicht übersteigen. Im Gleichgewicht ist die Nebenbedingung bindend: Zwar könnte auch eine Kombination von x und y gewählt werden, die weniger Arbeit erfordert als vorhanden ist, dies wäre aber nicht effizient. Setzen wir (5.1) in (5.3) ein und lösen diese Ungleichung nach Gut y auf, so erhalten wir einen direkten Zusammenhang zwischen der Produktion beider Güter:

$$y = \frac{1}{a_y} \cdot L - \frac{a_x}{a_y} \cdot x. \tag{5.4}$$

Wir können erkennen, dass es sich um eine Gerade im (x, y)-Raum handelt, wobei an den jeweiligen Achsenabschnitten die maximale Produktion abgelesen werden kann: An der Ordinate (y-Achse) die maximale Produktion von Gut y, L/a_y, und an der Abszisse (x-Achse) die maximale Produktion von Gut x, L/a_x. In Abbildung 5.3 haben wir insgesamt drei Produktionsmöglichkeitenkurven eingezeichnet: Diejenige des Inlands (PMK), des Auslands (PMK*) und der Welt (PMK^W).

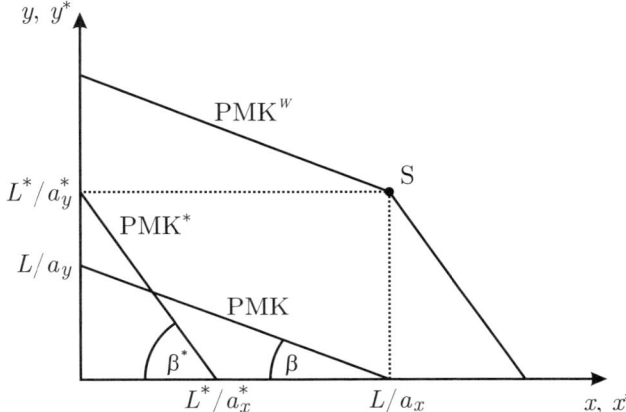

Abb. 5.3: Aggregation der Produktionsmöglichkeitenkurven

Wie wir bereits anhand des Zahlenbeispiels erläutert haben, gibt der Vergleich der Produktionsmöglichkeitenkurve des Inlands mit der des Auslands darüber Aufschluss, welches Land bei welchem Gut einen komparativen Kostenvorteil genießt. Hierzu betrachten wir die Steigungen der Kurven, die, wie wir an (5.4) erkennen können, die Opportunitätskosten von Gut x angeben, $-a_x/a_y$. Graphisch können diese aus dem Winkel β bzw. β^* abgeleitet werden:

$$\tan \beta = \frac{a_x}{a_y} \quad \text{und} \quad \tan \beta^* = \frac{a_x^*}{a_y^*}. \tag{5.5}$$

Da die Produktionsmöglichkeitenkurve des Inlands einen flacheren Verlauf aufweist als die des Auslands – daran zu erkennen, dass $\beta < \beta^*$ –, besitzt es folglich den komparativen Kostenvorteil bei Gut x und das Ausland mit seiner steileren Kurve bei Gut y. Über den absoluten Kostenvorteil könnten wir nur dann eine Aussage treffen, wenn wir konkrete Informationen über die Arbeitsausstattungen der Länder hätten. Haben beide Länder die gleiche Ausstattung an Arbeitskräften, dann hat das Inland nicht nur einen relativen, sondern auch einen absoluten Vorteil bei Gut x und das Ausland entsprechend bei Gut y. Hat hingegen das Inland erheblich mehr Arbeitskräfte als das Ausland, wird es seine Produktionsmöglichkeiten allein der schieren Masse und weniger einem Produktivitätsvorteil verdanken.

Grundsätzlich wird ein Land dasjenige Gut exportieren, bei dem es im Autarkiefall den niedrigeren (relativen) Preis aufweist. Das Ricardo-Modell zeigt nun, dass das Land dasjenige Gut günstiger anbieten kann, bei dem es die niedrigeren Opportunitätskosten und somit einen komparativen Kostenvorteil hat. Ausgehend von dieser Vorüberlegung, können wir durch Aggregation von PMK und PMK* die konkave (nach außen gebogene) Produktionsmöglichkeitenkurve der Welt bestimmen, auf deren Grundlage wir das Preisverhältnis bei Freihandel bestimmen. In Abbildung 5.3 ist ebenfalls der Punkt S gekennzeichnet, der die Güterkombination darstellt, bei der beide Länder spezialisiert sind. Es gibt eine Vielzahl relativer Preise, bei denen sich diese Spezialsierungsstruktur einstellt – alle relativen Preis die zwischen den Autarkiepreisen der Länder liegen. Jeder andere relative Preis würde dazu führen, dass sich nur ein Land spezialisiert. Um das konkrete Preisverhältnis zu bestimmen, brauchen wir allerdings Informationen über die Nachfrageseite.

Wir können die Nachfrageseite im Produktionsmöglichkeitendiagramm wie in Kapitel 4 mittels Indifferenzkurven berücksichtigen. In Abbildung 5.4 (b) wollen wir jedoch zeigen, dass die alternative Darstellung mit relativen Angebots- und Nachfragekurven die zentralen Aspekte einfacher und klarer veranschaulicht. Um deutlich zu machen, dass beide Diagramme die gleichen Inhalte nur auf unterschiedliche Weise veranschaulichen, haben wir sie in der Abbildung direkt nebeneinander dargestellt. Dadurch können wir auch zeigen, wie sich die relative Angebotskurve aus der Produktionsmöglichkeitenkurve der Welt (PMK^W) ableiten lässt.

Wir können allgemein eine Aussage über das **Spezialisierungsmuster** eines Landes in Abhängigkeit von seinen Opportunitätskosten und des relativen Preises treffen:

- $p_x/p_y < a_x/a_y$: Spezialisierung auf Gut y
- $p_x/p_y = a_x/a_y$: Keine Spezialisierung
- $p_x/p_y > a_x/a_y$: Spezialisierung auf Gut x

Daher ist bei unterschiedlichen Technologien immer mindestens ein Land spezialisiert: So stellt beispielsweise bei $p_x/p_y = a_x/a_y$ das Inland beide Güter her, aber das Ausland ist wegen $a_x/a_y = p_x/p_y < a_x^*/a_y^*$ auf Gut y spezialisiert. Dies wäre etwa in Abbildung 5.4 (a) dann der Fall, wenn weltweit die relative Menge R$_1$ nachgefragt würde. Allerdings reicht eine marginale Erhöhung dieses Preises, damit sich das Inland vollständig auf Gut x spezialisiert. Dann sind beide Länder spezialisiert $(a_x/a_y < p_x/p_y < a_x^*/a_y^*)$ und die weltweit erzeugte relative Menge in Punkt S von Gut x beträgt $(L/a_x)/(L^*/a_y^*)$. Steigt das Weltmarktpreisverhältnis weiter bis auf $p_x/p_y = a_x^*/a_y^*$, so wäre nur noch das Inland aber nicht mehr das Ausland spezialisiert – dies wäre etwa bei R$_2$ der Fall.

Aus diesen Überlegungen können wir nun das **relative Angebot** (RA) in Abbildung 5.4 (b) herleiten: Der senkrechte Abschnitt des relativen Angebots ergibt sich aus dem Knick in der aggregierten Produktionsmöglichkeitenkurve – im Bereich zwischen den beiden Autarkiepreisverhältnissen sind beide Länder spezialisiert und das relative Angebot ist somit konstant. Die horizontalen Abschnitte entsprechen

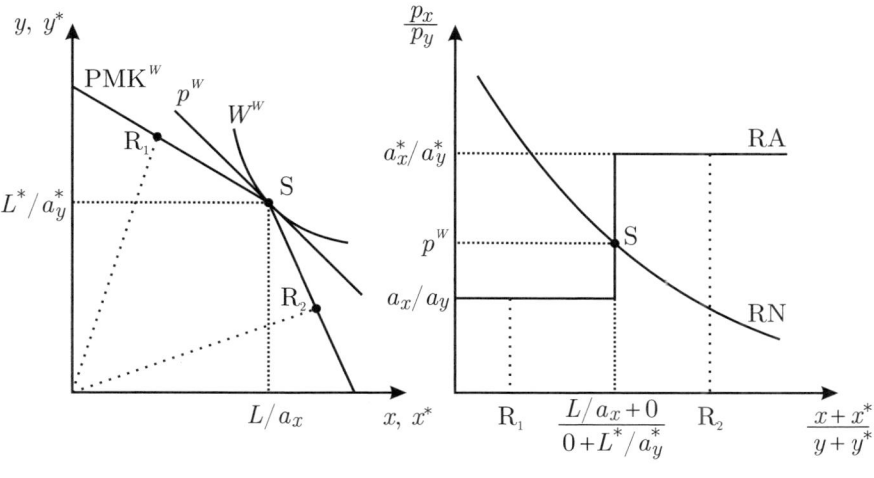

(a) Weltproduktionsmöglich-
keitenkurve

(b) Relatives Angebot (RA) und
relative Nachfrage (RN)

Abb. 5.4: Bestimmung des relativen Weltmarktpreises

den beiden Bereichen von PMK^W, bei denen sich nur eines der Länder spezialisiert: Der inländische Autarkiepreis a_x/a_y stellt sich ein, wenn das Inland beide Güter herstellt, der ausländische Autarkiepreis a_x^*/a_y^* ergibt sich, wenn das Ausland beide Güter herstellt.

Zur Bestimmung des Weltmarktpreises ist nun neben dem technologisch bedingten Angebot auch die Nachfrage erforderlich. Bei PMK^W in Abbildung 5.4 (a) wurde die bei den gegebenen Produktionsmöglichkeiten bestmögliche erreichbare Indifferenzkurve W^W eingezeichnet, die die annahmegemäß identischen Präferenzen im In- und Ausland widerspiegelt. Die Steigung dieser Kurve im Tangentialpunkt mit der aggregierten Produktionsmöglichkeitenkurve bestimmt dann den Weltmarktpreis im Gleichgewicht. Entsprechend ist im Diagramm mit der relativen Angebotskurve die **relative Nachfrage** (RN) eingezeichnet. Der fallende Verlauf von RN ist durch den Substitutionseffekt bedingt: Je geringer der relative Preis von Gut x ist, desto mehr werden die Konsumenten von Gut x und desto weniger von Gut y nachfragen.

Das Weltmarktpreisverhältnis p^W ergibt sich im Schnittpunkt zwischen der relativen Nachfrage und dem relativen Angebot. Ist der Schnittpunkt im senkrechten Bereich der relativen Angebotskurve wie bei Punkt S, so sind beide Länder spezialisiert. In den waagrecht verlaufenden Bereichen ist jeweils nur eines der Länder spezialisiert – in R$_1$ wird das Inland und in R$_2$ das Ausland beide Güter herstellen. Es ist dabei offensichtlich, dass Handel für ein Land nur dann die Konsummöglichkeiten erhöht, wenn sich das Land vollständig spezialisiert. Betrachten wir etwa das Beispiel aus Abbildung 5.2, so sehen wir, dass Deutschland keinen Vorteil hätte, wenn sich der relative Weltmarktpreis nicht von seinem Autarkiepreis unterscheiden würde. Allerdings ist Handel für das nicht-spezialisierte Land auch nicht nachteilig, da ihm nach wie vor seine Autarkiekonsummöglichkeiten zur Verfügung stehen.

Ob es zur Spezialisierung eines Landes kommt oder nicht, ist von einer Reihe von Faktoren abhängig. Erheblichen Einfluss hat dabei die relative Größe des Landes. Erhöhen wir etwa L/L^*, so verschiebt sich in Abbildung 5.4 (b) der senkrechte Abschnitt des relativen Angebots nach rechts und der Weltmarktpreis nähert sich mehr und mehr dem inländischen Autarkiepreisverhältnis an. Wenn er es schließlich erreicht, ist das in Bezug auf die Faktorausstattung relativ große Inland nicht länger spezialisiert. Dabei wird auch klar, dass die relative Größe eines Landes insofern wichtig ist, als dass der relative Weltmarktpreis tendenziell immer näher am Autarkiepreis des größeren Landes liegen wird. Auch die Präferenzen der Konsumenten spielen eine Rolle: Würde etwa die relative Präferenz für Gut x steigen, hätte dies eine Rechtsverschiebung der relativen Nachfrage zur Folge, wodurch der relative Preis von Gut x steigen würde und das Ausland eventuell nicht länger auf Gut y spezialisiert wäre, da es einen Teil seiner Arbeiter zur Produktion des stärker nachgefragten Gutes x einsetzen würde.

5.3 Handelsmuster und Neo-Ricardo-Modell

Wenn wir daran denken, mit wie vielen Gütern aus dem In- und Ausland wir jeden Tag tatsächlich umgeben sind, scheint es etwas unrealistisch, den Handel mit nur zwei Gütern zu analysieren. Wir wollen daher nun das **Handelsmuster** (synonym die **Handelsstruktur**) bei mehr als nur zwei Gütern untersuchen, d. h. die Frage stellen, welche Güter ein Land importiert und welche es exportiert. Betrachten wir hierzu das fiktive Beispiel des Außenhandels mit vier Gütern zwischen Deutschland und Vietnam in Tabelle 5.4. Die Güter sind dabei nach dem Ausmaß der Produktivitätsunterschiede aufgereiht.

	Maschinen	Autos	Textilien	Schuhe
Deutschland	1.000	500	5	1
Vietnam	15.000	5.000	15	2
Effizienz DE : VN	15 : 1	10 : 1	3 : 1	2 : 1

Angaben in Arbeitsstunden je Stück bzw. bei „Schuhe" je Paar.

Tab. 5.4: Komparative Kostenvorteile bei mehr als zwei Gütern

Wir sehen, dass Deutschland bei allen Gütern absolute Kostenvorteile hat. Das genaue Spezialisierungsmuster ist von den relativen Löhne abhängig, die sich durch das Zusammenspiel von Technologie und Präferenzen ergeben. Angenommen im Gleichgewicht beträgt der Lohnsatz in Vietnam 1/10 des deutschen Lohns. In diesem Fall werden Autos sowohl in Deutschland als auch in Vietnam hergestellt – bei diesem Lohnsatz sind beide Länder zwischen Eigenproduktion und Import gerade indifferent. Bei den drei anderen Gütern erfolgt jedoch eine Spezialisierung: In Deutschland auf Maschinen, in Vietnam auf Textilien und Schuhe. Da sich jeder zumindest auf ein Gut spezialisiert, gewinnen beide durch Außenhandel. Damit sehen wir, dass bei mehr als zwei Gütern die Vorteilhaftigkeit des Handels normalerweise für beide Länder sichergestellt sein dürfte, da ein Land zumindest bei einem Gut spezialisiert sein wird.

Die Analyse mit einer großen Anzahl an Gütern wird leicht unübersichtlich. Wie Rudiger Dornbusch, Stanley Fischer und Paul Samuelson in einem Beitrag aus dem Jahr 1977 zeigen, ist es für die Untersuchung des Mehr-Güter-Falls darum vorteilhaft, ein **Kontinuum von Gütern** anzunehmen (Neo-Ricardo-Modell), also eine unüberschaubar große Anzahl an Gütern. Diese Güter können dann analog zur Darstellung in Tabelle 5.4 derart geordnet werden, dass der komparative Vorteil des Inlands mit zunehmendem Güterindex $z = 1, 2, \ldots$ abnimmt. Wenn $a(z)$ respektive $a^*(z)$ die Arbeitskoeffizienten für ein im Inland respektive Ausland hergestelltes Gut z angeben, so erhalten wir bei n Gütern die Ungleichungskette

$$a^*(1)/a(1) > a^*(2)/a(2) > \ldots > a^*(n)/a(n).$$

Im Weiteren wird keine endliche Anzahl n an Gütern unterstellt, sondern es wird angenommen das z eine reelle Zahl aus dem geschlossenen Intervall zwischen 0 und 1 ist. Die abnehmende relative Produktivität des Inlands lässt sich dann durch die in Abbildung 5.5 eingezeichnete stetige Funktion $A(z) = a^*(z)/a(z)$ mit $dA(z)/dz < 0$ beschreiben.

Welche Güter wird nun das Inland und welche Güter das Ausland produzieren? Die Antwort ist wie im grundlegenden Ricardo-Modell einfach: Jedes Land sollte dasjenige Gut produzieren, das es kostengünstiger als das andere Land herstellen kann. Die Kosten für die Produktion eines Gutes sind analog zu (5.2) bestimmbar und so wird das Inland alle diejenigen Güter produzieren, die

$$w \cdot a(z) < w^* \cdot a^*(z) \tag{5.6}$$

erfüllen. Unter der obigen Definition kann die Ungleichung umgeformt werden zu

$$w/w^* < A(z). \tag{5.7}$$

Da $A(z)$ so konstruiert wurde, dass es strikt in z fallend ist, gibt es ein Gut $\bar{z}$, für das gerade $w/w^* = A(\bar{z})$ gilt. Alle Güter mit einem kleineren Indexwert als $\bar{z}$ erfüllen so die Bedingung aus (5.7) und werden im Inland produziert, wohingegen bei allen Gütern mit einem höheren Indexwert das Ausland einen komparativen

Vorteil aufweist und sie demzufolge auch dort produziert werden. Wenn wir also den relativen Lohn kennen, sind wir in der Lage, eine Aussage darüber zu treffen, welches Land welches Güterspektrum produziert.

Wenden wir uns nun der **Nachfrageseite** zu: Zur Vereinfachung wird davon ausgegangen, dass jeder Konsument in den beiden Ländern die gleiche Präferenzstruktur hat und für jedes vorhandene Gut einen festen Anteil seines Einkommens ausgibt. Er wird zum Beispiel 15 % für Lebensmittel, 20 % für Kleidung, 40 % für seine Wohnung, 15 % für Elektronik und 10 % für sein Auto ausgeben. Diese konsumierten Anteile sind dabei unabhängig von seinem Einkommen (**homothetische Präferenzen**). Wir können dann den Gesamtanteil am Einkommen bestimmten, den der Konsument für die im Inland produzierten Güter ausgibt und bezeichnen diesen mit $G(\bar{z})$. Je höher $\bar{z}$ ist, desto mehr Güter werden im Inland produziert und desto mehr wird demzufolge für inländische Güter aufgewendet – aufgrund der gleichen Präferenzen gilt diese Aussage sowohl für die in- als auch für die ausländischen Konsumenten. Für ausländische Güter wird dann das restliche Einkommen $1 - G(\bar{z})$ aufgewendet. Im Gleichgewicht muss damit gelten:

$$w \cdot L = G(\bar{z}) \cdot (w \cdot L + w^* \cdot L^*). \tag{5.8}$$

Diese Gleichung besagt, dass die weltweiten Gesamtausgaben für inländische Güter (rechte Seite) im Gleichgewicht gleich dem inländischen Einkommen (linke Seite) sein müssen. Durch Umformen erhalten wir die modifizierte Form

$$\frac{w}{w^*} = \frac{G(\bar{z})}{1 - G(\bar{z})} \cdot \frac{L^*}{L} \equiv B(z) \cdot L^*/L. \tag{5.9}$$

Wir sehen, dass die neu definierte Variable $B(z)$, der relative Einkommensanteil, der für inländische Güter ausgegeben wird, in z steigt. Diese Bedingung beschreibt dann die Nachfrageseite, wohingegen die $A(z)$-Kurve aus (5.7), den angebotsseitigen Aspekt der effizienten Spezialisierung repräsentiert. Abbildung 5.5 stellt beide Bedingungen zusammen in einem Diagramm dar. Im Schnittpunkt der zwei Kurven sind beide Bedingungen simultan erfüllt und repräsentieren damit das Gleichgewicht, in dem die Länder effizient spezialisiert sind. Gleichzeitig wird hierdurch auch der gleichgewichtige relative Lohn $\bar{w}$ bestimmt.

Wir wollen nun zunächst aufzeigen, wie sich in diesem Modell die **Vorteile des Außenhandels** darstellen lassen. Da die Unternehmen aufgrund vollständiger Konkurrenz auf den Gütermärkten keine Gewinne erzielen, können wir uns auf die Betrachtung der Konsumenten beschränken, die zugleich den einzigen Produktionsfaktor Arbeit anbieten. Die Konsumenten werden sich dann besser stellen, wenn ihre Reallöhne steigen und sie sich somit mehr Güter leisten können als zuvor. Wird ein Gut z im Inland hergestellt, so beträgt sein Preis $p(z) = w \cdot a(z)$, wird es im Ausland hergestellt, so beträgt er $p(z) = w^* \cdot a^*(z)$. Der **Reallohn** in Bezug auf Gut z ist gegeben durch $w/p(z)$, d. h. wird z im Inland produziert ist der Reallohn $1/a(z)$, wird

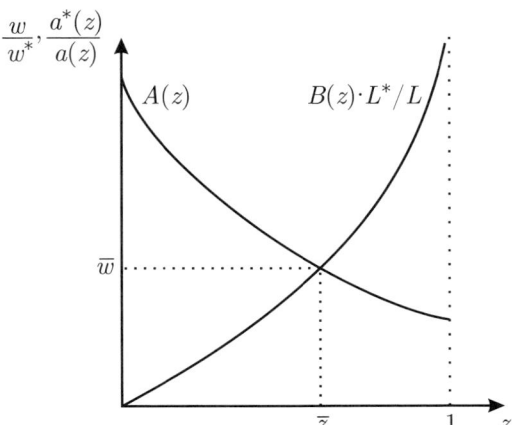

Abb. 5.5: Bestimmung des Spezialisierungsmusters

das Gut importiert, dann beträgt er $w/[w^* \cdot a^*(z)]$. Der Reallohn ist bei Import des Gutes z dann höher, wenn

$$\frac{1}{a(z)} < \frac{w}{w^* \cdot a^*(z)} \quad \text{bzw.} \quad \frac{w}{w^*} > \frac{a^*(z)}{a(z)} = A(z). \tag{5.10}$$

Wie wir aber aus (5.7) wissen, wird das Ausland gerade diejenigen Güter produzieren, die diese Bedingung erfüllen. Folglich steigt der Reallohn der Arbeiter durch den Handel. Analoge Überlegungen gelten entsprechend für die Arbeiter des Auslands. Wir können somit zusammenfassen:

- Länder werden diejenigen Güter exportieren, bei denen sie komparative Kostenvorteile haben und diejenigen Güter importieren, bei denen das Ausland komparative Kostenvorteile hat.

- Die Grenze für die relative Produktivität, ab der ein Land komparative Vorteile aufweist, bestimmt sich endogen durch die Präferenzen der Konsumenten.

- Der Reallohn der Arbeiter und damit die Gesamtwohlfahrt der Länder wird durch Handel steigen.

Wir haben bislang zur Vereinfachung der Analyse angenommen, dass es keine Transportkosten oder sonstige Handelskosten gibt. Nun wollen wir überlegen, welche Auswirkungen sich durch solche Kosten ergeben. Wir werden dabei feststellen, dass nicht mehr alle Güter gehandelt werden, insbesondere diejenigen nicht, bei denen der komparative Vorteil der Länder nur schwach ausgeprägt ist.

Bei der Analyse unterstellen wir sogenannte **Eisbergtransportkosten**, die am besten geeignet sind, Transportkosten im vorliegenden Modell abzubilden. Die Idee ist einfach: Wir gehen davon aus, dass nur ein Teil der Güter, die losgeschickt werden,

tatsächlich ihr Ziel erreicht, der Rest „schmilzt" auf dem Weg und ist unwiederbring-
lich verloren. Wir nehmen an, dass von einer Einheit eines Gutes z ein Anteil $1-h$
verloren geht und damit nur noch der Anteil h das Ziel erreicht (h liegt somit im
Bereich zwischen 0 und 1). Welche Auswirkungen haben diese Kosten nun auf die
Handelsstruktur? Wir sehen, dass sich (5.6) ändern muss, da der Preis eines Gutes
im Ausland nicht mehr mit dem Preis des Gutes im Inland übereinstimmt, schließlich
erhält man für den ursprünglich gezahlten Preis nur noch h Einheiten des Gutes.

Das Inland wird weiterhin diejenigen Güter exportieren, die trotz der Transportkosten für die Konsumenten im Ausland günstiger sind als die dortige Eigenproduktion:

$$w^* \cdot a^*(z) \geq \frac{1}{h} \cdot w \cdot a(z) \quad \text{bzw.} \quad \frac{w}{w^*} \leq h \cdot A(z). \tag{5.11}$$

Im Gegenzug kann das Ausland diejenigen Güter exportieren, bei denen nach wie
vor ein Preisvorteil gegenüber der inländischen Produktion gegeben ist:

$$w \cdot a(z) \geq \frac{1}{h} \cdot w^* \cdot a^*(z) \quad \text{bzw.} \quad \frac{w}{w^*} \geq \frac{1}{h} \cdot A(z). \tag{5.12}$$

Die beiden Bedingungen sind in Abbildung 5.6 dargestellt.

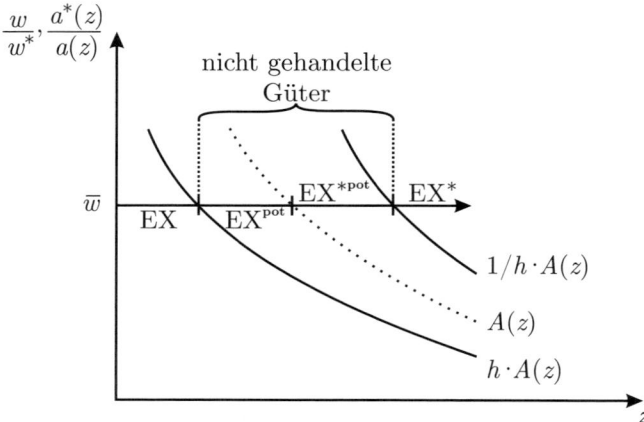

Abb. 5.6: Transportkosten: Spezialisierungsmuster und nicht gehandelte Güter

Aus (5.11) folgt, dass das Inland für jeden Relativlohn alle Güter links von $h \cdot A(z)$
exportieren wird (EX) und an (5.12) ist abzulesen, dass das Ausland alle Güter
rechts von $A(z)/h$ exportieren kann (EX*). Die Güter zwischen den beiden Kurven
werden hingegen nicht gehandelt. Bei diesen Gütern ist der komparative Kostenvorteil der Länder zu schwach ausgeprägt, um die Verluste durch den Transport zu
kompensieren. Im Extremfall, wenn alles durch den Transport verloren geht ($h = 0$),
werden keine Güter gehandelt. Würden die Transportkosten sinken, d. h. der An-

teil h, der das Ziel erreicht steigen, wird ein Teil dieser Güter wieder gehandelt. Schließlich werden alle Güter links neben der ursprünglichen $A(z)$-Kurve dann zu Exporten des Inlands und alle rechts davon zu Exporten des Auslands, weshalb sie in der Abbildung als potentielle Exporte der entsprechenden Länder (EX^{pot}, EX$^{*\text{pot}}$) gekennzeichnet wurden.

Das Ricardo-Modell und seine Erweiterung zum Neo-Ricardo-Modell sind sehr hilfreich, die grundlegenden Mechanismen des Handels aufgrund komparativer Vorteile aufzuzeigen. Die einschränkenden Annahmen des Modells führen jedoch dazu, dass sich zum einen manche Aussagen nicht auf einen allgemeineren Kontext übertragen lassen und zum anderen wichtige Fragestellungen unberücksichtigt bleiben müssen. So führt die Unterstellung einer linearen Produktionstechnologie dazu, dass sich die Länder vollkommen spezialisieren, d. h. die Produktion in bestimmten Sektoren komplett einstellen werden. Zudem können aufgrund der Beschränkung auf einen Produktionsfaktor die Auswirkungen des Handels auf die Einkommensverteilung nicht untersucht werden. Die Annahme einer gegebenen Faktorausstattung und Produktionstechnologie lässt auch keine Aussage über Wachstum oder Innovation zu. Schließlich bleiben Skalenerträge und unvollkommener Wettbewerb als potentielle Handelsmotive unberücksichtigt, da im Ricardo-Modell vollkommene Konkurrenz unterstellt wird. In den nächsten Kapiteln werden wir uns mit alternativen bzw. ergänzenden Modellansätzen beschäftigen, um die offengebliebenen Fragen zu klären.

Was haben wir gelernt?

- Für die Aufnahme von Außenhandel sind nicht die absoluten Kostenvorteile im Sinne einer höheren Produktivität, sondern die relativen Kostenvorteile relevant. Bei diesen handelt es sich um die Opportunitätskosten der Produktion, d. h. es geht darum, wie stark die Produktion des einen Gutes reduziert werden muss, um eine zusätzliche Einheit des anderen Gutes herzustellen.

- Spezialisiert sich jedes Land auf die Produktion des Gutes mit komparativen Kostenvorteilen, so führt dies in Verbindung mit Außenhandel dazu, dass sich für beide Länder die Konsummöglichkeiten im Vergleich zu Autarkie ausweiten.

- Während die komparativen Kostenvorteile das Handelsmuster und die Vorteilhaftigkeit des Handels determinieren, bestimmen die absoluten Kostenvorteile die relative Entlohnung: Ist das Inland bei der Herstellung beider Güter produktiver, so werden nach Aufnahme von Handel die Löhne im Inland höher sein als im Ausland.

- Als Alternative zum Produktionsmöglichkeitendiagramm bietet sich das Konzept von relativem Angebot und relativer Nachfrage an, mit dem die Bestimmung des Gleichgewichts im Ricardo-Modell einfacher und übersichtlicher dargestellt werden kann.

■ Bei mehr als zwei Gütern bestimmen die relative Produktivität, die relativen Löhne und die Höhe der Transportkosten, welche Güter importiert, nicht gehandelt oder exportiert werden.

Ergänzende und weiterführende Literatur

Ricardo, D. (1817), On the Principles of Political Economy and Taxation, London: John Murray. [*Der Originalbeitrag von David Ricardo, frei zugänglich etwa unter* `http://www.econlib.org/library/Ricardo/ricPCover.html`.]

Dornbusch, R., Fischer, S. und P. A. Samuelson (1977), Comparative Advantage, Trade, and Payments in a Ricardian Model with a Continuum of Goods, American Economic Review, Vol. 67, 823–839. [*Die Erweiterung des Ricardo-Modells zum Neo-Ricardo-Modell.*]

Kontrollfragen und Übungsaufgaben

1. Erläutern Sie, was unter absolutem Kostenvorteil, komparativem Kostenvorteil und Opportunitätskosten zu verstehen ist! Wie hängen diese drei Konzepte zusammen?

2. Wodurch wird im Ricardo-Modell die Entstehung bzw. die Vorteilhaftigkeit von Handelsbeziehungen erklärt?

3. Welcher Zusammenhang besteht zwischen Arbeitslöhnen und dem komparativen Kostenvorteil? Bleibt dieser Zusammenhang auch bei vielen handelbaren Gütern erhalten?

4. Kuba beschließt, Handelsbeziehungen aufzunehmen. Allerdings gilt dessen Anbau-Technologie als nicht sehr effizient, insbesondere im Vergleich zu seinem potentiellen Handelspartner Ecuador. Beide Länder verfügen über 3 Mio. Arbeitsstunden. Die Technologien sind beschrieben durch

	Kaffee (x)	Zucker (y)
Kuba	24 Stunden pro kg	20 Stunden pro kg
Ecuador	12 Stunden pro kg	15 Stunden pro kg

a) Erläutern Sie, warum sich Handel für Kuba lohnt! Zeigen Sie hierzu, welches Land bei welchem Gut einen absoluten und bei welchem einen komparativen Kostenvorteil hat!

b) Zeichnen Sie die Produktionsmöglichkeitenkurven für beide Länder und erläutern Sie, woran der absolute und der relative Kostenvorteil zu erkennen sind und welcher Autarkiepreis sich einstellen wird! Begründen Sie, warum Sie dafür keine Kenntnis über die Nachfrage benötigen!

c) Zeichnen Sie die relative Angebotskurve für Kaffee bei Freihandel! Begründen Sie, in welchem Intervall der Preis bei Handel liegen muss, wenn beide Länder auf verschiedene Güter spezialisiert sind! Die Bewohner konsumieren Kaffee und Zucker in einem festen Verhältnis: 1 kg Kaffee und 2 kg Zucker. Wie hoch wird der Preis bei Freihandel sein? Begründen Sie, ob bei diesem Preis Handel für alle Länder vorteilhaft ist!

d) Brasilien möchte gerne dem Handelsbündnis beitreten. Seine Produktionsmöglichkeitenkurve ist beschrieben durch $x = 350.000 - 5/3 \cdot y$. Zeichnen Sie diese Kurve und bestimmen Sie, bei welchem Gut der komparative Kostenvorteil liegt! Können Sie auch eine Aussage über absolute Kostenvorteile treffen? Welche Auswirkungen ergeben sich durch diesen zusätzlichen Handelspartner auf den relativen Weltmarktpreis?

5. Zeigen Sie, wie eine Reduktion von Handelskosten das Spektrum der gehandelten Güter vergrößern kann! Wie können Sie diesen Zusammenhang intuitiv erklären?

6. Integrieren Sie analog zum Vorgehen im Neo-Ricardo-Modell, Handelskosten in die Analyse im klassischen Ricardo-Modells mit einer überschaubaren Anzahl an Gütern! Verwenden Sie als Grundlage das Beispiel aus Tabelle 5.4.

6 Heckscher-Ohlin-Samuelson-Modell: Faktorausstattungsunterschiede

Themenüberblick

- Analyse des Außenhandels in einem Zwei-Faktoren-Modell mit identischen Technologien und Präferenzen
- Erklärung des Handelsmusters durch Unterschiede in den relativen Faktorausstattungen der Länder
- Relative Kostenkurve als Analysekonzept
- Tendenz zur Angleichung der Faktorpreise durch Außenhandel trotz international immobiler Faktoren
- Empirische Ergebnisse zum Heckscher-Ohlin-Samuelson-Modell

Bei dem in Kapitel 5 behandelten Ricardo-Modell kommt bei der Herstellung der Güter ausschließlich der Faktor Arbeit zum Einsatz. Die komparativen Kostenvorteile als Ursache der Handelstätigkeit sind damit einzig in unterschiedlichen Arbeitsproduktivitäten begründet. In der Realität werden bei der Produktion üblicherweise jedoch mehrere Faktoren eingesetzt. Komparative Kostenvorteile und damit das Handelsmuster können dann auf Basis der Faktorausstattungen der Länder und der Faktorintensität bei der Herstellung der Güter abgeleitet werden. Das auf Arbeiten der schwedischen Ökonomen Eli Heckscher und Bertil Ohlin zurückgehende Faktorproportionenmodell erklärt das Handelsmuster auf dieser Grundlage. Das Modell wird auch als Heckscher-Ohlin-Samuelson-Modell (HOS-Modell) bezeichnet, wodurch die spätere formale Ausformulierung dieses Ansatzes durch Paul Samuelson honoriert wird.

Dieses Modell ist ein Kernbestandteil der modernen Außenwirtschaftstheorie. Es dient zum einen zur Erklärung des „inter-industriellen Handels", d. h. desjenigen Teils des Handels, bei dem ein Land Güter einer Branche exportiert, um im Gegenzug Güter einer anderen Branche zu importieren. Zum anderen zeigt es, welche Auswirkungen die Aufnahme von Außenhandel bzw. die Beeinflussung der entsprechenden Handelsströme durch wirtschaftspolitische Maßnahmen langfristig auf verschiedene Gruppen innerhalb eines Landes hat. Der Grundansatz des Modells besteht darin, komparative Vorteile bei der Produktion eines Gutes aus den relativen Faktorausstattungen der Länder abzuleiten. Damit ist es einerseits komplementär zum im Kapitel 5 diskutierten Ricardo-Modell, das komparative Vorteile durch Technologieunterschiede erklärt, und andererseits zu Erklärungsansätzen für intra-industriellen Handel (beidseitiger Handel innerhalb einer Branche), die auf Modellen mit Produktdifferenzierung und Skalenerträgen gründen (die Diskussion hierzu findet sich in Kapitel 11).

6.1 Faktorausstattung und Faktorintensität

Zunächst wollen wir die beiden wesentlichen Begriffe Faktorausstattung und Faktorintensität erläutern, wobei auf die üblicherweise betrachteten Faktoren Arbeit L und Kapital K Bezug genommen wird.

Faktorausstattung bezieht sich auf Eigenschaften der Länder. Das Inland ist im Vergleich zum Ausland relativ reichlich mit dem Faktor Kapital ausgestattet, wenn für seine relative Faktorausstattung gilt, dass $K/L > K^*/L^*$. Das Ausland ist dann entsprechend relativ reichlich mit dem Faktor Arbeit ausgestattet.

Faktorintensität bezieht sich auf die Produktionstechnologie bei der Herstellung der Güter. Die Produktion von Gut x erfolgt im Vergleich zur Produktion von Gut y relativ kapitalintensiv, wenn bei gegebenen Löhnen und Zinsen (Faktorentlohnungen) bei der Produktion von Gut x mehr Kapital pro Arbeitseinheit eingesetzt wird als bei der Produktion von Gut y. Umgekehrt ist die Produktion von Gut y dann arbeitsintensiver als die Produktion von Gut x.

Box 6.1 Denken in relativen Größen

Im HOS-Modell spielen relative Größen sowohl bei der Charakterisierung der Länder als auch der Produktionstechnologien eine zentrale Rolle. Das folgende Zahlenbeispiel soll das Denken in relativen Größen anhand von Faktorausstattungen veranschaulichen.

Betrachten wir die Länder A, B, C und D, die durch ihre Faktorausstattungen wie folgt charakterisiert sind:

Land	Kapital	Arbeit	Kapital/Arbeit	Arbeit/Kapital
A	10	20	0,5	2
B	20	80	0,25	4
C	120	240	0,5	2
D	200	100	2	0,5

Welche Aussagen können wir über die Länder treffen? Wir sehen, dass Land D absolut die höchste Kapitalausstattung hat, wohingegen Land C über die absolut höchste Arbeitsausstattung verfügt. Land D verfügt zudem auch über die höchste relative Kapitalausstattung, d. h. es ist absolut und relativ das kap-

---

italreichste Land in dieser Gruppe. Hingegen ist Land C zwar absolut, aber nicht relativ das arbeitsreichste Land: B verfügt zwar absolut gesehen über deutlich weniger Arbeit als C, aber da der Unterschied beim Faktor Kapital noch deutlicher ist, ist es relativ gesehen das arbeitsreichste Land. Vergleichen wir A und C, dann stellen wir fest, dass sich zwar beide Länder in ihrer absoluten Faktorausstattung drastisch unterscheiden, beide jedoch die gleiche relative Faktorausstattung aufweisen. Bei einem Blick auf die letzten beiden Spalten können wir auch leicht erkennen, dass das Land mit der höchsten relativen Kapitalausstattung zugleich dasjenige mit der geringsten relativen Arbeitsausstattung ist, d. h. diese Aussagen sind dual zueinander.

Die Grundaussage des HOS-Modells zum Handelsmuster können wir an einem einfachen Beispiel veranschaulichen. In Abbildung 6.1 wird für die Länder Deutschland und China und die Güter Autos und Textilien der Zusammenhang zwischen Faktorausstattungen und Handelsstruktur aufgezeigt. Deutschland ist relativ reichlich mit dem Faktor Kapital, China entsprechend relativ reichlich mit dem Faktor Arbeit ausgestattet. Die Herstellung der Autos erfolgt relativ kapitalintensiv, während bei Textilien eine im Vergleich dazu arbeitsintensive Produktionstechnologie vorliegt.

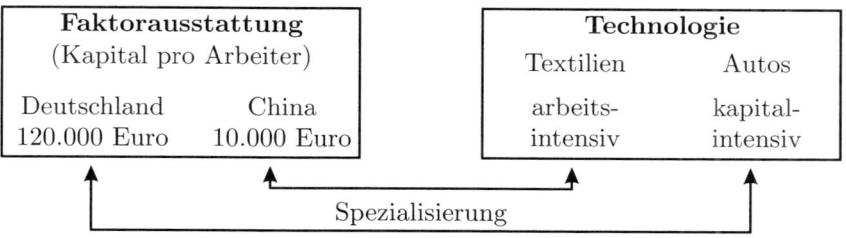

Abb. 6.1: Faktorausstattung und Handelsmuster: Deutschland und China

Das Heckscher-Ohlin-Theorem, das wir gleich genauer betrachten wollen, besagt nun, dass ein Land bei dem Gut einen komparativen Vorteil hat, das den im Land relativ reichlich vorhandenen Faktor intensiv einsetzt. Somit sollte sich Deutschland weitgehend auf die Produktion von Autos konzentrieren und China auf die Textilproduktion, da dort jeweils die komparativen Vorteile liegen. Deutschland würde dann Autos nach China exportieren und Textilien aus China importieren.

6.2 Annahmen des Heckscher-Ohlin-Samuelson-Modells

Bevor wir die Wirkungsweise des HOS-Modells genauer betrachten können, müssen wir uns zunächst die wesentlichen Annahmen dieses Modells vor Augen führen.

2x2x2-Modell: Im klassischen HOS-Modell wird von zwei Gütern x und y, zwei Faktoren, Kapital K und Arbeit L, und zwei Ländern, Inland und Ausland, ausgegangen, weshalb es auch als „2x2x2-Modell" bezeichnet wird. Solange die Anzahl von Faktoren und Gütern identisch ist, bleiben die wesentlichen Ergebnisse des klassischen HOS-Modells auch bei einer Erweiterung auf mehr als zwei Länder und mehr als zwei Faktoren und Güter erhalten. Dies ist bei einer ungleichen Anzahl von Gütern und Faktoren so nicht mehr gegeben – siehe dazu die Diskussion in Abschnitt 7.3.3 und die Anwendung des Modells mit spezifischen Faktoren in den Kapiteln 8 und 9.

Faktormärkte: Beide Länder verfügen über dieselben Produktionsfaktoren, Arbeit und Kapital, weisen aber unterschiedliche relative Faktorausstattungen auf. Das Faktorangebot ist unelastisch, d. h. die Faktoren stehen unabhängig von den Faktorentlohnungen in einer fixen Menge zur Verfügung. Die Faktoren sind innerhalb der Länder zwischen den beiden Sektoren vollständig mobil, während Faktorwanderungen zwischen den Ländern ausgeschlossen sind. Es herrscht vollständiger Wettbewerb auf den Faktormärkten und im Gleichgewicht werden alle Produktionsfaktoren eingesetzt (Vollbeschäftigung).

Produktion: Es wird unterstellt, dass bei der Produktion von x bei jedem möglichen Faktorpreisverhältnis mehr Kapital eingesetzt wird als bei der Produktion von y, weshalb Gut x als kapitalintensiv und Gut y als arbeitsintensiv bezeichnet wird. Eine Umkehr der Faktorintensitäten bei Änderung des Faktorpreisverhältnisses (sogenanntes *factor intensity reversal*) wird somit ausgeschlossen.[1] Beide Länder verwenden bei der Produktion identische Technologien mit konstanten Skalenerträgen. Die Güter werden in Märkten mit vollständiger Konkurrenz angeboten, was mit ökonomischen Nullgewinnen der Unternehmen einhergeht.

Nachfrage: Die Haushalte sind Eigner der beiden Faktoren und aufgrund der ökonomischen Nullgewinne besteht ihr Einkommen (und damit das BIP) aus dem Faktoreinkommen (Summe aus Arbeits- und Kapitaleinkommen). Die Konsumenten in beiden Ländern weisen identische und homothetische Präferenzen auf. Durch die erste Eigenschaft wird sichergestellt, dass keine Handelsanreize aufgrund von Präferenzunterschieden bestehen, durch die zweite, dass die relativen Mengen der beiden Güter im Konsumoptimum nur von den Relativpreisen und nicht vom Einkommen abhängig sind.[2]

---

[1] In der Realität kann es durchaus zu einer Umkehr der Faktorintensitäten kommen: So werden Schuhe normalerweise in Ländern wie Vietnam sehr arbeitsintensiv hergestellt. Es gibt aber in den USA auch hochautomatisierte Fabriken mit einer ausgesprochen kapitalintensiven Schuhproduktion.

[2] Aufgrund der unterschiedlichen Faktorintensitäten ergeben sich im HOS-Modell im Gegensatz zum Ricardo-Modell keine linearen, sondern die üblichen nach außen gewölbten Produktionsmöglichkeitenkurven wie in Abschnitt 4.2 – bei zunehmender Verlagerung der Produktion auf ein Gut muss der weniger gut geeignete Faktor vermehrt eingesetzt werden. Um die komparativen Kostenvorteile in Abhängigkeit von den Faktorausstattungen und Faktorintensitäten eindeutig bestimmen zu können, muss daher von identischen und einkommensunabhängigen Präferenzen ausgegangen werden.

6.3 Relative Faktorausstattung und Handelsmuster

Unter den oben getroffenen Annahmen können wir folgende Aussage über das Handelsmuster ableiten:

Heckscher-Ohlin-Theorem
Ein Land hat bei demjenigen Gut einen komparativen Vorteil (und wird es bei Aufnahme von Außenhandel exportieren), das jenen Faktor intensiv nutzt, mit dem das Land relativ reichlich ausgestattet ist.

Damit wir die Gültigkeit dieser Aussage belegen können, ist es hilfreich, die grundlegende Beziehung zwischen den relativen Faktorpreisen und den relativen Produktionskosten der beiden Güter graphisch wie in Abbildung 6.2 zu veranschaulichen.

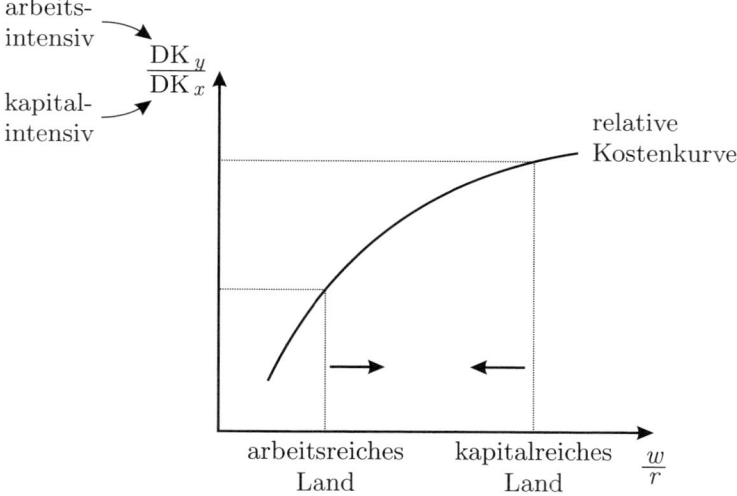

Abb. 6.2: Relative Faktorpreise und Produktionskosten

Da von konstanten Skalenerträgen ausgegangen wird, sind die Durchschnittskosten nur von der Höhe der Lohn- und Zinssätze und nicht von der Produktionsmenge abhängig. Der steigende Verlauf der **relativen Kostenkurve** spiegelt dann den Zusammenhang zwischen den relativen Faktorpreisen und dem Verhältnis der Produktionskosten wider: Wenn beispielsweise die Löhne w bei gegebenem Zinssatz r steigen, so werden die Produktionskosten des arbeitsintensiven Gutes, DK(y), stärker steigen als diejenigen des kapitalintensiven Gutes, DK(x). Somit steigen die relativen Kosten des arbeitsintensiven Gutes mit dem Lohn-Zins-Verhältnis.

Für unsere weiteren Überlegungen müssen wir drei Merkmale der relativen Kostenkurve beachten:

■ Bei der relativen Kostenkurve handelt es sich um eine technologische Beziehung, die nur unter der Annahme konstanter Skalenerträge gültig ist. Ihre Steigung hängt von der relativen Faktorintensität und der Faktorsubstituierbarkeit ab.

■ Da beide Länder dieselbe Technologie einsetzen, ist die gleiche relative Kostenkurve für beide Länder anwendbar. Zwar kann sich aufgrund der internationalen Faktorimmobilität das Lohn-Zins-Verhältnis zwischen beiden Ländern unterscheiden, jedes Land muss sich jedoch irgendwo auf der relativen Kostenkurve befinden.

■ Wenn beide Güter in einem Land produziert werden, so müssen die relativen Preise dieser Güter den relativen Kosten entsprechen, schließlich herrscht vollkommener Wettbewerb auf den Gütermärkten. Nur wenn sich ein Land auf die Produktion eines Gutes spezialisiert, können relative Kosten und Preise unterschiedlich sein.

Wir können nun mithilfe der relativen Kostenkurve die Gültigkeit des Heckscher-Ohlin-Theorems belegen. Da beide Länder identische Präferenzen aufweisen, wird sich bei Autarkie im arbeitsreichen Land ein geringeres Lohn-Zins-Verhältnis ergeben als im kapitalreichen Land, da der jeweils knappe Faktor „wertvoller" ist.[3] Durch die relative Kostenkurve ergeben sich aus den unterschiedlichen Lohn-Zins-Verhältnissen entsprechend relative Kosten für beide Güter: Das geringere Lohn-Zins-Verhältnis im arbeitsreichen Land bedingt führt dort zu niedrigeren relative Kosten des arbeitsintensiven Gutes. Das arbeitsreiche Land hat somit einen komparativen Vorteil bei der Herstellung dieses Gutes, während das kapitalreiche Land das kapitalintensive Gut kostengünstiger produzieren kann.

6.4 Faktorpreisausgleich

Wie wir bereits in der Analyse im Ricardo-Modell gesehen haben, führt Handel zu einem für beide Länder identischen Weltmarktpreisverhältnis, das sich zwischen den beiden Autarkiepreisen befinden muss. Da die Güter- und Faktorpreise im HOS-Modell über die relative Kostenkurve eng miteinander verknüpft sind, lässt sich folgende Aussage zur Wirkung des Übergang zu Freihandel auf die Faktorpreise ableiten:

Faktorpreisausgleichstheorem
Wenn im Gleichgewicht bei Handel jedes Land beide Güter produziert, so werden in beiden Ländern die gleichen absoluten Faktorpreise herrschen.

Wir können die Gültigkeit dieses Zusammenhangs wieder an Abbildung 6.2 veranschaulichen. Bei Freihandel sind die Güterpreisverhältnisse in beiden Ländern identisch. Wenn beide Länder im Freihandelsgleichgewicht beide Güter produzieren, müssen sich folglich auch die relativen Kosten in beiden Ländern entsprechen.

---

[3]Das bedeutet, er weist ein höheres Wertgrenzprodukt auf. Wir werden uns mit diesem Konzept genauer in Abschnitt 8.2.1 beschäftigen.

Da sich beide Länder dann auf dem gleichen Punkt der relativen Kostenkurve befinden, müssen auch die relativen Faktorpreise identisch sein. Zudem müssen die Faktorpreise auch absolut identisch sein, da ansonsten das Land mit den geringeren Faktorpreisen die Güter kostengünstiger produzieren könnte.

Was geschieht, wenn mindestens einer der Handelspartner nach Aufnahme des Handels nur noch ein Gut produziert, was insbesondere bei drastischen Unterschieden in den absoluten oder relativen Faktorausstattungen auftreten könnte? Ist ein Land vollständig spezialisiert, so müssen die relativen Kosten nicht mehr in beiden Ländern identisch sein und können sich vom Weltmarktpreisverhältnis unterscheiden: Ein Land verzichtet schließlich genau dann auf die Produktion eines Gutes, wenn die Herstellungskosten den Weltmarktpreis übersteigen. Da in der Autarkiesituation beide Güter im Inland hergestellt werden müssen, ergibt sich aber auch in diesem Fall durch Aufnahme von Handel immerhin eine Annäherung der Faktorpreise: Die vollständige Verlagerung der Produktion auf das Gut mit dem komparativen Kostenvorteil führt dazu, dass der reichliche Faktor vermehrt eingesetzt wird und damit höher entlohnt werden muss.

Eine Implikation des Faktorpreisausgleichstheorems besteht darin, dass Außenhandel ein Substitut für die fehlende internationale Faktormobilität darstellen kann. Was würde passieren, wenn die Faktoren international mobil wären? Kapital und Arbeit würden jeweils dorthin wandern, wo sie eine höhere Entlohnung erhalten. Somit würde etwa Kapital aus dem kapitalreichen Land, in dem es aufgrund der relativ hohen Verfügbarkeit nur knapp entlohnt wird, in das arbeitsreiche Land fließen, da es dort wertvoller ist. Bei perfekter Mobilität bestünde für die Faktoren solange ein Anreiz zur Migration, bis die Entlohnung in beiden Ländern gleich ist. Wie wir jedoch gesehen haben, kann auch durch friktionslosen Außenhandel genau diese Angleichung der Faktorpreise erreicht werden, die eine Wanderung der Faktoren unnötig macht. Wenn sich keines der beiden Länder vollständig spezialisiert, stellt Freihandel somit ein vollkommenes Substitut für internationale Faktormobilität dar: Auch ohne die Möglichkeit von Faktorwanderungen gleichen sich die Faktorpreise vollständig an. Wenn die Spezialisierung einen vollständigen Faktorpreisausgleich verhindert, so ist Außenhandel zumindest ein partielles Substitut für Faktormobilität.

6.5 Empirie des HOS-Modells

Wir wollen nun überprüfen, ob sich beide Kernaussagen des HOS-Modells zum Handelsmuster und zum Faktorpreisausgleich auch in den Daten widerspiegeln. Wie Abbildung 6.3 zeigt, entspricht das Handelsmuster in der Realität zumindest in groben Zügen der Vorhersage des HOS-Modells: Kapitalreiche Länder exportieren tendenziell kapitalintensivere Güter als sie importieren, während es sich bei arbeitsreichen Ländern umgekehrt verhält.[4]

---

[4]Der grundlegende Zusammenhang wurde hier für Daten von 1965 veranschaulicht. Eine Darstellung mit aktuellen Zahlen würde aber vermutlich das gleiche Grundmuster zeigen. Wir haben auf

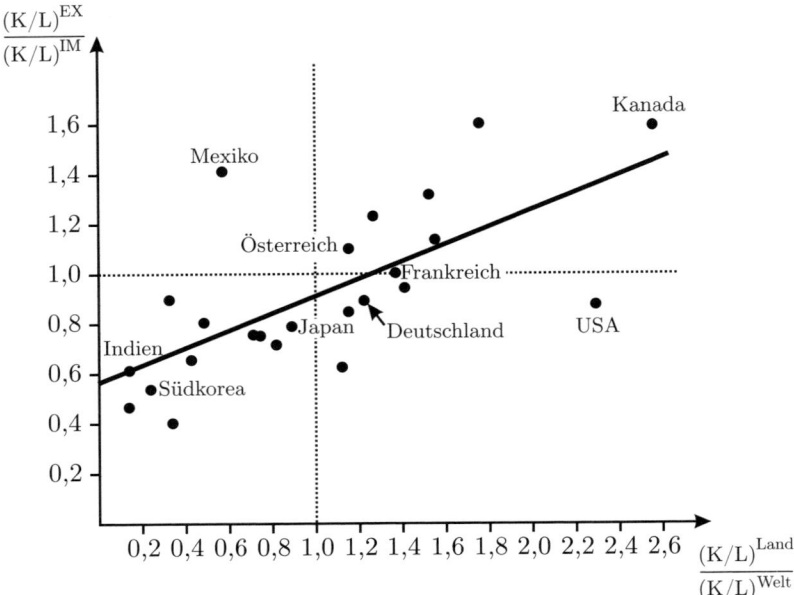

Quelle: Eigene Darstellung basierend auf Daten für 1965 aus Hufbauer, G. C. (1970), The Impact of National Characteristics and Technology on the Commodity Composition of Trade in Manufactured Goods. In: Vernon, R. (Ed.), The Technology Factor in International Trade, NBER: New York (NY), S. 145–231.

Abb. 6.3: Empirische Evidenz zu Faktorausstattung und Handelsstruktur

Definitiv nicht im Einklang mit der Vorhersage des Heckscher-Ohlin-Theorems stehen die Ergebnisse für die USA und Mexiko, die gemessen an ihrer Kapitalreichlichkeit eine deutlich zu geringe bzw. zu hohe Kapitalintensität der Exporte im Vergleich zu den Importen aufweisen. Die Beobachtung im Fall der USA ist nach ihrem Entdecker Wassily Leontief als „Leontief-Paradox" bekannt geworden. Es gibt eine Reihe von Erklärungsversuchen für diesen Widerspruch zur theoretischen Vorhersage. Unter anderem werden Unterschiede zwischen den von den USA und seinen Handelspartnern verwendeten Produktionstechnologien vermutet und die Nichtberücksichtigung weiterer Produktionsfaktoren, insbesondere die fehlende Unterscheidung in qualifizierte und unqualifizierte Arbeit, wird kritisiert.

Dass der letztgenannte Aspekt empirisch bedeutsam sein könnte zeigen die Daten in Tabelle 6.1. Während die USA bezüglich der Kapital- und Arbeitsausstattung eindeutig als relativ kapitalreich klassifiziert werden kann, ist der Anteil an der

_____

die Daten aus der Arbeit von Hufbauer zurückgegriffen, weil neuere Analysen sich auf bilaterale Handelsströme konzentrieren. Dies stellt zwar insgesamt eine angemessenere Methode zum Test des HOS-Modells dar, ist aber für eine einfache und unmittelbare Veranschaulichung nicht gut geeignet.

Land/Region	Kapital	Arbeit Total	Qualifiziert	Ungelernt
USA	20,8	5,2	19,4	2,6
EU	20,7	6,5	13,3	5,3
Japan	10,5	2,6	8,2	1,6
China	8,3	29,1	21,7	30,4
Indien	3,0	14,1	7,1	15,3
Rest der Welt	36,7	42,6	30,3	44,8

Quelle: Eigene Berechnungen basierend auf Cline, W. R. (1997), Trade and Income Distribution, Institute for International Economics: Washington (DC), Table 4.1, S. 183.

Tab. 6.1: Prozentuale Anteile an der Weltfaktorausstattung 1993

Weltausstattung bei den Faktoren „qualifizierte Arbeit" und „Kapital" nahezu identisch. Die Tabelle verdeutlicht zudem, dass zwischen den Industrieländern (USA, EU und Japan) zwar Unterschiede in den relativen Faktorausstattungen bestehen, dass diese aber nur graduell sind und damit leicht andere Handelsmotive bei der Bestimmung des Handelsmusters dominieren können. Demgegenüber unterscheiden sich die relativen Faktorausstattungen der Industrieländer drastisch von denjenigen in den Entwicklungsländern, wie etwa an China und Indien zu erkennen ist.

Aktuellere Studien betrachten die bilateralen Handelsströme. Dort zeigt sich, dass die vom Heckscher-Ohlin-Theorem vorhergesagte Richtung des Handels häufig nicht stimmt, also beispielsweise ein kapitalreiches Land aus einem arbeitsreichen Land kapitalintensivere Güter importiert als es in dieses Land exportiert. Eine detailliertere Analyse zeigt, dass der Grund dafür insbesondere Technologieunterschiede zwischen den Ländern sind, die in den Annahmen des HOS-Modells explizit ausgeschlossen wurden. Insgesamt kristallisiert sich dabei empirisch heraus, dass die Aussage des Heckscher-Ohlin-Theorems für in ihrer Faktorausstattung drastisch unterschiedliche Länder zutrifft, wohingegen der Handel zwischen kapitalreichen Ländern eher durch Technologieunterschiede und durch Ansätze zur Analyse intra-industriellen Handels erklärt werden kann.

Wie sieht es mit der Gültigkeit des Faktorpreisausgleichstheorems aus? Empirisch ist einerseits durchaus eine Tendenz zur Annäherung der Faktorpreise durch den Außenhandel zu beobachten, andererseits unterscheiden sich aber insbesondere die Löhne zwischen den Industrieländern und den Entwicklungs- und Schwellenländern immer noch drastisch – teilweise um den Faktor zehn und mehr. So ist etwa der Jahreslohn von Arbeitern in Deutschland im Produktionsbereich zehnmal und im Dienstleistungsbereich achtmal so hoch wie in Südkorea. Aber selbst bei ähnlichen Ländern gibt es Unterschiede: Im Vergleich zu Frankreich sind zwar die Löhne im Dienstleistungssektor in Deutschland etwa gleich hoch, aber im Produktionssektor verdienen Arbeiter in Deutschland durchschnittlich 20 % mehr.[5] Diese Ergebnisse erklären sich vermutlich nicht durch vollständige Spezialisierung, sondern ähnlich wie beim Heckscher-Ohlin-Theorem durch Technologieunterschiede und Unterschiede im Ausbildungsgrad der Arbeitnehmer.

Was haben wir gelernt?

■ Der komparative Kostenvorteil ergibt sich im HOS-Modell aus der relativen Faktorausstattung eines Landes. Das Heckscher-Ohlin-Theorem besagt, dass ein Land bei dem Gut einen komparativen Vorteil hat, das denjenigen Faktor intensiv nutzt, mit dem das Land relativ reichlich ausgestattet ist.

■ Außenhandel kann ein Substitut für Faktormobilität darstellen. Nach dem Faktorpreisausgleichstheorem führt Außenhandel im HOS-Modell zur vollständigen Angleichung der Faktorpreise, solange jedes der Länder auch nach Aufnahme des Handels beide Güter herstellt.

■ Die empirische Analyse zeigt, dass Faktorausstattungsunterschiede zwar einen Einfluss auf das Handelsmuster haben, dass Technologieunterschiede aber mindestens ebenso bedeutsam sind. Die Aussagen des unmodifizierten HOS-Modells zum Handelsmuster und zum Faktorpreisausgleich treffen empirisch daher nur eingeschränkt zu.

Ergänzende und weiterführende Literatur

Feenstra, R. C. (2004), Advanced International Trade. Theory and Evidence, Princeton: Princeton University Press, ch. 2. [*Formale und graphische Darstellung des HOS-Modells und seiner Erweiterung im Rahmen des Heckscher-Ohlin-Vanek-Modells (HOV-Modell). Darstellung der empirischen Analysen im Kontext des HOV-Modells.*]

Heckscher, E. F. und B. Ohlin (1991), Heckscher-Ohlin Trade Theory, Cambridge: MIT Press. [*Ins Englische übersetzte Fassung der (schwedischen) Originalbeiträge von Heckscher und Ohlin.*]

Kontrollfragen und Übungsaufgaben

1. Auf welchen zentralen Annahmen beruht das Heckscher-Ohlin-Samuelson-Modell und auf welcher Grundlage erklärt es die komparativen Vorteile und damit das Handelsmuster?

2. Betrachten Sie folgende Länder und ihre jeweilige Ausstattung mit Kapital K und Arbeit L:

---

[5]Quelle: Choi, Y.-S. und P. Krishna (2004), The Factor Content of Bilateral Trade: An Empirical Test, Journal of Political Economy, Vol. 112, No. 4, 887–914.

Land	K	L
E	15.000	5.000
F	1.000	7.500
G	5.000	7.500

Welche Aussagen über die absoluten und relativen Ausstattungen können Sie treffen?

3. Erläutern Sie, warum der Handel als imperfektes Substitut für Faktorwanderung verstanden werden kann!

4. Das Inland und das Ausland können mit zwei Faktoren, Arbeit und Boden, zwei Güter, Textilien und Nahrungsmittel, herstellen. Während in der Produktion von Textilien Arbeit relativ intensiver eingesetzt wird, ist bei der Nahrungsmittelproduktion Boden relativ bedeutsamer. Beide Güter verwenden Technologien mit konstanten Skalenerträgen und die (homothetischen) Präferenzen der Konsumenten sind in beiden Ländern identisch. Das Inland ist gegenüber dem Ausland relativ reichlich mit dem Faktor Boden ausgestattet.

a) Wie unterscheiden sich die relativen Faktorpreise zwischen Inland und Ausland in der Autarkiesituation? Welche Aussage lässt sich daraus bezüglich der relativen Kosten und der relativen Preise bei Autarkie ableiten? Veranschaulichen Sie Ihre Argumentation mit Hilfe einer geeigneten Graphik!

b) Wie ändern sich die relativen Faktorpreise im Inland und im Ausland durch die Aufnahme von Außenhandel, falls beide Länder ähnlich groß sind und die Faktorausstattungsunterschiede nicht zu ausgeprägt sind? Würde sich Ihre Einschätzung ändern, falls die Länder sehr unterschiedlich wären? Was würde passieren, falls Arbeit zwischen den beiden Ländern mobil wäre?

5. Barbados produziert Rum und Baumaterial. Es verfügt insgesamt über 5.000 Einheiten Kapital und 2.000 Arbeitskräfte. Unabhängig von den Faktorpreisen beträgt das Faktoreinsatzverhältnis von Kapital zu Arbeit in der Produktion von Rum immer 5 zu 1, während es in der Produktion von Baumaterial bei 2 zu 1 liegt. Das Verhältnis von Kapital zu Arbeitskräften im benachbarten Trinidad und Tobago liegt bei 1,5.

a) Erläutern Sie die Konzepte Faktorausstattung und Faktorintensität und charakterisieren Sie damit die beiden Länder und Güter!

b) Leiten Sie die komparativen Vorteile mit Hilfe der relativen Kostenkurve ab! Erläutern Sie ausgehend von dem relevanten Theorem, welches Handelsmuster sich bei einer Handelsaufnahme zwischen Barbados und Trinidad und Tobago einstellen wird!

c) Wie werden sich die relativen Faktorentlohnungen nach der Handelsaufnahme in Barbados und Trinidad und Tobago verändern? Welche allgemeine Aussage lässt sich ableiten, wenn sich keines der Länder nach Handelsaufnahme vollständig auf die Herstellung eines der beiden Güter spezialisiert?

d) Für den Handel zwischen Barbados und Trinidad und Tobago fallen aufgrund ihrer Lage Transportkosten an. Wie wirken sich diese Kosten auf Ihre Aussagen zu den Faktorentlohnungen aus? Kann sich dadurch auch die Aussage zum Handelsmuster ändern?

7 Faktorinhalt und HOS-Modell im Lerner-Diagramm

Themenüberblick

- Interpretation von Außenhandel als indirekte Faktorwanderung
- Lerner-Diagramm als Darstellungsmöglichkeit für das HOS-Modell aus dem Blickwinkel des Faktorinhaltskonzepts
- Beweis des Heckscher-Ohlin-Theorems und des Faktorpreisausgleichstheorems mit Hilfe des Lerner-Diagramms
- Erweiterungen des Faktorausstattungsmodells: Vollständige Spezialisierung, mehr als zwei Länder und mehr als zwei Güter

Im letzten Kapitel haben wir im Zusammenhang mit dem Faktorpreisausgleichstheorem aufgezeigt, dass Außenhandel ein Substitut für die fehlende internationale Faktormobilität darstellen kann. Wir wollen jetzt diese Überlegung vertiefen, indem wir nicht den Handel der Güter, sondern den Handel des in den Gütern enthaltenen Faktorinhalts betrachten. Dieses Konzept ermöglicht ein vertieftes Verständnis des HOS-Modells und ist auch gut geeignet, die Faktorausstattungstheorie auf mehr als zwei Länder und mehr als zwei Güter zu erweitern. Als graphische Darstellungsmöglichkeit bietet sich das sogenannte Lerner-Diagramm an, das die Produktionsbedingungen im Unterschied zum Produktionsmöglichkeitendiagramm nicht mithilfe der Güter, sondern aus der Perspektive des Faktoreinsatzes veranschaulicht. Das Lerner-Diagramm bietet darüber hinaus den Vorteil, dass sich die vier zentralen Aussagen des HOS-Modells zu Handelsmuster, Faktorpreisen, Verteilungseffekten (siehe Kapitel 8) und Auswirkungen des Wachstums (siehe Kapitel 9) in einer einheitlichen Darstellung ableiten und darstellen lassen.

7.1 Güterhandel als indirekter Handel der Faktoren

Unter dem **Faktorinhalt** eines Gutes wird diejenige Faktorkombination verstanden, die zu seiner Produktion verwendet wurde. So kann etwa ein Stuhl durch die darin enthaltene Menge Holz, Arbeitseinsatz und Kapitaleinsatz beschrieben werden. Durch den Export eines Gutes wird somit implizit die darin enthaltene Faktorleistung exportiert.

Wir können diese Idee anhand des in Kapitel 6 eingeführten Beispiels zum Handel zwischen Deutschland und China veranschaulichen. Im Vergleich zu China ist das kapitalreiche Deutschland knapp mit einfachen Arbeitskräften ausgestattet. Daher sind arbeitsintensiv produzierte Güter, wie etwa Textilien, im Vergleich zu kapitalintensiven Gütern, wie beispielsweise Autos, in Deutschland relativ teuer, wohingegen sie in China relativ billig hergestellt werden können.

Es gibt nun prinzipiell zwei Möglichkeiten, wie die Faktoren in einem integrierten Wirtschaftsraum effizienter als bei Autarkie eingesetzt werden können. Zum einen könnten chinesische Arbeiter nach Deutschland wandern, womit sich die relativen Faktorausstattungen ändern würden und Textilien in Deutschland billiger hergestellt werden könnten. Dies lässt sich in der Praxis wegen Sprachbarrieren und restriktiven Einwanderungsbestimmungen aber nur schwer umsetzen. Wesentlich einfacher und kostengünstiger umzusetzen ist demgegenüber die zweite Möglichkeit: Deutschland importiert die Textilien aus China und exportiert im Gegenzug Autos nach China. Anders formuliert sind die Mobilitätskosten für eine Faktorwanderung relativ hoch. Die Handelskosten beim Import der Textilien nach Deutschland sind demgegenüber viel geringer. Indirekt importiert Deutschland damit die chinesische Arbeitskraft, die in die Produktion des Gutes geflossen ist. Letztlich spielt es keine Rolle, ob der chinesische Arbeiter die Textilien in China oder in Deutschland fertigt.

Der im Güterhandel implizit enthaltene Faktorexport bzw. -import wird noch offensichtlicher, wenn wir auch den Automobilexport von Deutschland nach China betrachten, mit dem Deutschland schließlich die importierten Textilien bezahlt. Nehmen wir an, dass in einem VW Golf, der für 20.000 Euro nach China exportiert wird, 4 Arbeitswochen und eine Kapitalnutzung im Wert von 15.000 Euro stecken. Die Textilien im Wert von 20.000 Euro, die Deutschland im Gegenzug importiert, enthalten demgegenüber nur eine Kapitalnutzung von 5.000 Euro, aber dafür 12 Arbeitswochen der chinesischen Arbeitnehmer. Wenn wir jetzt die Nettowerte betrachten, so erkennen wir, dass Deutschland indirekt Kapital im Wert von 10.000 Euro nach China exportiert und gleichzeitig 8 Arbeitswochen aus China importiert.

Aus diesem indirekten Faktorhandel ergibt sich folgende Implikation: Bei friktionslosem Außenhandel, d. h. ohne Transportkosten oder sonstige Handelshemmnisse, lässt sich potentiell das gleiche Ergebnis erzielen wie in einem integrierten Wirtschaftsraum mit vollständiger Faktormobilität. Könnten die Faktoren kostenlos wandern, würden sie an dem Ort eingesetzt, an dem sie die höchste Entlohnung erhalten. Dies würde auch die Weltwohlfahrt maximieren, da die Grenzwertschöpfung der Faktoren dann am höchsten ist. Arbeitskräfte aus arbeitsreichen Ländern würden also in kapitalreiche Länder wandern, da dort aufgrund der Knappheit an Arbeitskräften ein höherer Lohn erzielbar ist. Entsprechend würde das Kapital in die arbeitsreichen Länder wandern. Im langfristigen Gleichgewicht würde dann überall die gleiche Entlohnung herrschen, womit kein Faktor mehr einen Anreiz zur Wanderung hätte. Wenn überall die gleiche reale Entlohnung herrscht, müssen aber auch überall die gleichen relativen Faktorausstattungen anzutreffen sein und damit auch die gleichen Güterpreise. Über friktionslosen Außenhandel würden sich aber ebenfalls identische

Güterpreise, nämlich die Weltmarktpreise, ergeben. Da nach dem Faktorpreisausgleichstheorem bei unvollständiger Spezialisierung daraus identische Faktorpreise
folgen, werden alle Güter auch mit dem gleichen, bei der gegebenen Weltfaktorausstattung optimalen Faktoreinsatzverhältnis hergestellt.

7.2 Das Lerner-Diagramm

Im Lerner-Diagramm werden alle Variablen im Kontext der beiden Faktoreinsatzmengen K und L beschrieben. Da die meisten für die Aussagen im HOS-Modell
relevanten Größen wie Faktorpreise, Güterpreise und Gütermengen somit nur indirekt ersichtlich sind, ist für die Anwendung des Lerner-Diagramms ein eingehendes
Verständnis des Darstellungskonzepts erforderlich. Deshalb wollen wir uns zunächst
anschauen, wie das in Abbildung 7.1 dargestellte Diagramm konstruiert wird und
wie die in einem allgemeinen Gleichgewichtsmodell wirkenden ökonomischen Mechanismen in ihm abgebildet werden.

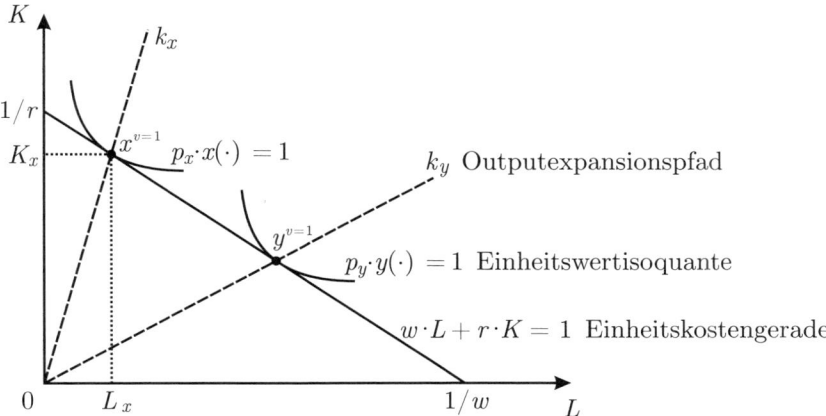

Abb. 7.1: Grundform des Lerner-Diagramms

Als erstes müssen wir im Lerner-Diagramm die sogenannten **Einheitswertisoquanten** der beiden Güter x und y bestimmen. Diese Kurven stellen den geometrischen Ort aller Faktorkombinationen dar, deren Produktionswert – Preis mal produzierter Menge – genau dem Wert eins entspricht. Formal ausgedrückt sind diese
Isoquanten (implizit) gegeben durch:

$$p_x \cdot x(K_x, L_x) = 1 \quad \text{und} \quad p_y \cdot y(K_y, L_y) = 1. \tag{7.1}$$

$x(\cdot)$ und $y(\cdot)$ stellen die Produktionsfunktionen der beiden Güter dar. Da Gut x
annahmegemäß kapitalintensiver als Gut y produziert wird, befindet sich dessen
Einheitswertisoquante links von derjenigen von Gut y: Der benötigte relative Fak-

toreinsatz von K bei Gut x ist immer höher als bei Gut y. Die genaue Lage der Einheitswertisoquante ist dabei von zwei Größen abhängig: Zum einen vom Preis des Gutes und zum anderen von der verwendeten Produktionstechnologie.

Aus der Lage der Einheitswertisoquanten können wir dann die **Einheitskostengerade** bestimmen. Diese hat die Gleichung

$$r \cdot K + w \cdot L = 1, \tag{7.2}$$

wobei w den Lohnsatz (die Faktorentlohnung von L) und r den Zinssatz (die Faktorentlohnung von K) bezeichnet. Die Einheitskostengerade stellt den geometrischen Ort aller Faktorkombinationen dar, die Kosten in Höhe von eins verursachen. Um die Gerade einzeichnen zu können, lösen wir sie nach K auf:

$$K = \frac{1}{r} - \frac{w}{r} \cdot L. \tag{7.3}$$

Beachten Sie, dass alle Faktorkombinationen oberhalb der Einheitskostengerade, mehr als eins kosten und alle (L, K)-Kombinationen unterhalb der Geraden entsprechend weniger als eins.

Wir können aus (7.3) eine für die ökonomische Interpretation wichtige Eigenschaft ablesen: Die Achsenabschnitte der Einheitskostengerade stellen die inversen Faktorentlohnungen des betreffenden Faktors dar. Der Schnittpunkt mit der K-Achse ist der inverse Zinssatz, $1/r$, und der Schnittpunkt mit der L-Achse der inverse Lohnsatz, $1/w$. Eine Erhöhung des Wertes ist gleichbedeutend mit einem Rückgang der jeweiligen Faktorentlohnung und umgekehrt impliziert ein fallender Wert eine Erhöhung der Faktorentlohnung.

Die Einheitskostengerade (und damit die Faktorpreise) müssen so bestimmt werden, dass die Einheitskostengerade beide Einheitswertisoquanten tangiert. Dies ergibt sich aus Gleichgewichtsüberlegungen bei vollkommener Konkurrenz in den Faktor- und Gütermärkten, die wir uns nun, ausgehend von einer Ungleichgewichtssituation, veranschaulichen.

Angenommen, die Einheitskostengerade würde in der Ausgangssituation anders als in Abbildung 7.1 nur die Einheitswertisoquante von x tangieren, diejenige von y aber schneiden (diese Einheitskostengerade würde somit die K-Achse unterhalb und die L-Achse oberhalb der Schnittpunkte der Gleichgewichts-Einheitskostengerade schneiden). In Sektor x wäre dann gewährleistet, dass die gegebenen Faktorpreise zu Nullgewinnen führen, wie sie sich bei vollkommenem Wettbewerb auf dem Gütermarkt ergeben müssen: Der Wert der erstellten Gütermenge auf der Einheitswertisoquante beträgt annahmegemäß eins und die Kosten auf der Einheitskostengerade betragen eins. Jeder andere Punkt auf der Einheitswertisoquante würde zwar auch einem Umsatz (Wert) von eins entsprechen, der dafür nötige Faktoreinsatz würde jedoch höhere Kosten als eins verursachen. Nur der Tangentialpunkt stellt somit das Kostenminimum sicher. Der x-Sektor befindet sich folglich im Gleichgewicht. Im y-Sektor verläuft die Einheitskostengerade jedoch über der Einheitswertisoquante (es gibt zwei Schnittpunkte). Damit können dort Gewinne gemacht werden, da alle Faktorkombinationen, die unterhalb der Einheitskostengerade liegen, Kosten verursachen, die kleiner als eins sind. Dieses Ungleichgewicht setzt nun einen Anpassungsprozess in Gang: Es besteht ein Anreiz, die Produktion aus dem x-Sektor in den y-Sektor zu verlagern. Da der x-Sektor kapitalintensiv ist, wird dabei mehr Kapital als Arbeit freigesetzt, während für die Produktionsausweitung im y-Sektor ein größerer Anteil des Faktors Arbeit notwendig wäre. Dies führt nun dazu, dass die Löhne steigen (Arbeit ist knapp) und die Zinsen sinken (Kapital ist im Überfluss vorhanden). Die Einheitskostengerade dreht sich damit im Uhrzeigersinn. Erst wenn ein Faktorpreisverhältnis erreicht ist, bei dem die Einheitskostengerade gerade beide Einheitswertisoquanten berührt, besteht kein Anreiz mehr, die Produktion von einem Sektor in den anderen zu verlagern.

In Abbildung 7.1 sehen wir damit das eindeutige Gleichgewicht, das sich bei gegebenen Güterpreisen und Technologien einstellen wird. Für die graphische Analyse der Faktorausstattungstheorie ist es nun wichtig, noch einen Schritt weiter zu gehen. Die Annahme konstanter Skalenerträge erlaubt es, **Outputexpansionspfade** zu konstruieren. Diese beginnen im Ursprung und verlaufen durch den jeweiligen Tangentialpunkt zwischen der Einheitswertisoquante und der Einheitskostengerade, $x^{v=1}$ und $y^{v=1}$. Wird von beiden Faktoren n-mal soviel eingesetzt wie im Tangentialpunkt, erhält man einen Produktionswert von $v = n$. Aus dem Produktionswert können wir leicht auf die Produktion in Mengeneinheiten schließen, indem wir ihn einfach durch den jeweiligen Güterpreis teilen. Die Faktorkombinationen $x^{v=1}$ und $y^{v=1}$ geben damit zugleich die Faktoren an, die notwendig sind, um Gut x und Gut y jeweils im Wert von eins zu produzieren, und somit genau den Faktorinhalt des Einheitsproduktionswerts.

Die beiden Outputexpansionspfade k_x und k_y unterteilen das Lerner-Diagramm in drei Bereiche: oberhalb von k_x, zwischen k_x und k_y und unterhalb von k_y. Wir bezeichnen diese deshalb mit k, da sie zugleich die Kapitalintensität K/L in dem jeweiligen Sektor wiedergeben. Wir werden gleich darauf eingehen, welche Bedeutung diesen drei Bereichen zukommt. Es ist zunächst nur wichtig, festzuhalten, dass viele Vorhersagen des HOS-Modells nur im Bereich zwischen k_x und k_y erfüllt sind – dieser Bereich wird auch als Diversifikationskegel (*cone of diversification*) bezeichnet.

Wie lässt sich nun die Produktion einer Ökonomie im Lerner-Diagramm für gegebene Güterpreise und Technologien in Abhängigkeit von der Faktorausstattung bestimmen? Wie in Abbildung 7.2 verdeutlicht wird, gelingt dies innerhalb des Diversifikationskegels durch die geometrische Konstruktion eines Parallelogramms mit dem Ursprung 0 und dem Faktorausstattungspunkt E^0 (E für *endowment*) als gegenüberliegende Ecken.[1] Der Vektor $\overrightarrow{0\,x_P^0}$ beschreibt dann den Faktoreinsatz für Gut x und $\overrightarrow{0\,y_P^0}$ denjenigen für Gut y (formal wird der nicht eingezeichnete Faktorausstat-

---

[1] Im Prinzip entspricht dies der Abbildung des 2-Güter-2-Faktoren-Falls in einer Edgeworth-Box.

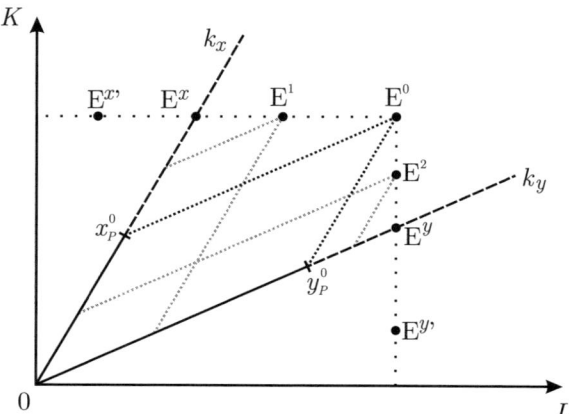

Abb. 7.2: Faktorausstattung determiniert Produktion

tungsvektor $\overrightarrow{0\,\mathrm{E}^0}$ durch eine Linearkombination aus diesen beiden Vektoren gebildet). Somit wissen wir genau, wie viele Faktoren in die Produktion des jeweiligen Gutes fließen. Zur Ableitung des Produktionswertes muss jeweils die durch den Faktoreinsatzvektor beschriebene Strecke (der Betrag des Vektors) durch die entsprechende Strecke bis zur Einheitskostengerade, $\overline{0\,x}^{v=1}$ bzw. $\overline{0\,y}^{v=1}$, dividiert werden. Zur Bestimmung der Produktionsmenge teilen wir dann diesen Wert nochmals durch den Güterpreis p_x bzw. p_y.

Aus ökonomischer Perspektive ist das Ergebnis dadurch gekennzeichnet, dass zum einen alle Faktoren in der Volkswirtschaft zur Produktion der beiden Güter eingesetzt werden, d. h. Vollbeschäftigung herrscht, und zum anderen die Faktoren unter Berücksichtigung der exogen gegebenen Technologien und Güterpreise optimal auf die beiden Sektoren aufgeteilt sind. Werden nun unterschiedliche Faktorausstattungsverhältnisse betrachtet, lassen sich bereits erste für die Analyse der Handelsstruktur interessante Ergebnisse ableiten: Ein Land mit Ausstattung E^1 ist im Vergleich zu einem Land mit E^0 kapitalreicher (gleich viel Kapital, aber weniger Arbeit) und produziert, wie wir in der Abbildung erkennen können, (absolut) mehr von x und weniger von y. Analog produziert das im Vergleich zu E^0 und E^1 arbeitsreiche Land E^2 ein geringeres x und eine größere Menge von y. Bei einer Ausstattung von E^x wird sogar ausschließlich Gut x und bei E^y ausschließlich Gut y hergestellt.

Wir können in dieser Darstellung auch unmittelbar die Bedeutung des **Diversifikationskegels** (Bereich zwischen k_x und k_y) erkennen: Verlässt der Faktorausstattungspunkt diesen Bereich, so hat dies – wie etwa im Falle eines sehr kapitalreichen Landes mit Ausstattung $\mathrm{E}^{x'}$ – zur Folge, dass im Optimum eine negative Menge von y „produziert" werden müsste. Da keine negative Menge hergestellt werden kann, kommt es zu einer Randlösung, bei der alle Faktoren in der Ökonomie zur Produktion des kapitalintensiven Gutes eingesetzt werden: Das Land spezialisiert sich vollständig auf die Produktion von Gut x. Analog würde in einem durch E^y gekennzeichneten, sehr arbeitsreichen Land nur Gut y hergestellt. Wir können somit zusammenfassen, dass nur innerhalb des Kegels beide Güter in positiven Mengen produziert werden, während sich außerhalb des Kegels ein Land auf die Produktion desjenigen Gutes spezialisiert, das denjenigen Faktor intensiv nutzt, mit dem die Ökonomie reichlich ausgestattet ist.

Um ein besseres Verständnis des Lerner-Diagramms zu erhalten, kann es hilfreich sein, einen Vergleich zu dem aus Kapitel 4 bekannten Konzept der Produktionsmöglichkeitenkurve herzustellen. Hierzu wird in Abbildung 7.3 die Produktions- und Handelsstruktur zweier Länder mit unterschiedlicher relativer Faktorausstattung aber gleichem Einkommen dargestellt.

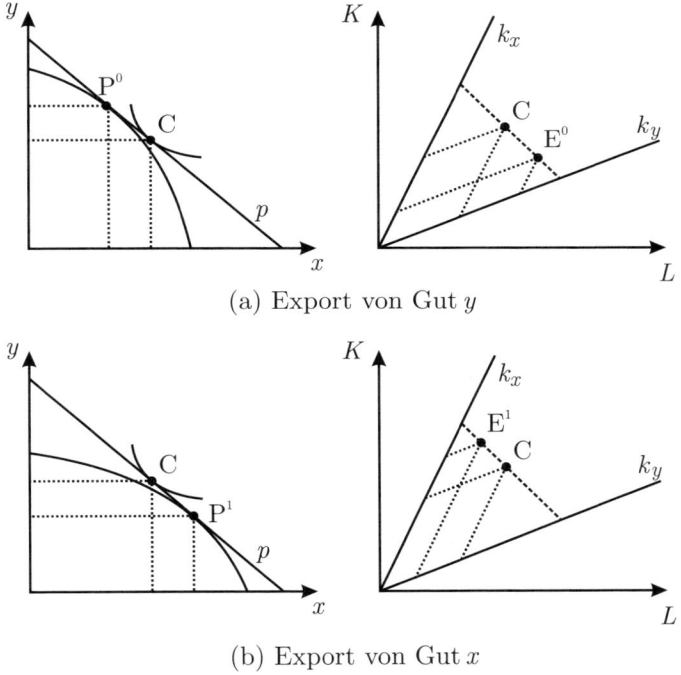

(a) Export von Gut y

(b) Export von Gut x

Abb. 7.3: Zusammenhang zwischen Lerner-Diagramm und Produktionsmöglichkeitenkurve

Im Lerner-Diagramm ist ein identisches Einkommen innerhalb des Diversifikationskegels dann sichergestellt, wenn sich die Faktorausstattungspunkte auf der gleichen Isokostengeraden befinden: Die Kosten der Faktoren stellen aus Sicht der Faktoreigner deren einziges Einkommen dar und aufgrund vollkommener Konkurrenz erwirtschaften die Unternehmen auch keine (ökonomischen) Gewinne, so dass die Summe der Faktoreinkommen dem gesamten Einkommen der Volkswirtschaft entspricht. Bei der Produktionsmöglichkeitenkurve muss für die Länder analog die gleiche „Budgetbeschränkung" in Form der gleichen Preisgeraden gelten. Somit ist das Einkommen der Ökonomie bei der Produktionsmöglichkeitenkurve durch die Verwendungsseite, d. h. wie viel erlöst die Produktion auf dem Weltmarkt, und im Lerner-Diagramm durch die Entstehungsseite, wie viel verdienen somit die Faktoren, gegeben.

Die Entsprechung der beiden Diagramme ist dann wie folgt: Die Faktorausstattungen K und L des Landes determinieren eindeutig die Lage des Faktorausstattungspunktes E im Lerner-Diagramm und zusammen mit der Produktionstechnologie die Form der Transformationskurve – im Lerner-Diagramm ist die Technologie für die gegebenen Güterpreise durch die Outputexpansionspfade abgebildet. Der gewünschte Konsum bei gegebenen relativen Weltmarktpreisen wird in beiden Abbildungen durch Punkt C dargestellt – im Produktionsmöglichkeitendiagramm in Form der Gütermengen und im Lerner-Diagramm als Faktorinhalt dieser Gütermengen. Da beide Güter mit den gleichen Faktoren erstellt werden, können die Faktoren addiert werden und so als Punkt im Lerner-Diagramm dargestellt werden. Der letzte Aspekt lässt sich an einem Beispiel veranschaulichen: Angenommen das Konsumbündel eines Haushalts besteht aus einem Tisch und zwei Stühlen. Zur Produktion eines Tisches werden 2 Ster Holz und 20 Arbeitsstunden benötigt und für einen Stuhl 1 Ster Holz und 15 Arbeitsstunden. Somit können wir die Aussage treffen, dass der Haushalt 4 Ster Holz und 50 Arbeitsstunden „konsumiert". Wir können also den für den Tisch und die Stühle benötigten Faktoreinsatz in Form von Arbeitsstunden und Holz jeweils einfach addieren.

Da die in Abbildung 7.3 betrachteten Produktionspunkte P^0 und P^1 bzw. Faktorausstattungspunkte E^0 und E^1 und der Konsumpunkt C jeweils auseinander fallen, kommt es zu Handel. In der Darstellungslogik des Produktionsmöglichkeitendiagramms wird dabei das gewünschte Konsumbündel durch Tausch der Güter erreicht: Ausgehend von P^0 wird Gut y exportiert und Gut x importiert, während bei P^1 Gut x exportiert werden muss, um die gewünschte Konsummenge an Gut y zu erhalten. In der Logik des Lerner-Diagramm geht es um den impliziten Handel des Faktorinhalts: Decken sich die im Land verfügbaren Faktoren nicht mit denen, die zur Produktion des gewünschten Konsumbündels erforderlich sind, so müssen sie indirekt über die Güter gehandelt werden. Ausgehend von E^0 kommt es somit zu einem indirekten Kapitalimport (im importierten kapitalintensiven Gut x ist relativ mehr Kapital enthalten als im arbeitsintensiven Exportgut y); bei einer Faktorausstattung E^1 resultiert entsprechend ein indirekter Kapitalexport und ein Import des Faktors Arbeit. Das Ergebnis ist somit in beiden Fällen dasselbe, lediglich die Betrachtungsweise unterscheidet sich zwischen den beiden Darstellungsformen.

7.3 Aussagen des HOS-Modells im Lerner-Diagramm

Das Lerner-Diagramm ist dazu geeignet, die im Rahmen des HOS-Modells ableitbaren Aussagen graphisch zu veranschaulichen und zu beweisen. Wir wollen uns zunächst dem Heckscher-Ohlin-Theorem und dem Faktorpreisausgleichstheorem zuwenden, die wir bereits in Kapitel 6 kennen gelernt haben.

7.3.1 Heckscher-Ohlin-Theorem

Das Heckscher-Ohlin-Theorem beschäftigt sich mit den Determinanten des komparativen Vorteils und dem daraus ableitbaren Handelsmuster. Es besagt, dass ein Land bei demjenigen Gut einen komparativen Vorteil hat (und es bei Aufnahme von Außenhandel exportieren wird), das jenen Faktor intensiv nutzt, mit dem das Land relativ reichlich ausgestattet ist.

Der Beweis dieser Aussage erfolgt in vier Schritten: Zunächst zeigen wir, welche relativen Güterpreise sich bei Autarkie einstellen müssen. Damit ist bereits geklärt, bei welchen Gütern die Länder jeweils komparative Vorteile aufweisen. In einem zweiten Schritt können wir veranschaulichen, wie sich die Preisanpassung nach Aufnahme des Außenhandels im Lerner-Diagramm auf die Lage der Einheitswertisoquanten auswirkt. Die resultierende Anpassung der Einheitskostenkurve und die damit einhergehende Drehung des Diversifikationskegels bilden den dritten Schritt. Schließlich vergleichen wir die Produktionsstruktur nach Aufnahme des Außenhandels mit derjenigen bei Autarkie, um auf dieser Grundlage das Handelsmuster abzuleiten:

Schritt 1: Die Ausgangssituation können wir unmittelbar in Abbildung 7.2 veranschaulichen: E^1 ist die Faktorausstattung von Land 1 (Inland) und E^2 die Faktorausstattung von Land 2 (Ausland). Da Land 1 relativ reichlich mit Kapital ausgestattet ist, wird in dieser Ökonomie bei Autarkie relativ viel von Gut x produziert werden, während in Land 2 mehr von Gut y hergestellt wird. Bei den unterstellten identischen, homothetischen Präferenzen lässt sich das jedoch nur dann realisieren, wenn Gut x bei Autarkie in Land 1 im Vergleich zu Land 2 relativ billig ist, d. h. der Relativpreis p_x/p_y wird in Land 1 unter demjenigen von Land 2 liegen.

Schritt 2: Handeln nun beide Länder miteinander, so wird unter der Annahme identischer Präferenzen der (einheitliche) Relativpreis von Gut x im Freihandelsgleichgewicht irgendwo zwischen den beiden Autarkierelativpreisen der beiden Länder liegen – graphisch können wir dies in einem Diagramm mit relativen Angebots- und Nachfragekurven veranschaulichen, wie wir es in Kapitel 5 kennen gelernt haben. Aus Sicht von Land 1 steigt somit der Relativpreis von Gut x, aus Sicht von Land 2 sinkt er. Abbildung 7.4 verdeutlicht die Änderungen, die sich im Lerner-Diagramm durch Handelsaufnahme für Land 1 ergeben. Um die Darstellung durch die Änderung nur einer Einheitswertisoquante möglichst übersichtlich zu halten und zudem in diesem Zusammenhang das Konzept des relativen Preises zu verdeutlichen, unterstellen wir einen Rückgang des absoluten Preises von Gut y. Es dürfte plausibler sein, davon auszugehen, dass durch die Aufnahme des Außenhandels der (absolute) Preis von x steigt und gleichzeitig der (absolute) Preis von y sinkt. Wichtig für die folgende Betrachtung ist jedoch lediglich die Änderung des *relativen* Preises, so dass wir uns auf diesen einfacheren Fall konzentrieren können.

Schritt 3: Die Autarkiesituation wird in Abbildung 7.4 durch die Kurven mit durchgezogenen Linien dargestellt: Hier herrschen die Preise p_x und p_y. Wenn nun der Preis von Gut y durch die Aufnahme von Handel auf p_y^1 sinkt, muss sich die Ein-

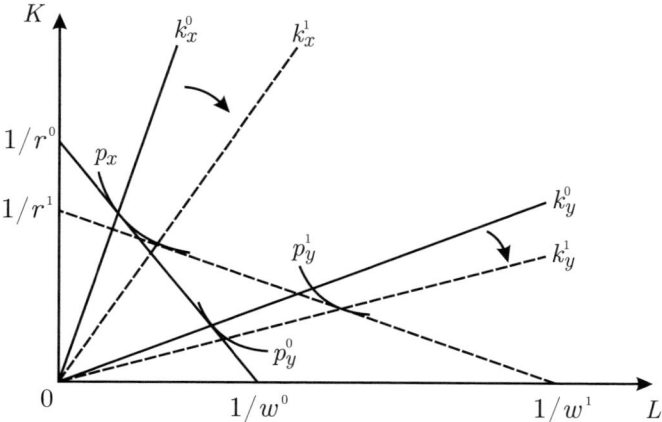

Abb. 7.4: Rückgang des Preises im y-Sektor

heitswertisoquante von y nach oben bzw. rechts verschieben, da nun ein höherer Faktoreinsatz von K und L nötig ist, um einen Wert von eins zu erzeugen. Damit ist die Ökonomie jedoch aus dem Gleichgewicht geraten und die Anpassungsprozesse, die bei der Konstruktion des Lerner-Diagramms beschrieben wurden, treten in Kraft. Der Diversifikationskegel von Land 1 dreht sich damit nach rechts, d. h. die Produktion beider Güter wird arbeitsintensiver (die Outputexpansionspfade verlaufen flacher). In der Produktion beider Güter wird nun der in Land 1 relativ knappe – und dementsprechend bei Autarkie relativ teure – Faktor Arbeit verstärkt eingesetzt. Eine analoge Überlegung kann für Land 2 angestellt werden: Hier sinkt der relative Preis von x, der Diversifikationskegel dreht sich nach links und die Produktion beider Güter wird dann kapitalintensiver. Aufgrund der Anpassung der Güterpreise nach Handelsaufnahme an den einheitlichen Weltmarktpreis ist dann für beide Länder der gleiche Diversifikationskegel relevant – beide Länder produzieren beide Güter jeweils mit der gleichen Kapitalintensität.

Schritt 4: In Abbildung 7.5 wird die gleiche Situation wie in Abbildung 7.4 nochmals dargestellt, allerdings liegt der Fokus auf der Produktionsänderung. Im Beispiel wurde von einem Preisrückgang von Gut y ausgegangen, während der Preis von Gut x unverändert blieb. Daher kann die zum Produktionswert proportionale Strecke $\overline{0\,x}_P^1$ direkt auf den ursprünglichen Outputexpansionspfad k_x übertragen werden und mit dem ursprünglichen Wert $\overline{0\,x}_P$ verglichen werden. Da der Produktionswert ansteigt und p_x unverändert bleibt, muss die produzierte Menge von Gut x gestiegen sein. Für Gut y lässt sich ähnlich argumentieren: Da sich hier die zum Produktionswert proportionale Strecke verringert hat $(\overline{0\,y}_P^1 < \overline{0\,y}_P)$ und gleichzeitig der Preis von p_y^0 auf p_y^1 gestiegen ist, muss die Produktionsmenge von Gut y gesunken sein.

Damit können wir festhalten, dass ein Absinken des relativen Preises eines Gutes zu einer Reduktion seiner Produktion führt. Umgekehrt führt ein Anstieg des re-

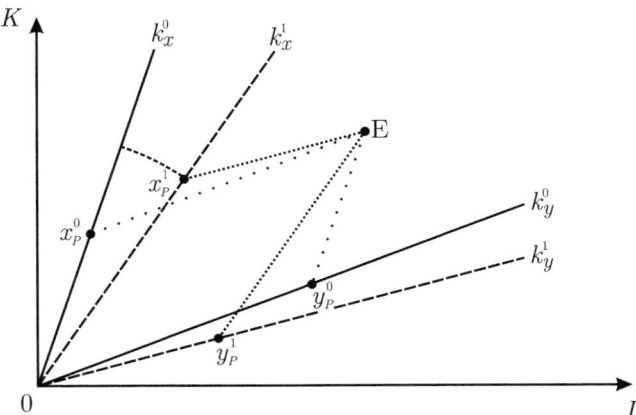

Abb. 7.5: Produktionseffekte der Preisänderung

lativen Preises zu einer Ausweitung der Produktion dieses Gutes. Somit wird die Produktion von Gut x in Land 1 nach Handelsaufnahme ausgeweitet und diejenige von y zurückgefahren, während in Land 2 mehr von y und weniger von x hergestellt wird. Da die Präferenzen annahmegemäß durch die Handelsaufnahme nicht verändert werden und für die Bewohner des Landes 1 das kapitalintensive Gut x relativ teurer geworden ist, können wir folgern, dass die Differenz zwischen der gestiegenen Produktion und dem gesunkenem Konsum von Gut x exportiert wird. Gleichermaßen wird die Differenz zwischen der gestiegenen Nachfrage nach Gut y (das relativ billiger geworden ist) und der gesunkenen inländischen Produktion importiert. Wir haben folglich die Aussage des Heckscher-Ohlin-Theorems bewiesen.

Fällt die Änderung des Relativpreises für ein Land sehr drastisch aus, etwa wenn ein relativ kleines Land mit einem deutlich größeren Land Handelsbeziehungen aufnimmt, kann es dazu kommen, dass sich der Diversifikationskegel so stark dreht, dass sich nach Aufnahme des Außenhandels die Faktorausstattung dieses Landes außerhalb des Kegels befindet. Das Heckscher-Ohlin-Theorem ist auch in diesem Fall gültig, da das kapitalreiche Land das kapitalintensive und das arbeitsreiche Land das arbeitsintensive Gut exportieren wird. Der Unterschied zum Fall im Kegel besteht jedoch darin, dass sich das betreffende Land auf die Produktion seines Exportgutes vollkommen spezialisiert, also das Importgut selbst nicht mehr herstellt, während ein Land mit einer Faktorausstattung im Kegel zwar die Produktion in Richtung des Exportgutes verlagert, aber nach wie vor auch eine positive Menge des Importgutes herstellt.

7.3.2 Faktorpreisausgleich und vollständige Spezialisierung

Das in Kapitel 6 behandelte Faktorpreisausgleichstheorem besagt, dass in beiden Ländern die gleichen absoluten Faktorpreise herrschen werden, wenn im Gleichgewicht bei Freihandel jedes Land beide Güter produziert. Wir wollen nun zum einen zeigen, wie dieses Theorem im Kontext des Lerner-Diagramms bewiesen werden kann, und zum anderen die Implikationen einer vollständigen Spezialisierung thematisieren.

Für den Fall, dass beide Länder auch nach Außenhandelsaufnahme beide Güter produzieren, können wir die Angleichung der Faktorpreise unmittelbar aus den Ergebnissen zum Heckscher-Ohlin-Theorem ableiten. Wie dort in Schritt 3 gezeigt wurde, führt die Güterpreisanpassung bei identischen Technologien dazu, dass sich beide Länder im gleichen Diversifikationskegel befinden. Wie wir an Abbildung 7.1 erkennen können, ist damit aber automatisch verbunden, dass die Einheitskostengeraden für beide Länder identisch sind und somit auch die Faktorpreise gleich sein müssen.

Aber warum ist es dafür notwendig, dass beide Länder beide Güter produzieren, sich also die Faktorausstattung jedes Landes im Diversifikationskegel befindet? Der Unterschied zwischen der Situation innerhalb und außerhalb des Kegels besteht darin, dass ein Land außerhalb vollkommen spezialisiert ist. Kommt es beispielsweise bei der Situation E^0 in Abbildung 7.2 durch die Aufnahme des Handels dazu, dass der Relativpreis von Gut x steigt, d. h. sich der Kegel nach rechts dreht (analog zu Abbildung 7.4), so wird mehr von Gut x produziert, womit gleichzeitig Faktoren aus dem y-Sektor abgezogen werden müssen, um im x-Sektor eingesetzt werden zu können. Wenn die Relativpreisänderung so stark ist, dass der resultierende Outputexpansionspfad k_x durch E^0 verläuft, so wird Gut y gerade nicht mehr hergestellt.

In diesem Grenzpunkt werden die Faktorpreise sich gerade noch angleichen. Steigt der Preis jedoch noch weiter, so wäre es eigentlich optimal, eine negative Menge von y zu produzieren, um dadurch Faktoren freizusetzen und für eine Ausweitung der Produktion von Gut x einzusetzen. Negative Produktionsmengen sind aber natürlich faktisch nicht realisierbar. Wenn der Diversifikationskegel nach Handelsaufnahme somit wie in Abbildung 7.2 gegeben ist und das relativ kapitalreiche Land die Faktorausstattung E^x hat, so wird dieses Land sich einfach auf die Herstellung von Gut x spezialisieren (d. h. Gut y nicht produzieren). Die relative Faktorintensität bei der Produktion entspricht dann aber nicht derjenigen beim Handelspartner, da das Land sonst einen Teil des Faktors Kapital nicht einsetzen würde, sondern sie wird genauso hoch sein, wie die relative Faktorausstattung des Landes. Die kapitalintensivere Produktion impliziert jedoch, dass der reichliche Faktor Kapital in diesem Land geringer und der knappe Faktor Arbeit höher entlohnt wird als beim Handelspartner. Im Lerner-Diagramm zeigt sich das dadurch, dass die Einheitskostengerade steiler verlaufen muss, wenn sie die Einheitswertisoquante links vom Schnittpunkt mit k_x berühren soll. Es kommt somit gegenüber der Autarkiesituation zwar zu einer Annäherung, nicht aber zu einer Angleichung der Faktorpreise.

7.3.3 Erweiterung: Mehr als zwei Länder und mehr als zwei Güter

Die Erweiterungen des HOS-Modells auf mehr als zwei Länder und auf mehr als zwei Güter basieren auf der Idee des Faktorinhalts. Sie lassen sich damit im Lerner-Diagramm gut darstellen, solange die Beschränkung auf zwei Faktoren erhalten bleibt. Wird diese Beschränkung aufgehoben, so bleiben nur bei einer identischen Anzahl von Gütern und Faktoren die Aussagen des HOS-Modells im Grundsatz bestehen. Im nächsten Kapitel werden wir mit dem Ricardo-Viner-Modell mit spezifischen Faktoren ein Zwei-Güter-Modell mit drei Faktoren kennenlernen. In diesem Abschnitt wollen wir uns aber zunächst auf die „einfacheren" Erweiterungen beschränken.

Gibt es mehr als zwei Länder, so bleibt die Aussage des Heckscher-Ohlin-Theorems weiterhin bestehen. Die Weltfaktorausstattung determiniert zusammen mit der für alle Länder identischen Produktionstechnologie und den identischen und homothetischen Präferenzen der Konsumenten das Weltmarktpreisverhältnis. Die Analyse für die Welt als Ganzes kann hier analog zu derjenigen für ein Land bei Autarkie erfolgen. Die Güterpreise müssen dabei im Gleichgewicht sicherstellen, dass die gesamte Faktorausstattung konsumiert wird, d. h. die Faktoren müssen in der Relation nachgefragt werden, wie sie durch die Faktorausstattung der Welt vorgegeben ist. Aufgrund der identischen und homothetischen Präferenzen wird sich in jedem Land das gleiche Konsummuster ergeben, wobei Länder mit einer größeren Faktorausstattung zwar relativ gesehen gleich viel, aber absolut mehr konsumieren.

Weicht bei einem Land die relative Faktorausstattung von derjenigen auf Weltebene ab, so wird es mehr von dem Gut produzieren, das den relativ reichlichen Faktor intensiv einsetzt. Um das beim gegebenen Weltmarktpreisverhältnis gewünschte Konsummuster realisieren zu können, muss es dieses Gut dann exportieren und im Gegenzug das andere Gut importieren. Das bedeutet beispielsweise für ein relativ kapitalreiches Land, dass es durch seine Importe indirekt den Faktor Arbeit importiert. Der Umfang des Handels ist dabei umso ausgeprägter, je stärker sich die relative Faktorausstattung eines Landes von derjenigen auf Weltebene unterscheidet: Das Land muss ja durch den Handel indirekt soviel vom knappen Faktor importieren, bis der relative Faktorinhalt im Konsum der relativen Weltfaktorausstattung entspricht.

Im Lerner-Diagramm sind die Länder dann durch ihre Faktorausstattungspunkte definiert. Der indirekte Außenhandel in Faktoren gemessen findet dann für ein Land auf einer Budgetgeraden statt, die durch den Faktorausstattungspunkt des Landes verläuft und deren Steigung derjenigen der Einheitskostengerade im Weltmarktgleichgewicht entspricht. Im Schnittpunkt dieser Budgetgeraden mit der durch den Ursprung und die Weltfaktorausstattung verlaufenden Geraden für das optimale Konsummuster ergibt sich dann der Konsum des entsprechenden Landes. Der Faktorhandel ist dann auch quantitativ durch den Vektor vom individuellen Faktorausstattungspunkt zum Konsumpunkt bestimmt.

Web-Service: http://www.uvk-lucius.de/morasch-bartholomae

Gibt es mehr Güter als Faktoren, so können wir weder die Produktion eines Landes noch das resultierende Handelsmuster eindeutig bestimmen. Der Grund liegt darin, dass es in diesem Fall mehrere Diversifikationskegel gibt. Zwar können sich diese teilweise überlappen, aber es ist sehr unwahrscheinlich, dass sich die Faktorausstattung eines Landes in allen Kegeln gleichzeitig befindet.

Diese Indeterminiertheit bezieht sich allerdings nur auf die Struktur des Güterhandels – für den gehandelten Faktorinhalt lässt sich durchaus eine eindeutige Aussage ableiten. Konkret kann im Mehr-Güter-Fall auf Grundlage des Faktorinhaltskonzepts eine verallgemeinerte Form des Heckscher-Ohlin-Theorems abgeleitet werden, das sogenannte **Heckscher-Ohlin-Vanek-Theorem**.[2] Diese Formulierung besagt, dass ein kapitalreiches Land über seine Güterexporte und -importe den im Inland reichlich vorhandenen Faktor Kapital exportieren und den knappen Faktor Arbeit importieren wird. Da in der Realität natürlich mehr als zwei Güter hergestellt und gehandelt werden, ist dieses erweiterte Konzept auch eine zentrale Grundlage für die empirische Überprüfung der Aussagen des HOS-Modells.

Was haben wir gelernt?

- Der Güterhandel lässt sich als eine indirekte Form des Handels der in den Gütern enthaltenen Faktoren interpretieren. Außenhandel kann dann ein (imperfektes) Substitut für die mangelnde internationale Mobilität der Produktionsfaktoren darstellen.

- Das Lerner-Diagramm stellt die Faktorausstattungstheorie auf Grundlage der Faktoreinsatzmengen dar. Es ermöglicht die Ableitung und Veranschaulichung aller Aussagen des HOS-Modells und zum Teil auch seiner Erweiterungen in einer einheitlichen graphischen Darstellung.

- Bei vollständiger Spezialisierung befindet sich die Faktorausstattung eines Landes nicht mehr im Diversifikationskegel. Damit wird dieses Land nicht mit der gleichen Faktorintensität wie der Handelspartner produzieren und es kommt nicht zum Faktorpreisausgleich.

- Auch wenn bei mehr als zwei Gütern keine eindeutige Aussage mehr über das Handelsmuster eines Landes möglich ist, so ist der gehandelte Faktorinhalt über die relativen Faktorausstattungen eindeutig bestimmbar.

Ergänzende und weiterführende Literatur

Feenstra, R. C. (2004), Advanced International Trade. Theory and Evidence, Princeton: Princeton University Press, ch. 3. [*Darstellung der theoretischen und empirischen Analyse der Verallgemeinerungen des HOS-Modells auf mehr als zwei Güter und Faktoren.*]

---

[2]Vanek, J. (1968), The Factor Proportions Theory: The N-Factor Case, Kyklos, Vol. 21, No. 4, 749–756.

Morasch, K. und F. Bartholomae (2008), Heckscher-Ohlin-Modell, Lerner-Diagramm und Faktorinhalt, Teil II, wisu, Jg. 37, Nr. 11, 1554–1560. [*Enthält eine ausführlichere Erläuterung der Verallgemeinerungen des HOS-Modells mit graphischer Darstellung im Lerner-Diagramm.*]

Kontrollfragen und Übungsaufgaben

1. Erläutern Sie, wie im Lerner-Diagramm die Einheitswertisoquanten und darauf basierend die Einheitskostengerade und die Outputexpansionspfade konstruiert werden können!

2. Was wird unter dem Diversifikationskegel verstanden? Erläutern Sie seine Bedeutung!

3. Stellen Sie kurz das Konzept des Faktorinhalts vor und erläutern Sie, wie mit diesem Konzept im Rahmen des Lerner-Diagramms die Grundaussagen des Heckscher-Ohlin-Samuelson-Modells auf eine Welt mit mehr als zwei Ländern und mehr als zwei Gütern verallgemeinert werden können!

4. Ein Land ist mit 1.000 Einheiten Kapital und 1.000 Einheiten Arbeit ausgestattet. Der Faktoreinsatz im x-Sektor kann mit $K_x = 3 \cdot (p_y/p_x)^2 \cdot L_x$ und im y-Sektor entsprechend mit $K_y = 0{,}5 \cdot (p_y/p_x)^2 \cdot L_y$ angegeben werden. In Autarkie herrscht der relative Preis $p_y/p_x = 1$.

   a) Mit welcher Kapitalintensität $k = K/L$ wird in den beiden Sektoren produziert? Bestimmen Sie graphisch und rechnerisch die optimale Allokation der verfügbaren Faktoren auf die beiden Sektoren!

   b) Das Land nimmt nun Handelsbeziehungen auf, wodurch p_y/p_x auf 0,8 sinkt. Welche Aussage können Sie aufgrund der Preisänderung über die Faktorreichlichkeit des Landes im Vergleich zu seinen Handelspartnern treffen? Bestimmen Sie erneut graphisch und rechnerisch die optimale Allokation der Faktoren sowie die Kapitalintensität in den beiden Sektoren! Was können Sie beobachten? Erläutern Sie Ihre Aussage auch intuitiv!

   c) Wie würde sich ihre Antwort aus b) ändern, wenn p_y/p_x auf 0,5 gesunken wäre? Käme es weiterhin zu einem Faktorpreisausgleich?

8 Verteilungseffekte: Langfristig vs. kurzfristig

Themenüberblick

- Stolper-Samuelson-Theorem und langfristige Verteilungseffekte
- Beweis des Stolper-Samuelson-Theorems mit Isokostenkurven und im Lerner-Diagramm
- Drei-Faktoren-Modell mit zwei sektorspezifischen Faktoren (Ricardo-Viner-Modell) zur Analyse kurzfristiger Verteilungseffekte
- Analyse mit Wertgrenzproduktdarstellung für den mobilen Faktor

Die Aufnahme von Außenhandel verändert das Güterpreisverhältnis eines Landes. Wie wir in der bisherigen Analyse des HOS-Modells gesehen haben, führt dies auch zu einer Änderung der nominalen Faktorpreise. Da sich sowohl Güterpreise als auch Faktorpreise ändern, ist damit nicht klar, ob die Eigner eines bestimmten Faktors durch die Aufnahme des Handels letztlich besser oder schlechter gestellt werden. In diesem Kapitel wollen wir daher der Frage nachgehen, welche Auswirkungen sich durch die Handelsaufnahme auf die reale Faktorentlohnung ergeben.

Wie wir sehen werden, unterscheiden sich die Auswirkungen einer Handelsaufnahme für die Einkommensverteilung innerhalb eines Landes danach, welcher Betrachtungszeitraum gewählt wird. Je nach der Fristigkeit können die Gewinner und Verlierer variieren, so dass es Gruppen gibt, die zwar kurzfristig verlieren aber langfristig von der Handelsaufnahme profitieren, aber auch solche, die nur kurzfristig gewinnen. Die lange Frist kann dabei durch das HOS-Modell mit vollständiger Faktormobilität im Inland abgebildet werden. Kurzfristige Effekte können demgegenüber besser in einem Modell mit spezifischen Faktoren beschrieben werden, das wir daher im zweiten Teil des Kapitels einführen werden.

8.1 Langfristige Verteilungseffekte: Stolper-Samuelson-Theorem

Mit dem Stolper-Samuelson-Theorem haben wir im HOS-Modell bereits ein Ergebnis zur Auswirkung der Handelsaufnahme auf die Faktorpreise abgeleitet: Die nominale Entlohnung des im Land relativ reichlich vorhandenen Faktors wird steigen, diejenige des knappen Faktors wird sinken. Da sich jedoch auch die Güterpreise geändert haben und die Aufnahme des Außenhandels insgesamt einen positiven Wohlfahrtseffekt hat, stellt sich insbesondere die Frage, ob auch das reale Einkommen des knappen Faktors zurückgeht oder ob der positive Gesamteffekt dominieren kann. Diese Frage beantwortet das Stolper-Samuelson-Theorem.

Stolper-Samuelson-Theorem
Wenn in einem Land beide Güter produziert werden, so führt der Anstieg des relativen Preises eines Gutes zu einem Anstieg der realen Entlohnung desjenigen Faktors, der in der Produktion dieses Gutes intensiv eingesetzt wird und zu einem Rückgang der realen Entlohnung des anderen Faktors.

Der Verteilungseffekt dominiert also bei der Handelsaufnahme den positiven Effekt auf die Gesamtwohlfahrt: Der im Land reichlich vorhandene Faktor gewinnt, der knappe Faktor verliert. Wir wollen nun die Gültigkeit dieses Zusammenhangs zunächst direkt in einem Faktorpreis-Diagramm mit Isokostenkurven zeigen und anschließend in indirekter Form im Lerner-Diagramm.

8.1.1 Beweis mit Isokostenkurven

In Abbildung 8.1 sind in einem Faktorpreis-Diagramm die **Isokostenkurven** der beiden Güter abgebildet (DK_x, DK_y). Diese Kurven stellen den geometrischen Ort derjenigen Kombinationen von Faktorentlohnungen dar, welche die gleichen Durchschnittskosten verursachen. Die **Durchschnittskosten** bzw. Stückkosten sind der Quotient aus den Gesamtkosten (Fixkosten und variable Kosten) und der produzierten Menge. Da von vollkommenem Wettbewerb ausgegangen wird, entsprechen die Durchschnittskosten im langfristigen Gleichgewicht dem Marktpreis. Wäre der Preis nämlich höher als die Durchschnittskosten, so würden die am Markt aktiven Unternehmen ökonomische Gewinne erzielen. Damit hätten aber weitere Firmen einen Anreiz, in diesen Markt einzutreten. Durch die Markteintritte würde der Marktpreis solange sinken, bis die letzte eintretende Firma gerade einen ökonomischen Gewinn von Null erzielt. Dieselbe Überlegung gilt analog für Durchschnittskosten über dem Marktpreis: Hier würden die im Markt aktiven Unternehmen Verluste erzielen und den Markt verlassen.

In der Abbildung haben wir nun genau diejenigen Isokostenkurven eingezeichnet, bei denen die Durchschnittskosten den jeweiligen Güterpreisen vor und nach Aufnahme von Handel entsprechen. Die Produktionskosten der beiden Güter hängen von den Entlohnungen der beiden eingesetzten Faktoren und der Produktionstechnologie ab. Die Kurve DK_x verläuft steiler als DK_y, da Veränderungen des Zinssatzes beim kapitalintensiven Gut x nur durch relativ starke Lohnänderungen kompensiert werden können: Bei der Produktion dieses Gutes werden nur relativ wenig Arbeitskräfte eingesetzt, so dass nach einer Zinserhöhung die Durchschnittskosten nur dann unverändert bleiben können, wenn die Arbeitslöhne deutlich sinken.

Im Faktorpreis-Diagramm bestimmt der Schnittpunkt GG^0 zwischen den beiden Iso-

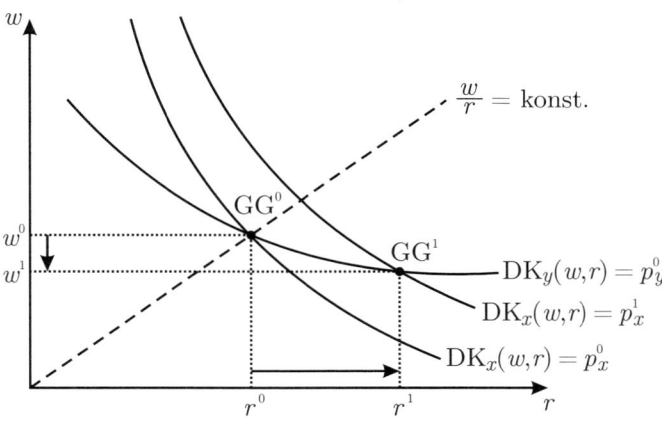

Abb. 8.1: Isokostenkurven: Güterpreisänderung und Faktorentlohnung

kostenkurven $DK_x = p_x^0$ und $DK_y = p_y^0$ die Relation zwischen Lohn- und Zinssatz im Gleichgewicht. Dies ergibt sich aus der Annahme der Faktormobilität: Wenn sich die Faktorentlohnungen zwischen den beiden Sektoren unterscheiden, so werden die Faktoren jeweils in den Sektor wandern, der ihnen eine höhere Entlohnung bietet. Nur im Schnittpunkt zwischen den beiden Isokostenkurven sind die Faktorentlohnungen bei den gegebenen Güterpreisen in beiden Sektoren identisch. Einzig bei den Faktorentlohnungen im Schnittpunkt GG^0 ist sichergestellt, dass in beiden Sektoren Nullgewinne vorliegen (der Schnittpunkt liegt auf beiden Isokostenkurven) und kein Anreiz zur Faktorwanderung besteht (die Faktorentlohnungen sind in beiden Sektoren gleich). Somit sind die Bedingungen eines allgemeinen Gleichgewichts auf dem Faktor- und Gütermarkt erfüllt. In der Ausgangssituation ergeben sich bei den vorherrschenden Güterpreisen p_x^0 und p_y^0 somit die Faktorpreise w^0 und r^0.

Die Aussage des Stolper-Samuelson-Theorems bezieht sich auf die Änderung des relativen Güterpreises. Normalerweise wird diese relative Änderung nach Aufnahme des Außenhandels durch eine Änderung beider Güterpreise verursacht werden. Bei der graphischen Analyse ist es jedoch einfacher, von der Änderung nur eines Preises auszugehen. Wir wollen daher nun annehmen, dass es nur zu einem Anstieg des Preises des kapitalintensiven Gutes auf p_x^1 kommt, während der Preis des arbeitsintensiven Gutes unverändert auf p_y^0 bleibt. Der damit implizierte Anstieg des relativen Preises des kapitalintensiven Gutes kann daraus resultieren, dass ein kapitalreiches Land Handel aufnimmt. Den gleichen Effekt auf das inländische Preisverhältnis hätte aber beispielsweise auch ein Zoll eines arbeitsreichen Landes auf die kapitalintensiven Importgüter. Dies soll verdeutlichen, dass die Aussage des Stolper-Samuelson-Theorems nicht nur für die Verteilungswirkungen bei Aufnahme des Außenhandels, sondern allgemein bei Änderungen der relativen Güterpreise gilt.

Welche Auswirkung hat nun die Güterpreisänderung im Faktorpreis-Diagramm? Die Isokostenkurve DK_x verschiebt sich auf $DK_x = p_x^1$ nach außen, da der höhere Preis nun auch bei höheren Faktorkosten Nullgewinne sicherstellt. Dies führt auf ein neues Gleichgewicht im Schnittpunkt GG^1. Wenn wir das zugehörige Faktorpreispaar mit dem ursprünglichen vergleichen, so sehen wir, dass der Lohn gesunken und der Zins gestiegen ist. Es hat sich also die Entlohnung desjenigen Faktors erhöht, der intensiv in der Produktion des teurer gewordenen Gutes eingesetzt wird, während sich die Entlohnung des anderen Faktors verringert hat.

Diese Aussage bezieht sich allerdings lediglich auf die Änderungen der Nominal-entlohnungen. Trifft sie auch für die reale Faktorentlohnung zu? Betrachten wir hierzu die eingezeichnete Gerade w/r = konst., auf der die ursprüngliche relative Faktorentlohnung gilt. Die Strecke zwischen dem Ausgangsgleichgewicht GG^0 und dem Schnittpunkt dieser Geraden mit der neuen Isokostenkurve des kapitalintensi-ven Gutes spiegelt den Preisanstieg $p_x^1 - p_x^0$ wider. Betrachten wir nun die relative Änderung des Zinssatzes $(r^1 - r^0)/r^0$ und vergleichen sie mit der so gemessenen re-lativen Preisänderung $(p_x^1 - p_x^0)/p_x^0$, so sehen wir, dass der Zins stärker als der Preis gestiegen ist, d. h. der Realzins in Bezug auf Gut x angestiegen ist. Geometrisch erfolgt dieser Vergleich über eine Anwendung des Strahlensatzes, indem wir ein Lot vom Schnittpunkt zwischen der Geraden und der Isokostenkurve $DK_x = p_x^1$ auf die r-Achse fällen. Da p_y unverändert ist, impliziert ein Nominalzinsanstieg gleichzeitig auch einen Realzinsanstieg in Bezug auf dieses Gut. Einfacher ist die Analyse für den Reallohn, da nur der Nominallohn und keiner der Güterpreise gesunken ist. Damit ist unmittelbar klar, dass auch die reale Entlohnung des Faktors Arbeit zurückgegangen sein muss.

Das Stolper-Samuelson-Theorem impliziert, dass der Übergang von Autarkie zu Han-del zwar insgesamt für ein Land vorteilhaft ist – der reichliche Faktor gewinnt und zwar mehr, als der knappe Faktor verliert –, es aber innerhalb des Landes Gewinner und Verlierer gibt. Bei der Anwendung der Ergebnisse auf die Realität – beispielswei-se im Rahmen einer normativen oder positiven Analyse der Wirtschaftspolitik – ist jedoch zu beachten, dass im HOS-Modell von vollständiger Mobilität der Faktoren zwischen den Sektoren ausgegangen wird, was nur für die lange Frist einigermaßen realistisch sein dürfte. Für die kurz- bis mittelfristige Analyse sind daher andere Ansätze wie etwa das in Abschnitt 8.2 diskutierte Modell mit sektorspezifischen Faktoren besser geeignet. Zudem ist für die kurz- bis mittelfristige Perspektive auch die Berücksichtigung von Anpassungskosten zentral, von denen im HOS-Modell voll-ständig abstrahiert wird.

8.1.2 Beweis im Lerner-Diagramm

Wir wollen nun als Anwendung des im letzten Kapitel entwickelten Lerner-Dia-gramms das Stolper-Samuelson-Theorem auch im Rahmen dieses Darstellungskon-zepts beweisen. Bei der Anwendung des Lerner-Diagramms sehen wir auch unmit-telbar, warum die Aussage des Stolper-Samuelson-Theorems nur dann gilt, wenn das Land beide Güter herstellt: Eine Güterpreisänderung führt nur innerhalb des

Diversifikationskegels zu einer Anpassung der Faktorpreise – bei vollständiger Spezialisierung sind die Faktorpreise durch die relative Faktorausstattung des Landes determiniert. Betrachten wir allerdings die Anwendung auf den Übergang von Autarkie zu Handel, so gelten die Aussagen über Gewinner und Verlierer auch dann, wenn bei Autarkie in beiden Ländern beide Güter hergestellt werden, sich bei Handel aber eines oder auch beide Länder spezialisieren: Es profitiert immer der im Inland relativ reichliche Faktor und der knappe verliert.

Um zu verdeutlichen, dass es auf die relative Preisänderung ankommt, wollen wir nun im Unterschied zur Analyse mit Isokostenkurven annehmen, dass nicht der Preis von Gut x steigt, sondern derjenige von Gut y sinkt – die Wirkung auf die relativen Güterpreise ist damit identisch. In Abbildung 8.2 ist die Ausgangssituation wieder mit der durchgezogenen Einheitskostengerade gekennzeichnet. Mit p_x^0 und p_y^0 kennzeichnen wir dann die Einheitswertisoquanten zum entsprechenden Preisverhältnis und die Faktorentlohnungen sind durch die Schnittpunkte der Einheitskostengerade mit der L- und der K-Achse invers als $1/w^0$ und $1/r^0$ gegeben.

Durch den unterstellten Preisrückgang im y-Sektor wird sich die Einheitswertisoquante p_y nach außen verschieben: Es ist bei dem geringeren Preis für Gut y nun notwendig mehr Faktoren einzusetzen, um von Gut y eine Menge im Wert von $v = 1$ zu produzieren. Die resultierende Drehung der Einheitskostengerade entgegen dem Uhrzeigersinn (bis wieder beide Einheitswertisoquanten tangiert werden) führt dann dazu, dass der Lohn auf w^1 sinkt ($1/w^1$ ist größer als $1/w^0$) und der Zinssatz auf r^1 steigt ($1/r^1$ ist kleiner als $1/r^0$). Damit würde die Aussage auf nominale Entlohnungen zutreffen: Der Anstieg des relativen Preises des kapitalintensiven Gutes führt zum Anstieg des Zinssatzes, der entsprechende Preisrückgang im arbeitsintensiven Sektor zu einer Lohnsenkung.

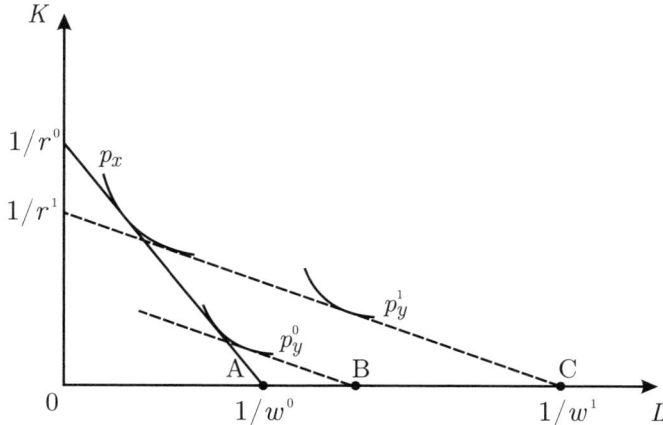

Abb. 8.2: Rückgang des Preises im y-Sektor (II)

Zur Bestimmung der Veränderung der realen Größen müssen wir jedoch noch untersuchen, wie sich die nominalen Änderungen der Faktorentlohnungen zu den Preis-änderungen verhalten. Da es zwei Güter gibt, müssen die realen Entlohnungen in Bezug auf beide Güter betrachtet werden. Dabei kann der Anstieg des realen Zinssatzes auch ohne detaillierte graphische Analyse abgeleitet werden: Nominal ist die Faktorentlohnung von Kapital gestiegen, während der Preis von Gut x unverändert geblieben und der Preis von Gut y sogar gefallen ist. Damit ist der reale Zinssatz eindeutig gestiegen.

Beim Rückgang des Reallohnes ist es jedoch etwas schwieriger. Zwar fällt die Aussage in Bezug auf Gut x ebenfalls leicht, da der Nominallohn gesunken ist und der Preis von x konstant blieb. Da aber der Preis von Gut y ebenso wie der Nominallohn gesunken ist, müssen wir überprüfen, welcher Rückgang stärker ausgefallen ist. Wir können die relativen Veränderungen vergleichen, wenn wir die durch den Abstand zwischen den beiden Einheitswertisoquanten (invers) gegebene Preisänderung auf die L-Achse projizieren, indem wir eine Parallele zur neuen Einheitskostengerade konstruieren, welche die alte Einheitswertisoquante gerade tangiert (dies ist eine Anwendung des Strahlensatzes). Die relative Veränderung des Preises von Gut y und die relative Veränderung des Lohnes sind dann betragsmäßig durch $\overline{BC/0C}$ bzw. $\overline{AC/0C}$ gegeben (betragsmäßig deswegen, weil nicht unmittelbar die Änderungen von p_y und w, sondern diejenigen von $1/p_y$ und $1/w$ auf der L-Achse abgetragen sind). Wir können aufgrund dieser Überlegung in Abbildung 8.2 ablesen, dass sich der Lohnsatz prozentual stärker verringert hat als der Preis von Gut y, womit die Aussage des Stolper-Samuelson-Theorems bestätigt ist.

8.2 Kurzfristige Verteilungseffekte: Spezifische Faktoren

Nachdem wir die Effekte in der langen Frist kennengelernt haben, wollen wir uns nunüberlegen, welche Verteilungseffekte Handel in der kurzen Frist hat. Kurzfristige Verteilungseffekte bei Aufnahme des Handels lassen sich in einem Modell mit spezifischen Faktoren (Ricardo-Viner-Modell) analysieren. Wir werden zunächst die Grundidee des Modells erläutern und das Gleichgewicht im Wertgrenzprodukt-Diagramm für den mobilen Faktor ableiten. In einem zweiten Schritt werden wir dann die Auswirkung einer Güterpreisänderung auf die realen Faktorentlohnungen untersuchen.

8.2.1 Spezifische Faktoren und Wertgrenzprodukt-Diagramm

In der kurzen bis mittleren Frist ist es wenig realistisch, die Faktoren – wie im HOS-Modell angenommen – als vollständig mobil zwischen den Sektoren zu betrachten. Wir können uns dies leicht am Faktor Arbeit veranschaulichen: Zwar spielt es für einfache Tätigkeiten häufig keine große Rolle, in welchem Sektor eine Arbeitskraft eingesetzt wird, so ist es beispielsweise für einen Hausmeister oder einen Nachtwächter relativ egal, ob er sich um eine Maschinenfabrik oder einen landwirtschaftlichen

Betrieb kümmert. Tätigkeiten mit höherer Ausbildung sind aber deutlich schwieriger zu wechseln: Ein Maschinenbauingenieur wird nur schwer die Aufgaben eines Agrarökonomen übernehmen können und der Agrarökonom dürfte Probleme bei der Entwicklung komplizierter Maschinen haben. Beim Faktor Kapital sieht es mit der Faktormobilität ähnlich aus: Während Bürogebäude relativ problemlos von Unternehmen in verschiedenen Sektoren genutzt werden können, lassen sich Landmaschinen nicht zu Werkzeugmaschinen transformieren.

Es erscheint darum plausibel, dass nur ein Teil der Faktoren zwischen den Sektoren mobil ist, während der andere Teil zumindest kurzfristig an den jeweiligen Sektor gebunden ist – man spricht dann von einem **sektorspezifischen Faktor**. Anders als in der Analyse im HOS-Modell gehen wir im Weiteren von drei Faktoren aus: Einem mobilen Faktor, L, und zwei sektorspezifischen Faktoren, K_x für den x-Sektor und K_y für den y-Sektor. Kapital kann dabei nicht nur Realkapital, sondern auch spezifisches Humankapital sein, wie es beispielsweise durch die Ausbildung zum Maschinenbauingenieur oder Agrarökonomen erworben wird. Die sonstigen Annahmen des HOS-Modells, insbesondere bezüglich Produktionstechnologie, Nachfrage und vollkommenem Wettbewerb auf Güter- und Faktormärkten gelten weiterhin (vgl. hierzu auch Abschnitt 6.2).

Um das Ausgangsgleichgewicht beschreiben zu können, müssen wir zunächst die optimale Allokation der Faktoren auf die Sektoren bestimmen. Die beiden spezifischen Faktoren können dabei nur in ihrem Sektor eingesetzt werden, d. h. hier gibt es per Definition keine Möglichkeit sie anderweitig einzusetzen. Anders sieht es aber beim mobilen Faktor aus. Unter Effizienzgesichtspunkten wird dieser dann optimal eingesetzt, wenn sein Wertgrenzprodukt in beiden Sektoren gleich hoch ist. Dabei bestimmt sich das **Wertgrenzprodukt** (WGP) als Ableitung des Produktionswerts:

$$\mathrm{WGP}_x^L = \frac{\partial\left[p_x \cdot x\left(K_x, L_x\right)\right]}{\partial L_x} = p_x \cdot \mathrm{GP}_x^L. \tag{8.1}$$

Es entspricht somit dem Produkt aus Preis und Grenzprodukt des Faktors Arbeit, $p_x \cdot \mathrm{GP}_x^L$. In Abbildung 8.3 ist die Situation graphisch dargestellt. Aufgrund des Gesetzes des abnehmenden Grenzertrags nimmt für einen gegebenen Preis das Wertgrenzprodukt der Arbeit mit zunehmendem Faktoreinsatz ab, d. h. je mehr Arbeiter bei gegebenem Kapitaleinsatz bereits eingesetzt werden, desto geringer ist der zusätzliche Ertrag bei Einsatz eines weiteren Arbeiters. Der genaue Verlauf der Wertgrenzproduktkurve wird durch den Preis und das Grenzprodukt des Faktors bestimmt. Dieses ist von der vorhandenen Menge des spezifischen Faktors und den technologischen Eigenschaften der Produktionsfunktion abhängig. Die Wertgrenzproduktkurve verläuft somit in beiden Sektoren vom jeweiligen Ursprung aus gesehen fallend. Je weiter rechts wir uns im Diagramm befinden, desto mehr Arbeiter werden im x-Sektor und desto weniger im y-Sektor eingesetzt. Der Arbeitseinsatz in beiden Sektoren zusammen entspricht (aufgrund der Annahme der Vollbeschäftigung) der insgesamt im Land verfügbaren Menge des Faktors Arbeit.

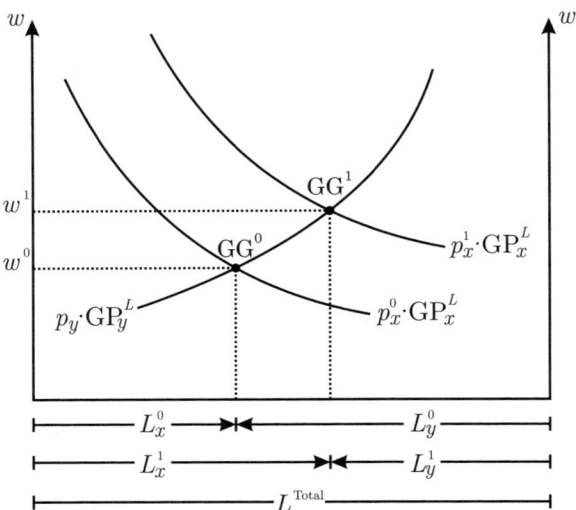

Abb. 8.3: Optimale Allokation des mobilen Faktors bei sektorspezifischen Faktoren
und Auswirkung einer Preisänderung

Wie bereits angesprochen, ist die optimale Allokation des Faktors Arbeit auf die
beiden Sektoren dann erreicht, wenn das Wertgrenzprodukt der Arbeit in beiden
Sektoren gleich ist. In der Abbildung ist diese Bedingung für die Ausgangssituation
mit Preisen p_x^0 und p_y im Schnittpunkt GG^0 der beiden Wertgrenzproduktkurven
erfüllt. Aber warum muss das Wertgrenzprodukt in beiden Sektoren gleich sein? Angenommen wir hätten eine Ausgangsallokation links von der optimalen Aufteilung
$\left(L_x^0, L_y^0\right)$. Dann wäre das Wertgrenzprodukt im x-Sektor höher als im y-Sektor. Im
Gewinnmaximum muss jedoch die Bedingung Wertgrenzprodukt gleich Faktorpreis
erfüllt sein, d. h. der durch eine marginale Erhöhung des Faktoreinsatzes erzielte
zusätzliche Ertrag muss gerade der dafür zu entrichtenden Faktorentlohnung entsprechen. Damit müsste im x-Sektor auch die Entlohnung für den Faktor Arbeit
höher sein und die Arbeitskräfte hätten entsprechend einen Anreiz aus dem y-Sektor
in den x-Sektor zu wandern. Diese Wanderung würde erst dann stoppen, wenn die
Wertgrenzprodukte der Arbeit und damit die Löhne in beiden Sektoren gleich sind.

8.2.2 Güterpreisänderung und reale Faktorentlohnungen

Im Wertgrenzprodukt-Diagramm können wir nun analysieren, wie sich eine Änderung des Relativpreises der beiden Güter auswirkt. In Abbildung 8.3 haben wir dazu
unterstellt, dass der Preis von Gut x von p_x^0 auf p_x^1 steigt. Da wie im HOS-Modell
nur die relativen Güterpreise relevant sind, entspricht dies beispielsweise dem Effekt, der bei der Handelsaufnahme eines kapitalreichen Landes auftreten würde. Die
Preisänderung lässt den Zusammenhang zwischen Arbeitseinsatz und Grenzprodukt
der Arbeit im Sektor natürlich unverändert, da das Grenzprodukt durch die Tech-

nologie bestimmt ist und die Ausstattung mit dem spezifischen Faktor gleich bleibt. Was sich jedoch ändert, ist das Wertgrenzprodukt im x-Sektor: Wie wir leicht an (8.1) erkennen können, verschiebt sich durch die Preiserhöhung die entsprechende Kurve nach rechts oben. Es ergibt sich das neue Gleichgewicht GG^1, in dem sowohl die nominale Entlohnung des mobilen Faktors gestiegen ist als auch mehr Arbeiter im x-Sektor und demzufolge weniger im y-Sektor eingesetzt werden.

Welche Auswirkungen hat dies damit auf die realen Entlohnungen der Faktoren? Betrachten wir zunächst den mobilen Faktor L. Da der Nominallohn gestiegen und p_y konstant geblieben ist, ergibt sich bezogen auf den y-Sektor ein Reallohnanstieg. Andererseits sehen wir aber in der Abbildung, dass der Reallohn in Bezug auf Gut x gesunken ist: Der Preisanstieg von Gut x fällt höher aus als der Lohnanstieg. Dies ist graphisch daran zu erkennen, dass die Differenz w^1-w^0 geringer ist, als der senkrechte Abstand zwischen den beiden Wertgrenzproduktkurven von x, der den Preisanstieg widerspiegelt. Wir können also nur eine eindeutige Aussage über die Faktorallokation des mobilen Faktors treffen, nicht aber über dessen Reallohnentwicklung. Beachten Sie in diesem Zusammenhang, dass die Richtung der Nominallohnentwicklung nur in Bezug auf die absolute Änderung eines Güterpreises eindeutig ist, nicht aber in Bezug auf die Relativpreisänderung: Wenn die Erhöhung von p_x/p_y bei konstantem p_x durch eine Verringerung von p_y verursacht wird, kommt es nämlich zu einem Rückgang des Nominallohns!

Eine eindeutige Aussage lässt sich demgegenüber zur Änderung der realen und no-minalen Entlohnungen der spezifischen Faktoren treffen. Ausgangspunkt ist dabei die Überlegung, dass bei konstanten Skalenerträgen und vollkommenem Wettbewerb der in einem Sektor erzielte Ertrag vollständig auf die eingesetzten Faktoren verteilt wird. Dies bedeutet konkret, dass der Teil des Produktionswertes, der nicht für die Entlohnung des Faktors Arbeit verwendet wird, dem spezifischen Faktor des ent-sprechenden Sektors zugeteilt wird. Da der Reallohn w/p_x gesunken ist, muss aber somit die Entlohnung des für den x-Sektor spezifischen Faktors K_x nominal und real gestiegen sein. Umgekehrt gilt natürlich auch, dass die Entlohnung von K_y gesun-ken sein muss, da dort der Reallohn w/p_y angestiegen ist. Zu dem gleichen Ergebnis kommen wir auch, wenn wir den Preisrückgang von Gut y betrachtet hätten.

Abbildung 8.4 veranschaulicht diese Überlegungen graphisch. Dabei machen wir uns zunutze, dass der Produktionswert als Fläche unterhalb der Wertgrenzproduktkurve dargestellt werden kann: Das Wertgrenzprodukt ist als Ableitung des Produktions-wertes definiert und das Integral über das Wertgrenzprodukt liefert somit wieder den Produktionswert. In der Abbildung sind die Flächen so markiert, dass sie die jeweili-gen Faktoreinkommen in der Ausgangssituation angeben. Da das Faktoreinkommen der Arbeit gerade der Fläche $w \cdot L$ entspricht, stellen die darüber liegenden Flächen unterhalb der Wertgrenzproduktkurven die Entlohnung der jeweiligen spezifischen Faktoren dar. Die gesamte Fläche unterhalb der Wertgrenzproduktkurven gibt dann den gesamten in der Ökonomie erzeugten Produktionswert an, der der Summe der Faktoreinkommen entsprechen muss.

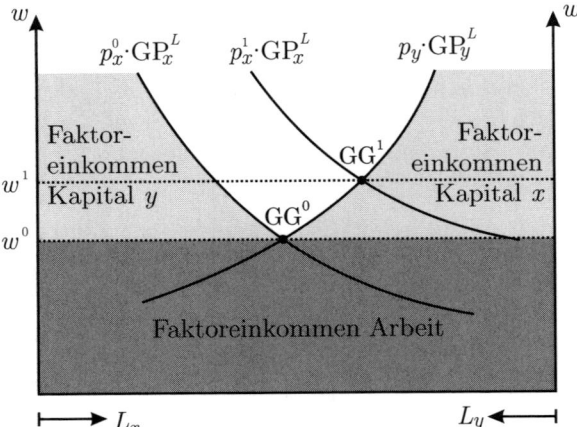

Abb. 8.4: Faktoreinkommen

Welche Auswirkungen hat nun der Anstieg des Preises von Gut x auf die verschiedenen Faktoreinkommen? Es ist leicht zu erkennen, dass das nominale Faktoreinkommen der Arbeit zunimmt: Der Lohn steigt bei unveränderter Faktorausstattung. Ebenso offensichtlich ist, dass das Faktoreinkommen von K_y nominal und real sinkt: Ein größerer Teil des erzeugten Produktionswerts geht nun an den mobilen Faktor. Etwas komplizierter stellt sich die Situation bei K_x dar: Hier erhält der mobile Faktor durch die Nominallohnsteigerung ebenfalls mehr, aber der Preisanstieg führt insgesamt dazu, dass der gesamte Produktionswert im Vergleich zum Einkommenszuwachs der Arbeit überproportional zunimmt und damit das Kapital im x-Sektor eine höhere reale Entlohnung erhält.

Analog zum Stolper-Samuelson-Theorem können wir für das Ricardo-Viner-Modell folgendes Theorem aufstellen:

> **Reallohnänderungen bei spezifischen Faktoren**
> Erhöht sich im Ricardo-Viner-Modell in einem Sektor der relative Güterpreis, so wird der für diesen Sektor spezifische Faktor nominal und real gewinnen, während der für den anderen Sektor spezifische Faktor verliert. Beim mobilen Faktor wird sich eine Verlagerung in den Sektor mit dem gestiegenen Güterpreis ergeben, eine Aussage über die Änderung der reale Entlohnung ist aber nicht möglich.

Bei Anwendung auf die Aufnahme von Außenhandel ergibt sich somit, dass der spezifische Faktor im Exportsektor gewinnt, da es in diesem Sektor zu einem Preisanstieg kommen wird und derjenige im Importsektor verliert. Für ein kapitalreiches Land können wir die kurzfristigen Auswirkungen des Preisanstiegs im x-Sektor formal zusammenfassen als:

$$\Delta r_x > \Delta p_x > \Delta w > \Delta p_y (= 0) > \Delta r_y. \tag{8.2}$$

Wir können diesem Ergebnis den entsprechenden langfristigen Effekt nach dem Stolper-Samuelson-Theorem gegenüberstellen:

$$\Delta r > \Delta p_x > \Delta p_y (= 0) > \Delta w. \tag{8.3}$$

Während in einem kapitalreichen Land also langfristig die Kapitaleigner profitieren und die Arbeitnehmer verlieren, sind kurzfristig jene Faktoreigner die Gewinner, deren spezifische Faktoren im kapitalintensiven Exportsektor eingesetzt werden und diejenigen im Sektor der arbeitsintensiven Importgüter verlieren.

Wie wir noch im Kapitel über Handelspolitik genauer untersuchen werden, kann uns das Modell mit sektorspezifischen Faktoren helfen, zu verstehen, warum sich Befürworter und Gegner handelspolitischer Maßnahmen häufig nicht entlang der Faktorgrenzen gegenüberstehen, sondern Kapitaleigner und Arbeitnehmer eines Sektors die gleiche Position vertreten. Dies wird dann der Fall sein, wenn diese spezifische Investitionen in Realkapital und Humankapital im entsprechenden Sektor vorgenommen haben. Im politischen Prozess spielen dann diese kurzfristigen Aspekte meist eine größere Rolle, weil zum einen die Beschäftigten und Kapitaleigner in einem Sektor meist eine kleinere und damit letztlich homogenere Gruppe darstellen und zum anderen eine drastische Entwertung der spezifischen Faktorbestandteile für die Betroffenen besonders spürbar ist.

Was haben wir gelernt?

- In den Mehr-Faktoren-Modellen dominieren die Verteilungseffekte den positiven Gesamteffekt der Handelsaufnahme, so dass es innerhalb der Länder immer auch Verlierer gibt.

- Langfristig erfolgt die Aufteilung in Gewinner und Verlierer entlang der Faktorgrenzen: Das Stolper-Samuelson-Theorem zeigt im Kontext des HOS-Modells, dass der im Land relativ reichlich vorhandene Faktor bei Aufnahme von Außenhandel gewinnt, während der knappe Faktor verliert.

- Kurzfristig bestimmen die Sektorgrenzen wer gewinnt und wer verliert: Im Ricardo-Viner-Modell mit zwei sektorspezifischen und einem mobilen Faktor gewinnt der sektorspezifische Faktor des Exportsektors durch die Handelsaufnahme, während derjenige im Importsektor verliert.

Ergänzende und weiterführende Literatur

Caves, R. E., Frankel, J. A. und R. W. Jones (2007), World Trade and Payments. An Introduction, Boston: Pearson Education, ch. 5. [*Ausführliche Darstellung des Modells mit
sektorspezifischen Faktoren inklusive Anwendungen.*]

Stolper, W. F. und P. A. Samuelson (1941), Protection and Real Wages, Review of Economic Studies, Vol. 9, No. 1, 58–73. [*Originalbeitrag zum Stolper-Samuelson-Theorem.*]

Kontrollfragen und Übungsaufgaben

1. Warum ist es plausibel, dass sich die kurz- und langfristigen Auswirkungen einer Handelsaufnahme auf die Einkommensverteilung unterschiedlich auswirken?

2. Zeigen Sie rechnerisch, dass in Abbildung 8.2 $\overline{AC/0C}$ tatsächlich die betragsmäßige relative Veränderung des Lohnsatzes darstellt! Benutzen Sie hierzu die Information benutzen,
   dass die Achsenabschnitte der Einheitskostengeraden auf der L-Achse gerade durch $1/w^0$
   und $1/w^1$ gegeben sind!

3. Die Öffnung Osteuropas und der wirtschaftliche Aufstieg Südostasiens und Chinas hat
   für viele deutsche Unternehmen zusätzliche Konkurrenz geschaffen. Diese Konkurrenz aus
   sogenannten „Niedriglohnländern" wird in der Öffentlichkeit oft als negativ betrachtet:
   Ausländischer Wettbewerb aufgrund niedriger Löhne sei „unfair" und würde der Bundesrepublik Deutschland schaden. Gehen Sie davon aus, dass mit den Produktionsfaktoren
   Humankapital – das kurzfristig sektorspezifisch ist – und ungelernte Arbeit ausschließlich humankapitalintensive High-Tech-Produkte und arbeitsintensive Low-Tech-Produkte
   hergestellt werden. Deutschland ist dabei relativ reichlicher mit dem Faktor Humankapital ausgestattet. Wie wirkt sich der Handel verglichen mit einer Autarkiesituation sowohl
   kurz- als auch mittelfristig auf die verschiedenen Gruppen in Deutschland aus?

4. Australien und Neuseeland verfügen über identische Technologien mit konstanten Skalenerträgen zur Produktion von Bier und Schafen. Bier wird mit den Faktoren Arbeit
   und Kapital hergestellt, Schafzucht benötigt Arbeit und Boden. Beide Länder verfügen
   über identische Mengen an Arbeit und Kapital, Australien besitzt jedoch mehr Boden.
   Analysieren Sie mit Hilfe einer geeigneten Graphik folgende Problemstellungen:

   a) Wie unterscheidet sich unter der Annahme identischer Güterpreise die Entlohnung
      der drei Faktoren in Australien von derjenigen in Neuseeland?

   b) Wie verändert sich die Faktorentlohnung in Australien und Neuseeland durch die Auf-
      nahme von Außenhandel, wenn weiterhin beide Güter in beiden Ländern hergestellt
      werden?

9 Wachstum und Faktorwanderungen

Themenüberblick

- Verzerrtes Wachstum als Änderung der relativen Faktorausstattung
- Auswirkungen von verzerrtem Wachstum der Faktorausstattung, Faktorwanderungen und technischem Fortschritt auf die Produktions- und Handelsstruktur
- *Terms-of-Trade*-Effekte bei verzerrtem Wachstum im In- und Ausland
- Effekte auf die reale Faktorentlohnung bei Wachstum im Modell mit spezifischen Faktoren und bei sektorspezifischem technischen Fortschritt in einem kleinen Land
- Wirkung auf produziertes Güterspektrum und Wohlfahrt bei Faktorwachstum und technischem Fortschritt im Ein-Faktor-Modell mit vielen Gütern

Bislang sind wir von Ländern mit gegebener Technologie und Faktorausstattung ausgegangen und haben uns gefragt, wie sich die Aufnahme von Außenhandel auf diese Länder auswirkt. Wie passt sich die Produktionsstruktur an? Welche Güter werden importiert, welche exportiert? Ist sichergestellt, dass sich ein Land durch Handel besser stellt? Welche Verteilungseffekte ergeben sich bei Aufnahme von Handel?

Nun wollen wir uns die Frage stellen, wie sich eine Änderung der Faktorausstattung oder der Technologie eines Landes auswirkt, wenn dieses Land mit anderen Ländern Handel treibt. Da die meisten Länder Handelsbeziehungen miteinander unterhalten und sich zum einen die (relativen) Faktorausstattungen durch Wachstum und Faktorwanderungen ständig ändern und zum anderen auch die verwendeten Produktionstechnologien stetig weiterentwickelt werden, ist dies vermutlich sogar die in der Praxis relevantere Fragestellung. Wie wirkt sich das Wachstum Chinas auf die USA oder die Länder der EU aus? Welche Auswirkung hat die Emigration von Arbeitskräften aus den neuen EU-Mitgliedsländern nach Deutschland? Führt ein Produktionszuwachs aufgrund technischen Fortschritts in einem Land bei Handel zu größeren Vorteilen als bei Autarkie oder sind diese Vorteile geringer, weil die anderen Länder davon ebenfalls profitieren?

Wie bei der Aufnahme von Außenhandel werden wir Wachstum und Faktorwanderungen im Rahmen einer komparativ-statischen Analyse untersuchen. Wir werden also nicht die dynamischen Anpassungsprozesse betrachten, sondern die Änderung des bisherigen Gleichgewichts durch einen **exogenen Schock** abbilden, d. h. wir untersuchen, wie sich das Gleichgewicht ändert, wenn ein Parameter, wie etwa die Anzahl an Arbeitskräften in einem Land, angepasst wird.

In diesem Kapitel werden wir uns insbesondere mit **verzerrtem Wachstum** beschäftigen, d. h. einer Änderung der relativen Faktorausstattung oder der Produktivität in nur einem Sektor. Der Schwerpunkt der Analyse erfolgt dabei im Kontext des HOS-Modells, aber wir werden auch die Effekte im Modell mit sektorspezifischen Faktoren und in der Erweiterung des Ricardo-Modells mit sehr vielen Gütern betrachten. Die interessante Frage nach der Rückwirkung von Handel auf Wachstum kann erst in Kapitel 12 angesprochen werden, da der dafür geeignete Theorieansatz der endogenen Wachstumstheorie unvollkommenen Wettbewerb voraussetzt.

9.1 Wachstum der Faktorausstattung

Als erstes wollen wir uns mit Änderungen der Faktorausstattung in einem Land beschäftigen. Dabei ist zu beachten, dass wir zwar von Wachstum ausgehen, die Aussagen sind natürlich analog auch auf einen Rückgang der Faktorausstattung anwendbar. Ein solcher Rückgang ist durchaus nicht unrealistisch – man muss sich nur die zu erwartenden Auswirkungen des demographischen Wandels auf das gesamtwirtschaftliche Arbeitsangebot in den Industrieländern vor Augen führen.

Wir werden zunächst von einem „kleinen Land" ausgehen, d. h. einem Land ohne Marktmacht auf dem Weltmarkt, für das der Weltmarktpreis somit gegeben ist. Solange das betrachtete Land nicht vollständig spezialisiert ist, hat die Änderung der relativen Faktorausstattungen im Kontext des HOS-Modells dann keine Auswirkung auf die Faktorpreise, da diese aufgrund des Faktorpreisausgleichstheorems durch das Güterpreisverhältnis auf dem Weltmarkt determiniert sind. Die Auswirkungen von Faktorbestandsänderungen auf die Produktion lassen sich dann durch das Rybczynski-Theorem zusammenfassen – formal handelt es sich dabei um die duale Aussage zum Stolper-Samuelson-Theorem:

> **Rybczynski-Theorem**
> Bei konstanten, relativen Güterpreisen und Produktion beider Güter, führt ein Anstieg der Ausstattung eines Faktors zum Anstieg der Produktion desjenigen Gutes, das diesen intensiv einsetzt, und zu einem Rückgang der Produktion des anderen Gutes.

Wir wollen uns nun die Gültigkeit dieser Aussage sowohl an der Produktionsmöglichkeitenkurve als auch im Lerner-Diagramm verdeutlichen.

9.1.1 Darstellung im Produktionsmöglichkeitendiagramm

Anhand der Produktionsmöglichkeitenkurve in Abbildung 9.1 wollen wir uns überlegen, welche Auswirkungen eine Akkumulation von Kapital, d. h. eine Erhöhung der Kapitalausstattung, auf die Produktionsstruktur des Landes ausübt. Dabei sei x wieder das kapitalintensiv erzeugte Gut und y das arbeitsintensive Gut. Die gestrichelt gezeichnete Kurve beschreibt die ursprünglichen Produktionsmöglichkeiten der Ökonomie. Im Zuge des Kapitalzuwachses kann mehr von beiden Gütern produziert werden. Da jedoch Gut x diesen Faktor verstärkt nutzt, fällt der maximal mögliche Produktionszuwachs hier sowohl relativ als auch absolut betrachtet größer aus als bei Gut y. Daher dehnt sich wie in der Abbildung zu erkennen die Transformationskurve in Richtung x stärker aus als in Richtung y.

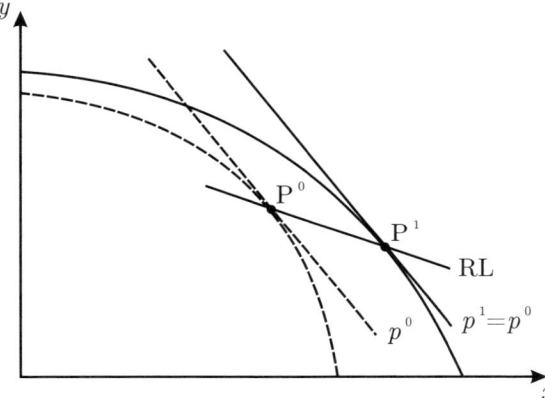

Abb. 9.1: Rybczynski-Theorem: Produktionseffekt bei Kapitalwachstum

Bei der ursprünglichen Faktorausstattung wird bei dem durch p^0 gegebenen Weltmarktpreisverhältnis das Güterbündel P^0 produziert. Bleibt auch nach dem Kapitalzuwachs das relative Preisverhältnis unverändert (in der Abbildung durch $p^1 = p^0$ gekennzeichnet), so wird entsprechend P^1 hergestellt. Verbinden wir die beiden Punkte mit einer Linie, so erkennen wir einen fallenden Verlauf. Diese Gerade wird als Rybczynski-Linie (RL) bezeichnet. Auf ihr liegen alle Produktionpunkte die bei Kapitalzuwachs möglich sind. Die negative Steigung impliziert dabei, dass mit zunehmender Kapitalausstattung mehr von Gut x und weniger von Gut y produziert wird. Da die Faktorausstattung im Land insgesamt zugenommen hat, ist dabei die Produktionsausweitung bei x ausgeprägter als die Einschränkung bei y. Wenn die relative Ausstattung von Arbeit ansteigen würde, ergäbe sich eine gegenläufige Entwicklung. Dies können wir uns in der Abbildung unmittelbar verdeutlichen, wenn wir den Kapitalzuwachs rückgängig machen, d. h. die Bewegung von P^1 auf P^0 betrachten: Ein absoluter Rückgang des Faktors Kapital ist gleichbedeutend mit einem relativen Anstieg des Faktors Arbeit.

In unserer Abbildung scheint die Aussage des Rybczynski-Theorems zuzutreffen. Da wir die Produktionsmöglichkeitenkurven nur schematisch gezeichnet haben, können wir aber nicht sicher sein, ob das immer so ist. Darum wollen wir nun durch ein Gedankenexperiment die Gültigkeit der Aussage belegen. Wir gehen davon aus, dass der

Kapitalbestand um n % wächst und die Arbeitsausstattung konstant bleibt. Des Weiteren unterstellen wir, dass der Zuwachs nicht zu drastisch ausfällt, so dass nach wie vor beide Güter produziert werden. Wie wir wissen, bleiben dann bei unverändertem Güterpreisverhältnis auch die Faktorpreise unverändert (Faktorpreisausgleichstheorem). Darüber hinaus hat sich natürlich auch nichts an der Produktionstechnologie geändert. Wie kann sich nun die Produktion so anpassen, dass Vollbeschäftigung beider Faktoren sichergestellt ist? Für die Anpassung der Produktion gibt es drei potentiell relevante Möglichkeiten:

- *Die Produktion beider Güter steigt um mindestens n %.* Dies ist nicht möglich, da die Arbeitsausstattung nicht gestiegen ist. Nur wenn sie ebenfalls um n % gestiegen wäre, würde die Produktion beider Güter um n % zunehmen. Eine Produktionssteigerung beider Güter um mehr als n % kann schon wegen der Annahme konstanter Skalenerträge in der Produktion nicht auftreten.

- *Die Produktion beider Güter steigt um weniger als n %.* Da Faktorpreise und Produktionstechnologie gegeben sind, ist auch das Faktoreinsatzverhältnis fixiert. Somit wäre analog zu oben nicht ausreichend Arbeit vorhanden und gleichzeitig könnte die erhöhte Kapitalausstattung nicht vollständig eingesetzt werden.

- *Die Produktion des kapitalintensiven Gutes wächst um mehr als n %.* Wie wir schon erläutert haben, ist eine Erhöhung der Produktion nur dann möglich, wenn auch mehr Arbeit eingesetzt wird. Da aber die Arbeitsausstattung konstant ist, muss diese aus der Produktion des arbeitsintensiven Gutes abgezogen werden. Dies ist aber nur möglich, wenn davon weniger hergestellt wird. Da beim arbeitsintensiven Gut relativ viel Arbeit und relativ wenig Kapital eingesetzt wird, kann durch die Verlagerung der frei werdenden Faktoren in den kapitalintensiven Sektor dort trotz des Wachstums der Kapitalausstattung wieder das ursprüngliche Faktoreinsatzverhältnis erreicht werden.

9.1.2 Beweis des Rybczynski-Theorems im Lerner-Diagramm

Die Produktionseffekte einer Faktorausstattungsänderung können im Lerner-Diagramm besonders gut abgelesen werden. Wir wollen dies in Abbildung 9.2 verdeutlichen und dort das Rybczynski-Theorem graphisch beweisen. Ursprünglich ist die Faktorausstattung des Landes durch E^0 beschrieben. Das Land produziert Gut y im Wert von $\overline{0\,y}_P^0$ und Gut x im Wert von $\overline{0\,x}_P^0$. Durch den Kapitalzuwachs ändert sich die Ausstattung hin zu E^1. Wir erkennen, dass die dazugehörige neue Produktionsstruktur durch einen Anstieg der kapitalintensiven x-Produktion von x_P^0 auf x_P^1 und einen Rückgang der arbeitsintensiven y-Produktion von y_P^0 auf y_P^1 gekennzeichnet ist, wie es das Rybczynski-Theorem vorhersagt. Wie im Produktionsmöglichkeiten-Diagramm sieht man auch, dass der Rückgang in der y-Produktion geringer ausfällt als der Anstieg in der x-Produktion.

Wir können anhand des Lerner-Diagramms auch sehr schön die im Zuge einer

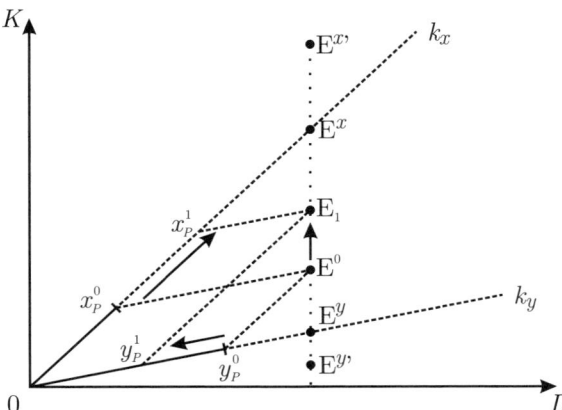

Abb. 9.2: Rybczynski-Theorem im Lerner-Diagramm

zunehmenden Kapitalakkumulation stattfindende Produktionsentwicklung beschreiben. Ausgangspunkt sei der Faktorausstattungspunkt E^y der gerade auf dem Outputexpansionspfad von y liegt, d. h. auf der Grenze des Diversifikationskegels. Mit dieser Ausstattung wird das Land ausschließlich im y-Sektor produzieren und gerade keine Einheit von Gut x. Im Zuge der Kapitalakkumulation hin zu E^0 nimmt die Produktion von Gut y ab, während die Produktion von x steigt. Wächst die Kapitalausstattung weiter, wird schließlich E^x erreicht, wo das Land ausschließlich Gut x produziert. Wenn sich nun die Kapitalausstattung nochmals erhöht, z. B. hin zu $E^{x'}$, so hat dies zwar immer noch einen Produktionszuwachs von x zur Folge, allerdings ist dieser geringer als der Faktorzuwachs und nimmt aufgrund der abnehmenden Grenzproduktivität dieses Faktors stetig ab. Zudem werden sich jetzt auch die Faktorpreise anpassen: Die Entlohnung des reichlicher werdenden Faktors Kapital wird sinken, diejenige des knappen Faktors Arbeit steigen. In der Abbildung sehen wir auch, dass das Rybczynski-Theorem nur innerhalb des Diversifikationskegels Gültigkeit hat. Hätten wir als Ausgangspunkt das auf y spezialisierte Land mit der Ausstattung $E^{y'}$ betrachtet und eine Kapitalakkumulation hin zu E^y unterstellt, hätten wir eine Produktionszunahme des arbeitsintensiven Gutes beobachtet, während nach wie vor keine Produktion des kapitalintensiven Gutes erfolgen würde.

Die ökonomische Intuition hinter dem Rybczynski-Effekt ist im Lerner-Diagramm unmittelbar nachvollziehbar: Bei E^y wird die gesamte Faktorausstattung zur Produktion von y eingesetzt. Steigt nun die Ausstattung mit dem Faktor Kapital, so kann bei gegebener Arbeitsausstattung nicht mehr von y produziert werden. Die Vollbeschäftigung beider Faktoren kann nur dadurch erreicht werden, dass die kapitalintensivere Produktion von x aufgenommen und die Produktion von y zur Freisetzung der für die Herstellung von x notwendigen Arbeit reduziert wird.

Welche Auswirkung ergibt sich durch das Wachstum auf den Außenhandel? Dies hängt davon ab, ob das verzerrte Wachstum zu einer Produktionsausweitung im

Exportsektor oder im Importsektor führt. Bei einem im Vergleich zum Weltfaktorausstattungsverhältnis relativ kapitalreichen Land käme es in unserem Beispiel dabei zu einer Ausweitung des Handels, da sich die relative Faktorausstattung nach dem Wachstum stärker von der relativen Faktorausstattung auf Weltebene unterscheidet – dies kann leicht im Lerner-Diagramm nachvollzogen werden (vgl. auch Abschnitt 7.3.3): Das Volumen des Handels fällt umso größer aus, je unterschiedlicher die relative Faktorausstattung des Landes im Vergleich zum Faktorinhalt des Konsums ausfällt (sofern es zu keiner Spezialisierung kommt). Bei einem arbeitsreichen Land würde es entsprechend zu einer Einschränkung des Handels kommen.

Box 9.1 „Europäisch Verhältnisse": Rigide Lohnstruktur

Wie wir in Abschnitt 8.1 gesehen haben, kann Handel Effekte auf die Lohnstruktur haben. Was aber passiert, wenn sich diese nicht anpassen kann? Vor allem in Deutschland wird oftmals der unflexible Arbeitsmarkt kritisiert, der es etwa nicht zulässt, dass sich die Löhne nach unten anpassen. Wir wollen uns daher nun überlegen, welche Auswirkungen sich in einem „europäischen" Umfeld ergeben, d. h. wenn die Löhne nicht flexibel reagieren können.

Hierzu wenden wir die Theoreme, die wir bislang kennengelernt haben, „rückwärts" an: Ausgangspunkt ist eine konstante relative Entlohnung w/r. Aus dem Stolper-Samuelson-Theorem können wir schließen, dass dadurch der relative Preis p_x/p_y fixiert wird. Deutschland kann als kapitalreich angesehen werden, d. h. der relative Preis des kapitalintensiven Gutes x wird hier etwa im Vergleich zum arbeitsreichen China geringer sein. Folglich wird China Gut x nachfragen und dafür Gut y nach Deutschland exportieren. Für die deutsche Produktionsstruktur bedeutet dies, dass mehr x produziert werden muss, um neben der deutschen auch die chinesische Nachfrage zu decken, dafür aber weniger von Gut y, das nun zum Teil aus China importiert wird.

Wie kann diese Produktionsänderung aber erreicht werden, wenn sich die Faktorallokation nicht ändern kann? Diese Anpassung würde bei flexiblen Faktormärkten durch eine Lohnanpassung erreicht werden. Hier hilft das Rybczynski-Theorem weiter: Wie kann eine Ausweitung der Produktion von x und eine gleichzeitige Reduktion von y erreicht werden? Es gibt zwei Möglichkeiten: Entweder durch einen Anstieg der Kapitalausstattung oder einen Rückgang der Arbeitsausstattung – in beiden Fällen hat dies eine Erhöhung der Kapitalreichlichkeit zur Folge. Da es durch den Handel zu keiner Kapitalerhöhung kommt, bleibt also nur noch übrig, dass weniger Arbeit eingesetzt wird! Wir haben dann aber keine Vollbeschäftigung mehr, da ein Teil der Arbeiter nicht weiter beschäftigt wird. Kapital ist hingegen nach wie vor vollbeschäftigt. Eine rigide Lohnstruktur führt in diesem Modell somit zu Arbeitslosigkeit und nutzt daher gerade nicht dem Faktor, dem es eigentlich helfen sollte.

Wir wollen uns kurz überlegen, welche Auswirkungen sich durch verzerrtes Wachstum in einem „großen Land" ergeben, welches das Weltmarktpreisverhältnis durch die Veränderung der relativen Faktorausstattung auf Weltebene beeinflussen kann. Wir gehen dabei auch davon aus, dass dieses große Land nicht spezialisiert ist. Eine Kapitalakkumulation hat dann zur Folge, dass das relative Angebot an Gut x steigt. Dies führt bei unveränderter relativer Nachfrage zu einem Rückgang des relativen Preises p_x/p_y, d. h. das kapitalintensive Gut wird billiger. Durch diese Güterpreisänderung wird sich der Diversifikationskegel in Abbildung 9.2 nach links drehen. Die Implikationen aus der Preisänderung sind aus dem Stolper-Samuelson-Theorem bekannt: Die Entlohnung von Kapital sinkt, da der Faktor durch das Wachstum weniger knapp geworden ist, und die Entlohnung von Arbeit steigt. Die Produktion ist in beiden Sektoren nun kapitalintensiver geworden, da das zusätzliche Kapitalangebot beschäftigt werden muss. Die Preisänderung hat somit zur Folge, dass weniger vom relativ billiger gewordenen Gut x hergestellt wird und mehr von Gut y. Da diese Preisänderung dem Rybczynski-Effekt entgegenwirkt, wird dieser bei einem großen Land abgeschwächt.

Wir haben somit gesehen, dass im Unterschied zum kleinen Land das ungleichgewichtige Wachstum beim großen Land auch Preiseffekte hat. Der Güterpreiseffekt führt dazu, dass Wachstum auch Auswirkungen auf das Ausland hat. Damit werden wir uns gleich in Abschnitt 9.1.3 beschäftigen. Der Faktorpreiseffekt ist demgegenüber ein Verteilungseffekt des verzerrten Wachstums eines großen Landes, der innerhalb der Länder auftritt. Wie wir in Abschnitt 9.1.4 sehen werden, können sich aufgrund zumindest kurzfristig immobiler Faktoren vergleichbare Verteilungseffekte auch in einem kleinen Land ergeben.

9.1.3 *Terms-of-Trade*-Effekte des Wachstums

Bislang haben wir untersucht, welche Produktionseffekte verzerrtes Wachstum nach sich zieht. Wir wollen uns nun überlegen, welche Auswirkungen sich durch Wachstum auf die **Terms of Trade** ergeben, also auf das reale Austauschverhältnis zwischen den exportierten und den importierten Gütern des Landes.

Betreffend die Preiswirkungen des Wachstums stellen sich zwei grundlegende Fragen:

- *Ist Wachstum für ein Land bei Autarkie oder in einer integrierten Volkswirtschaft vorteilhafter?* Rein intuitiv hat Wachstum in einer integrierten Volkswirtschaft den positiven Effekt, dass die zusätzlich hergestellten Güter weltweit verkauft werden können. Andererseits besteht jedoch potentiell der Nachteil, dass ein Teil der Vorteile über geringere Preise dem Ausland zugute kommen.

- *Wie wirkt sich Wachstum im Ausland auf die Wohlfahrt eines Landes aus?* Hier besteht der Vorteil darin, dass sich der Markt für unsere Exporte vergrößert hat. Andererseits dürfte jedoch durch das Wachstum auch der Wettbewerb für unsere Unternehmen intensiver geworden sein.

Auf beide Fragen gibt es also keine einfache Antwort. Wie wir gleich sehen werden, hängt es entscheidend davon ab, ob das Wachstum im Importsektor oder im Exportsektor erfolgt. Im HOS-Modell wissen wir durch das Rybczynski-Theorem, dass bei Wachstum eines Faktors dasjenige Gut vermehrt produziert wird, das diesen Faktor intensiv einsetzt. Voraussetzung für einen *Terms-of-Trade*-Effekt ist hier somit die Ungleichgewichtigkeit des Wachstums: Die Struktur des Faktorwachstums muss sich von der relativen Faktorausstattung auf Weltebene unterscheiden. Wir hatten das Wachstum nur eines Faktors unterstellt, womit auf jeden Fall verzerrtes Wachstum vorliegt.

Wir wollen nun zunächst die Preiswirkung des Kapitalwachstums im Diagramm mit relativem Angebot und relativer Nachfrage veranschaulichen. Hierzu haben wir in Abbildung 9.3 die relative Nachfragekurve (RN) und die relativen Angebotskurven vor (RA^0) und nach dem Kapitalwachstum (RA^1) eingezeichnet. Beachten Sie, dass die relativen Angebotskurven nicht den treppenförmigen Verlauf wie im Ricardo-Modell haben, da sich die relativen Mengen wegen der nach außen gewölbten Transformationskurve bei einer Preisanpassung stetig verändern.

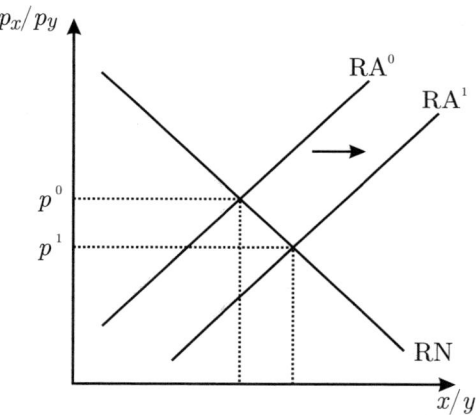

Abb. 9.3: Verzerrendes Wachstum und *Terms-of-Trade*-Effekt

Die Ausweitung der Kapitalausstattung führt nach dem Rybczynski-Theorem dazu, dass bei einem gegebenen Güterpreisverhältnis mehr vom kapitalintensiv hergestellten Gut x und weniger von Gut y produziert wird. Die relative Angebotskurve wird sich somit nach rechts verschieben, d. h. zum gegebenen Preisverhältnis p^0 wird sich das relative Angebot x/y erhöhen. Gegenüber dem Ursprungsgleichgewicht wird sich der Relativpreis für Gut x dann von p^0 auf p^1 reduzieren. Das Wachstum der Kapitalausstattung führt somit dazu, dass der Relativpreis des kapitalintensiv hergestellten Gutes sinkt.

Wenn es sich beim Inland um ein relativ kapitalreiches Land handelt, das bereits in der Ausgangssituation kapitalintensive Güter exportierte, so werden sich die *Terms*

of Trade zuungunsten dieses Landes ändern: Für eine gegebene Menge an Exportgütern erhält das Inland nun eine geringere Menge an Importgütern. Normalerweise
wird der direkte (positive) Effekt das Wachstums diesen negativen *Terms-of-Trade*-
Effekt dominieren. Es ist aber zumindest theoretisch denkbar, dass sich durch Wachstum die *Terms of Trade* eines Landes so ungünstig verändern, dass das Land durch
das Wachstum insgesamt schlechter gestellt wird, wie Abbildung 9.4 zeigt. Es ist zu
erkennen, dass das Land zwar absolut mehr produziert, P^1 anstelle P^0, dafür aber
absolut weniger Importgüter bezieht - C^0 geht auf C^1 zurück. In diesem Fall spricht
man nach Jagdish Bhagwati von „verarmendem Wachstum".

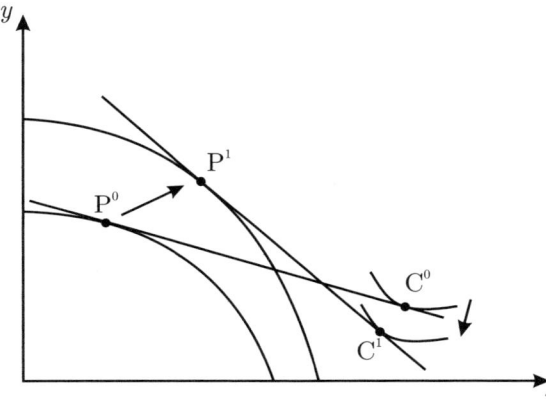

Abb. 9.4: Verarmendes Wachstum

Dieses Problem wird insbesondere bei Entwicklungsländern vermutet, die nur wenige
Exportgüter haben, die sich noch dazu auf landwirtschaftliche Erzeugnisse beschränken, bei denen die Nachfrage häufig eher preisunelastisch ist. Als Beispiel wird hier
häufig der Kaffeemarkt bemüht, da der Kaffeepreis durch die Ausweitung der An-
bauflächen und damit eine Erhöhung des Angebots (mit Ausnahmen) kontinuierlich
sinkt und somit insbesondere viele südamerikanische Länder vor Probleme stellt.

Unsere bisherigen Ergebnisse implizieren, dass Wachstum für das Inland negative
Effekte nach sich zieht. Dies liegt aber daran, dass wir bislang nur ein bestimmtes Wachstum betrachtet haben und zwar Wachstum bei dem Gut, welches das
Land exportiert. Man spricht hier von *Export-biased Growth*. Ein anderes Bild würde sich demgegenüber ergeben, wenn wir *Import-biased Growth* betrachtet hätten,
also Wachstum im Importsektor. Nimmt etwa im HOS-Modell die Arbeitsausstattung des kapitalreichen Inlands zu, verschiebt sich das relative Angebot in Abbildung 9.3 nach links und der relative Preis steigt, mithin verbessert sich das reale
Tauschverhältnis des Inlands.

Die Auswirkungen des Wachstums im Ausland sind genau spiegelbildlich: Verschlechtern sich die ausländischen *Terms of Trade*, so ist dies gleichbedeutend mit einer Verbesserung des inländischen Tauschverhältnisses. Somit verbessert Wachstum beim

Importgut die inländischen *Terms of Trade*, während Wachstum beim Exportgut das Tauschverhältnis verschlechtert. Tabelle 9.1 zeigt die Richtung der *Terms-of-Trade*-Effekte von verzerrtem Wachstum im Export- und Importsektor für das Inland und für das Ausland.

Wachstum im	Importsektor des Inlands	Exportsektor des Inlands
Inland	+	−
Ausland	−	+

Tab. 9.1: *Terms-of-Trade*-Effekte von verzerrtem Wachstum

Wir haben alle bisherigen Ergebnisse im Kontext des HOS-Modells abgeleitet. Sie gelten aber analog im Ricardo-Modell, wobei hier wegen der vollständigen Spezialisierung ein Wachstum der Faktorausstattung immer zu einer Ausweitung des Exportangebots führt. Wir werden in Abschnitt 9.4 diesen Aspekt im Kontext des „Neo-Ricardo-Ansatzes" mit unendlich vielen Faktoren noch einmal aufgreifen.

9.1.4 Wachstum im Modell mit sektorspezifischen Faktoren

In diesem Abschnitt wollen wir uns damit beschäftigen, welche Effekte Faktorwachstum in einem kleinen Land auf die Einkommensverteilung haben kann. In der Langfristbetrachtung des HOS-Modells ergibt sich dort aufgrund der unveränderten relativen Güterpreise, dass auch die relativen Faktorpreise konstant sind (Stolper-Samuelson-Theorem). Was passiert aber, wenn sich die Faktorpreise kurzfristig anpassen müssen, da zumindest kurzfristig ein Teil der Faktoren wie in Abschnitt 8.2 sektorgebunden ist? Bei der Analyse muss hier grundsätzlich unterschieden werden, ob es beim mobilen Faktor (Arbeit) oder bei einem der beiden immobilen Faktoren (sektorspezifisches Kapital) zum Faktorwachstum kommt.

Abbildung 9.5 zeigt die Auswirkungen, die sich durch Wachstum des mobilen Faktors Arbeit, L ergeben. Dieser Zuwachs führt zu einer Verbreiterung des Diagramms. Wir erkennen, dass dieser Faktor durch den Zuwachs nun reichlicher in der Ökonomie vorhanden ist und dadurch seine nominale Entlohnung von w_0 auf w_1 gesunken ist – gleichermaßen ist auch die reale Entlohnung gesunken, da es zu keiner Preisänderung gekommen ist. Hier nimmt die Produktion beider Güter zu, da die zusätzlichen Arbeiter gleichmäßig auf die beiden Sektoren aufgeteilt werden. Wir wissen, dass in diesem Fall langfristig die Produktion des kapitalintensiven Gutes zurückgeht. Da aber Kapital kurzfristig gebunden ist, kann es zu keiner Neuallokation kommen und die Produktion steigt in beiden Sektoren. Wir können auch erkennen, dass die (nominale und reale) Entlohnung der beiden immobilen Faktoren gestiegen ist. Die langfristige Anpassung der Faktorallokation wird diese Faktorpreisänderung aber wieder rückgängig machen.

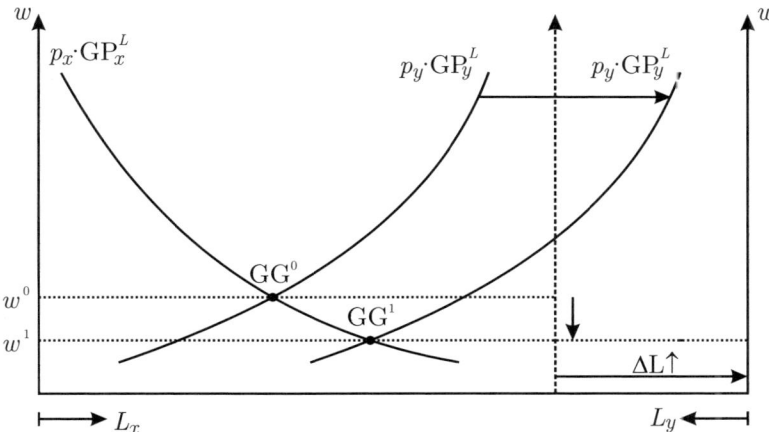

Abb. 9.5: Wachstum bei mobilem Faktor

In Abbildung 9.6 ist die Situation von Wachstum bei einem der immobilen Faktoren dargestellt, konkret wächst die Ausstattung mit dem sektorspezifischen Kapital, K_x. Welche Effekte ergeben sich nun für die Entlohnung der Faktoren?

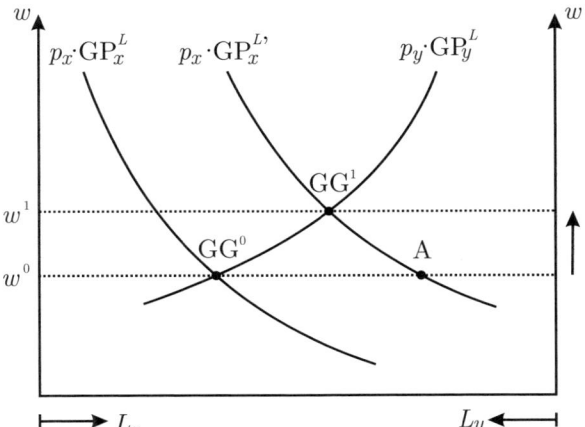

Abb. 9.6: Wachstum bei immobilen Faktor

- Die Wertgrenzproduktkurve des mobilen Faktors Arbeit in Sektor x verschiebt sich nach rechts oben: Bei Einsatz der gleichen Menge an Arbeit wie vor dem Kapitalwachstum ist das Grenzprodukt des Faktors Arbeit deutlich höher, weil er nun relativ zu Kapital knapper ist. Damit steigt auf jeden Fall die (nominale und reale) Entlohnung des mobilen Faktors.

- Ebenso eindeutig ist der Rückgang der Entlohnung des spezifischen Faktors in dessen Sektor es nicht zu Wachstum gekommen ist: Aufgrund der Verlagerung des mobilen Faktors in den anderen Sektor (Bewegung von GG^0 nach GG^1) sinkt das Einkommen von K_y, das durch die Fläche unter der Grenzproduktkurve $p_y \cdot GP_y^L$ bis zur durch den Lohnsatz gegebenen horizontalen Linie dargestellt werden kann (vgl. hierzu Abbildung 8.4).

■ Wie aber sieht es mit der Entlohnung des gewachsenen Faktors K_x aus? Hier ist die Analyse etwas komplizierter, da die Faktormenge jetzt höher ist und aus einer höheren Gesamtentlohnung damit nicht auf eine Erhöhung pro Faktoreinheit geschlossen werden kann. Wir können aber folgende Überlegung anstellen: GG^0 repräsentiert die ursprüngliche Allokation, bei der wir die Entlohnung des sektorspezifischen Faktors kennen. In Punkt A wäre die Entlohnung des mobilen Faktors und damit sein Wertgrenzprodukt genauso hoch. Da sich der Güterpreis nicht verändert hat, ist das nur möglich, wenn der Produktionswert im gleichen Verhältnis auf die Faktoren aufgeteilt wird wie in GG^0. Damit hätte sich in A die Entlohnung des spezifischen Faktors K_x nicht geändert. Tatsächlich liegt die neue Allokation aber in GG^1, wo weniger Arbeit als bei A eingesetzt wird. Das Wertgrenzprodukt und damit die Entlohnung des sektorspezifischen Faktors ist also gesunken.

Somit gilt auch hier, dass die relativ reichlicher gewordenen Faktoren knapper entlohnt werden: K_x ist bei Konstanz der anderen Faktorausstattungen absolut gewachsen und damit natürlich auch relativ reichlicher geworden. Wegen der damit implizierten Erhöhung von L_x ist die für die Produktion im y-Sektor eingesetzte Arbeit L_y knapper geworden. Damit ist aber der spezifische Faktor K_y ebenfalls relativ reichlicher geworden.

Beachten Sie den Unterschied in der Auswirkung auf die Produktion zwischen den beiden Szenarien: Bei Wachstum des mobilen Faktors kommt es zu einer Ausweitung der Produktion in beiden Sektoren. Wächst einer der sektorspezifischen Faktoren, so erhöht sich die Produktion in diesem Sektor, während diejenige im anderen Sektor zurückgeht.

Kurzfristig kommt es damit zu den Auswirkungen auf die Faktoren, die in der langen Frist nur bei einem großen Land zu beobachten sind: Bei einem kleinen Land wird durch die langfristige Mobilität des Kapitals die ursprüngliche, durch die Güterpreise determinierte Entlohnungsstruktur wiederhergestellt. Somit kann Wachstum einem Faktor kurzfristig schaden, aber langfristig keine Auswirkungen nach sich ziehen. Durch die gesteigerten Produktionsmöglichkeiten und der damit erreichbaren höheren gesamtwirtschaftlichen Indifferenzkurve ist das Land durch Wachstum aber besser gestellt.

9.2 Faktorwanderung

Wir geben nun die Annahme der internationalen Faktorimmobilität auf, um uns mit dem Phänomen der **Faktorwanderung** beschäftigen zu können. In diesem Zusammenhang wollen wir zwei Fragen klären: **Warum wandert ein Faktor?** Und welche ökonomischen Auswirkungen zieht die Faktorwanderung nach sich?

Die erste Frage ist einfach damit zu beantworten, dass ein Faktor dann wandert, wenn seine erwartete (reale) Entlohnung im Zielland abzüglich der Wanderungskosten größer ist als seine derzeitige Entlohnung im Ursprungsland. Es wird also nur dann zu Wanderungsströmen kommen, wenn internationale Faktorpreisunterschiede vorliegen und diese entsprechend hoch sind, um die Wanderungskosten zumindest zu kompensieren. Konkret bedeutet das etwa, dass für Arbeiter aus arbeitsreichen Ländern der Anreiz besteht, in kapitalreiche Länder zu migrieren. Während dann die Wanderung von Arbeit als rein physische Migration beobachtet werden kann, wird Kapital in Form von ausländischen Direktinvestitionen von einem Land in das andere transferiert. Die prinzipiellen Anreize für solche Wanderungsströme sind für beide Faktoren gleich. Wir werden uns aber hier auf Arbeitsmigration konzentrieren. Grund dafür ist, dass ausländische Direktinvestitionen normalerweise durch relativ große Unternehmen mit entsprechender Marktmacht vorgenommen werden und meist im Zusammenhang mit der Fragmentierung der Wertschöpfungskette auftreten. Darum werden wir uns mit ausländischen Direktinvestitionen erst in Kapitel 13 näher beschäftigen, wenn wir genauere Kenntnisse über Handel bei unvollkommenem Wettbewerb und über die Funktion von Unternehmen im Außenhandel erworben haben.

Wir können aus den Anreizen aber unmittelbar auf die **ökonomischen Folgen der Wanderung** schließen: Durch die Wanderung selbst ändern sich die Anreize zu wandern, schließlich sind die Faktorpreisunterschiede nicht exogen. So wird es im Migrationsgleichgewicht weltweit zu einer Angleichung bzw. in einer Situation ohne Wanderungskosten sogar zu einem Ausgleich der Faktorpreise kommen, da nur dann keine Anreize mehr zur Wanderung bestehen und somit die Ursache der Wanderung beseitigt ist. Wir wissen aus dem Faktorpreisausgleichstheorem, dass sich dieses Ergebnis auch bei Handel einstellen kann. Allerdings gilt dort für einen vollständigen Ausgleich die Bedingung, dass die Länder auch nach Aufnahme von Handel nicht spezialisiert sind. Da Faktorwanderungen die Faktorausstattungen der Länder ähnlicher machen, spielt diese Restriktion hier keine Rolle.

Wie wir schon in Kapitel 7 diskutiert haben, stellen Außenhandel und Faktormobilität (imperfekte) Substitute dar. Bei perfekter Faktormobilität würde kein Handel mehr stattfinden, da alle Länder die gleiche relative Faktorausstattung aufweisen würden. Umgekehrt besteht bei nicht-spezialisierten Ländern in einer durch Außenhandel ohne Handelskosten perfekt integrierten Weltwirtschaft für die Faktoren auch kein Anreiz zu wandern. In der Realität sorgen aber Handelskosten und Wanderungskosten dafür, dass Faktorpreisunterschiede bestehen bleiben. Arbeitskräfte mit relativ geringen Wanderungskosten haben dann einen Anreiz zu migrieren. Wie Box 9.2 ausführt, können Wanderungsströme erhebliche Auswirkungen auf die ökonomische Entwicklung eines Landes haben.

Box 9.2 Massenmigration und die europäische Entwicklung

Während der ersten Globalisierungswelle (1870–1914) kam es zu enormen Wanderungsströmen aus der „alten" Welt Europa in die „neue" Welt Amerika. Amerika war im Vergleich zu Europa nahezu überreichlich mit Boden ausgestattet, wohingegen Europa über ein großes Arbeitskräftepotential verfügte. Als Folge kam es zu einer Massenmigration in die neue Welt. So stieg etwa das US-Arbeitskräftepotential ausgehend von 1870 um 15 % bis 1890 und sogar um 37 % bis 1910. Rund 70 % der damaligen Reallohn-Konvergenz zwischen den beiden Kontinenten sind diesen Strömen geschuldet: Betrug der Lohnunterschied zwischen der neuen Welt und der alten Welt 1870 noch 96 % so sank er bis 1910 auf 79 %. Ohne die Massenmigration wäre er stattdessen auf 150 % angestiegen.

Andererseits wird das Schrumpfen der irischen Bevölkerung in Folge der großen Hungersnot (1845–1849) dafür verantwortlich gemacht, dass es in Irland erst relativ spät zur Industrialisierung kam, da die Marktgröße keine Realisierung von Skalenerträgen erlaubte. Betrachtet man aber die Entwicklung der Löhne, so stellt man fest, dass ohne die Migration die irischen Löhne 1910 um etwa 36 % niedriger gewesen wären. Anders sieht es demgegenüber etwa in Argentinien aus, dessen Löhne ohne die zusätzlichen europäischen Einwanderer um 46 % höher ausgefallen wären.

Die Auswanderung trug somit enorm zur wirtschaftlichen Entwicklung Europas bei, da sie dazu führte, dass die Löhne stiegen, die Arbeitslosigkeit sank und die Armut abnahm. Die Annäherung der Faktorpreise hatte zur Folge, dass in der alten Welt die Bodeneigner an Einkommen verloren, während in der neuen Welt die Arbeiter weniger verdienten. Die sich daraus ergebende Ungleichheit zog letztendlich erheblichen politischen Druck nach sich. In den USA kam es etwa mit dem *Quota Act* im Jahr 1921 zu einer Verschärfung der Einwanderungsbestimmungen – ähnliches war auch in Kanada, Australien und Brasilien zu beobachten. Dies trug teilweise zum Ende der Fortschritte bei, die im Zuge der ersten Globalisierungswelle erreicht werden konnten.[1]

Wir wollen uns jetzt noch etwas detaillierter mit den Wirkungen der Faktorwanderung auseinandersetzen. Dazu können wir die für Faktorwachstum durchgeführte Analyse auf Faktorwanderungen anwenden: Für das Zielland stellt die Wanderung ein Faktorwachstum, für das Ursprungsland einen Rückgang der Faktorausstattung dar. Dabei ist zu beachten, dass wir uns auf die Analyse für das kleine Land beschränken können, da sich die relative Faktorausstattung auf Weltebene und damit das Güterpreisverhältnis durch die Faktorwanderung nicht verändern.

[1]Quelle: Williamson, J. G. (1996), Globalization, Convergence, and History, The Journal of Economic History, Vol. 56, No. 2, 277–306.

Die kurzfristigen Verteilungseffekte können wir dann – je nachdem, welcher Faktor wandert – an Abbildung 9.5 bzw. Abbildung 9.6 ablesen: Die Entlohnung desjenigen Faktors im Zielland, bei dem die Wanderung zu beobachten ist, wird nominal und real zurückgehen. Der wandernde Faktor selbst gewinnt aber, da er im Heimatland geringer entlohnt wurde – schließlich wäre er andernfalls nicht gewandert.

Die langfristigen Auswirkungen der Wanderung auf die Produktions- und Handelsstruktur können wir mithilfe des Rybczynski-Theorems bestimmen. Kapitalreiche Länder werden durch die Wanderung arbeitsreicher, wodurch sich die Produktion des arbeitsintensiven Gutes erhöht, während die Produktion des kapitalintensiven Gutes sinkt. Umgekehrt werden arbeitsreiche Länder kapitalreicher. Im Gleichgewicht ohne Wanderungskosten würden schließlich alle Länder über die gleiche relative Faktorausstattung verfügen und damit die gleiche relative Produktion aufweisen.

Somit können wir auch eine Aussage über die Wirkung der Faktorwanderung auf die Gesamtwohlfahrt im Ziel- und im Ursprungsland treffen: Sie wird sich analog zum Handelsszenario in beiden Ländern erhöhen. Hier passt sich letztendlich die Produktionsmöglichkeitskurve den Präferenzen an, so dass die gleiche relative Produktionsmenge im Land konsumiert werden kann wie sie andernfalls nur durch friktionslosen internationalen Handel erreichbar gewesen wäre.

9.3 Wachstum durch technischen Fortschritt

Wachstum kann aber nicht nur durch Akkumulation von Produktionsfaktoren entstehen, sondern auch durch technologische Neuerungen. Wir wollen uns daher nun damit beschäftigen, welche Auswirkungen technischer Fortschritt nach sich ziehen kann. Damit verlassen wir den HOS-Kontext, zu dessen Grundannahmen die identische Technologie in allen Ländern zählt. Wie wir sehen werden, können wir für die Analyse der Effekte trotzdem auf das Lerner-Diagramm zurückgreifen.

Unter **technischem Fortschritt** verstehen wir eine Änderung der Produktionsfunktion, die dazu führt, dass mit einem gegebenen Faktoreinsatz eine höhere Produktionsmenge realisiert werden kann oder anders formuliert, dass eine gegebene Produktionsmenge mit einem geringeren Faktoreinsatz erzeugt werden kann. Bei zwei Faktoren kann ein solcher technischer Fortschritt auf unterschiedliche Weise entstehen: Zum einen kann sich das Produktionsverfahren ändern und zum anderen kann die Produktivität eines Faktors erhöht werden. Ein Beispiel für ein neues Produktionsverfahren stellt der Übergang der Landwirtschaft hin zur Dreifelderwirtschaft dar, während eine bessere Ausbildung zu einer Produktivitätssteigerung der Mitarbeiter führen kann.

Wie beim Wachstum der Faktorausstattung kann technischer Fortschritt gleichmäßig die Produktivität beider Faktoren erhöhen oder wie verzerrendes Wachstum nur einem Faktor zugute kommen. In dieser Hinsicht kann technischer Fortschritt analog zum Faktorwachstum analysiert werden. Es gibt jedoch zwei grundlegende Unterschiede: Zum einen findet technischer Fortschritt häufig innerhalb eines Sektors statt und zum anderen ist der Effekt auf die Faktorentlohnung anders, da die Faktormenge konstant bleibt und sich nur deren Produktivität ändert. Um diese beiden Aspekte behandeln zu können, wollen wir nun explizit den technischen Fortschritt in einem Sektor betrachten.

Bei einer gleichmäßigen Erhöhung der Produktivität steigt die Produktionsmenge ohne die Faktorintensität des Produktionsprozesses zu verändern. Wird nur die Produktivität eines Faktors gesteigert, so führt dies unmittelbar zu einer Einsparung dieses Faktors im Produktionsprozess, wodurch sich natürlich die Faktorintensität verändert. Wir wollen uns nun kurz ansehen, wie man diese beiden Formen des technischen Fortschritts in der Produktionsfunktion formal abbildet.

Ändert sich die Kapitalintensität nicht, können wir dies durch einen sogenannten **Hicks-neutralen technischen Fortschritt** beschreiben. Unterstellen wir einen solchen Fortschritt etwa im x-Sektor, so stellt sich die neue Produktionsfunktion dar als

$$\tilde{x}(K_x, L_x) = A_H \cdot x(K_x, L_x),\qquad (9.1)$$

wobei $A_H > 1$ ein Hicks-neutraler Technologie-Parameter ist. Wir sehen, dass eine gegebene Faktoreinsatzkombination nun zu einer um A_H höheren Produktion führt.

Trägt der technische Fortschritt dazu bei, dass weniger von einem Faktor eingesetzt werden muss, können wir dies auch entsprechend berücksichtigen. So kann etwa ein arbeitssparender technischer Fortschritt im x-Sektor dargestellt werden als

$$\tilde{x}(K_x, L_x) = x(K_x, A_L \cdot L_x),\qquad (9.2)$$

wobei $A_L > 1$ die höhere Produktivität von Arbeit in diesem Sektor ausdrückt. Wir sehen, dass nun mit einem geringeren Arbeitseinsatz L_x/A_L die gleiche Produktionsmenge wie vor dem Fortschritt erzeugt werden kann.

Welche Auswirkungen zieht nun technischer Fortschritt in einem Sektor des Inlands auf das in den Welthandel integrierte Land nach sich? Wir wollen uns dies in Abbildung 9.7 anhand eines Hicks-neutralen technischen Fortschritts im kapitalintensiven Sektor veranschaulichen. Wie wir an Gleichung (9.1) erkennen können, impliziert der Fortschritt A_H eine Inwärtsbewegung der x-Einheitswertisoquante von x^0 hin zu x^1, da nun ein geringerer Faktoreinsatz ausreicht, um x-Güter im Wert von $v = 1$ zu produzieren. Bliebe das Faktorpreisverhältnis unverändert, so würde die neue Technologie auch nichts am Faktoreinsatzverhältnis ändern. Da wir mit der Annahme des technischen Fortschritts die reine HOS-Welt verlassen und jetzt sowohl Faktorausstattungs- als auch Technologieunterschiede vorliegen, gilt das Faktorpreisausgleichstheorem nicht mehr. Somit kann es auch in einem kleinen Land zu einer Anpassung der Faktorpreise kommen.

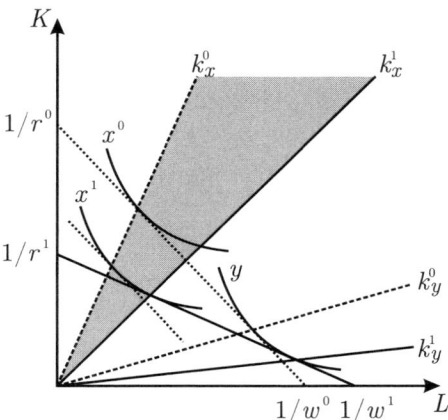

Abb. 9.7: Lerner-Diagramm: Technologie und Faktorpreise in einer kleinen Volkswirtschaft

Wir gehen nun von einem kleinen Land aus und nehmen an, dass der technische
Fortschritt im x-Sektor ausschließlich im Inland stattfindet, die Technologie also im
Rest der Welt unverändert bleibt. Im Inland werden sich dann beim durch den Weltmarkt gegebenen Güterpreisverhältnis die Produktionsstruktur und die Faktorpreise
anpassen. Die Notwendigkeit einer Anpassung können wir daran erkennen, dass bei
den gegebenen Güterpreisen im x-Sektor Gewinne möglich wären, da ein Güterwert
von 1 jetzt zu geringeren Kosten erzeugt werden könnte. Folglich werden in diesem
Sektor Firmen eintreten und Faktoren aus dem anderen Sektor abziehen. Dadurch
ändern sich aber die relativen Faktorpreise im Inland: In der Abbildung wird deutlich, dass die Entlohnung von Kapital steigt, während die der Arbeit sinkt. Somit
können wir analog zum Stolper-Samuelson-Theorem folgern, dass ein sektorspezifi-
scher technischer Fortschritt die reale Entlohnung desjenigen Faktors erhöht, der in
diesem Sektor intensiv eingesetzt wird und die reale Entlohnung des anderen Faktors
senkt, sofern in der Ausgangssituation beide Güter produziert werden.

Es gibt allerdings zwei Unterschiede zur Situation bei einer Güterpreisänderung:
Zum einen fällt der positive Effekt auf die reale Entlohnung von Kapital stärker aus,
da die Güterpreise unverändert geblieben sind (der Nachteil für den Faktor Arbeit
ist entsprechend geringer). Zum anderen kann es bei technischem Fortschritt bei dem
im Inland relativ reichlich vorhandenen Faktor trotz unveränderter relativer Faktorausstattungen im Inland und im Rest der Welt zu vollständiger Spezialisierung des
Inlands kommen. Dieser Fall tritt dann ein, wenn die Faktorausstattung des Inlands
in der hellgrau gekennzeichneten Fläche zwischen dem ursprünglichen Outputexpansionspfad k_x^0 und dem neuen k_x^1 liegt. Das Inland hat dann analog zur Analyse im
Ricardo-Modell aufgrund der höheren Produktivität einen absoluten (und relativen)
Kostenvorteil in der x-Produktion und spezialisiert sich deswegen auf diesen Sektor.

9.4 Auswirkung von Wachstum auf das Produktspektrum

Wachstum und technischer Fortschritt haben auch Auswirkungen auf das in einem Land produzierte Güterspektrum bzw. Spezialisierungsmuster. Da dies im Zwei-Güter-Modell nicht ganz deutlich wird, wollen wir uns dies nun genauer in dem in Abschnitt 5.3 vorgestellten Neo-Ricardo-Modell untersuchen. Nachdem wir uns bisher auf den Heckscher-Ohlin-Kontext mit zwei Faktoren und identischen Technologien beschränkt haben, können wir in diesem Ansatz außerdem aufzeigen, welche Wohlfahrtseffekte Faktorwachstum im Ein-Faktoren-Modell mit Technologieunterschieden im Inland und Ausland hat.

Konkret werden wir zwei Fälle untersuchen: Im ersten Szenario betrachten wir die Auswirkungen einer Änderung der Faktorausstattung im Ausland, während wir uns im zweiten Szenario damit beschäftigen, welche Effekte sich durch eine Produktivitätssteigerung im Ausland für das Inland ergeben. Wir betrachten hier in beiden Fällen das Wachstum im Ausland, weil dies auf den ersten Blick negative Effekte für das Inland zu haben scheint, sich bei einer genaueren Analyse aber herausstellt, dass sich die inländische Wohlfahrt erhöht. Da wir jeweils auch kurz auf die Implikationen für das Ausland eingehen, ergibt sich hierdurch ein guter Überblick über die Wirkungsmechanismen in diesem Modellkontext.

Betrachten wir zunächst den Fall, dass es zu einem Faktorwachstum im Ausland kommt, etwa dadurch, dass sich große arbeitsreiche Länder wie China dem internationalen Handel öffnen. Dadurch ist die als $B(z)$-Kurve abgebildete Bedingung (5.9) betroffen, die die Arbeitsausstattung im Ausland als einen der Parameter enthält. Diese lautete:

$$\frac{w}{w^*} = \frac{G\left(\bar{z}\right)}{1 - G\left(\bar{z}\right)} \cdot \frac{L^*}{L} = B(z) \cdot L^*/L. \qquad (5.9)$$

Abbildung 9.8 stellt die Auswirkungen graphisch dar: Die ausländische Arbeiterschaft L^* wächst um den Faktor $n > 1$ auf $n \cdot L^*$, wodurch die $B(z)$-Kurve steiler wird. Im neuen Gleichgewicht ist die Anzahl der im Inland produzierten Güter von $\bar{z}^0$ auf $\bar{z}^1$ gesunken, während der relative Lohn der Inländer von $\bar{w}^0$ auf $\bar{w}^1$ steigt.

Wie ist das zu erklären? Durch das Wachstum im Ausland entsteht dort zunächst ein Überschussangebot an Arbeitskräften, was dazu führt, dass die dortigen nominalen Löhne sinken. Damit wird aber die Produktion im Inland für diejenigen Güter, bei denen das Inland den geringsten komparativen Vorteil aufweist, relativ gesehen zu teuer und der komparative Vorteil des Inlands bei diesen Gütern geht verloren. Daher „verliert" das Inland alle Güter im Bereich zwischen $\bar{z}^1$ und $\bar{z}^0$ an das Ausland. Diese Verringerung des im Inland hergestellten Produktspektrums ist jedoch aus Sicht des Inlands letztlich von Vorteil, da das Ausland diese Güter relativ billiger herstellen kann, wodurch sich die Inländer über höhere Reallöhne freuen können. Wegen des verringerten Güterspektrums ist zwar der Einkommensanteil des Inlands am Welteinkommen gesunken – dies sieht man unmittelbar an (5.8) –, da

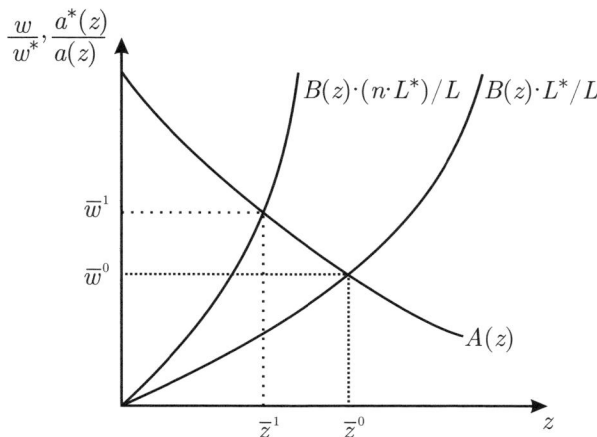

Abb. 9.8: Faktorwachstum im Ausland

das Welteinkommen durch die höhere Faktorausstattung im Ausland gestiegen ist, steigt aber das Einkommen im Inland absolut. Genau umgekehrt ist es im Ausland, in dem zwar das Gesamteinkommen gestiegen, aber das Einkommen pro Konsument zurückgegangen ist.

Im zweiten Szenario gehen wir nun davon aus, dass das Ausland etwa aufgrund technischen Fortschritts in der Produktion aller Güter um 10 % produktiver wird. Damit verschiebt sich die $A(z)$-Kurve, wie in Abbildung 9.9 zu erkennen ist, um 10 % nach unten, da der Zähler von $A(z) = a^*(z)/a(z)$ um 10 % kleiner geworden ist. Betrachten wir das neue Gleichgewicht, so erkennen wir, dass das Inland erneut Güter an das Ausland verliert, diesmal aber auch Einbußen in seinem Relativlohn hinnehmen muss.

Auf den ersten Blick könnte man nun vermuten, dass das Inland schlechter gestellt wird, schließlich ist bei einigen Gütern der Wettbewerbsvorteil verloren gegangen und der Lohn ist relativ zu demjenigen im Ausland gesunken. Aber diese Vermutung ist falsch! Betrachten wir hierzu die Reallöhne in Bezug auf drei Güterkategorien: Die Güter im Bereich bis $\bar{z}^1$, die das Inland nach wie vor produziert, die Güter ab $\bar{z}^0$, die schon vorher im Ausland produziert wurden und die sogenannten „transitorischen Güter" im Bereich zwischen $\bar{z}^1$ und $\bar{z}^0$, die nun im Ausland gefertigt werden:

- Bei den Gütern im Bereich bis $\bar{z}^1$ ändert sich der Reallohn nicht, da sich deren Preis proportional mit dem inländischen Lohn ändert, $p(z) = w \cdot a(z)$.

- Bei Gütern ab $\bar{z}^0$ müssen wir die Änderung des ausländischen Preises berücksichtigen, der sowohl auf dem ausländischen Lohn als auch der ausländischen Produktivität basiert, $p^*(z) = w^* \cdot a^*(z)$. Der Reallohn lautet demnach

$$\frac{w}{p^*(z)} = \frac{w}{w^*} \cdot \frac{1}{a^*(z)}. \tag{9.3}$$

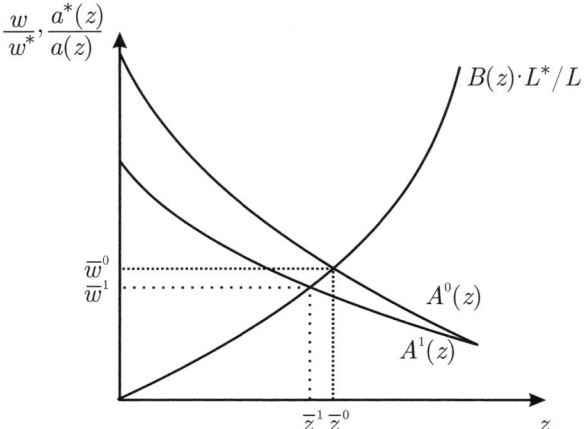

Abb. 9.9: Produktivitätssteigerung im Ausland

Wir wissen, dass der relative Lohn w/w^* gesunken ist, aber wir sehen in Abbildung 9.9 auch, dass dieser Rückgang weniger stark ausgefallen ist als die Produktivitätssteigerung und damit der Anstieg von $1/a^*(z)$.

▪ Betrachten wir schließlich die transitorischen Güter. Das Inland wird diese Güter nur dann nicht mehr produzieren, wenn das Ausland sie billiger als das Inland herstellen kann. Da diese Güter nun also im Ausland hergestellt werden, bedeutet dies nichts anderes, als dass der Reallohn in Bezug auf diese Güter gestiegen sein muss.

Wir sehen also, dass die Produktivitätssteigerung im Ausland die Reallöhne im Inland steigen lässt und damit die Wohlfahrt ebenfalls angestiegen ist. Beachten Sie außerdem, dass der technische Fortschritt im Gegensatz zum vorher betrachteten Faktorwachstum nicht nur zu einem höheren Anteil des Auslands am Gesamteinkommen der Welt, sondern wegen der konstanten Anzahl an Konsumenten im Ausland auch zu einem höheren Realeinkommen des einzelnen Konsumenten führt.

Sowohl Faktorwachstum als auch technischer Fortschritt im Ausland kann also durchaus als begrüßenswert angesehen werden, auch wenn dies zur Folge hat, dass einige Güter nicht mehr im Inland hergestellt werden. Hintergrund dieses Effekts ist, dass es sich hier um *Export-biased Growth* im Ausland handelt: Es werden vom Ausland zusätzliche Güter exportiert und damit kommt ein Teil der Vorteile des Faktorwachstums bzw. des Produktivitätszuwachses dem Inland über die günstigeren Preise dieser neuen Importgüter zugute.

Was haben wir gelernt?

■ Wenn ein Land beide Güter herstellt, führt Wachstum eines Faktors (verzerrtes Wachstum) im HOS-Kontext zu einer Ausweitung der Produktion
desjenigen Gutes, das diesen Faktor intensiv einsetzt und zu einer Reduktion bei der Herstellung des anderen Gutes.

■ Bei Wachstum in einem kleinen Land bleiben dabei das Güterpreisverhältnis
unverändert und aufgrund des Faktorpreisausgleichstheorems auch die Faktorpreise. Verzerrtes Wachstum in einem großen Land führt hingegen zu einer
Änderung der *Terms of Trade*, die für das Land mit Wachstum vorteilhaft
ist, wenn der Importsektor wächst, und nachteilig, wenn der Exportsektor
wächst.

■ Wenn Faktoren kurzfristig immobil sind, verringert sich die reale Entlohnung
des wachsenden Faktors und diejenige des anderen steigt. Im Gegensatz zum
kleinen Land ergibt sich beim großen Land ein entsprechender Effekt durch
die *Terms-of-Trade*-Änderung auch langfristig.

■ Faktorwanderungen und Außenhandel sind Substitute, wobei in der Realität
durch Handelskosten und Wanderungskosten das Ideal des Faktorpreisaus-
gleichs durch keine der beiden Aktivitäten realisiert werden kann. Faktorwanderungen wirken sich im Zuwanderungsland wie Faktorwachstum und im
Abwanderungsland wie ein Rückgang der entsprechenden Faktorausstattung
aus. Dabei gewinnt der tatsächlich wandernde Faktor durch die höhere Entlohnung im Zielland. Wegen der gegebenen Weltfaktorausstattung kommt es
auch in großen Ländern nicht zu Preiseffekten.

■ Kommt es in einem kleinen Land zu technischem Fortschritt in einem Sektor,
so führt dies zu einer höheren realen Entlohnung des dort intensiv eingesetzten Faktors und zu einer geringeren des anderen Faktors.

■ Im Neo-Ricardo-Modell mit unendlich vielen Gütern führt Wachstum im
Ausland zu einer Reduktion des im Inland hergestellten Güterspektrums.
Dies ist jedoch für das Inland vorteilhaft, da es die nicht mehr hergestellten
Güter nun kostengünstiger im Ausland erwerben kann.

Ergänzende und weiterführende Literatur

Krugman, P. R. (1987), The Narrow Moving Band, the Dutch Disease, and the Competitive
Consequences of Mrs. Thatcher. Notes on Trade in the Presence of Dynamic Scale Economies, Journal of Development Economics, Vol. 27, No. 1–2, 41–55. [*Erweiterung des
Neo-Ricardo-Modells um dynamische Skalenerträge mit Anwendungen unter anderem
auf das Dutch-Disease-Problem und das Erziehungszollargument.*]

Krugman, P. R. und M. Obstfeld (2009), International Economcis. Theory and Policy, Boston: Pearson Education, ch. 5. [*Ableitung der relativen Angebotskurve im HOS-
Kontext und Anwendung der RA/RN-Analyse auf Wachstum im In- und Ausland*

mit einer Fallstudie zur Auswirkung des Wachstums der Schwellenländer auf die Industrieländer.]

Kontrollfragen und Übungsaufgaben

1. Grenzen Sie die Begriffe „Export-biased-Growth" und „Import-biased-Growth" voneinander ab und erläutern Sie deren Effekte auf die *Terms of Trade*!

2. Warum kann es zu Faktorwanderungen kommen? Begründen Sie, ob im HOS-Modell Faktorwanderung hemmend oder fördernd für die Handelstätigkeit eines Landes ist! Argumentieren Sie, ob Sie dieser Aussage in der Realität zustimmen würden!

3. Warum sind die prinzipiellen Auswirkungen auf die Produktions- und Handelstätigkeit von technologischem Fortschritt und Faktorwachstum identisch? Gilt dies auch für die Auswirkungen auf die Einkommensverteilung?

4. Welche Auswirkungen kann Faktorwachstum kurz- und langfristig auf die nominale und reale Einkommensverteilung haben?

5. Australien und Neuseeland verfügen über identische Technologien mit konstanten Skalenerträgen zur Produktion von Bier und Schafen. Bier wird mit den Faktoren Arbeit und Kapital hergestellt, Schafzucht benötigt Arbeit und Boden. Beide Länder verfügen über identische Mengen an Arbeit und Kapital, Australien besitzt jedoch mehr Boden.

   a) Welche Auswirkung auf den Lohnsatz würde sich durch die Einwanderung zusätzlicher Arbeitskräfte nach Australien ergeben? Welche Aussage ließe sich in diesem Fall über den Effekt auf die Entlohnung von Boden und Kapital treffen, sofern ein konstantes Preisverhältnis der beiden Produkte unterstellt wird?

   b) Welche Effekte auf die Faktorentlohnungen hätte ein Anstieg der Kapitalausstattung in Australien, sofern sich die Güterpreise nicht ändern?

6. Betrachten Sie das Neo-Ricardo-Modell aus Abschnitt 5.3. Erläutern Sie, welche Auswirkungen die folgenden exogenen Änderungen auf die relative Lohnstruktur, das Spezialisierungsmuster und die inländische Wohlfahrt haben:

   a) Ein Anstieg in der inländischen Arbeitskräfteausstattung.

   b) Die Einführung eines Importzolls in Form eines für alle Güter identischen Wertzolls. [*Hinweis: Die Wirkungsweise eines solchen Zolls ist in Kapitel 14 beschrieben. Analytisch entfaltet er hier die gleiche Wirkung wie Transportkosten (Abschnitt 5.3).*]

   c) Ein Zuwachs der inländischen Arbeitskräfte und die Einführung eines Wertzolls.

7. Betrachten Sie das Neo-Ricardo-Modell aus Abschnitt 5.3. Gehen Sie davon aus, dass das Inland bei allen Gütern einen Arbeitskoeffizienten von 1 besitzt. Die Arbeitskoeffizienten des Auslands sind gleichverteilt im Intervall [1,5; 2]. Stellen Sie die Situation in einem geeigneten Diagramm dar! Welche Auswirkungen auf die relative Lohnstruktur, das Spezialisierungsmuster und die inländische Wohlfahrt hat ein technologischer Fortschritt im Ausland, der dazu führt, dass das Ausland seinen Arbeitskoeffizienten bei allen Gütern auf 1,5 senken kann?

Teil III

Neue Handelstheorie:
Unternehmen und Wettbewerb

10 Außenhandel und unvollkommener Wettbewerb

Themenüberblick

- Grundzüge der Monopolanalyse: Preisbildung und Wohlfahrt, Nachfrageelastizität und Marktmacht, natürliches Monopol, Preisdiskriminierung in segmentierten Märkten
- Grundzüge des Oligopolwettbewerbs: Reaktionskurven und Cournot-Nash-Gleichgewicht, Mengenoligopol mit asymmetrischen Kosten
- Aufnahme von Außenhandel bei inländischem Monopol
- „Dumping" als monopolistische Preisdiskriminierung
- Beidseitiger Handel im homogenen Duopol: Mehr Wettbewerb vs. Verschwendung durch Transportkosten

In der bisherigen Analyse in Modellen mit vollkommenem Wettbewerb sind die Unternehmen Preisnehmer bzw. Mengenanpasser. Dabei spielt das Verhalten der einzelnen Firma praktisch keine Rolle. Die gesamte Angebotsseite konnte darum in der Angebotskurve bzw. der Produktionsmöglichkeitenkurve zusammengefasst werden. In der Realität sind die meisten Märkte jedoch durch **unvollkommenen Wettbewerb** gekennzeichnet, bei dem die Unternehmen die Preise beeinflussen können. Dies kann daran liegen, dass in einem Markt nur wenige Anbieter (Oligopol) vorhanden sind oder differenzierte Produkte hergestellt werden (monopolistische Konkurrenz). Der Extremfall unvollkommenen Wettbewerbs ist das Monopol, bei dem auf einem Markt nur ein einziges Unternehmen aktiv ist. Monopole können sich sowohl durch die Kostenstruktur („natürliches Monopol"), als auch durch Markteintrittsbarrieren (z. B. Patente, staatliche Konzessionierung etc.) ergeben. Gemeinsam ist allen Formen des unvollkommenen Wettbewerbs, dass die Unternehmen über Marktmacht verfügen und daher ihre Produkte zu einem Preis absetzen können, der die Grenzkosten überschreitet.

Wir werden in diesem Kapitel wie bislang von homogenen Produkten ausgehen (Handel bei Produktdifferenzierung wird in den beiden nächsten Kapiteln behandelt) und zunächst die grundlegenden Implikationen für den Wettbewerb thematisieren, die sich aus einer Monopol- oder Oligopolsituation ergeben. Anschließend werden wir auf dieser Grundlage die zusätzlichen Handelsanreize und Handelswirkungen bei unvollkommenem Wettbewerb aus der Perspektive der Unternehmen und der Länder thematisieren. Aus Sicht des einzelnen Unternehmens kann es profitabel sein, den

Web-Service: http://www.uvk-lucius.de/morasch-bartholomae

ausländischen Markt auch dann zu beliefern, wenn in diesem Markt nur ein geringerer Deckungsbeitrag je abgesetzter Einheit als im Inland erzielt werden kann. Für die Länder als Ganzes kann Außenhandel bei unvollkommenem Wettbewerb attraktiv sein, weil sich durch die zusätzliche Konkurrenz die Marktmacht der inländischen Unternehmen verringert und somit eine Annäherung an die sozial optimale Lösung erfolgt.

10.1 Monopol und Preisdiskriminierung

Für die weiteren Überlegungen ist ein grundlegendes Verständnis der Monopolpreissetzung notwendig. Im Unterschied zum Unternehmen bei vollkommenem Wettbewerb, das seine Menge gewinnmaximal an einen von ihm nicht beeinflussbaren Marktpreis anpasst, sieht sich der Monopolist einer aus der Marktnachfrage resultierenden fallenden Preis-Absatz-Funktion gegenüber. Ein gewinnmaximierender Monopolist wählt dann in Abhängigkeit seiner Kosten die für ihn optimale Preis-Mengen-Kombination. Für das Ergebnis ist es dabei unerheblich, ob das Gewinnmaximierungsproblem als Wahl des Monopolpreises oder der Monopolmenge formuliert wird. Da wir jedoch bislang von einem Mengenanpasserverhalten ausgegangen sind und die Kosten in Abhängigkeit der Produktionsmenge formuliert haben, werden wir auch des Problem das Monopolisten über die Bestimmung der gewinnmaximalen Menge lösen (aus dieser Menge ergibt sich dann der Monopolpreis eindeutig über die Preis-Absatz-Funktion). Bei der Erweiterung der Analyse auf den Oligopolwettbewerb werden wir in diesem Kapitel ebenfalls von Mengenstrategien ausgehen. Wie die Analyse im Rahmen der sogenannten strategischen Handelspolitik zeigen wird (siehe Kapitel 16), ist es im Oligopol jedoch nicht mehr egal, ob Mengen oder Preise als Entscheidungsvariablen herangezogen werden.

10.1.1 Monopolpreisbildung und Wohlfahrt

Wir betrachten nun das Entscheidungsproblem eines Monopolisten, der sich einer Preis-Absatz-Funktion $p(x)$ gegenübersieht und das Gut x zu Kosten $C(x)$ herstellt. Diese allgemeine Formulierung wird gewählt, weil es so möglich wird, den Monopolpreis auch in Abhängigkeit von Grenzkosten und Nachfrageelastizität zu bestimmen. Für die graphische Darstellung werden wir eine lineare Preis-Absatz-Funktion $p(x) = 9 - x$ und eine Kostenfunktion mit quadratischen variablen Kosten $c(x) = 0{,}5 \cdot x^2$ und Fixkosten f unterstellen, so dass $C(x) = 0{,}5 \cdot x^2 + f$. Damit lässt sich die gewinnmaximale Preis-Mengen-Kombination explizit bestimmen.

Der zentrale Unterschied zur Situation bei vollkommenem Wettbewerb besteht darin, dass der Marktpreis nun von der gewählten Absatzmenge des Unternehmens abhängig ist. Der Erlös für eine zusätzliche Einheit – der **Grenzerlös** – ist nun nicht mehr durch GE = p^{vK} gegeben, sondern eine Funktion der Absatzmenge GE(x). Die grundsätzliche Überlegung des Monopolisten kann man sich für die lineare Preis-

Absatz-Funktion $p(x) = 9 - x$ gut veranschaulichen: Angenommen der Monopolist produziert zunächst $x = 3$ und kann diese Menge zu einem Preis von $p = 6$ absetzen. Will er nun die Produktion auf $x = 4$ ausweiten, so muss er den Preis auf $p = 5$ senken. Wie hoch ist also der zusätzliche Erlös der Absatzausweitung? Für die zusätzliche Mengeneinheit erzielt der Monopolist Einnahmen in Höhe von 5 Euro. Dem steht jedoch ein Rückgang der Einnahmen bei den ersten drei Mengeneinheiten um je 1 Euro, also insgesamt 3 Euro, gegenüber. Der Grenzerlös der zusätzlichen Einheit beträgt also nicht 5 Euro, sondern nur $5 - 3 = 2$ Euro. Geht man von dieser diskreten Darstellung auf eine stetige Formulierung über, so ist der Grenzerlös durch $\mathrm{GE}(x) = dE(x)/d(x)$ gegeben, wobei $E(x) = p(x) \cdot x$ den Erlös kennzeichnet. Im konkreten Fall ist der Erlös $E(x) = (9 - x) \cdot x$ und damit der Grenzerlös $\mathrm{GE}(x) = 9 - 2 \cdot x$. Graphisch ist die Grenzerlösfunktion im linearen Fall also eine Gerade mit dem gleichen Preisachsenabschnitt wie die zugehörige lineare Preis-Absatz-Funktion N, aber mit der doppelten (negativen) Steigung, wie wir auch in Abbildung 10.1 erkennen können.

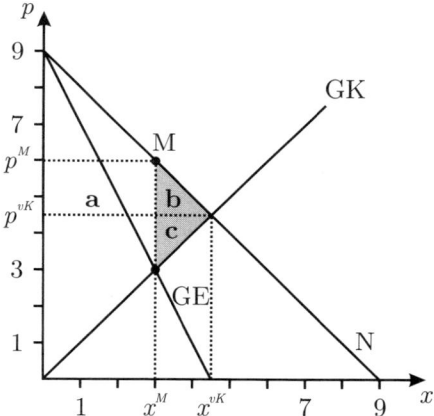

Abb. 10.1: Monopol: Preisbildung und Effizienzanalyse

Zur Bestimmung der gewinnmaximalen Menge benötigt man zusätzlich zur Information über die Grenzerlöse noch die Grenzkosten: Der Monopolist sollte die Produktion solange ausweiten, bis die Grenzerlöse gerade so hoch sind wie die Grenzkosten. Bei einer geringeren Menge würden sich die Gewinne bei einer Produktionsausweitung erhöhen, während bei einer höheren Menge die zusätzlichen Kosten die zusätzlichen Erlöse übersteigen würden. Die entsprechende Bedingung lässt sich auch formal aus dem Gewinnmaximierungsproblem des Monopolisten ableiten:

$$\max_{x} \pi(x) = \max_{x} \left[p(x) \cdot x - C(x) \right]. \tag{10.1}$$

Dieses führt auf die Bedingung erster Ordnung $d\pi(x)/dx = \mathrm{GE}(x) - \mathrm{GK}(x) \overset{!}{=} 0$ (die

Bedingung zweiter Ordnung für ein Gewinnmaximum ist erfüllt, wenn die Grenzkostenkurve für $x < x^M$ unterhalb der Grenzerlöskurve verläuft).

Betrachten wir nun wieder unser konkretes Beispiel mit der Preis-Absatz-Funktion $p(x) = 9 - x$ und den Kosten $C(x) = 0{,}5 \cdot x^2 + f$. Wie in Abbildung 10.1 eingezeichnet, sind die Grenzerlöse dann durch $\text{GE}(x) = 9 - 2 \cdot x$ und die Grenzkosten durch $\text{GK}(x) = x$ gegeben. Aus der Gewinnmaximierungsbedingung ergibt sich als Monopolmenge $x^M = 3$ und als Monopolpreis $p^M = 6$. In der Abbildung bestimmt der Schnittpunkt zwischen GE und GK die optimale Absatzmenge, und über die Nachfragekurve N erhält man den dazugehörigen Monopolpreis.

Wie ist die so bestimmte Monopollösung nun aus Wohlfahrtssicht zu bewerten? Die Produzentenrente kann graphisch entweder als Fläche zwischen Grenzerlöskurve und Grenzkostenkurve oder als Fläche zwischen der Preislinie und der Grenzkostenkurve dargestellt werden. Sie kann gemäß Trapezformel berechnet werden als $\text{PR}^M = 0{,}5 \cdot \left\{ \left[p^M - \text{GK}(x^M) \right] + p^M \right\} \cdot x^M = 13{,}5$. Solange die Fixkosten f kleiner sind als PR^M, ist der Markt für den Monopolisten profitabel. Die wettbewerbliche Lösung, bei der der soziale Überschuss maximiert wird, ergäbe sich im Schnittpunkt zwischen Preis-Absatz-Funktion und Grenzkostenkurve bei einer Menge $x^{vK} = 4{,}5$ und einem Preis $p^{vK} = 4{,}5$. Der Monopolist bietet also eine geringere Menge zu einem höheren Preis an. Dieses Ergebnis ist volkswirtschaftlich ineffizient: Während die Fläche **a** zwischen den Preislinien p^M und p^{vK} bis zur Monopolmenge x^M die Umverteilung zwischen Konsumenten und Monopolisten darstellt, gibt die graue Fläche (**b+c**) zwischen der Preis-Absatz-Funktion und der Grenzkostenfunktion den Nettowohlfahrtsverlust an. Der in Geld ausgedrückte Grenznutzen des zusätzlichen Konsums wird durch die Preis-Absatz-Funktion angegeben. Da dieser Grenznutzen zwischen x^M und x^{vK} die Grenzkosten übersteigt, würde die Ausweitung der Produktion die Wohlfahrt im Beispiel gemäß Dreiecksformel um $\Delta W = 0{,}5 \cdot [p^M - \text{GK}(x^M)] \cdot (x^{vK} - x^M) = 2{,}25$ Euro erhöhen.

10.1.2 Nachfrageelastizität und Marktmacht

Im letzten Abschnitt wurde die Monopollösung anhand eines einfachen Beispiels mit linearer Preis-Absatz-Funktion veranschaulicht. Wird von diesem linearen Modell zu einer allgemeineren Formulierung übergegangen, so bietet es sich an, die Gewinnmaximierungsbedingung nicht mehr als GE = GK, sondern auf der Grundlage von Nachfrageelastizität, Preis und Grenzkosten zu formulieren. Die **Nachfrageelastizität** gibt die relative Änderung der Absatzmenge bei einer marginalen Änderung des Preises an und ist definiert durch:

$$\varepsilon = \frac{dx(p)}{dp} \cdot \frac{p}{x} = \frac{dx/dp}{x/p}. \tag{10.2}$$

Verlassen wir zur besseren Veranschaulichung die unmittelbare Marginalbetrachtung, so kann uns die Elastizität die Frage beantworten: Um wie viel Prozent verringert sich die nachgefragte Menge, wenn der Preis um 1 % erhöht wird? Übersteigt der Betrag der Nachfrageelastizität $|\varepsilon|$ den Wert 1, so spricht man von „elastischer", bei einem Wert kleiner 1 von „unelastischer" Nachfrage. Bei einer linearen Preis-Absatz-Funktion variiert die Elastizität in Abhängigkeit der Preis-Mengen-Kombination: In der Nähe des Prohibitivpreises (jener Preis bei dem keine Menge mehr nachgefragt wird) geht der Betrag der Nachfrageelastizität gegen unendlich; bei einem Preis von null und der daraus resultierenden Absatzmenge $x^{\max}$ ist auch die Nachfrageelastizität gleich null. Ein Wert von eins wird für $x^{\max}/2$ erreicht – dies ist genau die Menge bei der der Grenzerlös gerade null ist. Dies impliziert, dass der Monopolist grundsätzlich nur im elastischen Bereich der Nachfragekurve anbieten wird – im linearen Fall also eine Menge zwischen 0 und $x^{\max}/2$ wählen wird. Dieses Ergebnis gilt unabhängig von der Annahme einer linearen Preis-Absatz-Funktion: Ist der Betrag der Nachfrageelastizität kleiner als eins, so würde eine Ausweitung der Produktion zu einer Verringerung des Erlöses führen.

Warum ist es interessant, die Monopolpreisbildung auf Grundlage der Nachfrageelastizität zu analysieren? Erstens können wir Aussagen zur Preisbildung in diesem Fall auch für allgemeinere Nachfragespezifikationen als unser lineares Beispiel treffen. Zweitens – und das ist für die praktische Anwendung noch relevanter – sind Informationen über die Nachfrageelastizität für Entscheidungsträger im Unternehmen eher verfügbar als solche über die gesamte Nachfragefunktion und die daraus ableitbare Grenzerlösfunktion. Der Grund dafür ist, dass man die Nachfrageelastizität lokal, d. h. in einem beschränkten Wertebereich von Preis-Mengen-Kombinationen, empirisch relativ gut schätzen kann. Entsprechende Informationen können sowohl aus historischen Daten abgeleitet als auch durch Experimente mit verschiedenen Preis-Mengen-Kombinationen ermittelt werden.

Wie lässt sich nun das Entscheidungsproblem des Monopolisten auf Grundlage der Nachfrageelastizität formulieren? Der Grenzerlös ist ausgehend von der allgemeinen Formulierung der Erlösfunktion, $E(x) = p(x) \cdot x$, nach Anwendung der Produktregel durch GE $= p(x) + [dp(x)/dx] \cdot x$ gegeben. Multiplizieren wir $[dp(x)/dx] \cdot x$ mit p/p und klammern anschließend p aus, so können wir den Grenzerlös auch in der Form $p \cdot \{1 + [dp(x)/dx] \cdot x/p\}$ schreiben. Der zweite Term in der Klammer ist aber gerade $1/\varepsilon$, wie wir an (10.2) erkennen können. Somit können wir den Grenzerlös durch den Preis p und die Nachfrageelastizität ε ausdrücken: GE $= p \cdot (1 + 1/\varepsilon)$. Für die weitere Darstellung bietet es sich an, vom Betrag der Nachfrageelastizität auszugehen. Die Gewinnmaximierungsbedingung lässt sich dann als

$$\text{GK} \stackrel{!}{=} p \cdot \left(1 - \frac{1}{|\varepsilon|}\right) \tag{10.3}$$

schreiben. Von der ökonomischen Intuition her interessanter sind aber zwei alternative Schreibweisen dieser Beziehung. Zum einen kann die Gleichung nach p aufgelöst werden und damit der gewinnmaximale Preis in Abhängigkeit der Nachfrageelastizität und der Grenzkosten bestimmt werden. Die Bedingung lautet dann

$$p \overset{!}{=} \frac{|\varepsilon|}{|\varepsilon| - 1} \cdot \text{GK}. \tag{10.4}$$

Der Preis ist als umso höher, je höher die Grenzkosten sind und je unelastischer die Nachfrage ist, d. h. je näher der Betrag der Nachfrageelastizität am Grenzwert eins liegt. Dies erscheint auch intuitiv plausibel: Wenn die Nachfrage bei einer Preiserhöhung nur relativ wenig zurückgeht, ist es für den Monopolisten eher vorteilhaft, den Preis zu erhöhen. An dieser Idee setzt die zweite alternative Schreibweise an, die ein Maß für die Marktmacht des Monopolisten in Abhängigkeit von der Nachfrageelastizität liefert:

$$\frac{p - \text{GK}}{p} \overset{!}{=} \frac{1}{|\varepsilon|} \tag{10.5}$$

Auf der linken Seite steht der sogenannte **Lerner-Index**[1], der den relativen Aufschlag auf die Grenzkosten angibt. Ein höherer Wert steht für eine stärkere Abweichung von der sozial optimalen Grenzkostenpreissetzung. Auf der rechten Seite steht der inverse Betrag der Nachfrageelastizität. Bei unendlich elastischer individueller Nachfrage, wie sie bei vollkommenem Wettbewerb unterstellt wird, nimmt dieser Ausdruck den Wert null an und folglich gilt $p = \text{GK}$, d. h. der Monopolist hat keine Marktmacht; der andere Grenzwert des Lerner-Index bei 1 ergibt sich für $|\varepsilon| \to 1$.

10.1.3 Steigende Skalenerträge und natürliches Monopol

Wir haben nun gesehen, wie ein Monopolist sein Gewinnmaximierungsproblem lösen kann und welche Folgen ein Monopol für die Wohlfahrt hat. Vor dem Hintergrund der negativen Aussagen zur Wohlfahrtswirkung stellt sich die Frage, unter welchen Umständen es zu Monopolen kommen kann, und ob die Politik nicht das Entstehen von Monopolen grundsätzlich verhindern sollte.

Ein wesentlicher Grund für die Bildung von Monopolen und anderen Marktstrukturen mit unvollkommenem Wettbewerb sind steigende Skalenerträge. Eine Kostenfunktion mit **steigenden Skalenerträgen** liegt dann vor, wenn für die Produktion der n-fachen Absatzmenge weniger als die n-fachen Kosten entstehen (für $n > 1$). Wenn steigende Skalenerträge für eine beliebige Absatzmenge oder zumindest bis zur Grenze der Marktnachfrage gegeben sind, liegt ein „natürliches Monopol" vor. Von einem solchen **natürlichen Monopol** spricht man allgemein dann, wenn der Output von einem Unternehmen kostengünstiger als von zwei oder mehr Unternehmen hergestellt werden kann (Subadditivität der Kostenfunktion). Diese Bedingung

---

[1]Es besteht kein inhaltlicher Zusammenhang zwischen dem Lerner-Diagramm und dem Lerner-Index!

ist, wie in Abbildung 10.2 zu sehen, unabhängig von der Nachfrage erfüllt, wenn bei der Produktion Fixkosten in Höhe von $f > 0$ anfallen und die Grenzkosten konstant (oder fallend) in der Absatzmenge sind.

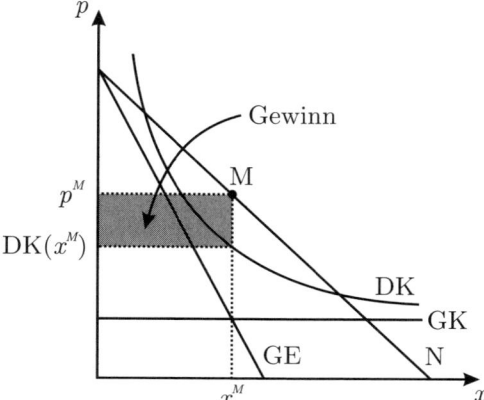

Abb. 10.2: Natürliches Monopol

Steigen die Grenzkosten wie in unserem Beispiel in Abschnitt 10.1.1 an, so hängt es von der Marktgröße und dem Umfang der Fixkosten ab, ob ein natürliches Monopol vorliegt oder im Markt Platz für mehr als ein Unternehmen ist. Die Durchschnittskostenkurve verläuft in diesem Fall U-förmig und wird von der Grenzkostenkurve im Minimum der Durchschnittskostenkurve (DK) geschnitten. Das Vorliegen eines natürlichen Monopols ist dann garantiert, wenn die Nachfragekurve die Durchschnittskostenkurve noch im fallenden Bereich schneidet. Aufgrund von Unteilbarkeiten (es können in einem Markt nicht eineinhalb Unternehmen aktiv sein), kann möglicherweise auch dann noch ein natürliches Monopol vorliegen, wenn der Schnittpunkt mit der Nachfragekurve bereits im steigenden Bereich der Durchschnittskostenkurve liegt.

Die Abhängigkeit der aus Kostensicht optimalen Marktstruktur von der Nachfragehöhe verweist auf zwei wichtige Funktionen des Außenhandels in Märkten mit unvollkommenem Wettbewerb: Zum einen können durch Handel Skalenerträge realisiert und Güter somit kostengünstiger bereitgestellt werden, zum anderen führt Außenhandel zu einer potentiell wettbewerblicheren Marktstruktur und kann damit die Ineffizienzen reduzieren, die bei unvollkommenem Wettbewerb auftreten. Diese beiden Aspekte werden uns bei der handelstheoretischen und handelspolitischen Analyse von Märkten mit unvollkommenem Wettbewerb immer wieder begegnen.

10.1.4 Monopolistische Preisdiskriminierung

Bisher sind wir davon ausgegangen, dass der Monopolist einen einheitlichen Preis für alle Konsumenten verlangen muss. Wenn ein Unternehmen sich aber Konsumenten mit unterschiedlicher Zahlungsbereitschaft gegenübersieht, wäre es vorteilhaft, in Abhängigkeit dieser Zahlungsbereitschaften unterschiedliche Preise zu verlangen. Dies ist jedoch normalerweise selbst bei Kenntnis dieser Zahlungsbereitschaften nicht möglich, da ein Konsument mit geringer Zahlungsbereitschaft das billig erworbene Gut zu einem höheren Preis an einen Konsumenten mit höherer Zahlungsbereitschaft weiterverkaufen könnte. Diese sogenannte **Arbitrage** ist aber im internationalen Handel durch Transportkosten sowie durch andere Handelskosten eingeschränkt. Man sagt dann, der ausländische Markt und der inländische Markt seien **segmentiert**.

Wie kann nun eine optimale Preisstrategie für solche segmentierten Märkte bestimmt werden? Werden auf verschiedenen Teilmärkten unterschiedliche Preise verlangt, so spricht man von **Preisdiskriminierung dritten Grades**. Zum besseren Verständnis sei kurz auf die Klassifikation der verschiedenen Formen der Preisdiskriminierung hingewiesen:

- Bei Preisdiskriminierung ersten Grades (perfekte Preisdiskriminierung) verlangt der Monopolist in Abhängigkeit von der Zahlungsbereitschaft der einzelnen Konsumenten individualisierte Preise.

- Bei Preisdiskriminierung zweiten Grades verlangt der Monopolist mengen- oder qualitätsabhängige Preise.

- Bei Preisdiskriminierung dritten Grades kann der Monopolist Konsumentengruppen mit unterschiedlicher Nachfrage anhand beobachtbarer Merkmale (z. B. Studentenausweis oder Zugehörigkeit zu einem regional abgrenzbaren Markt) unterscheiden.

Die grundsätzlichen Überlegungen bei Preisdiskriminierung dritten Grades lassen sich an einem Beispiel mit zwei Konsumentengruppen und steigender Grenzkostenfunktion veranschaulichen. Ein zentraler Punkt ist, dass im Optimum die Grenzerlöse für beide Gruppen identisch sein müssen: Wären die Grenzerlöse, die der Monopolist aus den Verkäufen an eine Gruppe erzielt, höher als bei den Verkäufen an die andere Gruppe, so könnte er seine Erlöse steigern, indem er den Absatz an die zweite Gruppe um eine Einheit verringert und dafür eine zusätzliche Einheit an die erste Gruppe verkauft. Im Optimum muss also der Gesamtabsatz $x = x_1 + x_2$ so auf die beiden Gruppen aufgeteilt werden, dass $GE_1(x_1) = GE_2(x_2)$ gilt. Zusätzlich muss natürlich weiterhin gelten, dass im Optimum der Grenzerlös gerade den Grenzkosten entspricht, d. h. $GE_1(x_1) = GE_2(x_2) = GK(x_1 + x_2)$.

Analytisch lässt sich dieses Ergebnis unmittelbar aus den Bedingungen erster Ordnung für die Gewinnmaximierung ableiten. Graphisch muss man, wie in Abbildung 10.3 veranschaulicht, bei nicht konstanten Grenzkosten in zwei Schritten vorgehen: Zunächst müssen die Grenzerlöskurven der beiden Gruppen zu einer gemeinsamen Grenzerlöskurve GE^T aggregiert werden. Wie bei der Bestimmung der Marktnachfragekurve aus den individuellen Nachfragekurven erfolgt dies durch horizontale Aggregation. Der Schnittpunkt der gemeinsamen Grenzerlöskurve mit der Grenzkostenkurve liefert dann den optimalen Gesamtabsatz $x^T = x_1 + x_2$ und gleichzeitig die für die individuelle Optimierung bei den beiden Konsumentengruppen relevanten Grenzkosten $\mathrm{GK}(x^T)$. Aus den Schnittpunkten zwischen der durch diese Grenzkostenhöhe gegebenen Horizontalen und den jeweiligen individuellen Grenzerlöskurven GE_1 und GE_2 resultieren dann die Mengen x_1 und x_2. Schließlich liefern die zugehörigen Nachfragekurven N_1 und N_2 ausgehend von den ermittelten Mengen die Preise p_1 und p_2 für die beiden Teilmärkte.

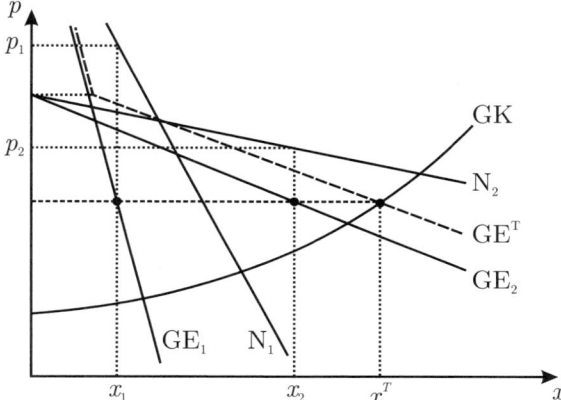

Abb. 10.3: Monopolistische Preisdiskriminierung dritten Grades

Wird für den allgemeinen Fall wieder der Zusammenhang zwischen Grenzerlösen und Nachfrageelastizität benutzt, so lässt sich ableiten, dass im Optimum das Verhältnis der Preise in den beiden Teilmärkten indirekt proportional zum Verhältnis des Betrags der Nachfrageelastizitäten ist: $p_1/p_2 = |\varepsilon_2|/|\varepsilon_1|$. Wenn also beispielsweise im Markt 1 die Nachfrageelastizität doppelt so hoch ist wie im Markt 2, so wird der Preis im Markt 1 nur halb so hoch sein wie im Markt 2. Analog zu den Überlegungen mit dem Lerner-Index gilt somit, dass ein Unternehmen in Märkten mit geringer Nachfrageelastizität seine stärkere Marktmacht ausspielt und einen höheren Aufschlag auf die Grenzkosten vornimmt. Hintergrund dabei ist, dass die Konsumenten in einem Markt mit geringer Nachfrageelastizität auf eine Preiserhöhung nur mit einer relativ geringen Mengenreduktion reagieren, was einen hohen Preis attraktiver macht.

Für die Analyse des Außenhandels sind Situationen von Interesse, in denen ein Unternehmen vor Aufnahme des Handels im Inlands- oder im Auslandsmarkt über ein Monopol verfügt. In Abschnitt 10.3 werden wir in diesem Zusammenhang zum einen untersuchen, wie die Preisgestaltung eines solchen Unternehmens in segmentierten Märkten erfolgt – dies führt auf das für die Handelspolitik wichtige Konzept des „Dumping". Zum anderen werden wir aufzeigen, wie das Entstehen von Wettbewerb zwischen inländischen und ausländischen Monopolunternehmen einen zusätzlichen Vorteil des Außenhandels darstellen kann. Zur Vermittlung der nötigen Kenntnisse für das Verständnis der Marktsituation nach Aufnahme des Außenhandels werden wir dazu in einem nächsten Schritt die Analyse auf das Oligopol, d. h. auf Märkte mit einigen wenigen Wettbewerbern erweitern.

10.2 Oligopolwettbewerb

Oligopolwettbewerb liegt vor, wenn auf einem Markt einige wenige Unternehmen miteinander in Wettbewerb stehen. Analog zum Monopol tritt eine Oligopolsituation dann auf, wenn aufgrund von Markteintrittsbarrieren wie Skalenerträgen oder patentierten Technologien die Anzahl der Marktteilnehmer beschränkt ist. Wie im Monopolfall verhalten sich die Oligopolisten nicht als Mengenanpasser, sondern sind sich darüber im Klaren, dass sie durch Ausweitung oder Einschränkung der eigenen Absatzmenge den Marktpreis beeinflussen. Bei der Analyse des Oligopolwettbewerbs muss jedoch noch ein weiterer Aspekt berücksichtigt werden: Die Aktionen eines Unternehmens wirken sich auch auf die Gewinnsituation der Wettbewerber aus, die ihrerseits einen Anreiz haben, die eigenen Strategien entsprechend anzupassen. Wenn z. B. das Management von Opel plant, die Absatzpreise um 5 % zu senken oder die Produktionskapazitäten um 100.000 Einheiten pro Jahr zu erhöhen, so kann es nicht davon ausgehen, dass VW oder Ford ihre bisherige Preispolitik oder Kapazitätsentscheidungen unverändert beibehalten. Vielmehr muss Opel bei der Bewertung der Alternativen die zu erwartenden Reaktionen der Wettbewerber mitberücksichtigen.

Die Unternehmen befinden sich somit in einer **strategischen Entscheidungssituation**: Jeder Oligopolist geht demnach davon aus, sich rational handelnden Gegenspielern gegenüber zu sehen, denen ebenso wie ihm selbst bewusst ist, dass das Marktergebnis von der Interaktion untereinander abhängig ist. Solche strategischen Entscheidungssituationen lassen sich mit Hilfe spieltheoretischer Methoden analysieren. Die verschiedenen Oligopolmodelle unterscheiden sich aus spieltheoretischer Perspektive hinsichtlich der Annahmen bezüglich der von den Unternehmen bestimmten strategischen Variablen (Mengen- vs. Preisstrategien), des zeitlichen Ablaufs (Simultanspiel vs. sequentielles Spiel) und der Nachfragestruktur (homogene vs. differenzierte Produkte). Da diese Aspekte im Außenhandelskontext insbesondere bei der Betrachtung der Handelspolitik relevant sind, werden wir darauf erst in Teil IV des Buches näher eingehen und uns im Weiteren auf ein spezielles Modell, das sogenannte Cournot-Oligopol, beschränken.

10.2.1 Homogenes Duopol mit Mengenstrategien

Wir gehen von der einfachsten Form der Modellierung des Oligopolwettbewerbs aus, die formal direkt an der Monopolanalyse im letzten Abschnitt ansetzt: Zwei Unternehmen stellen ein homogenes Produkt her und legen ihre Absatzmengen simultan fest. Die Grundstruktur dieses Modells mit homogenen Produkt und Mengenstrategien geht auf eine Arbeit des französischen Ökonomen Augustin Cournot aus dem

Jahr 1838 zurück. Das verwendete Gleichgewichtskonzept hat der Mathematiker und Ökonomienobelpreisträger John Nash 1951 verallgemeinert – man spricht darum auch von einem **Cournot-Nash-Gleichgewicht**. Die zentrale Eigenschaft eines Nash-Gleichgewichts liegt darin, dass keiner der Akteure einen Anreiz hat von seiner Entscheidung abzuweichen, solange die anderen Spieler ihre Gleichgewichtsstrategie wählen: Die Gleichgewichtsstrategien sind wechselseitig beste Antworten.

Wie lässt sich nun das Cournot-Nash-Gleichgewicht bestimmen? Wie im Monopolfall gehen wir davon aus, dass den Unternehmen die Marktnachfragekurve bekannt ist. Für jede gegebene Menge des anderen Unternehmens kann dann die optimale eigene Absatzmenge bestimmt werden, indem die Monopollösung für die Restnachfrage ermittelt wird. Graphisch ergibt sich diese Restnachfrage durch eine Parallelverschiebung der Marktnachfragekurve nach innen, wobei die resultierende Preis-Absatz-Funktion einen um die Absatzmenge des Konkurrenten verringerten x-Achsenabschnitt aufweist. Beispielsweise resultiert aus einer durch $p(X) = 9 - X$ gegebenen Marktnachfragekurve, wobei $X = x_1 + x_2$ das Gesamtangebot bezeichnet, bei einer Absatzmenge des Konkurrenten von drei Mengeneinheiten eine durch $p(x_1|\bar{x}_2 = 3) = 6 - x_1$ gegebene Restnachfrage für Unternehmen 1.

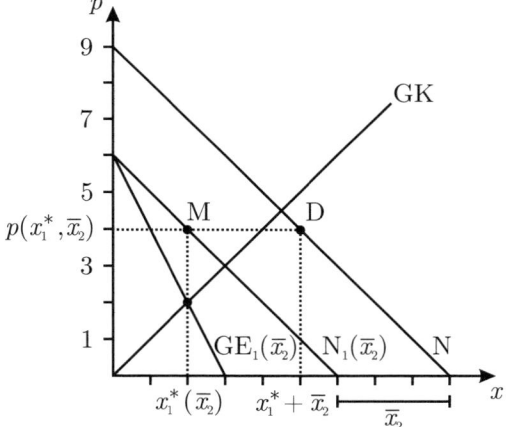

Abb. 10.4: Mengen-Duopol: Restnachfrage im Monopoldiagramm

Wie in Abbildung 10.4 aufgezeigt, kann das Unternehmen dann analog zum Monopolfall auf Grundlage der Grenzerlöse $GE_1(\bar{x}_2)$ und der Grenzkosten GK die optimale Menge $x_1^*(\bar{x}_2)$ bestimmen. Der resultierende Preis $p(x_1^*, \bar{x}_2)$ ergibt sich dann über die Restnachfragekurve und gilt aufgrund der Homogenität der Produkte für beide Unternehmen. Über die Marktnachfrage kann zur Kontrolle die resultierende Gesamtmenge $x_1^* + \bar{x}_2$ abgetragen werden.

Ausgehend von dieser Analyse lässt sich die Entscheidungssituation beider Unternehmen und die Bestimmung des Gleichgewichts im Duopolfall mit Hilfe sogenannter „Reaktionskurven" in einer zweidimensionalen Abbildung darstellen (siehe Abbildung 10.5). Die **Reaktionskurven**, die sich aus dem geschilderten Gewinnmaximie-rungskalkül der Unternehmen ergeben, stellen einen Zusammenhang zwischen den Absatzmengen der beiden Wettbewerber her: Werden die Mengen von Unterneh-men 1 bzw. 2 mit x_1 bzw. x_2 bezeichnet, so gibt die Reaktionsfunktion $x_1 = R_1(x_2)$ an, welche Absatzmenge x_1 den Gewinn von Unternehmen 1 bei gegebenem Out-put x_2 des Wettbewerbers maximiert. Entsprechend liefert die Reaktionsfunktion $x_2 = R_2(x_1)$ den zu gegebener Menge x_1 gewinnmaximalen Output x_2 des zweiten Duopolisten. Bei einer Darstellung im (x_1, x_2)-Raum verlaufen die Reaktionskurven fallend, weil eine Erhöhung der Absatzmenge durch ein Unternehmen zu einem ge-ringeren Marktpreis führt und damit die Gewinnmargen reduziert. Weiterhin folgt aus den Stabilitätsbedingungen (Konzept analog zur Stabilität des Marktgleichge-wichts), dass die Reaktionskurve von Unternehmen 1 steiler sein muss als diejenige von Unternehmen 2.

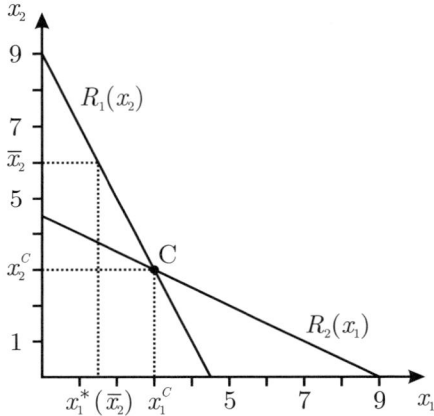

Abb. 10.5: Mengen-Duopol: Reaktionskurvendiagramm

Im Schnittpunkt der beiden Reaktionskurven befindet sich das Cournot-Nash-Gleich-gewicht C. Wenn die Unternehmen gleichzeitig und unabhängig voneinander ihre Absatzmengen festlegen, so stellt die Cournot-Menge die optimale Strategie für jedes Unternehmen dar. In der Sprache der Spieltheorie handelt es sich um ein Nash-Gleichgewicht: Wenn das andere Unternehmen die Cournot-Menge als Strate-gie wählt, so wird der eigene Gewinn maximiert, wenn ebenfalls die Cournot-Menge abgesetzt wird (beide Unternehmen befinden sich schließlich auf ihrer Reaktionskur-ve). Bei simultaner Bestimmung der Strategien hat im Cournot-Nash-Gleichgewicht keines der Unternehmen einen Anreiz von der gewählten Strategie abzuweichen – die Strategien stellen wechselseitig beste Antworten dar.

Formal lässt sich diese jeweils optimale Menge über die Bedingung erster Ordnung für die Gewinnmaximierung der Gewinnfunktion $\pi_i(x_1, x_2) = p(x_1, x_2) \cdot x_i - C_i(x_i)$ bestimmen: Die partielle Ableitung unterstellt gerade, dass die Menge des anderen Unternehmens konstant bleibt. Löst man die Bedingungen erster Ordnung nach der jeweiligen Menge auf, so erhält man als formale Beschreibung der Reaktionskurven die Reaktionsfunktionen $R_i(x_j)$, die die optimale Menge x_i zu gegebener Menge des Konkurrenten x_j angeben. Das Vorgehen soll kurz an unserem Zahlenbeispiel mit der Preis-Absatz-Funktion $p(X) = 9 - X$ veranschaulicht werden, wobei wir die Kosten zur Vereinfachung auf DK = GK = 0 normieren. Umsatz und Gewinn fallen dann zusammen und ausgehend von $\pi_1(x_1, x_2) = [9 - (x_1 + x_2)] \cdot x_1$ lautet die Bedingung erster Ordnung für Unternehmen 1 dann $\partial \pi_1 / \partial x_1 = 9 - 2 \cdot x_1 - x_2 = 0$. Dies führt auf die Reaktionsfunktion $x_1 = R_1(x_2) = 4{,}5 - 0{,}5 \cdot x_2$. Setzt man für x_2 die Reaktionsfunktion $R_2(x_1)$ von Unternehmen 2 ein so erhält man $x_1 = 4{,}5 - 0{,}5 \cdot (4{,}5 - 0{,}5 \cdot x_1)$. Dies führt auf $0{,}75 \cdot x_1 = 2{,}25$ und damit auf die Cournot-Nash-Menge $x_1^C = 3$. Aufgrund der Symmetrie gilt auch $x_2^C = 3$, woraus ein Gleichgewichtspreis von $p^C = 3$ sowie Unternehmensgewinne von $\pi_1^C = \pi_2^C = 9$ resultieren. Der Preis ist niedriger als im Monopol ($p^M = 4{,}5$) und die Gesamtmenge entsprechend höher ($x_1^C + x_2^C = 6$ statt $x^M = 4{,}5$). Der Preis liegt jedoch über den Grenzkosten ($p^C = 3 >$ GK = 0) womit auch im Cournot-Duopol der soziale Überschuss nicht maximiert wird.

10.2.2 Cournot-Oligopol mit Kostenheterogenität

Bislang gingen wir von symmetrischen Unternehmen mit identischen Kosten aus. Das vereinfachte die Analyse und führte auf ein symmetrisches Gleichgewicht. Für die Anwendung auf den Außenhandel ist es aber wichtig, auch den Fall mit unterschiedlichen Kosten zu analysieren: Durch Handelskosten in Form von Transportkosten oder Zöllen werden Unternehmen aus verschiedenen Ländern selbst bei identischen Produktionskosten unterschiedliche Kosten für die Bereitstellung des Gutes aufweisen. Während bei vollständigem Wettbewerb unterschiedlich hohe Kosten zum Marktaustritt des ineffizienten Unternehmens führen würden, kann im Oligopol auch ein Unternehmen mit höheren Kosten auf dem Markt bestehen, solange die Kostendifferenz nicht zu ausgeprägt ist.

Die Erweiterung auf **heterogene Kosten** soll nun auch benutzt werden, um in Analogie zur Monopolanalyse eine etwas verallgemeinerte Spezifikation des Cournot-Modells vorzustellen. Dabei gehen wir von einem Markt mit exogen vorgegebener Unternehmenszahl n aus (und damit implizit von Markteintrittsbarrieren). Wie bislang stellen die Unternehmen ein homogenes Gut her, können nun jedoch unterschiedliche Kostenfunktionen $C_i(x_i)$ aufweisen. Diese Unterschiede können z. B. durch verschiedene Technologien oder durch die unterschiedliche Größe des Kapitalstocks bedingt sein, aber natürlich auch durch Handelskosten, die beim Export in den ausländischen Markt anfallen. Der Zusammenhang zwischen dem Marktpreis p und dem Branchenoutput $X \equiv x_1 + \ldots + x_n$ ist nicht mehr linear, sondern wird allgemein durch die inverse Nachfragefunktion $p(X)$ mit $\partial p(X) / \partial x_i < 0$ beschrieben. Damit hat Unternehmen i folgende Gewinnfunktion:

$$\pi_i(x_i, X_{-i}) = p(x_i, X_{-i}) \cdot x_i - C_i(x_i) \quad \text{mit} \quad X_{-i} \equiv X - x_i. \tag{10.6}$$

In dieser Gewinnfunktion zeigt sich die Interdependenz der Unternehmen: Der Gewinn π_i ist nicht nur vom eigenen Output x_i, sondern auch von der (aggregierten) Produktionsmenge X_{-i} der Konkurrenten abhängig („$-i$" bezeichnet hier alle Unternehmen außer Unternehmen i).

Die Strategie eines Unternehmens besteht wie bisher in der Festlegung der eigenen Absatzmenge x_i. Die Reaktionsfunktionen $x_i = R_i(X_{-i})$ sind implizit durch die Bedingungen erster Ordnung der Gewinnfunktionen gegeben:

$$\frac{\partial \pi_i}{\partial x_i} = p(X) + x_i \cdot \frac{\partial p(X)}{\partial x_i} - \frac{dC_i(x_i)}{dx_i} \overset{!}{=} 0 \quad i = 1, \ldots, n. \tag{10.7}$$

Für explizite Nachfrage- und Kostenfunktionen erhält man analog zum Vorgehen im linearen Duopol durch Auflösen nach x_i die Reaktionsfunktionen der Unternehmen. Für den Fall des Duopols lassen sich diese Reaktionskurven wieder im (x_1, x_2)-Diagramm graphisch darstellen. Der Schnittpunkt der Reaktionskurven stellt dann das Cournot-Nash-Gleichgewicht dar: Da hier für beide Unternehmen $x_i^C = R_i(x_j^C)$ gilt, hat keines einen Anreiz, einseitig seinen Output zu verändern, d. h. von x_i^C bzw. x_j^C abzuweichen.

Für die weitere Analyse in diesem Kapitel sind unterschiedliche Kosten der zentrale Aspekt. Zur Veranschaulichung soll darum erneut von zwei Unternehmen ($n = 2$) und der linearen Preis-Absatz-Funktion $p(X) = 9 - X$ ausgegangen werden, da in diesem Fall sowohl eine graphische Darstellung wie Abbildung 10.6 möglich ist als auch eine explizite analytische Lösung bestimmt werden kann. Außerdem werden konstante Durchschnittskosten unterstellt, die wie bisher für Unternehmen 2 auf DK = GK = 0 normiert sind. Für Unternehmen 1 sind die Grenzkosten durch $c_1 = dC_1(x_1)/dx_1 > 0$ gegeben und damit die Gewinnfunktion durch $\pi_1(x_1, x_2) = [9 - (x_1 + x_2)] \cdot x_1 - c_1 \cdot x_1$. Für Unternehmen 1 ergibt sich dann die Reaktionsfunktion $x_1 = R_1(x_2) = 4{,}5 - 0{,}5 \cdot (x_2 + c_1)$. Setzen wir $R_2(x_1)$ für x_2 ein, so erhalten wir $x_1 = 4{,}5 - 0{,}5 \cdot (4{,}5 - 0{,}5 \cdot x_1 + c_1)$ und als Cournot-Menge $x_1^C(c_1) = 3 - 2/3 \cdot c_1 < x_1^C(c_1 = 0) = 3$. Wie wir erkennen können, sinkt die Menge damit in den eigenen Grenzkosten. Die Menge für Unternehmen 2 steigt gegenüber dem symmetrischen Gleichgewicht entsprechend auf $x_2^C(c_1) = 4{,}5 - 0{,}5 \cdot (3 - 2/3 \cdot c_1) = 3 + 1/3 \cdot c_1 > x_2^C(c_1 = 0) = 3$, d. h. je ineffizienter Unternehmen 1 ist, desto mehr wird Unternehmen 2 produzieren. In der Abbildung kommt es durch die höheren Kosten zu einer Verschiebung der Reaktionskurve von Unternehmen 1 nach innen und damit zu einem Schnittpunkt der beiden Reaktionskurven, bei dem Unternehmen 1 weniger und Unternehmen 2 mehr absetzt als bei symmetrischen Kosten.

In Abbildung 10.6 ist auch der Grenzfall eingezeichnet, bei dem die Kosten von Unternehmen 1 so hoch sind, dass es den Markt verlässt ($c_1 \gg c_2 = 0$). Die Reaktionskurve von Unternehmen 1 schneidet hier diejenige von Unternehmen 2 an der x_2-Achse. Wir können diese Kosten im vorliegenden Beispiel aus der Bedingung $x_1^C(c_1) = 0 = 3 - 2/3 \cdot c_1$ bestimmen und erhalten somit $c_1 = 4{,}5$. Alternativ kann

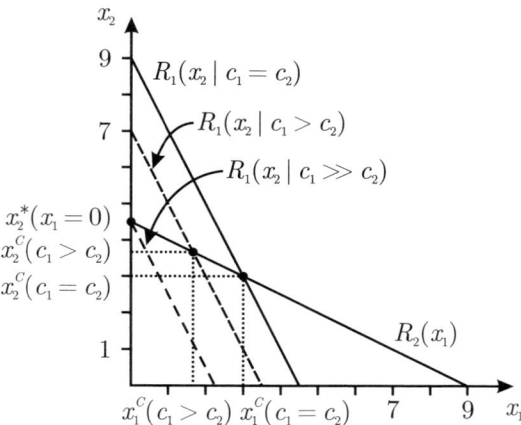

Abb. 10.6: Cournot-Duopol mit heterogenen Kosten

man dieses Ergebnis auch über den Ansatz mit der Restnachfrage ableiten: Produziert Unternehmen 2 die Monopolmenge x^M = 4,5 (dies ist für x_1 = 0 die optimale Lösung), so bleibt für Unternehmen 1 eine Restnachfrage von $p(x_1)$ = 4,5 − x_1. Bei Grenzkosten GK ≥ 4,5 ist es dann für Unternehmen 1 optimal, auf eine Produktion zu verzichten, da es ansonsten Verlust machen würde.

10.3 Außenhandel bei unvollständigem Wettbewerb

In den letzten beiden Abschnitten haben wir die notwendigen Voraussetzungen erarbeitet, um uns mit drei Außenhandelsphänomenen bei unvollkommenem Wettbewerb auseinandersetzen zu können. Erstens thematisieren wir die Wirkung einer Öffnung für Außenhandel in einem Markt mit inländischem Monopol. Zweitens beschäftigen wir uns mit **Dumping**, d. h. dem Verkauf von Gütern im Ausland zu Preisen, die unter dem Preis im Inland (*price-based dumping*) oder unter den eigenen (Durchschnitts-)Kosten (*cost-based dumping*) liegen. Drittens behandeln wir schließlich darauf aufbauend den beidseitigen Handel homogener Produkte (*cross hauling* oder *reciprocal dumping*) in einer Situation mit Handelskosten. Diese Konzepte werden wir auch in späteren Kapiteln wieder aufgreifen: Das inländische Monopol beim Vergleich der Wirkungen von Zöllen und Kontingenten (Abschnitt 14.4), Dumping bei der Analyse sogenannter Anti-Dumping-Zölle (Abschnitt 17.3) und den beidseitigen Handel bereits in den nächsten Kapiteln im Rahmen einer Modellierung mit differenzierten Produkten und monopolistischer Konkurrenz.

10.3.1 Außenhandel bei inländischem Monopol

In Kapitel 3 analysierten wir den Übergang von Autarkie zu Freihandel in einem Zwei-Länder-Modell mit vollkommenem Wettbewerb. Der Weltmarktpreis lag dabei zwischen den beiden Autarkiepreisen und das Land mit dem höherem Autarkiepreis importierte das Gut. Nach Aufnahme des Außenhandels ging die inländische Produktionsmenge im Importland zurück und der Konsum erhöhte sich. Wir stellen uns nun die Frage, was sich an dieser Analyse ändert, wenn im Inland bei Autarkie eine Monopolsituation herrscht. Zur Vereinfachung der Analyse gehen wir dabei nicht mehr von einem Zwei-Länder-Modell, sondern von einem im Vergleich zum Weltmarkt kleinen Land aus, das den Weltmarktpreis nicht beeinflussen kann – eine Annahme, die wir auch bei der Analyse der Handelspolitik häufig treffen werden.

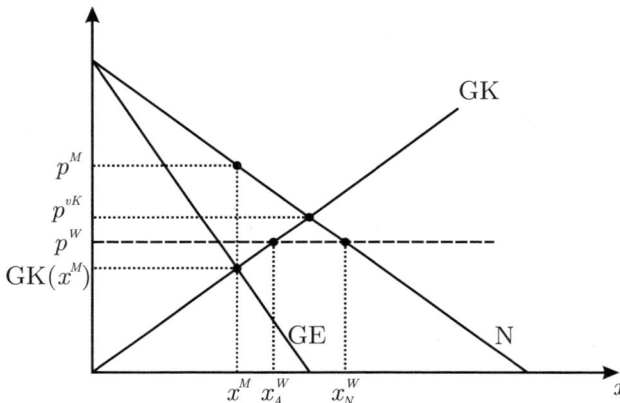

Abb. 10.7: Aufnahme von Handel bei inländischem Monopol

Die Auswirkungen der Aufnahme des Außenhandels lassen sich im Monopoldiagramm in Abbildung 10.7 veranschaulichen. In der Ausgangssituation bei Autarkie produziert der Monopolist die Menge x^M und setzt sie zum Monopolpreis p^M ab. Wird nun zum Weltmarktpreis p^W Handel aufgenommen, erhöht sich nicht nur der Konsum auf x_N^W, sondern auch die inländische Produktion auf x_A^W. Warum ist dies so? Der inländische Monopolist verliert durch den ausländischen Wettbewerb seine Marktmacht und muss sich jetzt als Mengenanpasser am Weltmarktpreis orientieren (die Weltmarktpreislinie stellt seine neue Grenzerlöskurve dar). Entscheidend ist hierbei allerdings, dass es nur dann zu einer Produktionsausweitung kommt, wenn der Weltmarktpreis die Grenzkosten bei der Autarkiemenge übersteigt, d. h. $p^{vK} > \mathrm{GK}(x^M)$. Liegt der Weltmarktpreis unter diesem Grenzwert, kommt es auch beim Monopol im Inland zu einer Einschränkung der inländischen Produktion.

Ein weiteres interessantes Phänomen stellt sich ein, wenn der Weltmarktpreis den Autarkiepreis p^{vK} übersteigt, der sich bei vollkommenem Wettbewerb im Inland ergeben hätte. In diesem Fall ist das Inland wie bei vollkommenem Wettbewerb nicht Import-, sondern Exportland. Während sich jedoch ausgehend vom Autarkiegleichgewicht bei inländischem Wettbewerb der inländische Preis auf jeden Fall erhöht, führt die potentielle Konkurrenz aus dem Ausland bei einem Weltmarktpreis zwischen p^{vK} und p^M im Monopolfall zu einer Preissenkung und damit zu einer Konsumausweitung gegenüber der Autarkiesituation. Beachten Sie in diesem Zusammenhang, dass die Information über die Autarkiepreise bei unvollkommenem Wettbewerb keine sichere Vorhersage des anschließenden Handelsmusters erlaubt: Trotz eines höheren Autarkiepreises (im Vergleich zum Rest der Welt) kann das Inland bei Aufnahme des Außenhandels zu einem Exporteur im betrachteten Sektor werden. Im nächsten Abschnitt werden wir ebenfalls von einem inländischen Monopolisten ausgehen, aber im Gegensatz zur jetzigen Analyse segmentierte Märkte und eine einseitige Öffnung des ausländischen Marktes unterstellen (d. h. der Monopolist behält seine Marktposition im Inland).

10.3.2 Dumping als monopolistische Preisdiskriminierung

Für Dumping als Preisdiskriminierung müssen zwei Voraussetzungen erfüllt sein: Zum einen muss ein Unternehmen zumindest in einem der nationalen Märkte über Marktmacht verfügen. Zum anderen müssen der inländische und der ausländische Markt segmentiert sein, d. h. es muss für die inländischen Konsumenten unmöglich sein, die für den Export vorgesehenen Güter zu kaufen.

Die praktischen Probleme der **Marktsegmentierung** zeigen sich beispielsweise im europäischen Automobilmarkt. Die Automobilhersteller versuchen unterschiedliche Preise auf den nationalen Märkten durchzusetzen. Dies wird jedoch durch sogenannte „Grauimporte" erschwert bzw. unterlaufen, wobei Händler aus einem EU-Land Fahrzeuge an Konsumenten aus einem anderen EU-Land verkaufen. Während somit innerhalb der EU aufgrund geringer Handelskosten (keine Zölle, Binnenmarkt, geringe Transportkosten) eher von einem weitgehend integrierten Markt ausgegangen werden kann, ist die Segmentierung im Handel mit anderen wichtigen Handelspartnern wie den USA oder Asien sehr viel ausgeprägter.

Wir werden im Weiteren annehmen, dass die Märkte perfekt segmentiert sind und zudem zur Vereinfachung ein Monopol im Inland unterstellen. Die zentrale Argumentation bliebe jedoch unverändert, wenn die Segmentierung nur unvollständig wäre (und die Höhe der Preisdifferenzierung damit beschränkt) oder die Unternehmen bereits bei Autarkie als Oligopolisten nur über eingeschränkte Marktmacht verfügen würden.

Der zentrale **Auslöser für Dumping** ist, dass die Profitabilität des zusätzlichen Absatzes in einem Markt nicht durch die Höhe des Erlöses, sondern durch den Grenzerlös bestimmt ist und die Grenzerlöskurve eines Unternehmens mit Marktmacht im Preis-Mengen-Diagramm fallend verläuft. Dies lässt sich anhand eines Zahlenbeispiels verdeutlichen: Angenommen, ein Unternehmen setzt im Inland 1.000 Einheiten seines Produktes zu einem Preis von 20 Euro und im Ausland 100 Einheiten zu einem Preis von 15 Euro ab, wodurch es einen Gesamtumsatz von 21.500 Euro erzielt. In diesem Fall erscheint es auf den ersten Blick sinnvoll, den Absatz im Ausland zu reduzieren und mehr im Inland abzusetzen. Nehmen wir an, dass in beiden Märkten gilt, dass eine zusätzliche Einheit nur verkauft werden kann, wenn der Preis um 1 Cent reduziert wird, während bei Reduktion des Absatzes um eine Einheit der Preis um 1 Cent steigt.

- Der Grenzerlös einer zusätzlichen Einheit beträgt im Inland dann nur 9,99 Euro: Zwar kann das zusätzlich abgesetzte Produkt für 19,99 Euro verkauft werden. Gleichzeitig reduziert sich aber der Preis der 1.000 anderen abgesetzten Einheiten von 20 Euro auf 19,99 Euro, so dass sich der inländische Erlös insgesamt um $+19,99$ Euro $- 1.000 \cdot 0,01$ Euro $= 9,99$ Euro ändert.

- Der Grenzerlös im Ausland sinkt demgegenüber durch die Reduktion des Absatzes um 14,01 Euro: Für das nun weniger abgesetzte Produkt entfällt ein Verkaufserlös in Höhe von 15 Euro. Dem steht gegenüber, dass die übrigen 99 Produkte nunmehr zu einem Preis von 15,01 Euro abgesetzt werden, d. h. der Erlös im Ausland sinkt insgesamt um $-15,00$ Euro $+ 99 \cdot 0,01$ Euro $= -14,01$ Euro.

Die Nettoänderung der Verlagerung einer Outputeinheit aus dem Ausland ins Inland beträgt somit $-4,02$ Euro und führt zu einem Rückgang des Gesamtumsatzes auf 21.495,98 Euro. Warum ist dies so, obwohl der Durchschnittserlös im Inland höher ist? Der Grenzerlös ist im Ausland deswegen höher, weil bei einer Ausweitung der Produktion die resultierende Preissenkung nur bei 100 verkauften Einheiten zu Buche schlägt, während im Inland 1000 Einheiten und zu einem um 1 Cent niedrigeren Preis verkauft werden müssen.

Da aufgrund von Handelskosten und der Präferenz von Konsumenten für inländische Produkte in der Realität sowohl der Marktanteil im Ausland als auch die Marktmacht normalerweise geringer sind, ist es üblicherweise attraktiv im Ausland auch dann anzubieten, wenn der Durchschnittserlös (nicht der Grenzerlös!) geringer ist als im Inland[2] – in unserem Beispiel würde der Gesamtumsatz um 3,98 Euro steigen, wenn die letzte im Inland verkaufte Einheit stattdessen im Ausland abgesetzt würde.

Die resultierende **Preisdiskriminierung** lässt sich graphisch besonders einfach und anschaulich für den Fall darstellen, dass ein Unternehmen im Inland Monopolist ist und sich im Ausland vollkommenem Wettbewerb gegenübersieht. Dies dürfte zwar eher selten auftreten, bildet aber beispielsweise die Situation während der zeitlich versetzten Deregulierung der Telekommunikationsmärkte in den 1980er und 1990er Jahren recht gut ab: In den noch nicht deregulierten Märkten waren die Telekommunikationsunternehmen Monopolisten, konnten aber gleichzeitig in den deregulierten Märkten in anderen Ländern als Wettbewerber auftreten.

---

[2]Wegen des geringeren Marktanteils befindet sich das Unternehmen im Ausland weiter oben auf der fallend verlaufenden Grenzerlöskurve. Bei geringerer Marktmacht verläuft die Grenzerlöskurve flacher und die Grenzerlöse sinken dann langsamer mit steigendem Output. Beide Effekte implizieren somit bei gegebenem Durchschnittserlös einen höheren Grenzerlös.

Wir gehen in Abbildung 10.8 von einem ansteigenden Verlauf der Grenzkostenkurve und – aufgrund von Fixkosten – von einem U-förmigen Verlauf der Durchschnittskostenkurve aus. Sie wird dabei in ihrem Minimum von der GK-Kurve geschnitten. Die inländische Nachfrage N_h ist durch eine lineare Preis-Absatz-Funktion gegeben, aus der eine doppelt so steile lineare inländische Grenzerlöskurve GE_h resultiert. Die Nachfrage auf dem Auslandsmarkt N^* ist aufgrund des vollkommenen Wettbewerbs über die horizontale Preislinie beim ausländischen Marktpreis p^* gegeben. Sie fällt mit der Grenzerlöskurve GE^* für den Auslandsmarkt zusammen, da sich der Preis bei vollkommenem Wettbewerb durch eine zusätzlich abgesetzte Einheit nicht verringert.

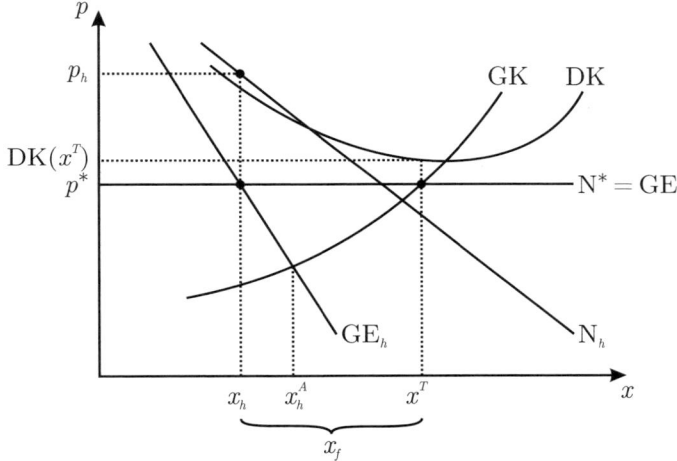

Abb. 10.8: Dumping als monopolistische Preisdiskriminierung

Wie wir aus der Analyse zur Preisdiskriminierung wissen, müssen im Gewinnmaximum die Grenzerlöse in beiden Märkten gleich sein und den Grenzkosten bei der entsprechenden Gesamtabsatzmenge entsprechen. Die inländische Produktion x_h ergibt sich somit im Schnittpunkt zwischen inländischer Grenzerlöskurve GE_h und ausländischer Preislinie p^*, die Gesamtproduktion x^T im Schnittpunkt der ausländischen Preislinie mit der Grenzkostenkurve; die Differenz zwischen den beiden Mengen gibt dann die Exportmenge $x_f = x^T - x_h$ an.

Beachten Sie folgende Punkte:

- Der Monopolist reduziert seinen inländischen Absatz gegenüber der Autarkiesituation, von x_h^A auf x_h. Grund dafür ist, dass die für ihn relevanten Grenzkosten des zusätzlichen Inlandsabsatzes in den entgangenen Erlösen auf dem Auslandsmarkt bestehen (Opportunitätskosten).

- Der Preis auf dem Exportmarkt p^* ist zwar geringer als der Inlandspreis p^h, übersteigt aber den inländischen Grenzerlös, der sich bei einer Ausweitung der

Absatzmenge über die optimale inländische Absatzmenge x^h hinaus ergeben würde.

■ Der Preis auf dem Exportmarkt p^* ist im vorliegenden Fall geringer als $DK(x^T)$, die Durchschnittskosten beim optimalen Gesamtabsatz. Dies ist in relativ hohen Fixkosten begründet: Bei geringeren Fixkosten würde der Preis über den Durchschnittskosten liegen. Warum ist es sinnvoll, das Produkt zu einem Preis unter den Durchschnittskosten zu exportieren? Da wir uns im fallenden Bereich der Durchschnittskostenkurve befinden, verringern sich diese bei einer Ausweitung der Produktion: Solange der Preis die Grenzkosten übersteigt, liefert eine weitere Absatzeinheit einen Beitrag zur Deckung der Fixkosten und erhöht damit den Gewinn (der Deckungsbeitrag der zusätzlichen Einheit und damit der Grenzgewinn ist durch die Differenz zwischen Preis und Grenzkosten gegeben).

Im Kapitel über Anti-Dumping-Zölle werden wir lernen, dass aus Sicht der gesetzlichen Regelungen in der EU oder den USA dann Dumping vorliegt, wenn der Erlös pro Einheit (Preis minus Handelskosten) unter dem inländischen Preis liegt (*price-based dumping*) oder die Herstellungskosten pro Stück unterschreitet (*cost-based dumping*). Wie wir hier gesehen haben, können beide Formen von Dumping aus dem Gewinnmaximierungsverhalten von Unternehmen bei unvollkommenem Wettbewerb erklärt werden. Ein „unfaires" Verhalten wie es implizit in den Anti-Dumping-Regelungen unterstellt wird (z. B. der Versuch, die inländischen Wettbewerber durch die Dumpingpreise vom Markt zu verdrängen) dürfte somit in den wenigsten Fällen von Dumping gegeben sein.

10.3.3 Beidseitiger Handel im homogenen Cournot-Duopol

Wenn wir nun im Gegensatz zur bisherigen Analyse davon ausgehen, dass bei Autarkie in beiden Märkten Monopole vorliegen, so können wir zeigen, dass es zum Handel homogener Produkte in beide Richtungen (*cross hauling* oder *reciprocal dumping*) kommen kann. In einem ersten Schritt wollen wir in einer Situation mit symmetrischen Ländern und Unternehmen anhand einer graphischen Darstellung zeigen, dass das ausländische Unternehmen bei gegebener Monopolmenge des inländischen Konkurrenten einen Anreiz hat, seine Produkte zu exportieren. Hintergrund ist dabei, dass der Exportabsatz aufgrund der Marktsegmentierung den Preis im Heimatmarkt nicht verändert. Vielmehr wird der Preis im anderen Markt reduziert, was ausgehend von einer Situation ohne Export nur den Gewinn des ausländischen Unternehmens verringert. Darin besteht jetzt der entscheidende Unterschied zum im vorigen Abschnitt analysierten Beispiel mit vollständigem Wettbewerb im ausländischen Markt, bei dem der Preis nicht verändert wurde.

Wenn keine Handelskosten vorliegen, sind die beiden Märkte nicht segmentiert und es stellt sich das Duopolgleichgewicht auf dem integrierten Markt (d. h. mit aggregierter Nachfrage) ein. Für **reciprocal dumping** brauchen wir also Handelskosten, z. B. in Form von Transportkosten. Die grundsätzlichen Überlegungen wollen wir nun an einem einfachen Beispiel mit linearen Preis-Absatz-Funktionen $p(X) = 10 - X$ in jedem der beiden Märkten, konstanten Grenzkosten in Höhe von GK = 2 und Handelskosten $c_T = 1$ pro exportierter Einheit veranschaulichen.

Im Autarkiefall resultiert hier in beiden Märkten eine Absatzmenge von $x^A = 4$ und ein Preis $p^A = 6$. Um im Inland eine zusätzliche Einheit absetzen zu können, müsste der Monopolist den Preis auf $p = 5$ reduzieren. Wegen der Verringerung der Einnahmen bei den ersten vier Einheiten würde sich sein Erlös nur um 1 Euro erhöhen. Bei Grenzkosten von 2 Euro ist eine Ausweitung des Inlandsabsatzes nicht vorteilhaft. Exportiert das Unternehmen stattdessen eine Einheit ins Ausland, so kann es dafür ebenfalls einen Preis $p = 5$ erzielen. Dem stehen jetzt zwar Kosten in Höhe von 3 Euro (GK + c_T) gegenüber, aber da die Verringerung des Preises im Ausland nur den Erlös reduziert, den das ausländische Unternehmen auf seine vier Einheiten erzielt, ist der Export vorteilhaft: $p - (\text{GK} + c_T) = 2 > 0$.

Die Gleichgewichte in den beiden segmentierten Märkten können wir über das in Abschnitt 10.2.2 entwickelte Duopolmodell mit asymmetrischen Kosten bestimmen. In Abbildung 10.9 ist die Lösung für den **Inlandsmarkt** im konkreten Fall veranschaulicht (im Auslandsmarkt ergibt sich ein analoges Ergebnis). Die Kosten auf dem heimischen Markt betragen $c_h = \text{GK} = 2$, die Kosten auf dem fremden Markt $c_f = \text{GK} + c_T = 3$. Ausländische Größen werden erneut mit Sternchen (*) gekennzeichnet. Zusätzlich kennzeichnet der Index h, dass es um eine Größe (z. B. die Kosten oder die Menge) des inländischen oder ausländischen Unternehmens für den jeweils heimischen Markt geht, während f eine Größe für den fremden Markt (den Exportmarkt) markiert.

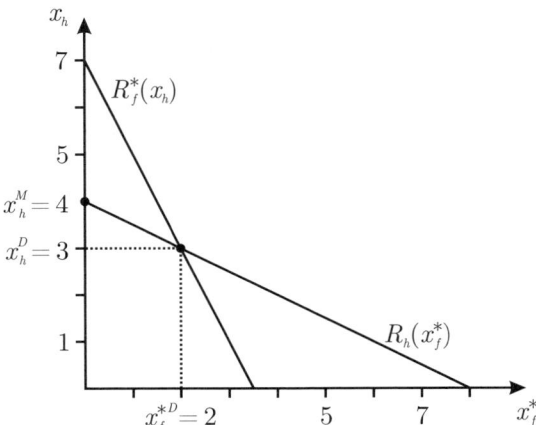

Abb. 10.9: Internationales Cournot-Duopol mit Transportkosten

Damit lautet die Gewinnfunktion des inländischen Unternehmens in seinem Heimatmarkt $\pi_h(x_h, x_f^*) = (10 - x_h - x_f^*) \cdot x_h - 2 \cdot x_h$ und diejenige des ausländischen Wettbewerbers $\pi_f^*(x_h, x_f^*) = (10 - x_h - x_f^*) \cdot x_f^* - (2 + 1) \cdot x_f^*$. Über die Bedingungen erster Ordnung erhalten wir die Reaktionsfunktionen $R_h(x_f^*) = 4 - 0{,}5 \cdot x_f^*$ und $R_f^*(x_h) = 3{,}5 - 0{,}5 \cdot x_h$. Setzen wir nun $R_f^*(x_h)$ als x_f^* in $R_h(x_f^*)$ ein, erhalten wir $x_h = 4 - 0{,}5 \cdot (3{,}5 - 0{,}5 \cdot x_h)$ und durch Auflösen nach x_h die Menge des inländischen Unternehmens, $x_h = (16 - 7)/4 \cdot 4/3 = 3$. Durch Einsetzen in $R_f^*(x_h)$ resultiert für den ausländischen Wettbewerber $x_f^* = 3{,}5 - 0{,}5 \cdot 3 = 2$. Betrachten wir auch den zum Inlandsmarkt symmetrischen Auslandsmarkt, sehen wir, dass jedes Unternehmen im Handelsgleichgewicht fünf Einheiten produziert, wovon drei im jeweiligen Heimatland abgesetzt und zwei exportiert werden.

Wie stellen sich nun die Exportanreize bei unvollständigem Wettbewerb aus Sicht der Unternehmen und die **Vorteilhaftigkeit** der Aufnahme von Handelsbeziehungen aus sich der Länder dar?

■ Solange die Handelskosten nicht prohibitiv sind oder ein Unternehmen deutlich höhere Kosten als sein Konkurrent im Auslandsmarkt hat, ist es für das **Unternehmen** vorteilhaft einen Teil seines Absatzes zu exportieren. Dies liegt daran, dass für das Unternehmen der Grenzerlös der ersten Einheit dem Erlös dieser Einheit entspricht, weil die Verringerung der Erlöse für die anderen im Auslandsmarkt abgesetzten Einheiten beim ausländischen Konkurrenten entstehen. Während somit jedes Unternehmen einen Anreiz zum Export hat, verringern sich im Gleichgewicht nun die Gewinne der Unternehmen, da sie dem Wettbewerb des ausländischen Konkurrenten ausgesetzt sind.

■ Dieser zusätzliche Wettbewerb führt zu geringeren Preisen und ist damit für die Konsumenten vorteilhaft. Da aus Perspektive der **Gesamtwohlfahrt** selbst im Cournot-Gleichgewicht noch eine zu geringe Menge zu einem zu hohen Preis abgesetzt würde, wäre in einer Situation ohne Transportkosten sichergestellt, dass die Aufnahme des Handels vorteilhaft ist. Da der gegenseitige Handel aber aufgrund der Transportkosten technisch nicht effizient ist, kann es auch dazu kommen, dass die Wohlfahrt durch Außenhandel verringert wird.

Die beiden Möglichkeiten für den Gesamtwohlfahrtseffekt sind in Abbildung 10.10 dargestellt.

■ In Abbildung 10.10 (a) ist das Ergebnis für das Zahlenbeispiel schematisch veranschaulicht. Hier übersteigt der positive Effekt durch die höhere allokative Effizienz durch die zusätzlich angebotene Einheit (die hellgraue, mit ⊕ gekennzeichnete Trapezfläche) mit 2,50 Euro die Transportkosten in Höhe von 1 Euro (die dunkelgraue, mit ⊖ gekennzeichnete Fläche), die für die vierte im Inland abgesetzte Mengeneinheit nun zusätzlich anfällt. Der Grund ist, dass diese letzte Mengeneinheit als Import vom ausländischen und nicht mehr wie bei Autarkie vom inländischen Unternehmen bereitgestellt wird.

■ Bei nahezu prohibitiven Transportkosten (diese wären im konkreten Beispiel bei $c_T = 4$) kann es jedoch zu einem negativen Nettoeffekt kommen, wie in Abbildung 10.10 (b) schematisch zu sehen ist. Da in diesem Fall der Marktanteil des ausländischen Unternehmens sehr klein sein wird, ist der Effekt quantitativ aber

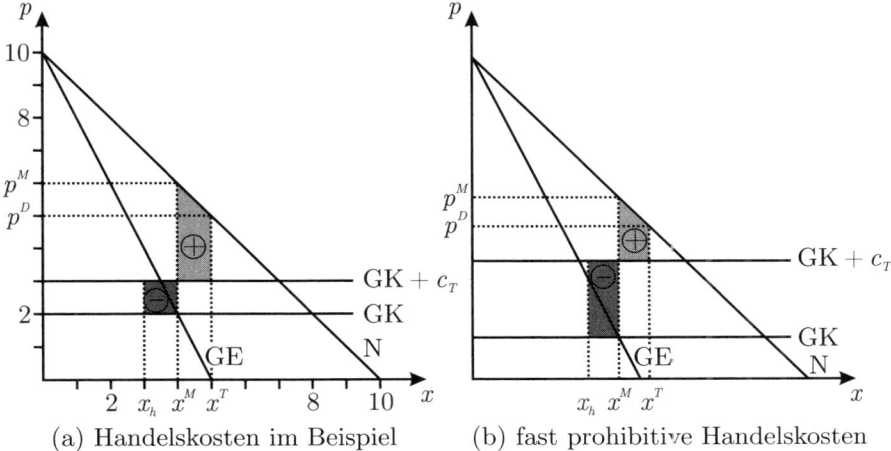

(a) Handelskosten im Beispiel   (b) fast prohibitive Handelskosten

Abb. 10.10: Wohlfahrtseffekt der Handelsaufnahme im Duopolfall

eher unbedeutend. Darüber hinaus lässt sich zeigen, dass in einer Situation mit freiem Marktzutritt (und damit Nullgewinnen) der Wohlfahrtseffekt der Aufnahme von Außenhandel immer positiv ist.

Wie Brander/Spencer (1983) in der grundlegenden Arbeit zu *reciprocal dumping* zeigen, besteht der Anreiz zu gegenseitigem Handel auch dann, wenn anstelle eines Monopols – wie wir es hier betrachtet haben – im Inland bereits Oligopolwettbewerb besteht. Auch bei Mengen- und Preiswettbewerb mit differenzierten Produkten haben die Unternehmen einen Anreiz für Dumping. In der Realität ist ein Übergang von Autarkie zu Freihandel (mit oder ohne Handelskosten) nur sehr selten anzutreffen. Normalerweise ändern sich vielmehr Handelskosten und diese Änderung der Handelskosten ist für die Unternehmen häufig nicht exogen, sondern kann durch eigene Investitionen beeinflusst werden. Wie ist nun eine Verringerung der Handelskosten – z. B. durch die Etablierung des EU-Binnenmarkts seit 1992 oder durch die Möglichkeit des elektronischen Handels über das Internet – im Kontext des unvollkommenen Wettbewerbs zu beurteilen?

Bereits in Brander/Spencer (1983) werden die drei Effekte angesprochen, die bei einer Verringerung der Handelskosten zu berücksichtigen sind: Positiv wirken sich erstens die sinkenden Kosten der Importe aus und zweitens nimmt aufgrund der geringeren (Grenz-)Kosten der Konsum zu. Diesen beiden positiven Effekten steht jedoch der Ersatz einheimischer Produktion durch teurere Importe gegenüber. Liegen die Transportkosten nur knapp unterhalb des Prohibitivniveaus, so kann der negative Effekt überwiegen und die Wohlfahrt wird reduziert (wie in Abbildung 10.10 (b)).

In Bandulet/Morasch (2003) ändern sich die Transportkosten nicht exogen, sondern werden durch Investitionen von Unternehmen beeinflusst – beispielsweise als Investitionen in elektronische Vertriebswege im Zusammenhang mit der Etablierung des Internets zu Beginn des 21. Jahrhunderts. Es stellt sich dann die Frage, ob die Investitionsentscheidungen der Unternehmen auch aus Sicht der Wohlfahrt angemessen sind. Dabei zeigt sich, dass die marginalen Investitionsanreize bei relativ hohen Transportkosten (d. h. in der Nähe des prohibitiven Niveaus) zu hoch und bei geringen Transportkosten zu gering sind. In Bandulet/Morasch (2011) stellen die Unternehmen differenzierte Produkte her und haben neben einer Investition in eine Transportkostensenkung zusätzlich die Möglichkeit, den Grad der Produktdifferenzierung zu ändern. Bei Transportkosten knapp unter der Prohibitivgrenze haben die Unternehmen dann einen Anreiz, durch Verringerung der Produktdifferenzierung das jeweils ausländische Unternehmen aus dem Heimatmarkt fernzuhalten. Da die Konsumenten in diesem Modell eine Präferenz für Produktdifferenzierung haben, ist dieses Verhalten trotz der Vermeidung von Transportkosten jedoch nicht wohlfahrtssteigernd.

Was haben wir gelernt?

- Unvollkommener Wettbewerb liefert gegenüber dem Ansatz komparativer Kosten zusätzliche Handelsmotive, bei denen die Anreize und das Verhalten der Unternehmen eine zentrale Rolle spielen.

- Unternehmen bei unvollkommenem Wettbewerb sehen sich einer sinkenden Grenzerlöskurve gegenüber. Dies führt zu Preisen, die die Grenzkosten übersteigen und somit das Potential zu Wohlfahrtssteigerungen durch intensivierten Wettbewerb beinhalten.

- Im Falle eines inländischen Monopolisten beschränkt die Aufnahme von Außenhandel dessen Preissetzungsspielraum und hat damit positive Effekte, die über die Vorteile des Handels bei vollkommenem Wettbewerb hinausgehen.

- Bei unvollkommenem Wettbewerb kann auch dann ein Anreiz zum Export bestehen, wenn ein Unternehmen – beispielsweise aufgrund von Handelskosten – im Exportmarkt höhere Kosten als die Konkurrenten aufweist. Hintergrund ist dabei der sinkende Verlauf der Grenzerlöskurve, der bei geringem Marktanteil im Exportmarkt zu einem relativ hohen Grenzerlös im Vergleich zum Grenzerlös im Heimatmarkt führt.

- Ein inländischer Monopolist kann dann seinen Gewinn erhöhen, wenn er einen Teil seiner Produktion zu einem Preis unter dem inländischen Monopolpreis auf einem segmentierten Auslandsmarkt absetzt. Der Export kann dabei selbst dann vorteilhaft sein, wenn der ausländische Marktpreis die Durchschnittskosten nicht deckt. Dies liefert eine ökonomische Erklärung für „Dumping", das in der praktischen Handelspolitik als unfaire Handelspraktik angesehen wird.

> ■ Bei zwei durch Transportkosten segmentierten Märkten kann es entsprechend zu gegenseitigem Handel mit homogenen Produkten kommen (*reciprocal dumping*), der auf den ersten Blick aufgrund der Transportkosten unsinnig erscheint, durch den zusätzlichen Wettbewerb jedoch die allokative Verzerrung vermindert und dadurch für beide Länder vorteilhaft sein kann.

Ergänzende und weiterführende Literatur

Bandulet, R. und K. Morasch (2003), Incentives to Invest in Transport Cost Reduction – Conceptual Issues and an Application to Electronic Commerce, Topics in Economic Analysis & Policy, Vol. 3, No. 1, Article 18, http://www.bepress.com/bejeap/topics/vol3/iss1/art18. [*Anreize zur Investition in eine Reduktion der Handelskosten im internationalen Duopol mit differenzierten Produkten.*]

Bandulet, R. und K. Morasch (2011), Sharing the Market or Getting Closer for a Fight? Strategic Reaction to Reduced Trade Costs, Erscheint in: Open Economies Review, Vol. 22. [*Erweiterung der Analyse von Bandulet/Morasch (2003) um die Möglichkeit, den Grad der Produktdifferenzierung zu beeinflussen.*]

Brander, J. und P. Krugman (1983), A 'Reciprocal Dumping' Model of International Trade, Journal of International Economics, Vol. 15, No. 3–4, 313–321. [*Die grundlegende Arbeit zum Reciprocal-Dumping-Modell.*]

Pindyck, R. S. und D. L. Rubinfeld (2009), Microeconomics, 7th ed., Boston: Pearson Education, ch. 10–12. [*Darstellung von Monopolpreisbildung, Preisdiskriminierung und Oligopolwettbewerb mit vielen Anwendungsbeispielen.*]

Kontrollfragen und Übungsaufgaben

1. Ein Monopolist hat die Kostenfunktion: $C(x) = 0,5 \cdot x^2 + x + 4$ und sieht sich der Preis-Absatz-Funktion $p(x) = 10 - x$ gegenüber.

   a) Bestimmen Sie graphisch und rechnerisch die gewinnmaximierende Angebotsmenge und den Monopolpreis! Kennzeichnen Sie in Ihrer Graphik die Konsumenten- und Produzentenrente! Wie hoch ist der Wohlfahrtsverlust gegenüber der Lösung bei vollkommener Konkurrenz?

   b) Warum bietet ein Monopolist mit GK > 0 im preiselastischen Bereich der Preis-Absatz-Funktion an? Wie hoch ist hier die Preiselastizität? Wovon hängt allgemein die Marktmacht eines Monopolisten ab und wie hoch ist das Maß der Marktmacht in diesem Fall?

2. Ein Monopolist kann ein Gut zu konstanten Durchschnitts- und Grenzkosten in Höhe von 5 produzieren. Dieses Gut wird im In- und Ausland vertrieben. Im Inland beträgt die Preis-Absatz-Funktion $p(x) = 55 - x$ und im Ausland $p(x^*) = 35 - 0,5 \cdot x^*$. Bestimmen Sie die optimalen Preis-Absatz-Kombinationen für die beiden Märkte! Wie hoch ist der Gewinn des Unternehmens?

3. Zwei Unternehmen produzieren ein homogenes Gut zu konstanten Durchschnitts- und

Grenzkosten von 5. Die Preis-Absatz-Funktion ist durch $p(X) = 50 - X$ gegeben, mit $X = x_1 + x_2$.

a) Bestimmen Sie die Gewinne der Unternehmen als Funktionen der eigenen Absatzmenge und derjenigen des Konkurrenten! Ermitteln Sie auf dieser Grundlage zunächst die Reaktionsfunktionen und bestimmen Sie dann graphisch und rechnerisch das resultierende Cournot-Gleichgewicht!

b) Gehen Sie jetzt davon aus, dass die Kosten von Unternehmen 2 DK = GK = 8 betragen, während Unternehmen 1 nach wie vor mit DK = GK = 5 produziert. Wie unterscheidet sich das Ergebnis vom Cournot-Gleichgewicht mit identischen Wettbewerbern?

4. Der Badezubehörfabrikant Plitschplatsch gilt in seinem Heimatland als Monopolist. Im letzten Jahr begann er in den europäischen Markt zu expandieren, in dem freier Wettbewerb bei Badezubehör herrscht. Die Preis-Absatz-Funktion im Heimatmarkt von Plitschplatsch ist durch $p(x) = 20 - 2 \cdot x$ gegeben. Die Produktionskosten liegen bei $C(x) = 0{,}5 \cdot x^2$.

a) Bestimmen Sie rechnerisch und graphisch die Absatzmenge und den Preis auf dem Heimatmarkt von Plitschplatsch! Wie hoch ist der Gewinn des Monopolisten?

b) Je nach Jahreszeit schwankt die Nachfrage in Europa und es ergeben sich unterschiedliche Preise, die unabhängig von der Angebotsmenge von Plitschplatsch sind: Im Winter betrug der Preis $p^W = 2$, im Frühling $p^F = 4$ und im aktuellen Sommer $p^S = 8$. Bestimmen Sie für jede Jahreszeit die gewinnmaximierende Exportmenge des Monopolisten sowohl analytisch als auch graphisch! Wie hoch ist jeweils der gesamte Gewinn des Monopolisten?

11 Intra-industrieller Handel: Empirie und Konzepte

Themenüberblick

■ Intra-industrieller Handel als empirisches Phänomen: Definition und Messung sowie empirische Bedeutung in Bezug auf Branchen und Länder

■ Erklärung im Kontext der traditionellen Handelstheorie: Intra-industrieller Handel als statistisches Artefakt

■ Moderne Erklärungsansätze für intra-industriellen Handel: Fragmentierte Produktionsprozesse, horizontale Produktdifferenzierung und Qualitätsdifferenzierung bei heterogenen Konsumenten

■ Monopolistische Konkurrenz: Produktdifferenzierung und Skalenerträge als Motiv für intra-industriellen Handel

Die traditionelle Außenhandelstheorie erklärt Handel im Kontext komparativer Kostenvorteile. Dieser Ansatz ist jedoch wenig überzeugend, wenn es um die Analyse des beidseitigen Handels ähnlicher Produkte zwischen den Industrieländern geht. Im letzten Kapitel haben wir mit dem *Reciprocal-Dumping*-Modell ein Konzept kennengelernt, bei dem es sogar bei homogenen Produkten zu beidseitigem Handel kommt. Zur Analyse der Handelsstruktur ist diese Modellierung jedoch weniger geeignet: Zum einen wird dabei der empirisch bedeutsame Aspekt der Produktdifferenzierung nicht berücksichtigt. Zum anderen lassen sich Oligopolansätze nur schwer in die Modellwelt des allgemeinen Gleichgewichts aus der traditionellen Handelstheorie integrieren. Nach einer Darstellung der Empirie des intra-industriellen Handels und der prinzipiell möglichen Erklärungsansätze für dieses Phänomen, wollen wir uns deshalb in diesem Kapitel mit einem Handelsmodell mit monopolistischer Konkurrenz beschäftigen, das auf Produktdifferenzierung und Skalenerträgen basiert und wesentlich besser mit den Handelsmodellen zur Erklärung inter-industriellen Handels harmoniert.

11.1 Begriff und Messung des intra-industriellen Handels

In Teil II haben wir Handel analysiert, bei dem ein Land Produkte aus einer Branche exportiert und dafür im Gegenzug Güter aus einem anderen Sektor importiert. Die Handelsstruktur wurde dabei durch Unterschiede zwischen den Ländern in Bezug auf Technologie oder Faktorausstattung erklärt. In der Realität begegnen wir aber häufig dem Phänomen, dass gerade zwischen sehr ähnlichen Ländern in erheblichem Umfang innerhalb einer Branche differenzierte Güter in beide Richtungen gehandelt werden.

So exportiert Deutschland Automobile vom Typ VW Golf, Mercedes A-Klasse und 1er BMW nach Frankreich und importiert gleichzeitig aus Frankreich vergleichbare Fahrzeuge wie beispielsweise den Peugeot 309 oder den Renault Megane. Diese Art von Handel tritt jedoch nicht nur bei Industrieprodukten auf: So belaufen sich beispielsweise die deutschen Weinimporte auf etwas über 2 Mio. Euro, während Deutschland gleichzeitig Wein im Wert von knapp 1 Mio. Euro exportiert.

Wie wir schon in Teil I kurz angesprochen haben, wird der Teil des Handels, bei dem Güter innerhalb einer Branche in beide Richtung gehandelt werden, nach dem englischen Begriff „industry" für „Branche" als intra-industrieller Handel bezeichnet. Welche Produkte gehören aber nun konkret zur gleichen Branche? Bei Wein wäre einerseits die Frage, ob nicht andere alkoholische Getränke wie beispielsweise Bier als hinreichend enge Substitute zu betrachten wären. Auf der anderen Seite trinken manche Konsumenten nur Rotwein aber keinen Weißwein. Schließlich gibt es auch eine erhebliche Qualitätsdifferenzierung: Ist ein einfacher Trollinger für zwei Euro aus dem Supermarkt wirklich mit einem fünf Jahre alten Brunello di Montalcino für dreißig Euro zu vergleichen? Dieser Probleme sollten wir uns bewusst sein, wenn wir uns nun mit der Messung und empirischen Analyse des intra-industriellen Handels beschäftigen, wobei wir zwangsläufig auf die in der Außenhandelsstatistik vorgegebenen Branchenabgrenzung zurückgreifen müssen.

Bei der statistischen Festlegung einer Branche wird meist auf das *Standard Industrial Trade Classification*-System (SITC; Internationales Warenverzeichnis für den Außenhandel) der UN zurückgegriffen. In der aktuellen vierten Revision gibt es fünf Aggregationsstufen, die wiederum in 10 Teile, 67 Abschnitte, 262 Gruppen, 1023 Untergruppen und 2970 kleinste Gliederungseinheiten unterteilt werden. Die oberste Aggregationsstufe ist daher sehr breit gefasst, je tiefer die Gliederungsebene voranschreitet, desto feiner werden die Kategorisierungen, so dass auf der kleinsten Gliederungseinheit sehr spezifische Produktgruppen abgegrenzt werden. Auf der zweiten SITC-Stufe finden sich unter anderem die Aggregate Erdöl und Erdölerzeugnisse, Schuhe, Möbel, organische chemische Erzeugnisse und Metallbearbeitungsmaschinen. Die Zusammenfassungen der gehandelten Warengruppen auf der zweiten oder dritten Ebene entsprechen damit ungefähr der volkswirtschaftlichen Definition einzelner Branchen und diese Aggregationsstufen werden darum üblicherweise für die statistische Messung des intra-industriellen Handels herangezogen.

Haben wir die konkreten Branchenabgrenzungen vorgenommen, stellt sich die Frage, wie wir den Umfang des intra-industriellen Handels in einer Branche messen können. Betrachten wir hierzu beispielhaft die Handelsbeziehung zwischen Deutschland und den BRIC-Ländern (Brasilien, Russland, Indien und China) wie sie in Abbildung 11.1 dargestellt sind. Während Gas ausschließlich von Deutschland importiert wird, findet bei chemischen Erzeugnissen Handel in nahezu gleichem Umfang in beide Richtungen statt. Gemäß der Definition liegt somit bei chemischen Erzeugnissen intra-industrieller Handel vor und bei Gas inter-industrieller.

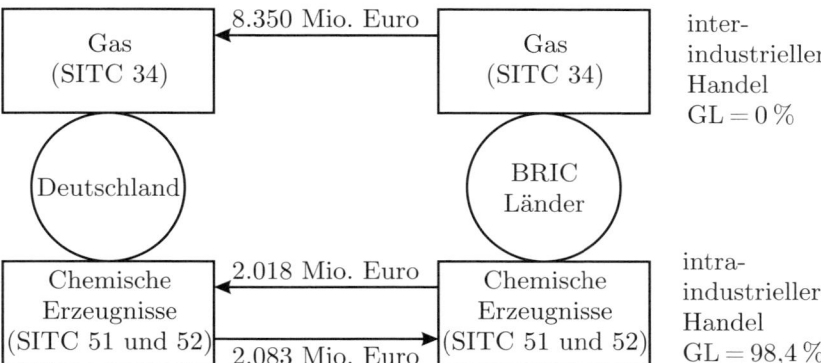

Quelle: Eigene Darstellung basierend auf Daten für 2009 des Statistischen Bundesamts (Statistisches Jahrbuch 2010, S. 476f.).

Abb. 11.1: Beispiele für inter- und intra-industriellen Handel

Neben diesen extremen Beispielen gibt es auch Branchen, wie das oben angeführte Beispiel Wein, in denen ein Land zwar eindeutig Nettoimporteur ist, aber trotzdem eine nicht unerhebliche Menge exportiert. Um für solche Branchen und auch für Länder die relative Bedeutung des intra-industriellen Handels abbilden zu können, brauchen wir eine geeignete Maßzahl. Zur Messung wird zumeist der **Grubel-Lloyd-Index** verwendet, der den Anteil des intra-industriellen Handels am Gesamthandel wiedergibt. Dieser Index ist für eine Branche i definiert als

$$\text{GL}_i = 1 - \frac{|\text{EX}_i - \text{IM}_i|}{\text{EX}_i + \text{IM}_i}, \tag{11.1}$$

wobei EX_i und IM_i die Exporte und Importe in der Branche i bezeichnen. Wie im Beispiel bei Gas ist dieses Maß 0, wenn Handel ausschließlich in eine Richtung stattfindet (nur Importe oder nur Exporte). Wenn der Wert der Exporte EX_i dem Importwert IM_i entspricht, ist der gesamte in der Branche stattfindende Handel intra-industriell, und der Index nimmt den Maximalwert von 1 (bzw. 100 %) an. Bei den chemischen Erzeugnissen wird dieser Wert mit 98,4 % fast erreicht. Beim oben angeführten Beispiel Wein sind die Importe etwa doppelt so hoch wie die Exporte, wodurch sich ein Wert von 66 % ergäbe.

Wir können auch einen Grubel-Lloyd-Index für ein ganzes Land oder für den bilateralen Handel zwischen zwei Ländern berechnen. Hierzu summieren wir (11.1) über alle vorhandenen Branchen $i = 1, \ldots, n$ auf:

$$\text{GL} = 1 - \frac{\sum_{i=1}^{n} |\text{EX}_i - \text{IM}_i|}{\sum_{i=1}^{n} (\text{EX}_i + \text{IM}_i)}. \tag{11.2}$$

Beispielsweise können wir auf Grundlage der Werte in Abbildung 11.1 mit dieser Formel den durchschnittlichen Anteil des intra-industriellen Handels zwischen Deutschland und den BRIC-Ländern in den beiden Branchen bestimmen. Da in der Gasbranche insgesamt deutlich mehr Handel stattfindet, ergibt sich hierbei ein Anteil des intra-industriellen Handels von 32,4 %.

Der Umfang des statistisch erfassten intra-industriellen Handels ist von einer Reihe von Faktoren abhängig. Bevor wir uns etwas genauer mit den verschiedenen Determinanten auseinandersetzen, wird anhand von Abbildung 11.2 der Grubel-Lloyd-Index exemplarisch für verschiedene Branchen in Deutschland und den USA aufgezeigt.

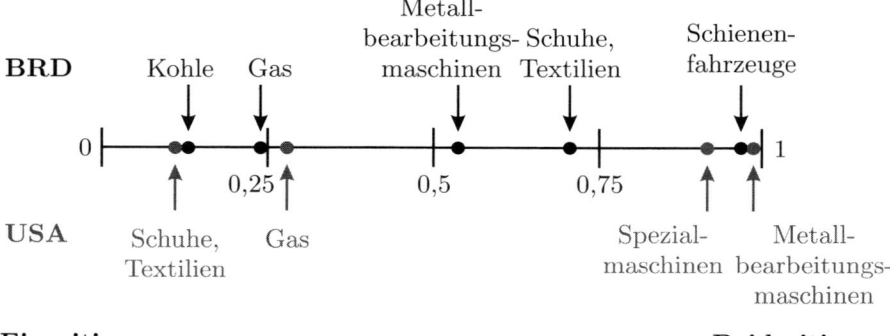

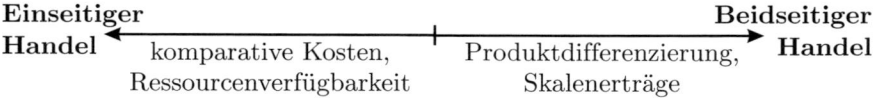

Quelle: Eigene Darstellung basierend auf Daten für 2006 bzw. 2007 der WTO (World Trade Report 2008, S. 41) und Daten des Statistischen Bundesamts (Statistisches Jahrbuch 2010, S. 475).

Abb. 11.2: Handelsmuster von BRD und USA für ausgewählte Güter

Wie zu erwarten war, ist intra-industrieller Handel vor allem bei hochtechnisierten Industriezweigen wie dem Maschinen- und Fahrzeugbau zu beobachten, wo Produktdifferenzierung und Skalenerträge eine wichtige Rolle spielen, während bei Brennstoffen und arbeitsintensiv hergestellten Produkten wie Schuhen oder Textilien interindustrieller Handel aufgrund komparativer Kostenvorteile dominiert. Es gibt aber auch deutliche Unterschiede zwischen Deutschland und den USA. So importieren und exportieren die USA in etwa die gleiche Menge an Metallbearbeitungsmaschinen, während der Grubel-Lloyd-Index in Deutschland nur knapp über 50 % liegt. Hier macht sich bemerkbar, dass bei dieser Art von Gütern komparative Vorteile für die überwiegende Handelsrichtung verantwortlich sein können. Andererseits werden arbeitsintensiv hergestellte Güter wie Schuhe in den USA praktisch nur importiert, während diese von Deutschland auch in großem Umfang exportiert werden. Dabei handelt es sich vermutlich jedoch zum größten Teil nicht um in Deutschland herge-stellte Schuhe, sondern um Wiederausfuhrhandel (dazu gleich Genaueres).

Wir wollen nun nach Erklärungsansätzen für den intra-industriellen Handel suchen. Dabei werden wir in diesem und den nächsten Kapiteln insbesondere die Ansätze der sogenannten „neuen" Außenhandelstheorie zur Anwendung bringen, die den Wunsch der Konsumenten nach Produktdifferenzierung, Skalenerträge bei der Produktion und die Fragmentierung des Produktionsprozesses thematisieren. Vorher sollten wir uns jedoch verdeutlichen, dass ein Teil des in der Außenhandelsstatistik beobacht-baren intra-industriellen Handels auch ohne diese Konzepte erklärbar ist.

11.2 Intra-industrieller Handel als statistisches Artefakt

Intra-industrieller Handel ist zunächst einmal ein mit der Branchenabgrenzung in der Außenhandelsstatistik zusammenhängendes Phänomen. Im Idealfall werden nur Produkte aggregiert, die tatsächlich enge Substitute zueinander darstellen und mit vergleichbaren Technologien (z. B. bezüglich der Faktorintensität) hergestellt wer-den. Gerade bei einer relativ weiten Abgrenzung kann es jedoch sein, dass Produkte der gleichen Branche zugeordnet werden, obwohl sie aus Sicht der Konsumenten kein Substitut zueinander darstellen – beispielsweise werden auf SITC-2-Ebene Fo-tokameras und Uhren in einer Branche zusammengefasst. Wenn Produkte aggregiert werden, die mit unterschiedlichen Technologien bzw. Faktorintensitäten hergestellt werden, so können auch komparative Kostenvorteile den intra-industriellen Handel erklären – dies dürfte z. B. für die SITC-2-Ebene „Gemüse und Früchte" der Fall sein, bei der Unterschiede in Klima und Bodenbeschaffenheit den komparativen Vorteil für die konkrete Variante determinieren.

Selbst wenn mit der Branchenabgrenzung nur funktional homogene Güter zusam-mengefasst werden, kann intra-industrieller Handel als statistisches Artefakt auftre-ten. Dieser Handel entsteht deshalb, weil in der Realität räumliche und zeitliche Dimensionen wichtig sind und neben der Produktion auch der Vertrieb und die Vermarktung eine Rolle spielen. Wie diese drei Aspekte intra-industriellen Handel erklären können, wollen wir nun kurz veranschaulichen.

Handel an Ländergrenzen: Im Neo-Ricardo-Modell in Abschnitt 5.3 haben wir gezeigt, dass bei Vorliegen von Transportkosten Güter nicht gehandelt werden, bei denen der Produktivitätsunterschied zwischen den Ländern gering ist. Wird nun ein solches Gut in räumlich verteilten Produktionsstätten hergestellt, so werden die Konsumenten zur Vermeidung hoher Transportkosten das Gut jeweils von der am nächsten liegenden Produktionsstätte erwerben. Befinden sich aber sowohl im Inland als auch im Ausland solche Produktionsstätten auch in Nähe der Grenze zwischen den beiden Ländern, so wird für manche grenznah lebende Konsumenten die Produktionsstätte im anderen Land die nächstliegende sein und sie werden bei Freihandel das Gut dort erwerben. Somit können Transportkosten und die Verteilung von Produktionsstätten und Konsumenten im Raum zumindest bei direkten Nachbarn das Auftreten intra-industriellen Handels erklären. In der Praxis dürfte somit ein Teil des intra-industriellen Handels in Agglomerationen an Ländergrenzen stattfinden, wie beispielsweise zwischen Aachen und Maastricht an der deutsch-niederländischen Grenze oder zwischen Vancouver und Seattle an der Grenze zwischen Kanada und den USA.

Zeitpunktbezogener Handel: Bei einer Reihe von nicht oder nur beschränkt lagerbaren Gütern ändern sich die Produktionsbedingungen zyklisch oder auch unregelmäßig. Beispielsweise können saisonale Agrarprodukte in Ländern verschiedener Breitengrade jeweils nur in einem bestimmten Zeitraum hergestellt werden. So kann etwa Deutschland im Sommer frische Äpfel exportieren, während es diese im Winter importieren muss. Ein anderes Beispiel ist Elektrizität, deren Nutzung einerseits tageszeitlichen Schwankungen unterliegt, weswegen diese zu Spitzenzeiten importiert werden muss und zu Zeiten nur geringer Auslastung exportiert werden kann. Andererseits sind gerade in diesem Sektor die im Zuge des Klimawandels immer bedeutender werdenden regenerativen Methoden der Energiegewinnung ebenfalls Fluktuationen unterworfen, insbesondere wenn sie abhängig von natürlichen Phänomenen wie der Windstärke oder der Sonneneinstrahlung sind. Da in der Außenhandelsstatistik der Handel innerhalb eines Zeitraums erfasst wird, kommt es somit bei diesen Gütern zu intra-industriellem Handel.

Wiederausfuhrhandel: Wir gingen bislang davon aus, dass ein Gut in Land A produziert und dann in das Konsumland B exportiert wurde. In einer Welt mit vielen Ländern tritt jedoch häufig auch die Situation auf, dass Güter zunächst in ein Drittland C exportiert werden, das dann den Vertrieb in eine Reihe von Konsumländern übernimmt. Das Land C bzw. die darin ansässigen Unternehmen werden damit als Intermediäre im internationalen Handel tätig – mit dieser in der Praxis des Außenhandels wichtigen Funktion werden wir uns in Teil V des Buches noch näher beschäftigen. Hier wollen wir uns nur kurz am Beispiel des Marktes für Sportschuhe die Implikationen für die Außenhandelsstatistik klar machen. Sportschuhe werden aufgrund komparativer Kostenvorteile überwiegend in Ländern mit niedrigen Arbeitskosten wie beispielsweise Vietnam hergestellt. Beim Handel der USA kommt dies in der Statistik unmittelbar zum Ausdruck: Bei Schuhen liegt der Grubel-Lloyd-Index nahe Null, da die USA Sportschuhe und andere Schuhe praktisch nur importieren. Warum ist für Deutschland der intra-industrielle Handel in dieser Branche mit einem GL von 69 % so viel ausgeprägter? Der Grund dürfte darin liegen, dass beispielsweise ein Unternehmen wie Adidas die Sportschuhe in Vietnam herstellen lässt, diese nach Deutschland importiert und dann von dort aus in ganz Europa vertreibt. Den Importen aus Vietnam stehen dann Exporte in die europäischen Ländern gegenüber, obwohl in Deutschland keine Sportschuhe hergestellt werden.

Auch wenn wir damit gezeigt haben, dass ein Teil des beobachteten intra-industriellen Handels ein statistisches Artefakt darstellt und im Kontext der traditionellen Handelstheorie analysiert werden kann, so ist doch offensichtlich, dass man damit den Gesamtumfang des intra-industriellen Handels und insbesondere den Handel hochwertiger Industrieprodukte zwischen den Industrieländern nicht zufriedenstellend erklären kann. Wir werden daher im folgenden Abschnitt Ansätze der neuen Außenhandelstheorie vorstellen, die intra-industriellen Handel im Kontext von Präferenzen der Konsumenten für Produktdifferenzierung, steigenden Skalenerträgen und fragmentierten Produktionsprozessen erklären.

11.3 Arten des intra-industriellen Handels

In der Realität spielen bei Industrieprodukten drei unterschiedliche Arten des intra-industriellen Handels eine Rolle:

- So gibt es **intra-industriellen Handel bei horizontaler Produktdifferenzierung** – ein Beispiel wäre der oben bereits angesprochene Handel zwischen Deutschland und Frankreich mit qualitativ vergleichbaren, aber differenzierten Produkten wie dem VW Golf und dem Peugeot 309.

- **Intra-industrieller Handel mit vertikal differenzierten Produkten** läge demgegenüber beim Import eines Dacia aus Rumänien und dem gleichzeitigen Export eines 3er BMW nach Rumänien vor.

- Schließlich beobachten wir sogenannten **vertikalen intra-industriellen Handel** bei dem Vorprodukte im Rahmen eines fragmentierten Produktionsprozesses aus einem Land importiert und anschließend das Endprodukt wieder in dieses Land exportiert wird – so stellt VW im polnischen Motorenwerk in Polkowice Dieselmotoren her, die dann beispielsweise in Wolfsburg in einen VW Passat eingebaut werden, der anschließend nach Polen exportiert wird.

Wir werden den vertikalen intra-industriellen Handel aufgrund fragmentierter Produktionsprozesse hier nicht weiter thematisieren, da er eng mit den Konzepten von Fragmentierung und Offshoring zusammenhängt, die wir erst in Kapitel 13 behandeln.

Wir wollen nun das konsumseitig orientierte Konzept einer Präferenz für differenzierte Produkte genauer betrachten. Dabei muss zum einen horizontale von vertikaler Differenzierung abgegrenzt werden. Zum anderen müssen wir bei horizontaler Differenzierung zwischen dem Wunsch nach einer Idealvariante und der Vorliebe für Produktvariationen unterscheiden.

Betrachten wir zunächst diese letzte Unterscheidung. Wenn sich jemand ein neues Handy kaufen will, hat er bestimmte Vorstellungen in Bezug auf benötigte Funktionen und Eigenschaften. Wenn wir nun einmal zur Vereinfachung davon ausgehen, dass die Preise der Handys identisch sind, so wird er sich dasjenige Handy auswählen, das seinen Vorstellungen am nächsten kommt. Je mehr Gütervarianten es gibt, desto höher ist dann natürlich auch die Wahrscheinlichkeit, dass es genau die gewünschte Variante gibt oder zumindest eine Variante, die dem Ideal sehr nahe kommt. Die Vorliebe für Produktvariationen spielt demgegenüber bei Gütern eine Rolle, bei denen wir mehr als eine Einheit konsumieren, beispielsweise bei Kleidung. Zwar haben die meisten Leute eine Vorliebe für einen bestimmten Kleidungsstil wie z. B. Jeans und T-Shirt, aber die wenigsten würden sich dann fünfmal das gleiche T-Shirt kaufen, sondern ziehen es vor, T-Shirts in verschiedenen Farben oder mit verschiedenem Aufdruck zu kaufen. Bei der Modellierung intra-industriellen Handels wird meist diese zweite Art von Präferenz für Produktdifferenzierung angenommen, da sie eine Analyse mit homogenen Konsumenten erlaubt und beide Modellierungen bei den außenhandelsrelevanten Aspekten zu qualitativ identischen Ergebnissen kommen.

Vertikale und horizontale Produktdifferenzierung ist in der Realität nicht immer eindeutig trennbar, da Güter sich meist hinsichtlich mehrerer Merkmale unterscheiden und dabei entweder hinsichtlich des Vorhandenseins bestimmter Spezifika oder in Bezug auf die konkrete Ausprägung eines Merkmals („Qualität") differieren können. Dies können wir uns verdeutlichen, wenn wir, wie in Abbildung 11.3, verschiedene Varianten eines Produkts hinsichtlich von kaufrelevanten Produkteigenschaften unterscheiden.

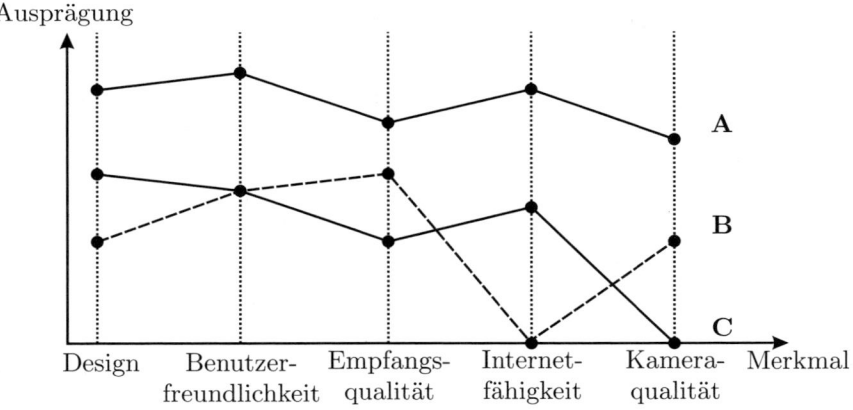

Abb. 11.3: Vertikale und horizontale Produktdifferenzierung: Ausprägung von Produktmerkmalen

Konkret werden hier drei verschiedene Handys in Bezug auf die Merkmale Design, Benutzerfreundlichkeit, Empfangsqualität, Internetfähigkeit und Kameraqualität bewertet. Wir sehen, dass Handy A in allen Kategorien besser als die Handys B und C abschneidet. Zwischen A und B bzw. A und C besteht somit eindeutig eine vertikale Differenzierung: Ein Gut ist von höherer Qualität, wenn es einem anderen Gut in Bezug auf alle Produktcharakteristika überlegen ist. Anders sieht es beim Vergleich zwischen B und C aus: Handy B ist nicht internetfähig während Handy C über keine Kamera verfügt. Die Empfangsqualität von Handy B ist besser als die von C, dafür ist das Design von C hochwertiger. Somit unterscheiden sich die Handys sowohl in ihren Eigenschaften als auch in der Qualität einzelner Merkmale. Wir haben somit eine Mischung aus horizontaler und vertikaler Differenzierung vorliegen.

Wir werden uns im Einklang mit dem überwiegenden Teil der Literatur im nächsten Abschnitt und bei den Modellerweiterungen im Folgekapitel auf den Aspekt der horizontalen Produktdifferenzierung konzentrieren, da er für die Erklärung intra-industriellen Handels zwischen den ähnlichen Industrieländern am besten geeignet erscheint. Zuvor möchten wir jedoch noch kurz die Implikationen vertikaler Produkt-differenzierung für den Außenhandel thematisieren.

Die vertikale Produktdifferenzierung ist grundsätzlich dann relevant, wenn auf Seiten der Konsumenten eine ungleiche Einkommensverteilung gegeben ist, so dass reichere Individuen die Variante mit höherer und ärmere Individuen diejenige mit niedrigerer Qualität nachfragen. Wie kann es in dieser Situation mit nicht-homothetischen Präferenzen zu Handel kommen? Betrachten wir zwei Länder, die beide im selben Sektor die Standardvariante x_1 und eine qualitativ höherwertige (und damit auch teurere) Variante x_2 produzieren können. Die Variante x_2 wird von Individuen mit einem Einkommen oberhalb einer kritischen Einkommensgrenze nachgefragt, die Standardvariante x_1 entsprechend von ärmeren Individuen. Die Einkommensverteilung im Inland und im Ausland ist in Abbildung 11.4 dargestellt, d. h. das Inland ist reicher und es gibt somit mehr Individuen, die die qualitativ höherwertige Variante nachfragen als im Ausland.

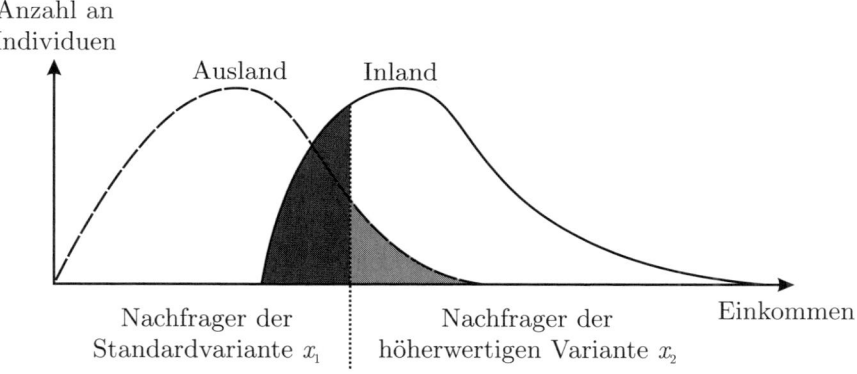

Abb. 11.4: Einkommen und nachgefragte Qualität

Bei Autarkie werden in jedem Land beide Varianten hergestellt. Treten bei der Produktion der beiden Güter Skalenerträgen auf, so wird sich bei Aufnahme von Außenhandel das Inland auf die Produktion von x_2 und das Ausland auf x_1 spezialisieren, da in den jeweiligen Ländern die Variante mit der entsprechenden Qualität stärker nachgefragt und damit kostengünstiger produziert wird. Für das Inland bedeutet dies, dass es nach der Handelsaufnahme den Bedarf der reicheren Individuen weiterhin selbst deckt, für den Bedarf seiner ärmeren Individuen aber auf Importe von x_1 angewiesen ist, die es im Tausch gegen x_2 vom Ausland erwirbt. Da beide Güter der gleichen Branche zuzurechnen sind, ist somit vertikaler intra-industrieller Handel zu beobachten.

Box 11.1 Deutscher intra-industrieller Handel mit vertikal und horizontal differenzierten Produkten

Die Differenzierung in intra-industriellen Handel bei horizontaler und vertikaler Produktdifferenzierung ermöglicht es uns in Ergänzung zu Abschnitt 11.1 einen Blick auf die relative Bedeutung der unterschiedlichen Handelsformen in den bilateralen Handelsbeziehungen der Bundesrepublik zu werfen und eine Interpretation vorzunehmen:

Intra-industrieller Handel differenzierter Produkte				Inter-industrieller Handel	
Land	Horizontal	Land	Vertikal	Land	Anteil
UK	0,56	Malaysia	0,49	Bangladesch	1,00
Schweiz	0,53	Italien	0,41	Simbabwe	0,99
Frankreich	0,52	Spanien	0,39	Madagaskar	0,98
Österreich	0,51	Belgien	0,38	Algerien	0,98
Niederlande	0,49	Portugal	0,37	Nigeria	0,97

Quelle: WTO (World Trade Report 2008, S. 42).

In der Tabelle sind jeweils die fünf Länder mit den höchsten Werten für die jeweiligen Anteile am bilateralen Handelsvolumen abgetragen. Wie zu erwarten ist der Anteil des inter-industriellen Handels mit arbeitsreichen asiatischen und afrikanischen Entwicklungsländern wie Bangladesch oder Simbabwe am höchsten und der intra-industrielle Handel bei horizontaler Produktdifferenzierung mit den vom Stand der wirtschaftlichen Entwicklung her sehr ähnlichen europäischen Nachbarländern wie Frankreich oder Niederlande am bedeutsamsten. Der Anteil des intra-industriellen Handels bei vertikaler Produktdifferenzierung ist demgegenüber bei Malaysia, Italien, Spanien und Portugal besonders hoch – diese Länder sind zwar ebenfalls Industrie- oder zumindest Schwellenländer, weisen aber eine zum Teil andere Einkommensstruktur als Deutschland auf.

11.4 Monopolistische Konkurrenz und intra-industrieller Handel

In diesem Abschnitt wollen wir zeigen, wie man intra-industriellen Handel mit horizontal differenzierten Produkten auf Grundlage des Modells monopolistischer Konkurrenz erklären kann. Ausgangspunkt auf der Nachfrageseite ist dabei der Wunsch der Konsumenten nach horizontal differenzierten Produkten, der in Zusammenhang mit internen Skalenerträgen bei der Herstellung ein Motiv für die Aufnahme von Außenhandel liefert. Dieser Ansatz ist damit komplementär zur „klassischen" Handelstheorie, die von der Produktion homogener Güter und konstanten Skalenerträgen ausgeht. Dies bedeutet auch einen veränderten Fokus der Analyse, der nun nicht mehr in erster Linie auf den Ländern und ihren Technologien und Faktorausstattungen liegt, sondern auf den Unternehmen und Märkten.

Um die Annahme von (internen) Skalenerträgen mit einer allgemeinen Gleichgewichtsanalyse zu verbinden, wird ein Modellrahmen benötigt, der zwar auf Firmenebene Skalenerträge zulässt, aber auf branchen- bzw. gesamtökonomischer Ebene weiterhin konstante Skalenerträge aufweist, so dass alle Faktoren entsprechend ihres Wertgrenzprodukts entlohnt werden können. Genau dies ermöglicht das Modell monopolistischer Konkurrenz, das wir nun zunächst im partialanalytischen Kontext im Rahmen einer graphischen Darstellung präsentieren und auf den Außenhandelskontext anwenden werden.

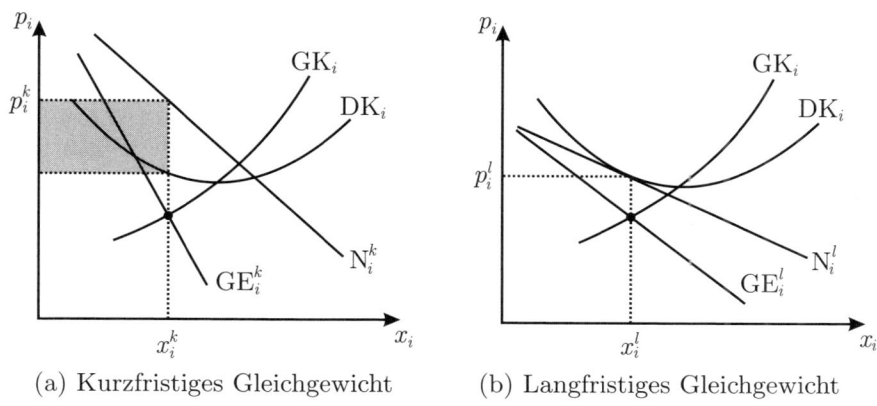

(a) Kurzfristiges Gleichgewicht   (b) Langfristiges Gleichgewicht

Abb. 11.5: Monopolistische Konkurrenz: Autarkie

Ausgangspunkt der Überlegung ist ein Markt mit differenzierten Produkten, wobei jedes aktive Unternehmen genau eine dieser Produktvarianten herstellt. Wie wir in Abbildung 11.5 (a) sehen, sieht sich das einzelne Unternehmen im Unterschied zum Wettbewerb mit homogenen Produkten dann wie ein Monopolist einer fallenden Nachfragekurve gegenüber. Wegen des Wettbewerbs verläuft diese individuelle Nachfragekurve N_i^k jedoch nicht nur weiter links, sondern auch deutlich flacher als die nicht eingezeichnete Gesamtmarktnachfragekurve: Die Preiselastizität der Nachfrage nach dem einzelnen differenzierten Produkt ist höher, weil ein Konsument bei einer Preiserhöhung auch auf eines der Konkurrenzprodukte wechseln kann. Qualitativ entspricht das Entscheidungsproblem des Unternehmens jedoch genau demjenigen eines Monopolisten: Aufgrund der fallenden Grenzerlöskurve maximiert es den Gewinn, wenn es die Absatzmenge nach der Regel „Grenzerlös = Grenzkosten" festlegt. Im kurzfristigen Gleichgewicht (dafür steht der Exponent k) kann das Unternehmen dann einen Gewinn realisieren, der in der Abbildung durch die graue Rechtecksfläche zwischen der Durchschnittskostenkurve auf Höhe der kurzfristig optimalen Absatzmenge x_i^k und dem Gleichgewichtspreis p_i^k gekennzeichnet ist.

Im Gegensatz zu den Monopol- und Oligopolmodellen aus dem letzten Kapitel gehen wir nun davon aus, dass in dem betrachteten Markt keine Markteintrittsbarrieren vorliegen und somit weitere Unternehmen in den Markt eintreten werden, solange sie positive Gewinne erzielen können. Wie bei vollkommenem Wettbewerb wird dabei unterstellt, dass alle Unternehmen identische Kosten aufweisen. Der Markteintritt verändert nicht nur das Gesamtangebot im Markt, sondern auch die individuellen Nachfragekurven: Wenn mehr Unternehmen im Markt aktiv sind, so stellen diese engere Substitute her und die individuellen Nachfragekurven verlaufen flacher und niedriger. In einem langfristigen Gleichgewicht (die entsprechenden Variablen sind mit dem Exponenten l gekennzeichnet) dürfen dann keine Anreize mehr zum Markteintritt bestehen, d. h. die Unternehmen erzielen Nullgewinne. In der graphischen Darstellung bedeutet dies, dass bei der individuellen Gleichgewichtsmenge x_i^l der Preis den Grenzkosten entsprechen muss – die Durchschnittskostenkurve muss dann wie in Abbildung 11.5 (b) die individuelle Nachfragekurve N_i^l tangieren. Beachten Sie, dass der Preis damit zwar weiterhin über den Grenzkosten liegt, das Unternehmen jedoch keine ökonomischen Gewinne mehr realisiert – dies stellt sicher, dass die Faktoren nach ihrem Wertgrenzprodukt entlohnt werden können.

Wie ändert sich die Situation im Markt für eine einzelne Variante, wenn Außenhandel aufgenommen wird? Um die Analyse so einfach wie möglich zu machen, gehen wir davon aus, dass sowohl die Unternehmen als auch die beiden betrachteten Länder völlig symmetrisch sind. Wir können uns dann bei der Analyse auf den Markt für eine Variante im Inland beschränken. Bei Autarkie ist im Markt für jede Variante im Inland und im Ausland das langfristige Gleichgewicht durch die Preis-Mengen-Kombination (p_i^A, x_i^A) in Abbildung 11.6 gegeben.

Durch die Aufnahme von Außenhandel verdoppelt sich die Größe des Gesamtmarkts: Zu jedem gegebenen Preis ist die Marktnachfrage dann doppelt so hoch, gleichzeitig hat sich aber auch die Anzahl der Varianten verdoppelt und damit der Wettbewerb intensiviert. Dies führt für das einzelne Unternehmen dazu, dass die individuelle Nachfragekurve nun deutlich flacher verläuft (höhere Preiselastizität der Nachfrage), da die verschiedenen Varianten jetzt engere Substitute darstellen. Das Unternehmen wird als Reaktion darauf den Preis reduzieren, was aber bei der gegebenen Anzahl an Wettbewerbern zu einem Verlust führt. Als Reaktion werden solange Unternehmen aus dem Gesamtmarkt austreten, bis im neuen Gleichgewicht mit individueller

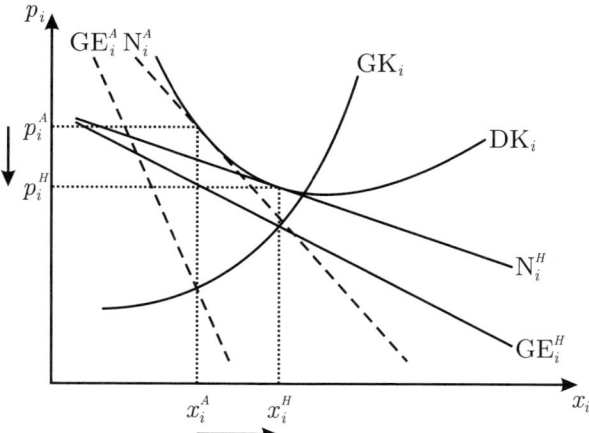

Abb. 11.6: Monopolistische Konkurrenz: Freihandel

Nachfragekurve N_i^H von jeder Variante eine Menge $x_i^H > x_i^A$ hergestellt und zu einem Preis $p_i^H < x_i^H$ abgesetzt wird.

Die Anzahl der Firmen im Gleichgewicht mit Außenhandel und damit die Anzahl der verfügbaren Varianten sowie das Preisniveau ist davon abhängig, wie die Preiselastizität der individuellen Nachfrage auf die Änderung der Anzahl der Wettbewerber reagiert. Bliebe sie gleich, so würde es zu keinen Marktaustritten kommen und die Handelsaufnahme würde das Preisniveau unverändert lassen und nur die Anzahl der verfügbaren Varianten verdoppeln. Der Normalfall dürfte allerdings das in Abbildung 11.6 eingezeichnete Ergebnis sein, bei dem die Preiselastizität ansteigt und somit die Preise zurückgehen, weil jedes Unternehmen im neuen Gleichgewicht eine höhere Menge zu geringeren Durchschnittskosten produziert. Da die Gesamtnachfrage höher ist als in jedem einzelnen Land, werden im Gesamtmarkt mindestens so viele Unternehmen aktiv sein wie in jedem der einzelnen Länder. Somit sind für die Konsumenten auch mindestens so viele Varianten verfügbar.

Um im partialanalytischen Rahmen mit der einfachen graphischen Darstellung bleiben zu können, haben wir bei der Analyse eine Reihe von Aspekten nicht explizit modelliert. Wie wir im nächsten Kapitel zeigen werden, kann man das Modell jedoch relativ einfach durch die Einführung eines Faktormarktes zu einem allgemeinen Gleichgewichtsmodell schließen, in dem sich die hier vorgestellten Ergebnisse replizieren lassen.

Was haben wir gelernt?

■ Intra-industrieller Handel ist dann gegeben, wenn ein Land Güter einer Branche sowohl importiert als auch exportiert. Diese Form des Handels tritt vor allem in Märkten mit differenzierten Industriegütern auf und ist insbesondere zwischen den Industrieländern zu beobachten.

■ Ein Teil des in der Außenhandelsstatistik ausgewiesenen intra-industriellen Handels ist ein statistisches Artefakt, das durch Probleme der Branchenabgrenzung, Handel an Ländergrenzen, zyklischen Handel und Wiederausfuhrhandel verursacht wird.

■ Der überwiegende Teil des intra-industriellen Handels lässt sich jedoch nur durch Ansätze der neuen Außenhandelstheorie zufriedenstellend erklären. Die Modellierung unterscheidet sich jedoch grundlegend, je nachdem ob vertikaler Handel bei fragmentierten Produktionsprozessen, Handel bei horizontaler Produktdifferenzierung oder Handel bei vertikaler Differenzierung (Qualitätsunterschiede) analysiert werden soll.

■ Im Modell monopolistischer Konkurrenz kann intra-industrieller Handel über die Präferenz der Konsumenten für Produktdifferenzierung und Skalenerträge bei der Herstellung der einzelnen Varianten erklärt werden. Die Aufnahme von Außenhandel führt hier dazu, dass die Anzahl der für die Konsumenten verfügbaren Varianten steigt und die Durchschnittskosten und damit die Preise sinken.

Ergänzende und weiterführende Literatur

Bartholomae, F. (2011), Konsumentenheterogenität und Struktur des Außenhandels. Eine Analyse im Kontext der Theorie des intra-industriellen Handels (erscheint bei Gabler). [*Umfassender Theorieüberblick mit einem integrativen Modell für alle drei Arten des intra-industriellen Handels.*]

Grubel, H. G. und P. J. Lloyd (1975), Intra-Industry Trade. The Theory and Measurement of International Trade in Differentiated Products, London: Macmillan. [*Das grundlegende Werk zum Konzept des intra-industriellen Handels.*]

World Trade Organization (2008), World Trade Report 2008: Trade in a Globalizing World, Genf: WTO Publications, S. 40–53. [*Ein gut verständlicher anwendungsorientierter Überblick zu den theoretischen Konzepten und zur Empirie der „neuen" Außenhandelstheorie.*]

Kontrollfragen und Übungsaufgaben

1. Berechnen Sie den Grubel-Lloyd-Index für Erze (GP09-07), Datenverarbeitungsgeräte (GP09-26) und Maschinen (GP09-28) für Deutschland! Gehen Sie dazu auf die Seite http://www.destatis.de. Wählen sie unter „Themen" die Rubrik „Weitere Themen",

dort „Außenhandel" und schließlich „Handelswaren". Rufen Sie dann die Tabelle „Ausfuhr und Einfuhr nach Güterabteilungen" auf. Bei welcher Branche würden Sie einen höheren Anteil an intra-industriellem Handel erwarten und warum? Was könnte an den vorgenommenen Branchenabgrenzungen problematisch sein? Gehen Sie dabei darauf ein, warum eine korrekte Branchenabgrenzung unabdingbar für die Analyse des intra-industriellen Handels ist!

2. Was ist der Unterschied zwischen inter- und intra-industriellem Handel? Welche Erklärungsansätze gibt es dabei für intra-industriellen Handel bei vertikaler und horizontaler Produktdifferenzierung sowie vertikalen intra-industriellen Handel? Geben Sie für jede Handelsart jeweils ein Beispiel!

3. In welchen Dimensionen kann Produktdifferenzierung ausgestaltet sein? Welche Rolle spielen dabei die Präferenzen und das Einkommen der Konsumenten?

4. Welche Erklärungsansätze gibt es, die intra-industriellen Handel auch mit der traditionellen Theorie vereinbaren? Welche Annahmen werden dafür getroffen bzw. modifiziert? Geben Sie jeweils Beispiele!

5. Welche Auswirkungen haben Skalenerträge auf die Marktstruktur und das Handelsmuster?

6. Der intra-industrielle Handel kann vereinfacht mithilfe des monopolistischen Konkurrenzmodells analysiert werden.

   a) Benennen Sie die wichtigsten Annahmen!

   b) Stellen Sie die Ausgangslage der monopolistischen Konkurrenz graphisch dar! Welche Auswirkungen hat der Außenhandel? Welche Rolle spielt dabei der Wunsch der Konsumenten nach Produktdifferenzierung? Zeigen Sie die Auswirkungen des Handels auf die Preise und die im Land vorhandenen Gütervarianten! Wie geeignet halten Sie dieses Modell für die Analyse des Handelsmusters?

12 Neue Außenhandelstheorie: Unternehmen und Märkte

Themenüberblick

- Analyse des intra-industriellen Handels mit differenzierten Produkten im Ein-Faktor-Totalmodell
- Integration von inter- und intra-industriellem Handel im HOS-Kontext
- Endogene Wachstumstheorie: Wirkung von Außenhandel auf Wachstum durch technischen Fortschritt
- Heterogene Kosten: Produktion nur für den Inlandsmarkt vs. Exportunternehmen
- Außenhandel und Produktspektrum von Mehrproduktunternehmen

Ausgangspunkt der weiteren Analyse im Rahmen der sogenannten Neuen Außenhandelstheorie ist das im letzten Kapitel eingeführte Modell mit monopolistischer Konkurrenz, das Außenhandel aus der Interaktion zwischen der Präferenz der Konsumenten nach differenzierten Produkten und Skalenerträgen bei der Produktion der einzelnen Varianten erklärt. Dieser Grundansatz ist in verschiedene Richtungen weiterentwickelt worden, um eine möglichst adäquate Abbildung dieser Märkte und der Implikationen für den Handel zu gewährleisten. In einem ersten Schritt werden wir dazu eine allgemeine Gleichgewichtsversion des Modells im Ein-Faktor-Modell vorstellen. Anschließend wird gezeigt, wie sich durch Erweiterung auf ein Zwei-Faktor-Modell inter- und intra-industrieller Handel in einem einheitlichen Modellrahmen analysieren lassen und wie in diesem Kontext die Wirkung des Außenhandels auf den technischen Fortschritt behandelt werden kann. Die Berücksichtigung von Kostenheterogenität und Mehrproduktunternehmen erlaubt es schließlich, die Exportentscheidung von Unternehmen und die Wirkung von Handel auf das von einem Unternehmen hergestellte Produktspektrum zu thematisieren.

12.1 Intra-industrieller Handel im allgemeinen Gleichgewicht

Wir werden nun den Ansatz mit monopolistischer Konkurrenz in einem allgemeinen Gleichgewichtsmodell analysieren. Da dieses Modell auf einem grundlegenden Aufsatz von Paul Krugman (Krugman, 1979) basiert, werden wir es im Weiteren auch als **Krugman-Modell** bezeichnen. In diesem Modellansatz wird der Gütermarkt aus der Partialanalyse durch einen Faktormarkt ergänzt, auf dem die Konsumenten ihre Arbeitskraft anbieten. Das erzielte Einkommen verwenden sie dann zum Erwerb der Varianten des differenzierten Produkts. Dies führt konkret auf einen einfachen Wirtschaftskreislauf, wie er in Abbildung 12.1 dargestellt ist. Ein zentraler Aspekt des Modells ist seine Symmetrie – bei der Darstellung im Kreislauf kann deswegen auch bei den Größen mit Bezug zu den Varianten (konkret x, c und p) auf einen Index verzichtet werden.

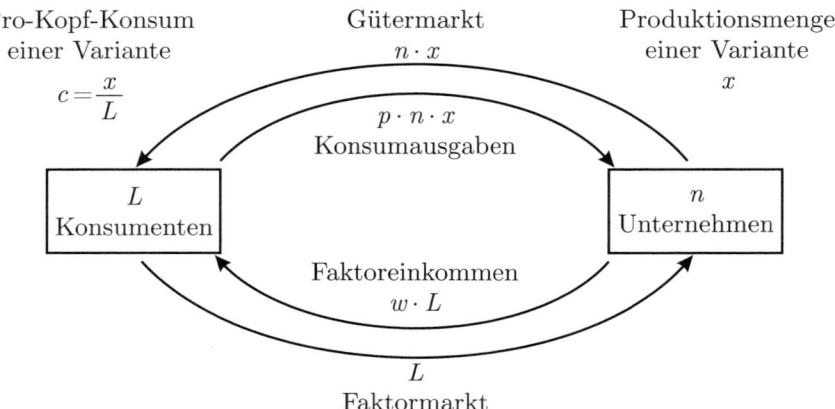

Abb. 12.1: Kreislaufdarstellung des Krugman-Modells

■ Es gibt L symmetrische **Konsumenten**, die jeweils über eine Einheit des Faktors Arbeit verfügen und deren Nutzen vom Konsum der N Varianten $c_1, \ldots, c_N$ abhängt. Die Nutzenfunktion ist dabei durch symmetrische Produktdifferenzierung gekennzeichnet, d. h. bei identischen Preisen der Varianten maximiert der Konsument seinen Nutzen, wenn er sein Einkommen gleichmäßig auf alle verfügbaren Varianten aufteilt – der Pro-Kopf-Konsum einer Variante beträgt somit c.

■ Die **Produktion** erfolgt durch Unternehmen mit identischen Kostenfunktionen, die durch Einsatz des Faktors Arbeit zum Lohnsatz w je Arbeiter jeweils genau eine Variante des differenzierten Gutes mit einer Technologie mit steigenden Skalenerträgen herstellen können. Die Anzahl $n \leq N$ der aktiven Unternehmen wird im Modell endogen bestimmt. Sie hängt von der Größe des Marktes L, dem Ausmaß der Skalenerträge und der Nutzenfunktion der Konsumenten ab.

■ Über den **Güter- und Faktormarkt** sind Produktion und Konsum verknüpft. Die Konsumenten stellen zum Lohn w ihre Arbeitskraft im Gesamtumfang L den Unternehmen zur Verfügung und erhalten im Gegenzug von jeder Variante des differenzierten Gutes die Menge x, also insgesamt $n \cdot x$. Aufgrund der Symmetrie des Modells wird im Gleichgewicht jede Variante des Gutes zum selben Preis p angeboten. Die gesamten Konsumausgaben belaufen sich somit auf $p \cdot n \cdot x$ und das Faktoreinkommen auf $w \cdot L$. Da sich Konsumausgaben und Faktoreinkommen entsprechen müssen, ergibt sich ein Güterpreis in realen Ressourcen von $p/w = L/(n \cdot x)$.

Die Faktorausstattung, die Nutzenfunktion und die Produktionstechnologie sind exogen gegeben. Im Gleichgewicht werden der reale Güterpreis p/w sowie der Pro-Kopf-Konsum c, die Anzahl n und die Produktionsmenge x einer Variante simultan ermittelt. Um das Gleichgewicht bestimmen zu können, müssen wir jedoch zunächst noch die Nutzen- und die Produktionsfunktion spezifizieren.

- Die **Nutzenfunktion** eines Konsumenten ist durch

$$u = \sum_{i=1}^{N} v\left(c_i\right) \tag{12.1}$$

gegeben, wobei c_i den Pro-Kopf-Konsum der Variante i angibt. Da wir von L identischen Konsumenten ausgehen, wird also in der Volkswirtschaft von der Variante insgesamt $L \cdot c_i$ konsumiert. Dabei werden wir im Weiteren zwei Szenarien unterscheiden:

  - In *Szenario 1* nehmen wir analog zur Darstellung im Partialmarkt an, dass die Nachfrageelastizität $\varepsilon_i\left(c_i\right)$ zwischen den einzelnen Varianten im Konsum c_i abnimmt, d. h. je mehr Varianten es gibt (was bei gegebener Arbeitsausstattung eine geringere Konsummenge der einzelnen Varianten impliziert), desto preiselastischer reagiert die Nachfrage nach den einzelnen Varianten. Diese Annahme erscheint durchaus plausibel, da mit zunehmender Variantenanzahl aus Sicht der Konsumenten natürlich auch die Anzahl potentieller Substitute steigt.

  - In *Szenario 2* wird von $v(c_i) = c_i^{\rho}$ mit $0 < \rho < 1$ ausgegangen. Die Substitutionselastizität ist in diesem Fall konstant, was eine konstante Nachfrageelastizität impliziert, die für großes N den Wert $\varepsilon = 1/(1-\rho)$ annimmt. Wir werden sehen, dass sich die Effekte bei Aufnahme von Außenhandel zwischen den beiden Szenarien zum Teil unterscheiden. Diese Unterschiede in den Auswirkungen bieten einen Ansatzpunkt, um empirisch zu testen, welches Szenario plausibler ist.

- Die inverse **Produktionsfunktion**

$$l_i = f_r + a \cdot x_i \tag{12.2}$$

gibt den Arbeitseinsatz an, der zur Herstellung von x_i Einheiten einer Variante i notwendig ist. f_r steht für die in realen Ressourcen gemessenen Fixkosten, d. h. welcher Arbeitseinsatz unabhängig von der Ausbringungsmenge nötig ist, um die Produktvariante überhaupt herstellen zu können. Der Arbeitskoeffizient a drückt entsprechend aus, welcher Arbeitseinsatz zusätzlich je Outputeinheit anfällt.

Diese Formulierung impliziert eine Kostenfunktion mit sinkenden Durchschnittskosten (steigende Skalenerträge), aber konstanten Grenzkosten: Bei einem Lohnsatz von w sind die Kosten durch $w \cdot l_i = w \cdot (f_r + a \cdot x_i)$ gegeben. Die Durchschnittskosten belaufen sich somit auf DK$= w \cdot (f_r/x_i + a)$ und die Grenzkosten betragen GK$= w \cdot a$.

Da, wie bereits angesprochen, wegen der Symmetrie des Modells im Gleichgewicht für jede Variante der Pro-Kopf-Konsum c_i, die Produktion x_i, der Faktoreinsatz l_i und der Preis p_i identisch sind, wird auf die Indizes i im Weiteren verzichtet. Im Gleichgewicht müssen zur Bestimmung der vier endogenen Größen p/w, c, n und x dann die folgenden vier **Gleichgewichtsbedingungen** simultan erfüllt sein:

[1] Jedes Unternehmen maximiert seinen Gewinn. Dies führt auf die Bedingung GE = GK.

[2] Es treten solange Unternehmen in den Markt ein bis keine ökonomischen Gewinne mehr erzielt werden: $\pi = 0$ bzw. $p = $ DK.

[3] Der Faktor Arbeit muss vollständig zur Produktion der Varianten der Güter eingesetzt werden: $L = n \cdot l = n \cdot (f_r + a \cdot x)$.

[4] Die angebotene Menge x einer Variante muss vollständig konsumiert werden: $x = L \cdot c$.

Durch Einsetzen der Bedingung [4] in Bedingung [3] erhält man $L = n \cdot (f_r + a \cdot L \cdot c)$. Löst man diese Gleichung nach n auf, so resultiert eine inverse Beziehung zwischen n und c:

$$ n = \frac{L}{f_r + a \cdot L \cdot c}. \tag{12.3} $$

Wenn wir mit Hilfe der Bedingungen [1] und [2] simultan p/w und c bestimmen, haben wir schließlich das Gleichgewicht ermittelt. Wir werden dazu diese beiden Gleichgewichtsbedingungen geeignet umformen und dann in einer graphischen Darstellung das Gleichgewicht veranschaulichen. Mit Hilfe dieser Graphik können wir anschließend auch aufzeigen, wie sich das Gleichgewicht bei Aufnahme von Außenhandel ändert.

Betrachten wir zunächst die Gewinnmaximierungsbedingung [1]. Wie wir in Abschnitt 10.1.2 gesehen haben, kann der Grenzerlös auf Grundlage der Nachfrageelastizität geschrieben werden, die in unserem Modell durch $\varepsilon(c)$ gegeben ist. Auf dieser Grundlage liefert (10.4) eine Schreibweise für die Gewinnmaximierungsbedingung, bei der der Preis p in Abhängigkeit der Nachfrageelastizität und der Grenzkosten bestimmt wird. Die Grenzkosten sind durch GK = $w \cdot a$ gegeben. Da wir an der Bestimmung des realen Preis p/w interessiert sind, bringen wir in der Gewinnmaximierungsbedingung den Lohnsatz w auf die linke Seite und erhalten:

$$ [1]: \quad \frac{p}{w} = \frac{\varepsilon(c)}{\varepsilon(c) - 1} \cdot a. \tag{12.4} $$

Der reale Preis ergibt sich somit durch einen mit steigender Nachfrageelastizität $\varepsilon(c)$ sinkenden Aufschlag auf die durch den Arbeitskoeffizienten a gegebenen Grenzkosten in realen Ressourcen. In Szenario 1 fällt der Preisaufschlag aufgrund der in c

sinkenden Nachfrageelastizität umso höher aus, je höher der Pro-Kopf-Konsum einer Variante ist. Dies führt zu einem steigenden Verlauf der Gleichgewichtsbedingung $[1]_1$ in Abbildung 12.2. In Szenario 2 ist die Nachfrageelastizität konstant, und die Gleichgewichtsbedingung $[1]_2$ verläuft daher waagerecht.

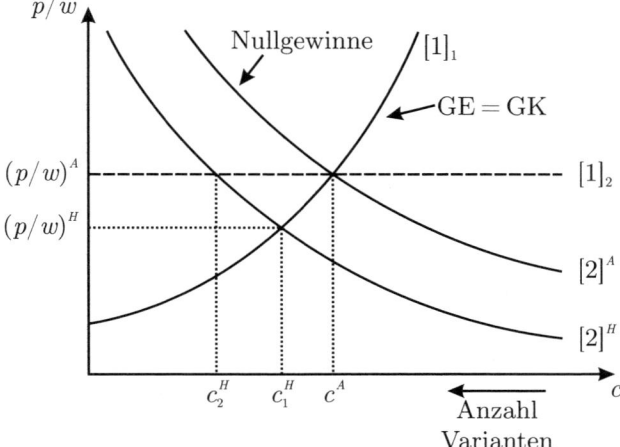

Abb. 12.2: Auswirkungen der Handelsaufnahme im Krugman-Modell

Bei der Nullgewinnbedingung [2] gehen wir von der Formulierung $p = DK$ aus. Die Formel für die Durchschnittskosten lautet $DK = w \cdot (f_r/x + a)$. Wenn wir entsprechend Bedingung [4] die Menge x durch $L \cdot c$ ersetzen und w wieder auf die linke Seite bringen, erhalten wir Bedingung [2] in der Form

$$[2]: \quad \frac{p}{w} = a + \frac{f_r}{L \cdot c}. \tag{12.5}$$

Der reale Preis sinkt also mit zunehmendem Pro-Kopf-Konsum. Wie ist das zu erklären? Ein steigendes c impliziert bei gegebenem L eine Verringerung der Variantenvielfalt und damit auch eine höhere Absatzmenge x für die einzelnen Varianten. Dies bedeutet aber, dass nun ein geringerer realer Preis p/w ausreicht, um die realen Fixkosten der Produktion f_r abzudecken und damit Nullgewinne erzielen zu können. In Abbildung 12.2 ist die entsprechende Gleichgewichtsbedingung bei Autarkie als $[2]^A$ eingezeichnet.

Aufgrund der umfassenden Symmetrieannahmen bestehen zwischen den Ländern keine Unterschiede, weshalb sich die **Aufnahme von Handel** in diesem Modellkontext analog zu einer Erhöhung der Anzahl der Konsumenten L auswirkt: Statt L bzw. L^* Konsumenten gibt es nun $L + L^*$ Konsumenten, die gleichermaßen als Nachfrager für die Gütervarianten und als Anbieter des Produktionsfaktors Arbeit auftreten. Wie wirkt sich diese Erhöhung von L in der Graphik aus? Da nur die Nullgewinnbedingung [2] von L abhängig ist, bleiben $[1]_1$ bzw. $[1]_2$ unverändert. Die

Kurve für die Nullgewinnbedingung verschiebt sich demgegenüber von $[2]^A$ nach links unten auf $[2]^H$, da sich L im Nenner des Ausdrucks auf der rechten Seite von Gleichung (12.5) befindet.

In Szenario 1 ist das neue Gleichgewicht durch einen geringeren realen Preis und eine höhere Produktvielfalt (geringerer Pro-Kopf-Konsum) gekennzeichnet. Die Anzahl der für einen Konsumenten verfügbaren Varianten ist dabei in beiden Ländern strikt größer als in der Autarkiesituation, d. h. $n^H + n^{*H} > n^A$ und $n^H + n^{*H} > n^{*A}$. Gleichzeitig werden insgesamt weniger Varianten produziert, $n^H + n^{*H} < n^A + n^{*A}$, wodurch der Output x jedes im Markt verbleibenden Unternehmens steigt und damit Skalenerträge realisiert werden können, die letztlich zur Senkung des realen Güterpreises führen. Hintergrund des Preisrückgangs ist die durch den Rückgang des Pro-Kopf-Konsums gestiegene Nachfrageelastizität, die zu einem geringeren Aufschlag auf die Grenzkosten führt.

Dieser Effekt tritt in Szenario 2 aufgrund der konstanten Nachfrageelastizität nicht auf. Hier kommt es nur zu einer Ausweitung der für die Konsumenten verfügbaren Produktvielfalt, wobei die Anzahl der Varianten bei Außenhandel, $n^H + n^{*H}$, der Summe der bei Autarkie in den beiden Ländern verfügbaren Varianten, $n^A + n^{*A}$, entspricht. Der Unterschied zwischen den beiden Szenarien ist darauf zurückzuführen, dass in Szenario 1 das zusätzliche ausländische Variantenangebot den Wettbewerbsdruck erhöht, wodurch einige Firmen den Markt verlassen werden, da sie aufgrund des geringeren Preissetzungsspielraums Verluste machen. Durch die höhere Produktion der überlebenden Firmen sind diese dann in der Lage Skalenerträge zu realisieren und der reale Güterpreis passt sich entsprechend nach unten an. Diese Zunahme des Wettbewerbsdrucks fehlt in Szenario 2, wodurch sich Handel hier ausschließlich über die erhöhte Produktvielfalt positiv auswirkt.

Die Annahme einer mit der Produktvielfalt steigenden Nachfrageelastizität wie in Szenario 1 erscheint auf den ersten Blick plausibler. Die dabei vorhergesagte Realisierung von Skalenerträgen durch intra-industriellen Handel wird in empirischen Studien jedoch nicht bestätigt. So kam es beispielsweise in Kanada nach der Gründung der Freihandelszone mit den Vereinigten Staaten nicht zu dem in Szenario 1 vorhergesagten Größeneffekt, der sich aus der Ausweitung des Absatzes durch die im Markt verbliebenen Unternehmen ergeben müsste; ähnliche empirische Ergebnisse erhielt man bei der Analyse von Zollsenkungen in Mexiko und Chile. Andererseits kam es in Kanada mittelfristig zu deutlichen Produktivitätssteigerungen und damit trotz des fehlenden Größeneffekts letztlich auch zu einer Erhöhung der realen Faktorentlohnung w/p. Wie wir in Abschnitt 12.3 sehen werden, können wir dies in einer Modellerweiterung mit heterogenen Kosten erklären. Hier kommt es durch Handel zu einem Selektionseffekt, der zu einer Erhöhung der durchschnittlichen Produktivität der im Markt aktiven Unternehmen führt.

12.2 Integration von inter- und intra-industriellem Handel

Wir haben nun bislang zwei grundlegend verschiedene Ansätze kennen gelernt, die jeweils einen bestimmten Aspekt des internationalen Handels beleuchten:

■ Das Ricardo- und das HOS-Modell aus der traditionellen Handelstheorie können inter-industriellen Handel durch Unterschiede in Technologie oder Faktorausstattungen der Länder erklären.

■ Das Krugman-Modell zeigt demgegenüber für identische Länder, wie es durch die Präferenz der Konsumenten für differenzierte Produkte in Verbindung mit Skalenerträgen bei der Produktion der einzelnen Varianten zu intra-industriellem Handel kommt.

Bei der Empirie des intra-industriellen Handels in Kapitel 11 haben wir gesehen, dass in der Realität in den meisten Ländern und in vielen Branchen beide Arten des Handels gleichzeitig auftreten, wobei sich die relative Bedeutung der beiden Handelsformen stark nach den betrachteten Ländern und Branchen unterscheidet. Wir wollen uns daher nun damit beschäftigen, wie man die beiden Ansätze in einen einheitlichen Modellrahmen integrieren kann und welche Aussagen sich damit zu Handelsmuster, Verteilungseffekten des Handels und Interaktion zwischen Handel und Wachstum ableiten lassen.

12.2.1 Integration differenzierter Produkte im HOS-Kontext

Wie im HOS-Grundmodell (vgl. Kapitel 6) gehen wir von zwei Ländern und zwei Gütern aus, die mit den beiden Faktoren Kapital und Arbeit hergestellt werden.

■ Der arbeitsintensive y-Sektor ist dabei ein „traditioneller" Sektor, in dem alle Annahmen des HOS-Modells erfüllt sind. Dies bedeutet insbesondere, dass dort mit konstanten Skalenerträgen und unter vollkommenem Wettbewerb ein homogenes Gut erzeugt wird.

■ Im kapitalintensiven x-Sektor werden demgegenüber horizontal differenzierte Güter bei monopolistischer Konkurrenz hergestellt. Im Unterschied zum Krugman-Modell wird dabei jedoch nicht nur der Faktor Arbeit zur Produktion eingesetzt, sondern auch der Faktor Kapital.

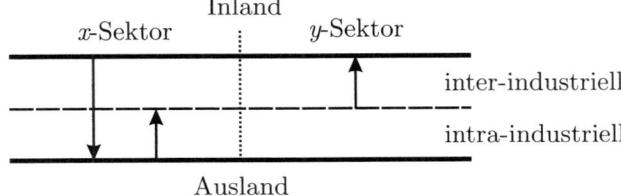

Abb. 12.3: Intra- und inter-industrieller Handel

Web-Service: http://www.uvk-lucius.de/morasch-bartholomae

Wenn wir weiterhin davon ausgehen, dass das Inland relativ kapitalreich ist, so wird sich die in Abbildung 12.3 dargestellte **Handelsstruktur** einstellen.

■ Das Handelsmuster beim inter-industriellen Handel ist abhängig von den sich aus der relativen Faktorausstattung ergebenden komparativen Vorteilen. Das arbeitsreiche Ausland wird somit Exporteur der arbeitsintensiven y-Güter sein. Bei der Handelsstruktur im x-Sektors ist hingegen der Unterschied zur klassischen Theorie gut zu erkennen, da das kapitalreiche Inland zwar Nettoexporteur der kapitalintensiven Gütervarianten ist, aber auch Gütervarianten aus dem arbeitsreichen Ausland importiert.

■ Der intra-industrielle Handel im x-Sektor erfolgt aufgrund des Wunsches der Konsumenten nach differenzierten Produkten sowie den Skalenerträgen bei der Produktion einer einzelnen Variante. Aufgrund der Symmetrie des Modells können dabei allerdings keine Aussagen über das konkrete Handelsmuster in Bezug auf die in diesem Sektor im Inland hergestellten Varianten getroffen werden.

■ Wie stark der inter-industrielle Handel im Vergleich zum intra-industriellen Handel ausgeprägt ist, ist davon abhängig, wie ähnlich sich die Handelspartner in ihrer relativen Faktorausstattung sind. Sind sie sehr verschieden, so wird hauptsächlich inter-industrieller Handel stattfinden, sind sie aber identisch, so findet ausschließlich intra-industrieller Handel statt. Schließlich wären im letzten Fall auch die Güterpreise in beiden Ländern identisch.

Die Erweiterung des HOS-Modells hat ebenfalls Implikationen für die Auswirkung der Handelsaufnahme auf die **Faktorentlohnungen**. Der intra-industrielle Handel hat nämlich auch im Zwei-Faktoren-Modell keine Auswirkungen auf die relative Faktorentlohnung, da er nicht wie der inter-industrielle Handel von den Unterschieden zwischen den Ländern getrieben ist, sondern aufgrund des Wunsches der Verbraucher nach Produktvielfalt erfolgt. Diese Aussage können wir uns leicht intuitiv erschließen: Da bei intra-industriellem Handel die gehandelten Gütervarianten alle der gleichen Branche zuzurechnen sind, ist auch deren Faktorinhalt identisch. Somit ändert sich durch intra-industriellen Handel die konsumierte Faktorausstattung nicht und die relativen Faktorpreise bleiben unverändert.

Der positive Effekt des intra-industriellen Handels auf einen Faktor wirkt damit dem negativen Stolper-Samuelson-Effekt des inter-industriellen Handels auf diesen Faktor entgegen. Da der intra-industrielle Handel zu einem Rückgang des Preises im x-Sektor führt, können bei ausreichend starker Gewichtung der x-Güter im Konsum beide Faktoren durch Handel real gewinnen. Dies ist umso wahrscheinlicher, je ähnlicher sich die Länder sind, da dann die Verteilungseffekte durch den inter-industriellen Handel weniger stark ausgeprägt sind.

12.2.2 Endogene Wachstumstheorie: Wachstum durch Handel?

Die endogene Wachstumstheorie versucht Wachstum durch technischen Fortschritt auf Grundlage der Anreize zu Investitionen in Forschung und Humankapital zu erklären. Da Außenhandel potentiell Auswirkungen auf diese Anreize haben kann, können in diesem Kontext Wechselwirkungen zwischen Handel und Wachstum aufgezeigt werden.

Ein zentraler Aspekt bei der Analyse dieser Interaktion ist die Frage, ob technisches Wissen, das in einem Land erworben wird, auch in anderen Ländern verfügbar ist. Ein Extremfall wäre die Situation, in der es perfekte internationale Spillovers dieses Wissens gibt. Hier würden Produkte die im Inland entwickelt wurden gleichermaßen von inländischen und ausländischen Unternehmen weiterentwickelt werden können. Das andere Extrem wären rein nationale Spillovers, bei denen das entsprechende Wissen nur im Land verfügbar ist. Beispiele für solche lokale oder nationale Spillovers, die auch als externe Skalenerträge bezeichnet werden, sind das Silicon-Valley in Kalifornien für die Computertechnologie oder in historischer Perspektive die Uhrenindustrie in der Schweiz.

Wir können für eine kurze Analyse eine Variante des Modells aus Abschnitt 12.2.1 verwenden, bei dem die Güter mit den Faktoren Humankapital und ungelernte Arbeit hergestellt werden:

- Im humankapitalintensiven „High-Tech-Sektor" werden dabei vertikal differenzierte Produkte hergestellt, die durch Forschung verbessert werden können.

- Im arbeitsintensiven „traditionellen" Sektor wird bei vollkommener Konkurrenz ein homogenes Gut hergestellt.

Liegen **internationale Spillovers** vor und ist damit die Wissensbasis weltweit uneingeschränkt verfügbar, hat der in einem Land stattgefundene Fortschritt keine langfristigen Auswirkungen auf das Handelsmuster. Vielmehr wird das humankapitalreiche Land sich dann langfristig auf den humankapitalintensiven – und damit auch forschungsintensiven – High-Tech-Sektor konzentrieren und diese Produkte gegen das traditionelle Gut aus dem arbeitsreichen Land tauschen. Somit bestimmt wie im klassischen HOS-Modell die Faktorausstattung langfristig die Handelsstruktur.

Es gibt jedoch auch eine Reihe von modellspezifischen Effekten: So wird sich zum einen das konkrete Muster des intra-industrielle Handel ständig weiterentwickeln, da die Länder die Produktvarianten exportieren werden, in denen sie gerade technologisch überlegen sind, um im Gegenzug Varianten aus dem Ausland zu importieren, bei denen dieses einen technologischen Vorsprung hat. Ist zum anderen die relative Faktorausstattung der Länder sehr unterschiedlich oder sind die Handelskosten hoch, kann es auch zu Direktinvestitionen in den arbeitsreichen Ländern kommen oder es werden an dort ansässige Unternehmen Lizenzen vergeben.

Grundsätzlich anders sieht es aus, wenn nur lokale oder **nationale Spillovers** vorliegen. Wie wir in Kapitel 15 im Zusammenhang mit dem sogenannten Erziehungszoll noch näher analysieren werden, können historische Zufälle oder politische Förderung entsprechender Sektoren dazu führen, dass über einen selbstverstärkenden Prozess ein einmal gewonnener Vorsprung unabhängig von den relativen Faktorausstattungen zu einer dauerhaften Dominanz führt.

Über diese Modellbetrachtung hinaus, ergeben sich aus der Literatur zum endogenen Wachstum eine Reihe von potentiell positiven Effekten der globalen Integration auf das Wachstum:

- Es wird ein Zugang zu einer größeren technologischen Wissensbasis ermöglicht, als sie alleine im Inland verfügbar wäre. Handel kann dabei zur internationalen Diffusion von Wissen beitragen, indem ausländische Unternehmen aufzeigen, wie ihre Produkte effizienter eingesetzt werden können oder die Importeure die ausländischen Firmen dabei unterstützen ihre Produkte besser an die Bedürfnisse des lokalen Marktes anzupassen.

- Es kommt zu weniger redundanter Forschung: Anders als für Unternehmen in einem geschützten lokalen Markt sind für Firmen, die international tätig sind oder die sich im Importwettbewerb befinden, nur internationale Innovationen sinnvoll.

- Es besteht potentiell ein höherer Anreiz zur Innovation, da die Firmen die daraus resultierenden Vorteile nicht nur im inländischen Markt, sondern auch auf dem ausländischen Markt nutzen können. Allerdings ist dabei zu berücksichtigen, dass in diesem größeren Markt auch zusätzliche, möglicherweise technologisch überlegene Unternehmen aktiv sind.

Anders als bei der grundsätzlich positiven Aussage zur Vorteilhaftigkeit des Außenhandels bei vollkommenem Wettbewerb sind in Bezug auf die Wachstumseffekte im Kontext der endogenen Wachstumstheorie auch Situationen denkbar, in denen Handel das Wachstum hemmt.

- Verfügt ein Land über viele Bodenschätzen (wie etwa Saudi Arabien) und/oder über viel ungelernte Arbeit, so wird Handel dazu führen, dass sich das Land auf die Produktion in den Low-Tech-Sektoren konzentrieren wird, was zulasten der humankapitalintensiven High-Tech-Sektoren geht und damit gegenüber der Autarkiesituation zu Wachstumseinbußen führen kann.

- Treten die Spillovers rein national auf, dann sind die Forscher in einem Land mit einer geringen Wissensbasis gegenüber denjenigen in anderen Ländern mit einer größeren Basis nicht konkurrenzfähig. Hier kann es möglicherweise im Sinne eines langfristig stärkeren Wachstum vorteilhaft sein, wenn sich ein Land zunächst teilweise abschottet, um erst nach einem Aufholprozess eine vollständige Integration anzustreben.

Allerdings implizieren diese Argumente nicht, dass eine protektionistische Politik in diesen Fällen für ein Land notwendigerweise vorteilhaft ist. Der Grund liegt darin, dass geringeres Wachstum nicht mit geringerer Wohlfahrt gleichzusetzen ist. So ist es etwa für Saudi-Arabien sicherlich wesentlich vorteilhafter, sein Öl gegen

Industrieprodukte zu tauschen, anstatt zu versuchen, die modernsten High-Tech-Produkte selbst herzustellen. Zwar wird bei Konzentration auf die Erdölförderung das Wirtschaftswachstum etwas geringer ausfallen, aber der Gegenwartswert des Konsumstroms wird mit Sicherheit höher sein.

12.3 Unternehmen mit heterogenen Kosten

In der Realität sind Unternehmen in Märkten mit intra-industriellem Handel nicht symmetrisch: Es gibt sehr produktive Unternehmen, die in den Exportmärkten aktiv sind, aber auch Firmen die nur für den Inlandsmarkt produzieren.[1] Die Märkte sind zudem nicht statisch: Immer wieder scheiden Unternehmen aus und neue Wettbewerber treten ein. Die Implikationen des Außenhandels für solche Märkte können in einem von Marc Melitz entwickelten Ansatz[2] (**Melitz-Modell**) analysiert werden, der das Krugman-Modell aus Abschnitt 12.1 um folgende Aspekte erweitert:

■ Es wird nicht mehr von Unternehmen mit identischen Kosten ausgegangen, sondern die Firmen sind hinsichtlich ihrer Produktivität heterogen.

■ Außenhandel ist nicht mehr kostenlos möglich, sondern es existieren Markteintrittskosten für die Exportmärkte. Derartige Kosten sind durch eine Vielzahl an empirischen Studien belegt worden.

■ Das Modell ist dynamisch und bildet einen Prozess von ständigen Markteintritten und -austritten ab.

Bevor wir uns mit den Auswirkungen der Handelsaufnahme beschäftigen, wollen wir uns zunächst die Struktur des Modells für den Autarkiefall veranschaulichen. Zentrale Elemente sind dabei die Abbildung der Firmenheterogenität, die Modellierung der Marktdynamik und die Produktionsentscheidung bei Autarkie.

Die inverse Produktionsfunktion der Firmen ist analog zum Krugman-Modell in der Form $l_i = f + a_i \cdot x_i$ gegeben. Da wir die Interaktion über den Faktormarkt im weiteren nicht berücksichtigen, normieren wir den Lohnsatz auf $w = 1$ und können f damit unmittelbar als Fixkosten interpretieren. Die **Heterogenität der Firmen** drückt sich dadurch aus, dass sie sich in Bezug auf ihre Produktivität $\varphi_i = 1/a_i$ unterscheiden. Die Fixkosten sind für alle Unternehmen identisch, hängen aber von der Produktions- und Exportentscheidung ab: Bei Markteintritt fallen Fixkosten f_E an, für die Produktion im Inland zusätzlich f_P und für den Export nochmals f_X.

In Abbildung 12.4 ist die Modellstruktur schematisch dargestellt. Um sich ändernde Marktbedingung abbilden zu können, unterstellt das Modell unendlich viele Peri-

---

[1]Wie wir in Box 5.1 gelernt haben, verhält sich die Produktivität invers zu den Produktionskosten. Je produktiver ein Unternehmen ist, desto weniger Produktionsfaktoren werden benötigt und damit umso geringer fallen damit die Kosten aus.

[2]Melitz, M. J. (2003), The Impact of Trade on Intra-Industry Reallocations and Aggregate Industry Productivity, Econometrica, Vol. 71, No. 6, 1695–1725.

oden, die aber alle gleich aufgebaut sind.

- Zunächst entscheidet sich eine Firma ohne Kenntnis der tatsächlichen Produktivität, ob sie in den Markt eintreten möchte. Die gegebene Wettbewerbssituation (Anzahl der Firmen, Durchschnittsproduktivität, Marktoffenheit) ermöglicht die Bestimmung des erwarteten Firmenwerts. Dieser bestimmt sich als die Summe der diskontierten erwarteten Gewinne der Firma. Ist dieser Wert größer als die für den Markteintritt erforderlichen einmaligen Fixkosten f_E wird das Unternehmen in den Markt eintreten.

- Ist die Firma eingetreten, erfährt sie die tatsächliche Realisierung φ ihrer Produktivität. Bei Aufnahme der Produktion für den Inlandsmarkt würden zusätzliche Fixkosten in Höhe von f_P pro Periode anfallen. Für die gegebene Marktsituation gibt es dann eine Produktionsschwelle φ_P, bei der ein Unternehmen gerade noch Gewinne erzielt. Liegt die realisierte Produktivität der Firma unterhalb von φ_P ist sie nicht wettbewerbsfähig und wird den Markt verlassen. Bei einer Produktivität $\varphi > \varphi_P$ produziert das Unternehmen für den Inlandsmarkt.

- Die Marktdynamik wird schließlich dadurch abgebildet, dass sich ein Unternehmen in jeder Periode mit einer exogen gegebenen Wahrscheinlichkeit einem negativen Schock gegenübersieht, der es zum Austritt aus dem Markt zwingt. Dadurch ist gewährleistet, dass immer wieder neue Firmen in den Markt eintreten können.

Was passiert, wenn Außenhandel aufgenommen wird? Der Handel eröffnet für die Unternehmen eine Exportmöglichkeit, die allerdings mit zusätzlichen Kosten verbunden ist: Zum einen sind dies die bereits in Kapitel 2 diskutierten Transport- und Handelskosten. Zum anderen, und das ist für die weitere Analyse entscheidend, sind das einmalig anfallende Fixkosten f_X, die beispielsweise für die Etablierung von Handelspartnerschaften, den Aufbau von Vertriebsnetzen, die Durchführung von Marketingmaßnahmen im Exportmarkt, die Übersetzung von Produktbeschreibungen usw. entstehen. Diese Exportmarkteintrittskosten bewirken eine Separierung der Unternehmen, in exportierende und nicht-exportierende Firmen. Auch hier kann wieder eine Produktivitätsschwelle bestimmt werden, welche die beiden Firmentypen trennt. Liegt die Produktivität unterhalb dieser Exportschwelle φ_X, so wird nur der inländische Markt versorgt, liegt sie darüber, so wird das Unternehmen auch den ausländischen Markt bedienen.

Wir können somit abhängig von ihrer Produktivität drei Arten von Firmen bei Handel mit Kosten unterscheiden:

- N-Typ: unproduktive Markteintreter, die nicht produzieren, sondern den Markt sofort wieder verlassen

- P-Typ: mittelproduktive Unternehmen, die nur für den inländischen Markt produzieren

- X-Typ: hochproduktive Firmen, die den inländischen Markt versorgen und ihre Produkte auch exportieren

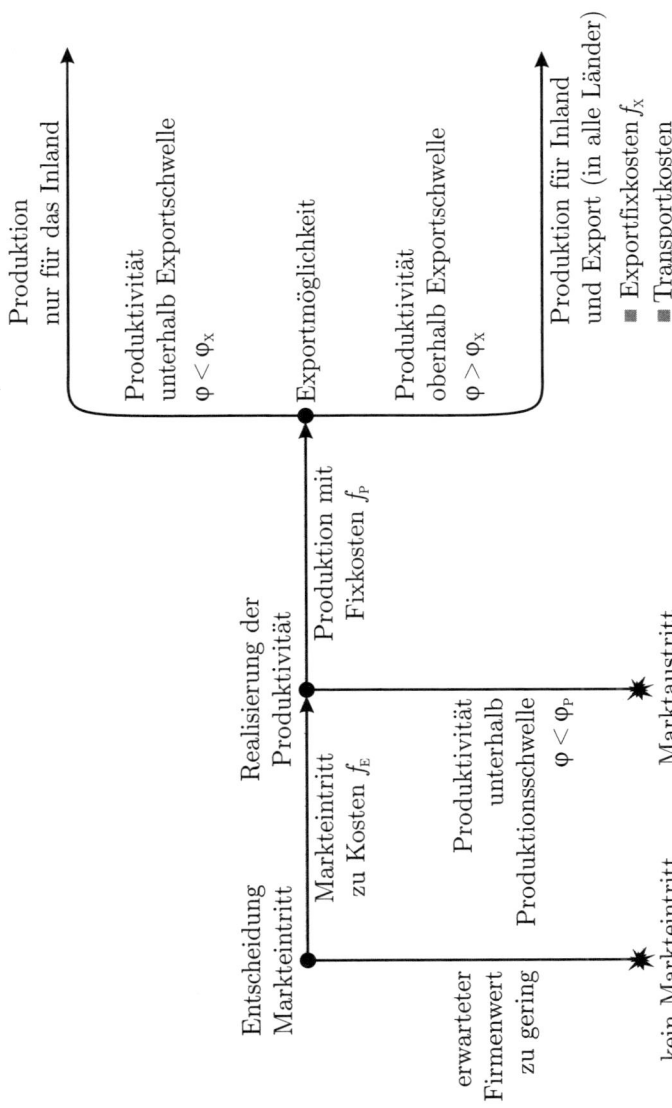

Abb. 12.4: Zeitstruktur im Melitz-Modell

Wie wir an Abbildung 12.5 erkennen können, führt die Aufnahme von Handel nicht nur zu einer Separation in exportierende und nicht-exportierende Unternehmen, sondern ändert auch die Produktionsschwelle für die Inlandsproduktion.

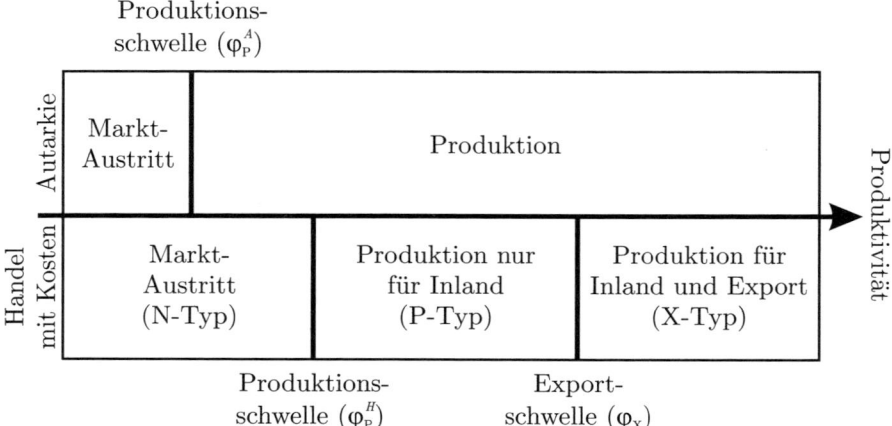

Abb. 12.5: Firmentypen und Produktivitätsschwellen

Die Produktionsschwelle fällt bei Handel höher aus, φ_P^H ist größer als φ_P^A, d. h. weniger Firmen werden erfolgreich in den Markt eintreten können. Warum kommt es zu diesem Anstieg von φ_P? Wir haben bislang nur die Exportoption für ein inländisches Unternehmen betrachtet. Eine solche Option besteht aber natürlich gleichermaßen für ausländische Firmen, die nun auf dem Inlandsmarkt als Wettbewerber auftreten können. Da nur die produktivsten ausländischen Firmen in der Lage sind zu exportieren, sind diese ausländischen Wettbewerber aus Sicht des inländischen Marktes im Durchschnitt produktiver und erhöhen somit den Wettbewerbsdruck. Dadurch sinken die Gewinnmöglichkeiten im Inland und die Produktion für das Inland ist nur noch für Firmen mit einer höheren Produktivität attraktiv. Aufgrund der zusätzlichen Kosten für den Export liegt die Exportschwelle natürlich nochmals höher.

Betrachten wir die Auswirkung des Handels auf die Gewinne der Unternehmen, so müssen die X-Typen nochmals in zwei Gruppen, XH und XN, unterschieden werden.

■ Höchstproduktive Firmen (XH-Typ) produzieren nach Handelsaufnahme insgesamt mehr und bauen dabei ihren Marktanteil so weit aus, dass sich ihre Gewinne erhöhen – und das, obwohl durch den steigenden Wettbewerbsdruck ihre Preise gesunken sind.

■ Hochproduktive Firmen (XN-Typ) sind zwar ebenfalls in der Lage zu exportieren und ihren Marktanteil zu vergrößern. Da die relativ unproduktiven Unternehmen vom Markt verdrängt werden, müssen sie aber aufgrund der nun im Durchschnitt produktiveren Konkurrenz Gewinneinbußen hinnehmen.

■ Mittelproduktive Firmen (P-Typ) können nur auf dem inländischen Markt bestehen. Durch den Wettbewerbsdruck der ausländischen Konkurrenten büßen sie aber Marktanteile ein und ihre Gewinne verringern sich.

- Relativ unproduktive Firmen (N-Typ), die bei Autarkie im Inland produziert haben, können im Wettbewerb nicht länger bestehen und verlassen den Markt.

In Abbildung 12.6 wird der Zusammenhang zwischen Produktivität und Gewinnsituation sowohl unter Autarkie als auch nach Handelsaufnahme nochmals graphisch dargestellt. Wie wir deutlich sehen können, ist nur der XH-Typ in der Lage, seinen Gesamtgewinn $\pi_P^H + \pi_P^X$, der sich aus seinem Inlands- (π_P^H) und Auslandsgeschäft (π_P^X) ergibt, gegenüber dem Gewinn bei Autarkie (π_P^A) zu vergrößern. Alle Firmen mit geringerer Produktivität müssen demgegenüber Gewinneinbußen hinnehmen.

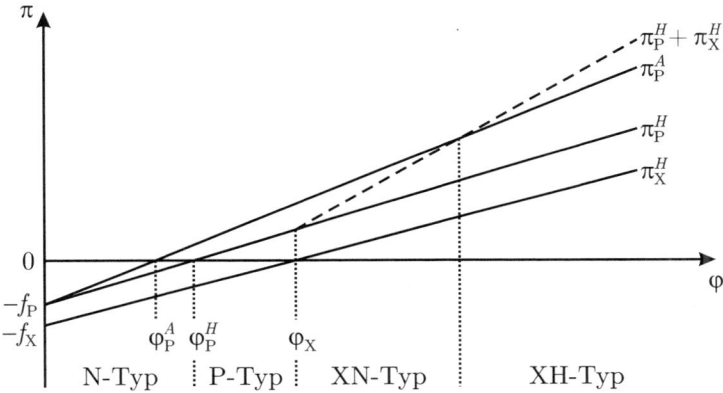

Abb. 12.6: Auswirkungen der Handelsaufnahme auf die Unternehmensgewinne

---

Box 12.1 Firmenheterogenität, Heckscher-Ohlin und Ricardo

Das Melitz-Modell kann ähnlich wie das Krugman-Modell mit dem Heckscher-Ohlin-Ansatz verknüpft werden. Im Unterschied zur Analyse in Abschnitt 12.2.1 wird nun jedoch angenommen, dass in beiden Sektoren differenzierte Güter produziert werden. Auf diese Weise kann die Interaktion zwischen dem durch Faktorausstattungsunterschiede der Länder determinierten komparativen Vorteil und der Produktivität auf Firmenebene abgebildet werden.

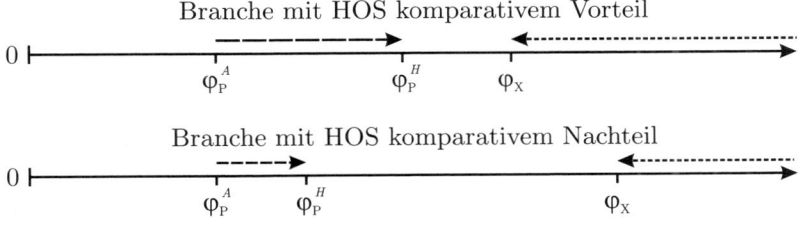

In der Abbildung können wir den Zusammenhang zwischen den Produktivitätsschwellen und der Branchenzugehörigkeit der Firmen erkennen. Unter den Annahmen des Melitz-Modells ergibt sich ohne Handel in beiden Branchen dieselbe Produktionsschwelle φ_P^A. Wir gehen nun davon aus, dass kostspieliger Handel aufgenommen wird und sich somit auch nach Aufnahme des Handels die Faktorpreise nicht vollständig angleichen. Für diesen Fall lassen sich zwei Ergebnisse bezüglich der Produktivitätsschwellen ableiten:

- Die Exportschwelle φ_X ist im Sektor mit dem komparativen Vorteil geringer als im anderen Sektor. Dies liegt daran, dass ein Unternehmen dort bei gleicher Produktivität aufgrund der stärkeren Nutzung des reichlichen und damit billigeren Faktors geringere Produktionskosten aufweist und somit eher in der Lage ist, auch auf dem Exportmarkt zu bestehen. Das Land wird schließlich auch in dieser Branche aufgrund des komparativen Vorteils Nettoexporteur sein.

- Auf der anderen Seite liegt die Produktionsschwelle φ_P^H im Sektor mit dem komparativen Vorteil höher. Der Grund hierfür ist, dass sich die nur für das Inland produzierenden Unternehmen einer größeren Zahl an exportierenden Wettbewerbern gegenüber sehen, die durch die höheren Umsätze beim Export Skalenerträge realisieren. Dies führt zu einem stärkeren Wettbewerbsdruck als im Markt mit dem komparativen Nachteil und somit kann ein Unternehmen in dieser Branche erst ab einem höheren Produktivitätsniveau positive Gewinne realisieren.

Bezogen auf das HOS-Modell führt die Firmen-Separierung in beiden Branchen zu einer Art endogener Ricardo-Spezialisierung, da die exportierenden Firmen produktiver sind als die importierenden Firmen. Diese Spezialisierung ist jedoch nicht durch Technologieunterschiede zwischen den Ländern, sondern durch die unterschiedlichen Produktivitäten der einzelnen Firmen bedingt.[3]

12.4 Mehrproduktunternehmen

Wir haben uns bislang ausschließlich mit Einproduktunternehmen beschäftigt. In der Realität sind es demgegenüber Mehrproduktunternehmen, die den Markt dominieren. So lag ihr Anteil 1997 in der US-amerikanischen verarbeitenden Industrie zwar nur bei 39 %, aber sie hatten einen Anteil von 87 % an der Gesamtproduktion,

---

[3]Quelle: Bernard, A. B., Redding, S. J. und P. K. Schott (2007), Comparative Advantage and Heterogeneous Firms, Review of Economic Studies, Vol. 74, No. 1, 31–66.

wobei sie im Schnitt 3,5 verschiedene Produkte herstellten.[4]

Die Analyse von Mehrproduktunternehmen unterscheidet sich von der Analyse von Einproduktunternehmen deswegen, weil diese Firmen nicht nur eine Entscheidung darüber treffen müssen, welche Mengen sie von einem Gut produzieren, sondern auch darüber, wie viele verschiedene Produkte sie anbieten. Dabei ist zu berücksichtigen, dass diese beiden Entscheidungen eng miteinander verknüpft sind.

- So ergibt sich auf der Nachfrageseite ein sogenannter **Kannibalisierungseffekt**, d. h. jedes zusätzliche Produkt, das das Unternehmen anbietet, zieht einen Teil der Nachfrage von den bereits vorhandenen eigenen Produkten ab. Dieser Effekt ist allerdings nur dann relevant, wenn die Firma in ihren Absatzmärkten hinreichend groß ist und sich somit tatsächlich selbst wirksam Konkurrenz machen kann.

- Auf der Kostenseite sind die Produkte des Unternehmens durch die Fertigung miteinander verbunden. Die geringsten Grenzkosten weist das Unternehmen bei seinem **Kernkompetenzprodukt** auf. Im Zuge einer flexiblen Fertigung können weitere Produkte in das Produktportfolio des Unternehmens aufgenommen werden. Allerdings fallen hierfür Anpassungskosten an, die durch den Verlust von Skalenerträgen und weiteren Heterogenitätskosten entstehen. Daher liegen die Grenzkosten der zusätzlichen Produkte über denjenigen des Kernkompetenzprodukts. Je mehr Produkte bereits hergestellt werden, desto höher sind die Kosten des zusätzlichen Produkts und desto weniger profitabler ist somit dessen Herstellung.

Ein Unternehmen wird somit sein Produktionsspektrum entsprechend der Profitabilität der einzelnen Güter wählen. Wenn wir wie in Abschnitt 12.3 davon ausgehen, dass sich die Firmen in ihrer Produktivität für ihre Kernprodukte (und damit auch in der Produktivität aller anderen Produkte aus ihrem Portfolio) unterscheiden, können wir auch hier eine Typisierung der Firmen bezüglich der Situation nach der Handelsaufnahme vornehmen:

- P-Typ: Diese relativ wenig produktiven Unternehmen stellen nur für den Inlandsmarkt her und geben nach Aufnahme des Außenhandels ihre unprofitabelsten Varianten auf.

- X-Typ: Auch die produktiveren Exportunternehmen werden ihre unprofitabelsten Varianten aufgeben, aber im Gegenzug ihre profitabelsten Güter nicht nur für das Inland herstellen, sondern auch exportieren.

Insgesamt betrachtet führt der Handel somit dazu, dass relativ unprofitable Produktvarianten verschwinden werden. Für die Firmen gilt dabei, dass ihr Produktspektrum umso größer ist, je produktiver sie sind. Der erhöhte Wettbewerb infolge der Aufnahmen von Handel bewirkt aber, dass alle Unternehmen ihr Produktspektrum verschlanken und sich auf ihre Kernprodukte fokussieren werden.

---

[4]Bernard, A. B., Redding, S. J. und P. K. Schott (2003), Multiple-Product Firms and Product Switching, American Economic Review, Vol. 100, No. 1, S. 79

Was haben wir gelernt?

■ Im Krugman-Modell wird der Modellansatz mit Präferenz nach Produktdifferenzierung und Produktion der Varianten mit steigenden Skalenerträgen in ein allgemeines Gleichgewichtsmodell mit Faktormarkt integriert. Die Aufnahme von Handel führt in diesem Kontext zu einer höheren Zahl an verfügbaren Produktvarianten und bei Annahme einer im Pro-Kopf-Konsum sinkenden Nachfrageelastizität auch zu einer Senkung des realen Preises.

■ Durch Integration in ein Zwei-Faktoren-Modell können inter- und intra-industrieller Handel in einem einheitlichen Modellrahmen analysiert werden. Je ähnlicher die Länder in Bezug auf die Faktorausstattung sind, umso größer ist der Anteil des intra-industriellen Handels und umso eher profitieren beide Produktionsfaktoren von der Handelsaufnahme.

■ Im Rahmen von Ansätzen der endogenen Wachstumstheorie lässt sich die Wirkung von Außenhandel und internationaler Integration auf das Wachstum analysieren. Während bei internationalen Spillovers des Wissens normalerweise ein positiver Effekt des Handels auf das Wachstum besteht, können sich bei nationalen Spillovers auch Wachstumseinbußen für Länder mit einer geringen Wissensbasis ergeben.

■ Durch die Annahme von Unternehmen mit heterogenen Kosten und kostspieligem Markteintritt in den Exportmarkt kann im Melitz-Modell erklärt werden, wieso üblicherweise nur ein Teil der aktiven Unternehmen einer Branche die Produkte auch exportiert.

■ Bei Mehrproduktunternehmen führt die Aufnahme von Außenhandel dazu, dass das Produktspektrum reduziert wird und ein stärkerer Fokus auf die Kernprodukte erfolgt, deren Umsatz deutlich ausgeweitet wird.

Ergänzende und weiterführende Literatur

Krugman, P. (1979), Increasing Returns, Monopolistic Competition, and International Trade, Journal of International Economics, Vol. 9, No. 4, 469–479. [*Grundlegender Aufsatz zur neuen Außenhandelstheorie.*]

Neary, J. P. (2009), Putting the "New" into New Trade Theory: Paul Krugman's Nobel Memorial Prize in Economics, The Scandinavian Journal of Economics, Vol. 111, No. 2, 217–250. [*Interessanter Überblick über das ökonomische Lebenswerk von Paul Krugman anlässlich seiner Ehrung mit dem Nobelpreis.*]

Grossman, G. M. und E. Helpman (1993), Endogenous Innovation in the Theory of Growth, Journal of Economic Perspectives, Vol. 7, No. 1, 38–42. [*Grundlegende Idee der endogenen Wachstumstheorie und dem Zusammenhang von Außenhandel und Wachstum.*]

Baldwin, R. (2005), Heterogeneous Firms and Trade: Testable and Untestable Properties of the Melitz Model, NBER Working Paper No. 11471 (July 2005). [*Im Vergleich zum Originalaufsatz einfachere Darstellung des Melitz-Modells.*]

Kontrollfragen und Übungsaufgaben

1. Erläutern Sie die folgende Aussage: „Inter-industrieller Handel findet statt, weil die Länder verschieden sind; intra-industrieller Handel findet statt, weil die Länder ähnlich sind." Worauf bezieht sich die (Un-)Ähnlichkeit?

2. Welche Bedeutung hat die Nachfrageelastizität im Krugman-Modell? Welche Auswirkung hätte ein Faktorwachstum auf die Anzahl der produzierten Varianten und den realen Preis? Können Sie eine Aussage über das Handelsmuster treffen, d. h. welches Land welche Variante exportiert?

3. Welche Rolle spielen im Kontext der endogenen Wachstumstheorie Spillovers bei der Beurteilung, ob Handel förderlich für das Wachstum ist? Wie beurteilen Sie in diesem Zusammenhang die Beobachtung, dass Länder wie etwa China den Schutz geistigen Eigentums nicht so genau nehmen?

4. Erläutern Sie die Grundannahmen des Melitz-Modells im Unterschied zum Modell der monopolistischen Konkurrenz bzw. zum Krugman-Modell! Welche Typen von Firmen können unterschieden werden? Welche Rolle spielen dabei die Handelskosten? Erläutern Sie, wie sich die Gewinnsituation der Firmentypen durch Handelsaufnahme bzw. -liberalisierung ändert!

5. Welche Auswirkung hat eine mit Kosten verbundene Handelsaufnahme auf die durchschnittliche Produktivität der Firmen? Unterscheiden Sie die beiden Situationen, in denen jedes Unternehmen (i) nur eine Variante und (ii) mehrere Varianten anbietet!

6. Welchen besonderen strategischen Herausforderungen sehen sich Mehrproduktunternehmen generell gegenüber? Welche Effekte hat in diesem Fall eine Handelsaufnahme auf die Produktions- und Exportstruktur des Unternehmens?

13 Direktinvestitionen, Fragmentierung und multinationale Unternehmen

Themenüberblick

- Konzept multinationales Unternehmen und Zusammenhang mit Direktinvestitionen
- Firmenspezifisches Kapital als zentrale Voraussetzung für Entstehung multinationaler Unternehmen
- Horizontale Direktinvestitionen: Export vs. Direktinvestition
- Wirkung des Kapitalexports und der Diffusion technischen Fortschritts auf Produktionsstruktur, Handelsmuster und Faktorlöhne
- Vertikale Direktinvestitionen: Fragmentierung, Outsourcing und Offshoring
- Wirkung von Offshoring auf die Arbeitslöhne

Bisher sind wir davon ausgegangen, dass ein auf einem internationalen Markt aktives Unternehmen in Land A produziert und dann einen Teil seiner Produkte nach Land B exportiert. Die Herstellung erfolgt dabei in einem integrierten Produktionsprozess in Land A. In der Realität wird ein großer Teil der internationalen Aktivitäten durch multinationale Unternehmen durchgeführt, die in mehreren Ländern Produktionsstätten haben und im Rahmen einer fragmentierten Produktion Zwischengüter von anderen Unternehmen im In- und Ausland erwerben oder von ausländischen Tochterunternehmen herstellen lassen.

Vor diesem Hintergrund wollen wir nun folgende Fragen analysieren: Wie entsteht durch Direktinvestitionen ein multinationales Unternehmen? Warum stellt ein Unternehmen Güter in einer ausländischen Produktionsstätte her anstatt sie zu exportieren? Nach welchen Kriterien entscheidet ein Unternehmen, ob es Güter in einem integrierten Produktionsprozess im Inland erstellt oder Produktionsschritte ins Ausland verlagert? Welche Auswirkung haben diese Unternehmensentscheidungen auf die betroffenen Länder?

Weitgehend ausklammern werden wir vorerst noch, warum die Aktivitäten dabei innerhalb des multinationalen Unternehmens gebündelt werden, anstatt sie durch unabhängige Firmen durchführen zu lassen. Die dazu benötigten Erklärungsansätze werden wir in Teil V kennenlernen, wenn wir uns explizit mit der Unternehmensperspektive beschäftigen. Dort werden wir diesen Aspekt im Detail diskutieren.

13.1 Begriffsklärung und Konzepte

Ein **multinationales Unternehmen** (MNU) ist grundsätzlich dadurch gekennzeichnet, dass es Produktionsstätten und/oder Serviceeinrichtungen in mindestens zwei Ländern betreibt. So produziert BMW seine Fahrzeuge nicht ausschließlich in Deutschland, sondern hat unter anderem ein Werk in den USA. Der Kamerahersteller Nikon hat demgegenüber zwar seine Produktion auf Japan konzentriert, aber beispielsweise in Europa mehrere Tochterunternehmen, die für Vertrieb, Wartung und Service der Kameras zuständig sind. Wir werden uns im Weiteren auf die Fälle konzentrieren, in denen tatsächlich auch im Ausland produziert wird.

Voraussetzung für das Entstehen multinationaler Unternehmen sind **Direktinvestitionen** im Ausland (FDI – *foreign direct investment*), die im Gegensatz zu Portfolioinvestitionen darauf zielen, die Kontrolle über oder zumindest einen Einfluss auf ein Unternehmen im Ausland zu erlangen. In Kapitel 1 haben wir gesehen, dass diese Investitionen in den letzten vierzig Jahren stärker zugenommen haben als das Volumen des Außenhandels. Zudem hat in den letzten Jahren auch der Anteil der Direktinvestitionen in Entwicklungsländern und durch Unternehmen aus Entwicklungsländern deutlich zugenommen. Wie Box 13.1 zeigt, spiegelt sich dies auch in der zunehmenden Bedeutung multinationaler Unternehmen wider.

Box 13.1 Bedeutung multinationaler Unternehmen

Multinationale Unternehmen sind bereits seit der Gründung der British East India Company im 17. Jahrhundert eine treibende Kraft des globalen Handels. Dennoch waren bis zum Beginn des 20. Jahrhunderts international aktive Unternehmen noch eher selten zu finden. So war im Jahr 1914 die große Mehrheit der US-amerikanischen Großunternehmen noch ausschließlich national tätig. Erst in der Zwischenkriegszeit und dann verstärkt in der Zeit nach dem Zweiten Weltkrieg wurden US-Konzerne wie General Motors vermehrt zu multinationalen Unternehmen.

Eine starke Zunahme der Anzahl und Bedeutung multinationaler Unternehmen ergab sich seit den 1970er und 1980er-Jahren, wobei nun zunehmend auch Unternehmen aus Europa und Japan eine Internationalisierungsstrategie verfolgten. In jüngerer Zeit folgen diesem Trend nun auch Unternehmen aus aufstrebenden Entwicklungs- und Schwellenländern wie Südkorea, Brasilien oder China. Diese Verschiebung drückt sich in der Verringerung der Anteile der Industrieländer seit Beginn der 1990er-Jahre aus: Zwar hat sich die Zahl der MNUs aus Industrieländern von 1992 bis 2008 fast verdoppelt, aber ihr Anteil nahm von 92 % auf 72 % ab.

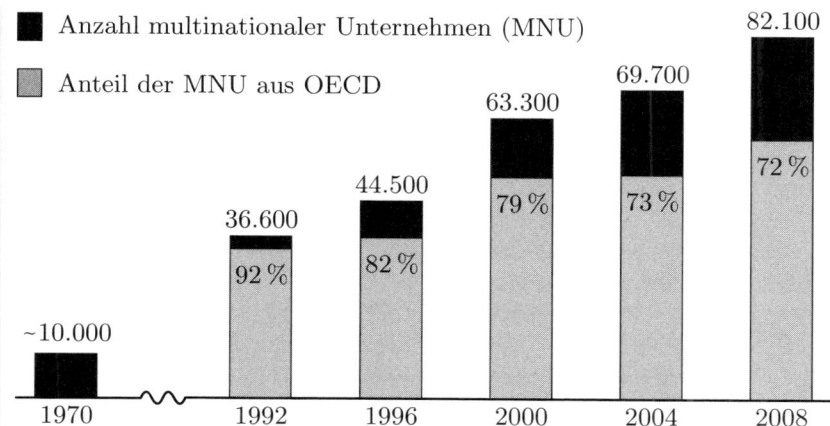

Quelle: Eigene Darstellung basierend auf Daten der UNCTAD und der Bundeszentrale für politische Bildung www.bpb.de (2010)

Die Bedeutung der multinationalen Unternehmen relativ zu den nur exportierenden Unternehmen kommt in ihrem Anteil am Außenhandel zum Ausdruck. So wurden 1990 über 75% des US-Warenhandels über MNUs abgewickelt, und wie wir bereits in Kapitel 1 gesehen haben, betrug dabei der Anteil des firmeninternen Handels etwa 40%. Im Zeitablauf hat sich seit Beginn der 1970er-Jahre insbesondere der firmeninterne vertikale Handel mit Zwischenprodukten deutlich erhöht – so stieg beispielsweise der Anteil der Zwischenproduktexporte von US-amerikanischen MNUs an ihre Tochterfirmen von etwa einem Drittel bis zu Beginn des Jahrtausends auf zwei Drittel.

Wie wir in Kapitel 18 noch genauer thematisieren werden, ist die zunehmende Bedeutung multinationaler Unternehmen ein zentrales Kennzeichen der **Globalisierung von Märkten**. Während sich internationale Märkte von rein nationalen Märkten durch die Außenhandelstätigkeit der Unternehmen unterscheiden, kommen bei globalen Märkten noch ausländische Direktinvestitionen (und damit multinationale Unternehmen), international fragmentierte Produktionsprozesse (vertikaler intra-industrieller Handel) und internationale Unternehmenskooperationen hinzu.

Wir werden auf **drei grundlegende Fragestellungen** im Zusammenhang mit Direktinvestitionen und multinationalen Unternehmen eingehen:

- Welche Motive hat ein Unternehmen, mittels Direktinvestitionen Teile seiner Aktivitäten ins Ausland zu verlagern?

- Warum werden die Aktivitäten innerhalb eines multinationalen Unternehmens anstatt durch unabhängige ausländische Firmen durchgeführt?

- Welche volkswirtschaftlichen Auswirkungen ergeben sich durch Direktinvestitionen und die Bildung multinationaler Unternehmen?

Die **Motive für Direktinvestitionen** können auf der Absatzseite oder auf der Beschaffungsseite liegen.

- Ein wichtiges absatzseitiges Motiv, das auch bei der theoretischen Analyse im Vordergrund steht, ist die Vermeidung von Handelskosten (bzw. die Ermöglichung des Marktzugangs, falls die Handelskosten prohibitiv sind). Darüber hinaus kann aber auch eine verbesserte Markterschließung durch die größere Nähe zu den ausländischen Konsumenten eine Rolle spielen, da dadurch eine bessere Anpassung der Produkte an die lokalen Bedürfnisse ermöglicht wird.

  Errichtet ein Unternehmen in einem anderen Land eine Produktionsstätte zur Belieferung des lokalen Marktes, so nennt man das **horizontale Direktinvestition**. Diese Form der ausländischen Direktinvestition stellt ein Substitut für Exporte in dieses Land dar. Die Entscheidung zwischen Export und Direktinvestition werden wir in Abschnitt 13.2 im Rahmen einer Modellierung mit Skalenerträgen und unvollkommenem Wettbewerb analysieren.

- Auf der Beschaffungsseite geht es im Kontext fragmentierter Produktionsprozesse insbesondere um die Reduktion von Kosten durch die Nutzung von Faktorpreisunterschieden aufgrund komparativer Kostenvorteile.

  Wird ein Tochterunternehmen im Ausland gegründet, um dorthin einzelne Produktionsschritte eines umfangreicheren Produktionsprozesses zu verlagern, so liegt eine **vertikale Direktinvestition** vor. In diesem Fall besteht eine komplementäre Beziehung zwischen Direktinvestition und Außenhandel, da es hierbei zu vertikalem intra-industriellen Handel zwischen Mutter- und Tochterunternehmen kommt. Abschnitt 13.3 beschäftigt sich mit Fragmentierung und vertikalen Direktinvestitionen.

Warum kann die **Integration** von Aktivitäten im In- und Ausland im Rahmen eines multinationalen Unternehmens sinnvoll sein? Eine mögliche Antwort ist, dass multinationale Unternehmen über **firmenspezifisches Kapital** in Form immaterieller Wirtschaftsgüter (z. B. Know-how, Betriebserfahrung, Managementfähigkeit etc.) verfügen und dieses Kapital aufgrund hoher Transaktionskosten beim Transfer dieses Wissenskapitals nur innerhalb des Unternehmens effizient verwendet werden kann. So kann zwar beispielsweise technologisches Know-how in Form von Patenten prinzipiell lizenziert werden. Bei der Patentierung muss jedoch die Erfindung offengelegt werden, was nicht unbedingt im Interesse des Unternehmens ist, und zudem gibt es möglicherweise Aspekte der Technologie, die nicht einfach schriftlich kodifiziert werden können. Mit den Erklärungsansätzen für multinationale Unternehmen auf Grundlage des Transaktionskostenansatzes und der Theorie unvollständiger Verträge werden wir uns in Kapitel 19 noch genauer beschäftigen.

Im Kontext der internationalen Fragmentierung kann über die Nutzung firmenspezifischen Kapitals hinaus auch das Problem auftreten, dass die Qualität der Zwischenprodukte bei Auslagerung an eine externe Firma möglicherweise nur schwer sicherzustellen ist. Die Kontrolle der Produktionsprozesse ist demgegenüber einfacher, wenn diese in einem Tochterunternehmen im Ausland ausgeführt werden. Vor diesem Hintergrund bietet es sich an, die Fragmentierungsentscheidung hinsichtlich zweier Dimensionen zu betrachten: der geographischen und der organisatorischen. Nur wenn internationale Fragmentierung gegenüber der integrierten Fertigung vorteilhaft ist und außerdem die Durchführung innerhalb des Unternehmens wegen der effizienten Nutzung firmenspezifischen Kapitals oder der Sicherstellung von Qualität notwendig ist, kommt es tatsächlich zu einer Direktinvestition und damit zu einem multinationalen Unternehmen. Um diese Unterscheidung begrifflich eindeutig zu machen, differenzieren wir im Weiteren entsprechend der Darstellung in Tabelle 13.1 zwischen „Outsourcing" und „Offshoring". Als **Outsourcing** wird dabei die Auslagerung einzelner Produktionsschritte an Drittunternehmen bezeichnet, wobei je nachdem ob sich diese Firmen im In- oder im Ausland befinden zwischen lokalem und internationalem Outsourcing unterschieden werden kann. **Offshoring** bezeichnet demgegenüber die Produktion in einem ausländischen Tochterunternehmen.

Fragmentierung		geographisch	
		nein	**ja**
organisatorisch	**nein**	Integration	Offshoring (vertikales FDI)
	ja	lokales Outsourcing	internationales Outsourcing

Tab. 13.1: Geographische und organisatorische Fragmentierung

Die **volkswirtschaftlichen Auswirkungen** von multinationalen Unternehmen ergeben sich in erster Linie durch den Kapitaltransfer ins Ausland. Die im Rahmen multinationaler Unternehmen notwendigen ausländischen Direktinvestitionen umfassen sowohl den Erwerb von Beteiligungen an ausländischen Unternehmen als auch den Bau neuer Anlagen im Ausland (*greenfield investment*). Sie können als Akquisition eines ausländischen Unternehmens, als Gemeinschaftsunternehmen (*joint venture*), als Neugründung oder als Lizenzierung firmenspezifischen Kapitals in Erscheinung treten. Aus volkswirtschaftlicher Sicht entscheidend ist der Kapitaltransfer, der die Kapitalausstattung im Ursprungs- und im Zielland verändert bzw. beim Transfer von Wissenskapital die Produktivität im Zielland erhöht. Da sich die empirisch relevanten Effekte bei horizontalen und vertikalen Direktinvestitionen unterscheiden, werden wir die volkswirtschaftlichen Auswirkungen jeweils am Ende der entsprechenden Abschnitte thematisieren (in 13.2.3 und 13.3.3). Die Analyse basiert dabei auf den in Kapitel 9 angestellten Überlegungen.

13.2 Markterschließung durch horizontale Direktinvestitionen

Wir wollen uns als erstes mit horizontalen Direktinvestitionen beschäftigen, d. h. Direktinvestitionen auf der Absatzseite, die den Zweck verfolgen, die Güter für den ausländischen Markt vor Ort herzustellen. Wir werden dabei zunächst aus dem Blickwinkel eines einzelnen Unternehmens nur die Kostenaspekte bei der Entscheidung zwischen Exporten und Gründung eines Tochterunternehmens betrachten. In einem zweiten Schritt werden wir in einer Marktbetrachtung im Rahmen des Melitz-Modells aus Abschnitt 12.3 aufzeigen, dass die produktivsten Unternehmen die Direktinvestitionsstrategie vorziehen. Schließlich werden wir die Auswirkungen des Transfers von Kapital und Wissen im Rahmen der Analyse der Auswirkungen von Faktorwanderungen und des technischen Fortschritts thematisieren.

13.2.1 Kostenbetrachtung: Export oder Direktinvestition?

Wir gehen davon aus, dass in der Produktion des Gutes x steigende Skalenerträge vorliegen, d. h. eine höhere Gesamtproduktion senkt die Durchschnittskosten (vgl. Kapitel 10). Für den Export der Güter fallen Kosten in Höhe von h pro abgesetzter Einheit an, die alle mit dem Handel verbundenen Kosten für Transport, Zölle, Vertrieb etc. umfassen (vgl. Kapitel 2). Zur Vereinfachung gehen wir davon aus, dass diese Handelskosten unabhängig von der abgesetzten Menge sind – aufgrund von fixen Kostenbestandteilen dürfte h in der Realität allerdings mit steigendem Auslandsabsatz sinken.

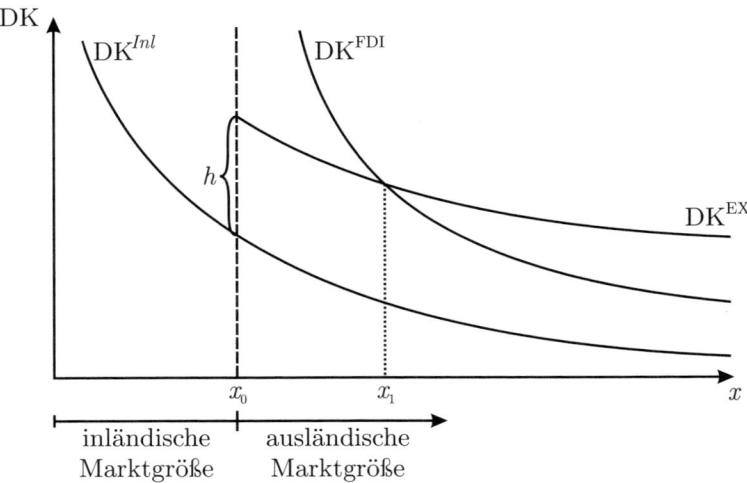

Abb. 13.1: Export vs. FDI

In Abbildung 13.1 wird diese Situation verdeutlicht. Dabei bezeichnet DK^{Inl} die Durchschnittskosten des Unternehmens für die inländische Produktion. Im inländischen Markt kann maximal die Menge x_0 abgesetzt werden. Produziert das Unternehmen darüber hinaus Güter für den Auslandsmarkt, kommt es zwar zu einer weiteren Reduktion der durchschnittlichen Produktionskosten. Jedoch fallen für den Export zusätzlich die Handelskosten h an, weshalb die bei x_0 beginnende für das Auslandsgeschäft relevante Durchschnittskostenkurve DK^{EX} um h höher liegt als DK^{Inl}.

Als mögliche Alternative kann das inländische Unternehmen auch direkt in den ausländischen Markt investieren und dort ein Tochterunternehmen zur Herstellung des Gutes gründen. Der Vorteil dieser Option besteht im Kontext unserer Analyse darin, dass sich das Unternehmen die Handelskosten sparen könnte. Darüber hinaus können in der Realität noch andere Aspekte bedeutsam sein, wie beispielsweise die bessere Anpassung des Gutes an die lokalen Bedingungen. Gegenüber den lokalen Konkurrenten profitiert die ausländische Tochter vom firmenspezifischen Kapital des multinationalen Unternehmens. Diesem Vorteil stehen allerdings Zusatzkosten gegenüber, die aus der räumlichen Trennung von Zentrale und Tochter entstehen – beispielsweise erschwerte Kommunikationsmöglichkeiten oder kulturelle Unterschiede. Wir nehmen jetzt aber an, dass sowohl beim Export als auch bei Produktion durch das Tochterunternehmen die Vorteile ausreichen, um im Wettbewerb mit den lokalen Konkurrenten bestehen zu können.

Der zentrale Nachteil der Auslandsproduktion liegt darin, dass das Unternehmen nicht von der Degression der Durchschnittskosten aufgrund der Produktion für den Inlandsmarkt profitieren kann. Die Durchschnittskostenkurve DK^{FDI} liegt daher bis zu einer Ausbringungsmenge von $x_1 - x_0$ über DK^{EX} und der Export ist somit in diesem Bereich trotz der Handelskosten dem Aufbau einer ausländischen Fabrikationsstätte vorzuziehen. Damit kommt der Größe des ausländischen Marktes ein entscheidender Einfluss zu: Ein relativ kleiner Markt wird effizienter über Exporte versorgt, während sich bei einem größeren Markt die Produktion vor Ort lohnen kann.

Wie wirken sich Änderungen der anderen Parameter auf die Entscheidung aus? Eine Erhöhung der Handelskosten macht Direktinvestitionen auch schon in kleineren Märkten attraktiv (DK^{EX} verschiebt sich nach oben, wodurch x_1 sinkt). Im Extremfall prohibitiver Handelskosten durch Zölle oder Kontingente kann die Direktinvestition die einzige Möglichkeit darstellen, den ausländischen Markt überhaupt zu beliefern oder den Marktanteil über die Kontingentmenge hinaus auszuweiten. So kam es beispielsweise als Reaktion auf Handelsbeschränkungen der EU und der USA gegenüber japanischen Autoherstellern zum Aufbau von Produktionsstätten in den USA und England durch die japanischen Automobilproduzenten.

13.2.2 Direktinvestitionen bei heterogener Kostenstruktur der Firmen

Bisher untersuchten wir die Entscheidung zwischen Export und Direktinvestitionen aus dem Blickwinkel eines einzelnen Unternehmens. Wenn alle Unternehmen symmetrisch wären, so müssten sie alle in Abhängigkeit der Kostenstruktur und der Marktgegebenheiten die gleiche Entscheidung treffen. In der Realität gibt es jedoch normalerweise innerhalb eines Sektors sowohl Unternehmen, die den Auslandsmarkt über Exporte bedienen, als auch solche, die eine Direktinvestitionsstrategie gewählt haben. Wie es dazu kommen kann, lässt sich im Kontext des Melitz-Modells aus Abschnitt 12.3 erklären.

Ausgangspunkt der Überlegung sind Unternehmen mit unterschiedlich hoher Produktivität φ. Für die Belieferung des lokalen Marktes fallen Fixkosten f_P und für den Exportmarkt nochmals f_X an. Wie in der Analyse im vorigen Abschnitt treten außerdem Handelskosten h pro exportierter Mengeneinheit auf. In Abbildung 13.2 sind unter der Annahme symmetrischer Länder analog zu Abbildung 12.6 die Gewinne im Inland, π_P, und im Exportmarkt, π_X, jeweils in Abhängigkeit von der individuellen Produktivität abgetragen. Der flachere Verlauf für den Exportmarkt ergibt sich dabei aufgrund der Handelskosten.

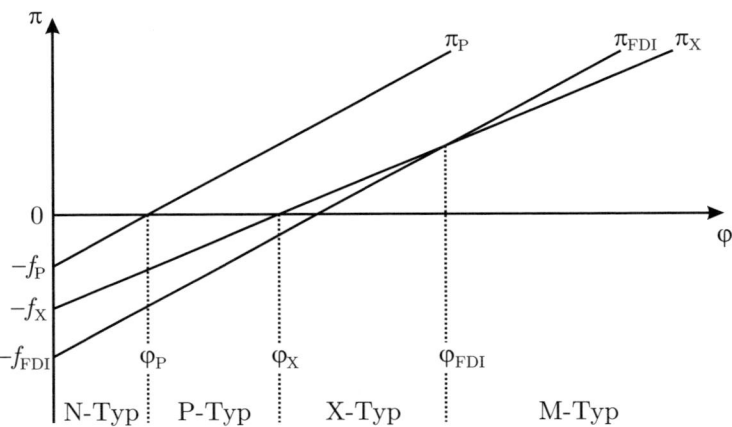

Quelle: Eigene Darstellung auf Grundlage von Helpman (2006)

Abb. 13.2: Exportunternehmen vs. multinationale Unternehmen

Nehmen wir nun an, dass die Unternehmen alternativ zum Export ihre Produktvariante auch in einem Tochterunternehmen im Ausland herstellen können. Dabei fallen mit f_{FDI} höhere Fixkosten als beim Export an. Andererseits werden jedoch die Handelskosten vermieden, was sich in der Abbildung darin ausdrückt, dass π_{FDI} parallel zu π_P verläuft. Wir können somit ergänzend zu unserer Typisierung in Abschnitt 12.3 nun vier Arten von Firmen entsprechend ihrer Produktivität unterscheiden:

- N-Typ: Unternehmen mit einer geringen Produktivität unterhalb von φ_P, die nicht produzieren.

- P-Typ: Unternehmen mit einer mittleren Produktivität zwischen φ_P und φ_X, die nur den inländischen Markt versorgen.

- X-Typ: Unternehmen mit einer hohen Produktivität zwischen φ_X und φ_{FDI}, die sowohl für das Inland produzieren als auch ihre Produkte ins Ausland exportieren.

- M-Typ: Unternehmen mit einer sehr hohen Produktivität oberhalb von φ_{FDI}, die für das Inland produzieren, den ausländischen Markt aber mittels Direktinvestition direkt versorgen werden anstelle dorthin zu exportieren und somit zu MNUs werden.

Dieses Ergebnis ist konsistent mit dem empirisch feststellbaren Muster, dass multinationale Unternehmen produktiver sind als Exportunternehmen und diese wiederum eine höhere Produktivität aufweisen als die Firmen, die nur für den lokalen Markt produzieren.

Bei geeigneter Erweiterung lässt sich dieser Modellansatz auch zur Analyse komplexerer Integrationsstrategien mit horizontalen und vertikalen Direktinvestitionen verwenden. Dabei wird eine Situation mit zwei symmetrischen Industrieländern („Norden") und einem Entwicklungsland („Süden") unterstellt, wobei die Konzernzentrale der Unternehmen immer in einem der Industrieländer liegt. Die Produktion ist zweistufig: Zunächst werden Zwischengüter hergestellt, die anschließend zum Endprodukt montiert werden. Die reinen Produktionskosten sind im Entwicklungsland geringer, aber bei Auslagerung fallen für jede Produktionsstufe getrennt Fixkosten an. Ohne Handelskosten werden die unproduktivsten Unternehmen die Güter dann vollständig im Inland herstellen („Integration") und die produktivsten beide Stufen in das Entwicklungsland verlagern, das somit als Exportplattform dient; bei mittleren Produktivitäten kann es zu geographischer Fragmentierung kommen, d. h. eine Produktionsstufe wird im Rahmen von Offshoring im Ausland durchgeführt. Bei ausreichend hohen Transportkosten kann es bei mittleren Produktivitäten zusätzlich zu horizontalen Direktinvestitionen im anderen Industrieland kommen, d. h. das Produkt wird sowohl im Inland als auch im anderen Industrieland zumindest montiert oder auch vollständig hergestellt.

13.2.3 Wirkung von Direktinvestitionen: Kapitalexport und Diffusion technischen Wissens

Die in der Statistik erfassten Direktinvestitionen stellen einen **Export von Finanzkapital** zwischen dem Ursprungsland und dem Zielland dar. Damit ist aber noch nicht sichergestellt, dass sich auch die Realkapitalausstattung ändert. Hierzu müssen entweder Investitionsgüter vom Ursprungs- ins Zielland exportiert werden oder mittels des Finanzkapitals dort zusätzliche Investitionen vorgenommen werden. Wenn also beispielsweise ein Unternehmen aus Land A eine Beteiligung an einem Wettbewerber in Land B erwirbt, so kommt es dadurch noch zu keinem Realkapitalexport. Wenn demgegenüber das Unternehmen eine Produktionsstätte in Land B errichtet (*greenfield investment*), wird dies insoweit zu einer Zunahme der Realkapitalausstattung führen als dass Fabrikanlagen neu erstellt oder Investitionsgüter importiert werden. Falls jedoch ein bereits bestehendes Gebäude für die Produktionsstätte verwendet wird, so stellt der Kaufpreis zwar eine ausländische Direktinvestition dar, erhöht aber nicht die Realkapitalausstattung in Land B.

Wie die Finanzkrise am Ende der 2000er-Jahre eindrucksvoll gezeigt hat, haben zwar auch reine Finanzkapitaltransaktionen reale Wirkungen. Da wir uns hier aber nicht mit internationalen Finanzmärkten beschäftigen, haben wir zu einer detaillierten Analyse dieser Interaktion nicht die notwendigen Voraussetzungen und wollen uns daher in Bezug auf die Wirkungen von Direktinvestitionen auf den Fall konzentrieren, dass Finanzkapitaltransfer und Realkapitaltransfer zusammenfallen.

Insoweit es zu einer Änderung der Realkapitalausstattungen kommt, lassen sich die kurz- und langfristigen Wirkungen analog zur Analyse von Faktorwanderungen in Kapitel 9 untersuchen. Darüber hinaus können sich im Rahmen von multinationalen Unternehmen auch ohne Finanzkapitaltransaktionen Wachstumseffekte im Zielland ergeben – beispielsweise durch eine Produktivitätssteigerung aufgrund der Nutzung des firmenspezifischen Wissenskapitals des Mutterunternehmens. Dieser Aspekt kann im Kontext der Analyse in Abschnitt 9.3 von Wachstum durch technischen Fortschritt thematisiert werden.

Betrachten wir nun zunächst den **Realkapitalexport**, so müssen wir die kurzfristigen und die langfristigen Wirkungen unterscheiden.

- **Kurzfristig** führt der Kapitalexport im Zielland zu einer Erhöhung des sektorspezifischen Kapitals in demjenigen Sektor, in dem die Direktinvestition vorgenommen wird. Die entsprechenden Effekte wurden in Abschnitt 9.1.4 anhand von Abbildung 9.6 verdeutlicht und lassen sich unmittelbar auf unser Direktinvestitionsszenario anwenden. Betrachten wir zunächst die Mengeneffekte: Durch die Direktinvestition entsteht zusätzliche Nachfrage nach dem Faktor Arbeit. Als Reaktion werden Arbeitskräfte aus dem anderen Sektor abgezogen und die Produktion im Sektor mit der Direktinvestition erhöht sich auf Kosten der Produktion im anderen Sektor. Betrachten wir nun die Preiseffekte: Da sich die Weltfaktorausstattung nicht geändert hat, sind die Güterpreise konstant. Es kommt somit nur zu einer Anpassung der Faktorpreise. Dabei wird die Entlohnung des nun im Inland relativ knapperen Faktors Arbeit steigen und diejenige des sektorspezifischen Kapitals in beiden Sektor sinken.

- **Langfristig** ist Kapital zwischen den Sektoren mobil und wird entsprechend seinem Wertgrenzprodukt optimal auf die beiden Sektoren aufgeteilt. Die Direktinvestition führt somit gemäß dem Rybczynski-Theorem zu einer Ausweitung der Produktion im kapitalintensiven Sektor und zu einer Einschränkung im arbeitsintensiven. Da die Weltfaktorausstattung konstant geblieben ist, werden sich die Faktorpreise langfristig wieder an die ursprüngliche Gleichgewichtsrelation anpassen: Bei Gültigkeit des Faktorpreisausgleichstheorems hängen die Faktorpreise nicht von der lokalen Faktorausstattung, sondern nur von den (unveränderten) Güterpreisen ab.

Welche Effekte ergeben sich demgegenüber bei **Nutzung firmenspezifischen Kapitals** durch ein Tochterunternehmen? In diesem Zusammenhang sind zwei Aspekte wichtig: Zum einen spielt es hier eine Rolle, ob die Investition im kapitalintensiven oder im arbeitsintensiven Sektor stattfindet. Zum zweiten ist die Frage, ob die höhere Produktivität nur im Tochterunternehmen selbst realisiert wird oder durch Spillover-Effekte auch die lokalen Unternehmen profitieren.

Ein zentrales Ergebnis ist, dass es nun trotz konstanter Güterpreise auch langfristig zu einer Anpassungen der Faktorpreise kommen kann. Nehmen wir zunächst zur Vereinfachung an, dass es in der Branche mit Zufluss ausländischer Direktinvestitionen entweder nur Tochterunternehmen multinationaler Konzerne gibt oder vollständige technologische Spillovers für die lokalen Unternehmen resultieren. Wir befinden uns dann in der in Abschnitt 9.3 analysierten Situation. Führt das firmenspezifische Kapital zu einem Hicks-neutralen technischen Fortschritt – die Produktivität beider Faktoren steigt in gleichem Umfang –, so führen Direktinvestitionen im relativ kapitalintensiven Sektor zu einer höheren Entlohnung des Faktors Kapital und zu einer geringeren Entlohnung der Arbeit. Bei Direktinvestitionen im arbeitsintensiven Sektor wäre es genau umgekehrt: Hier würde der Faktor Arbeit gewinnen und der Faktor Kapital verlieren. Hintergrund der Anpassungsreaktion ist, dass die Produktion im Sektor mit Direktinvestitionen durch die Produktivitätssteigerung nun attraktiver wird, bei einer Verlagerung in diesen Sektor aber mehr vom dort intensiv eingesetzten Faktor benötigt wird.

Ohne Spillover-Effekte ist die Situation komplizierter, weil die Unternehmen nun unterschiedlich effizient sind. Bei vollkommenem Wettbewerb würde das dazu führen, dass die lokalen Unternehmen vom Markt verdrängt werden. Wird realistischerweise unvollkommener Wettbewerb unterstellt, befinden wir uns entweder in der Situation des Melitz-Modells oder in einem Oligopol mit asymmetrischer Kostenstruktur. Neben der Anpassungsreaktion auf den Faktormärkten kommt es dann auch zu Änderungen in der Marktstruktur im Sektor mit Direktinvestitionen. Dies kann dann auch bei Direktinvestitionen im kapitalintensiven Sektor zu Nachteilen für die lokalen Kapitaleigner führen, da ihr Realkapital nun aufgrund der Konkurrenz durch die produktiveren multinationalen Unternehmen entwertet wird.

13.3 Fragmentierung, Outsourcing und vertikale Direktinvestitionen

Bei der Entscheidung über **horizontale Direktinvestitionen** steht die Abwägung zwischen der Vermeidung von Handelskosten und der Realisierung von Skalenerträgen im Vordergrund. Bei **vertikalen Direktinvestitionen** kommt der Aspekt der Kostenreduktion durch Verlagerung arbeitsintensiver Teilprozesse in arbeitsreiche Länder mit geringeren Lohnkosten hinzu.

13.3.1 Fragmentierung, Outsourcing und Offshoring

Wir wollen in diesem Abschnitt zwei Fragen untersuchen: Wieso kann für ein Unternehmen die Fragmentierung der Wertschöpfungskette gegenüber einer integrierten Produktion an einem Ort vorteilhaft sein? Und, unter welchen Umständen wird ein Teilprozess dabei im Rahmen von internationalem Outsourcing oder Offshoring ins Ausland verlagert?

Gehen wir zunächst davon aus, dass die Produktion eines Gutes integriert innerhalb eines Unternehmens an einem Ort stattfindet. Im oberen Teil der Abbildung 13.3 werden die für die Erstellung und Vermarktung des Gutes notwendigen Teilprozesse in ihrer zeitlichen Reihenfolge schematisch dargestellt. Bei der Herstellung ist hierbei zu beachten, dass moderne Industrieprodukte sehr komplex aufgebaut sind und aus vielen verschiedenen Zwischenprodukten bestehen, die natürlich zunächst erzeugt werden müssen, bevor sie zum Endprodukt montiert werden (vgl. dazu beispielhaft die in Box 13.2 veranschaulichte Fragmentierung bei der Herstellung des iPhone). Abschließend muss das Produkt beworben und vertrieben werden.

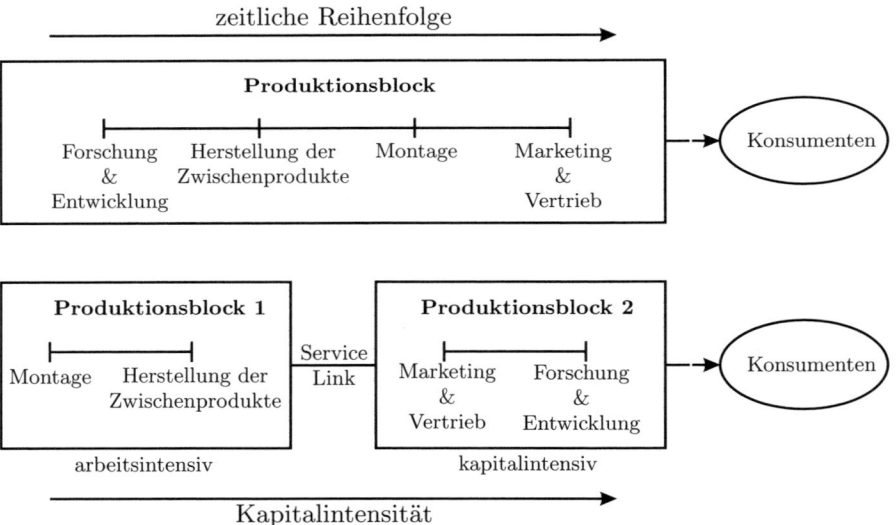

Quelle: Eigene Darstellung in Anlehnung an Jones/Kierzkowski (1990), S. 33

Abb. 13.3: Fragmentierung der Produktion

Da der Produktionsprozess aus mehreren Schritten besteht, stellt sich die Frage, ob es sich nicht lohnen könnte, diese voneinander zu trennen. Dabei erscheint es zunächst naheliegend, die Produktionsschritte nach ihrem zeitlichen Ablauf zu ordnen und auf verschiedene Standorte aufzuteilen. Im Kontext der internationalen Fragmentierung ist es aber ökonomisch sinnvoller, die Schritte so auf die Standorte zu verteilen, dass die jeweils gegebenen komparativen Vorteile optimal genutzt werden. Im unteren Teil von Abbildung 13.3 sind die Schritte entsprechend nach ihrer Kapitalintensität geordnet, wobei sowohl Realkapital als auch Humankapital berücksichtigt werden: Es ist offensichtlich, dass die Forschung und auch der Vertrieb relativ humankapitalintensiv sind. Normalerweise erfolgt zudem die Herstellung der meisten Zwischenprodukte kapitalintensiver als die arbeitsintensive Endmontage.

Wir haben nun in der Abbildung zwei Produktionsblöcke unterschieden, einen arbeitsintensiven und einen kapitalintensiven Block, die potentiell getrennt durchgeführt werden können. Die genaue Grenze ist dabei im Augenblick willkürlich – wir hätten auch nur die Endmontage dem arbeitsintensiven Bereich zuordnen können, was für das iPhone-Beispiel wohl noch besser passen würde. Wichtig ist, dass diese beiden Blöcke über einen sogenannten **Service-Link** miteinander verbunden sind. Was bedeutet das? Im Zuge der Fragmentierung wird eine Reihe zusätzlicher Dienstleistungen erforderlich, die bei integrierter Produktion nicht nötig sind. Darunter fällt etwa der Auf- und Ausbau des Logistiknetzwerks, da die lokal getrennt hergestellten Zwischenprodukte nicht nur zur Endfertigung transportiert werden müssen, sondern auch die (zeitliche) Anlieferung koordiniert werden muss. Damit verbunden ist gegebenenfalls auch die Erfordernis externe Dienstleister hinzuzuziehen, um sich etwa gegen transportbedingte Produktionsausfälle zu versichern oder eine unabhängige Qualitätskontrolle sicherzustellen. Die Kosten, die für diesen Service-Link anfallen, müssen dann den Kosteneinsparungen durch die effizientere Produktion bei Fragmentierung gegenüber gestellt werden.

Box 13.2 Fragmentierung bei Apples iPhone 3G

Am Beispiel der Produktion von Apples iPhone können wir nachvollziehen, wie viele Firmen aus unterschiedlichen Ländern an der Herstellung beteiligt sind und wie viel sie jeweils zur Wertschöpfung beitragen. Dabei zeigt sich auch, wie die komparativen Vorteile der Länder genutzt werden: Während die High-Tech-Komponenten aus kapitalreichen Ländern wie Deutschland oder Japan stammen, erfolgt die Montage im relativ arbeitsreichen China.[1]

Hersteller	Komponente	Kosten in US-$
Toshiba (Japan)	Flash-Speicher	24,00
	Display-Modul	19,25
	Touchscreen	16,00
Samsung (Korea)	Anwendungsprozessor	14,46
	SDRAM-Mobile DDR	8,50

---

[1]Quelle: Rassweiler, A. (2009), iPhone 3G S Carries $178.96 BOM and Manufacturing Cost, iSuppli Teardown Reveals, iSuppli, `goo.gl/6SOkA`.

Hersteller	Komponente	Kosten in US-$
Infineon (Deutschland)	Basisband	13,00
	Kamera-Modul	9,55
	RF Transceiver	2,80
	GPS-Empfänger	2,25
	Power IC RF Funktion	1,25
Broadcom (USA)	Bluetooth/FM/WLAN	5,95
Numonyx (USA)	Memory MCP	3,65
Murata (Japan)	FEM	1,35
Dialog Semiconductor (Deutschland)	Power IC Anwendungs-prozessorfunktion	1,30
Cirrus Logic (USA)	Audio Codec	1,15
	Restliche Materialkosten	48,00
	Gesamtkosten Material	172,46
Montage durch Foxconn (Taiwan, China)		6,50
	Gesamtkosten	178,96
	Verkaufspreis	500,00

Wir wollen nun die Abwägung zwischen Integration und Fragmentierung analog zu derjenigen zwischen Export und horizontaler Direktinvestition analysieren. Wir gehen dabei davon aus, dass innerhalb einer Produktionsstufe Skalenerträge realisiert werden können, da für die Erstellung und Einrichtung der Produktion zunächst Fixkosten f anfallen. Der Vorteil einer fragmentierten Produktion besteht grundsätzlich darin, dass aufgrund der Spezialisierung auf einen Teilprozess geringere variable Kosten anfallen (dies gilt bereits bei einer Auslagerung innerhalb des Landes). Dem stehen zwei Kostenkomponenten gegenüber: Zum einen sind die Fixkosten bei zwei Produktionsstätten in der Summe höher ($f_2 > f_1$), zum anderen müssen zusätzlich pro Mengeneinheit Kosten in Höhe von s für den Service-Link berücksichtigt werden.

In Abbildung 13.4 (a) haben wir die Situation graphisch veranschaulicht. Aufgrund der geringeren variablen Kosten sinkt die Durchschnittskostenkurve bei Fragmentierung, DK_2, mit zunehmendem Output schneller als die Durchschnittskostenkurve bei integrierter Produktion, DK_1. Allerdings verläuft wegen der höheren Fixkosten DK_2 zunächst oberhalb von DK_1. Zusätzlich müssen wir aber auch noch die Service-Link-Kosten s berücksichtigen, so dass letztlich DK_2+s mit den Durchschnittskosten bei Integration DK_1 verglichen werden muss. Wir sehen dann, dass der fragmentierte Prozess erst ab einer Produktion von x_0 kostengünstiger ist als die integrierte Produktion.

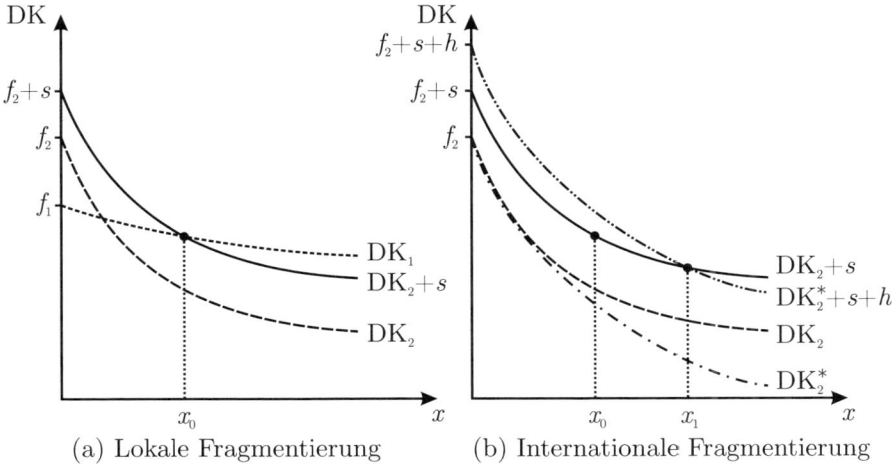

(a) Lokale Fragmentierung   (b) Internationale Fragmentierung

Quelle: Eigene Darstellung auf Grundlage von Jones/Kierzkowski (1990), 33, 38

Abb. 13.4: Lokale vs. internationale Fragmentierung

Die Verlagerung des arbeitsintensiven Produktionsschritts ins arbeitsreichere Ausland unterscheidet sich vom lokalen Outsourcing in zweierlei Hinsicht. Einerseits sind die variablen Kosten aufgrund der niedrigeren Löhne im arbeitsreichen Ausland geringer ($DK^* < DK$). Überdies kommen jetzt zu den Service-Link-Kosten s noch Handelskosten h hinzu. Diese umfassen sowohl direkte Handelskosten wie Transportkosten oder Zölle als auch die Kosten für den höheren Koordinations- und Organisationsaufwand der bei der Auslandsproduktion anfällt. Die Situation ist in Abbildung 13.4 (b) dargestellt, wobei wir angenommen haben, dass sich die Produktionsfixkosten f_2 und die reinen Service-Link-Kosten s nicht zwischen lokalem Outsourcing und Auslandsproduktion unterscheiden. Während somit die reinen Produktionskosten im Ausland, DK_2^*, immer unter denjenigen bei lokalem Outsourcing liegen, ist aufgrund der zusätzlich anfallenden Handelskosten erst ab der Menge x_1 eine Verlagerung des Teilprozesses ins Ausland vorteilhaft. Wir haben wie bei der Entscheidung zwischen horizontaler Direktinvestition und Export eine Abhängigkeit von der erwarteten Absatzmenge: Bei geringer Absatzerwartung ($x < x_0$) ist Integration am günstigsten, bei mittlerer ($x_0 < x < x_1$) lokales Outsourcing und bei hoher ($x > x_1$) Offshoring oder internationales Outsourcing.

Insbesondere bei internationalem Outsourcing und Offshoring kann bei komplexeren Produktionsprozessen ein zusätzliches Problem auftreten, das die aus dem Blickwinkel der komparativen Kostenvorteile optimale Aufteilung zwischen Produktion im Inland und Ausland unvorteilhaft macht. Wir wollen uns das nun an einem stilisierten Beispiel veranschaulichen: Angenommen die Montagestufe lässt sich nochmals in vier Teilschritte A, B, C und D aufteilen, wobei die Teilprozesse genau in dieser Reihenfolge erfolgen müssen, da etwa C den Zusammenbau und D die endgültige Lackierung darstellt. Nehmen wir nun weiter an, dass A und C im Ausland kostengünstiger durchgeführt werden können, während die kapitalintensiveren Produktionsschritte B und D im Inland geringere Kosten verursachen. Aufgrund der vorgegebenen Reihenfolge würde das bei Fragmentierung bedeuten, im Ausland mit A zu beginnen, das Gut von dort ins Inland zu versenden, dann den Produktionsprozess im Inland mit B weiterzuführen, das Zwischenprodukt anschließend erneut ins Ausland zu schicken, um C durchzuführen, um es schließlich nochmals ins Inland zu transportieren und dort in Schritt D zu vollenden. Das Gut müsste also insgesamt dreimal transportiert werden, wobei jedes Mal Handelskosten anfallen. Es ist dann vermutlich trotz der kostengünstigeren Produktion von Stufe B im Inland vorteilhafter, diese ebenfalls ins Ausland zu verlagern, d.h die Stufen A, B und C im Ausland durchzuführen und nur Stufe D im Inland zu belassen. Auf diese Weise kann man sich zwei Transportwege ersparen und die resultierende Verringerung der Handelskosten dürfte den Kostenvorteil des Inlands in Stufe B übersteigen. Wir sehen somit, dass bei komplexeren Produktionsprozessen eine rein an den komparativen Kostenvorteilen ausgerichtete Aufteilung der Produktion nicht immer auch die kostengünstigste ist.

13.3.2 Fragmentierung und komparativer Vorteil im HOS-Kontext

Im vorherigen Abschnitt haben wir gesehen, dass die Auslagerung einzelner Produktionsschritte in ein anderes Land dann vorteilhaft sein kann, wenn die variablen Produktionskosten dort geringer ausfallen. Voraussetzung dafür ist, dass dieses Land beim entsprechenden Produktionsschritt einen komparativen Kostenvorteil gegenüber dem Inland hat. Durch Fragmentierung könnte die Produktion dann günstiger und effizienter gestaltet werden, indem die Spezialisierungsvorteile der am Wertschöpfungsprozess beteiligten Länder genutzt werden.

Häufig wird in diesem Zusammenhang argumentiert, dass es vorteilhaft sei, arbeitsintensive Produktionsprozesse in Länder wie Vietnam, Indien oder China mit relativ reichlicher Ausstattung mit Arbeitskräften und damit geringeren Löhnen zu verlagern. Wie wir bei der Analyse im Ricardo-Modell gesehen haben, muss man dabei allerdings berücksichtigen, dass sich geringere Löhne meist aufgrund niedrigerer Produktivität ergeben. Für diesen Effekt kann man kontrollieren, indem man statt der Stundenlöhne die Lohnstückkosten vergleicht, d.h. die zur Erstellung einer Outputeinheit notwendige Entlohnung. Darüber hinaus ist aber zu beachten, dass es unter den Voraussetzungen des HOS-Modells zum Faktorpreisausgleich kommen müsste. Eine Vorteilhaftigkeit der internationalen Fragmentierung kann sich somit nur dann ergeben, wenn es bezogen auf die normierte Größe der Lohnstückkosten zu keinem Faktorpreisausgleich kommt, was prinzipiell durch Handelskosten oder nicht handelbare Güter erklärbar ist – schließlich wurden Produktivitätsunterschiede durch Betrachtung der Lohnstückkosten bereits berücksichtigt. Wir wollen nun im Kontext des Lerner-Diagramms aufzeigen, dass internationale Fragmentierung unter dieser Voraussetzung tatsächlich zu einer Verringerung der Herstellungskosten führen kann.

Hierzu betrachten wir die in Abbildung 13.5 (a) dargestellte Ausgangssituation, in der im Inland das Endprodukt x mit den beiden Produktionsfaktoren Kapital K und Arbeit L gefertigt wird. Es herrschen dabei die entsprechenden Faktorpreise r und w, wie sie an den Achsenschnittpunkten der Einheitskostengerade abzulesen sind. Zur Produktion von x stehen zwei Produktionstechnologien zur Verfügung: Entweder wird das Gut in einem integrierten Prozess mit der durch den Vektor $\overrightarrow{0P_x}$ dargestellten Produktionstechnologie erstellt oder es wird in zwei Produktionsschritten hergestellt, wobei im arbeitsintensiven ersten Produktionsschritt ein Zwischenprodukt y mit $\overrightarrow{0P_y}$ hergestellt wird, das dann im zweiten kapitalintensiven Block durch $\overrightarrow{P_yP_x}$ zum Endprodukt x veredelt wird. Wie wir erkennen können, wird bei beiden Produktionstechnologien in Summe der gleiche Faktorinhalt (L_x, K_x) eingesetzt, so dass beide Verfahren die gleichen Kosten $r \cdot K_x + w \cdot L_x = 1$ verursachen. Bei Fragmentierung im Inland würde es somit zu keiner Kosteneinsparung kommen. Demzufolge wäre dann bei Berücksichtigung der zusätzlichen Service-Link-Kosten die integrierte Technologie entsprechend vorzuziehen.

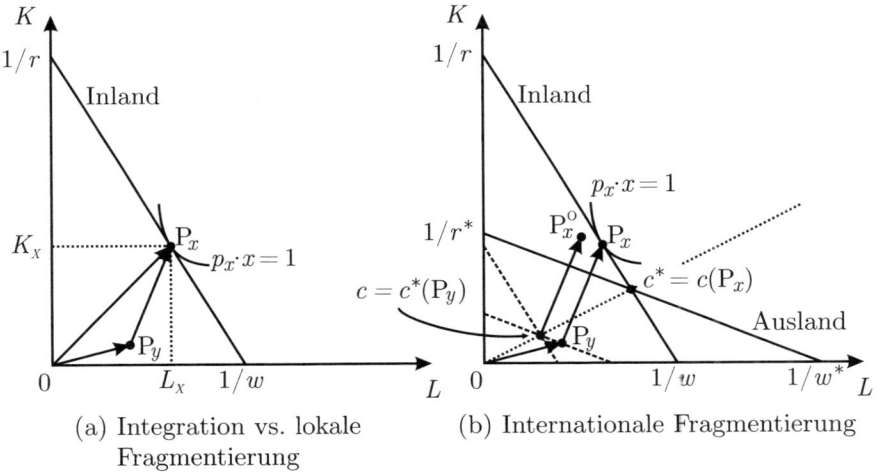

(a) Integration vs. lokale
Fragmentierung

(b) Internationale Fragmentierung

Abb. 13.5: Vorteilhaftigkeit internationaler Fragmentierung im HOS-Kontext

Alternativ gibt es aber die Möglichkeit, mit der gleichen Technologie das Zwischenprodukt y im Ausland herzustellen. Wir gehen dabei davon aus, dass es sich beim Ausland um ein relativ zum Inland arbeitsreiches Land handelt. Zudem befinden wir uns in einer Situation, in der es beispielsweise aufgrund von Handelskosten trotz Außenhandels zu keiner vollständigen Angleichung der Faktorpreise zwischen Inland und Ausland gekommen ist. In Abbildung 13.5 (b) haben wir das veranschaulicht, indem wir nun zusätzlich die Einheitskostengerade des Auslands eingezeichnet haben. Sie verläuft flacher als diejenige des Inlands, wodurch sich niedrigere Löhne

$w^* < w$ und höhere Zinsen $r^* > r$ ergeben. Außerdem liegt die Einheitswertisoquante $p_x \cdot x = 1$ oberhalb der Einheitskostengerade des Auslands, was impliziert, dass das Gut beim integrierten Produktionsprozess im Inland kostengünstiger hergestellt werden kann als im Ausland. Es könnte allerdings sinnvoll sein, die Produktion des arbeitsintensiven Zwischenprodukts y ins Ausland auszulagern und nur die kapitalintensive Endproduktion im Inland durchzuführen. Wir wollen nun zeigen, dass dadurch die reinen Produktionskosten, d. h. ohne Berücksichtigung von Handelskosten und Service-Link-Kosten, tatsächlich gesenkt werden.

In Abbildung 13.5 (b) haben wir hierzu eine durch P_y verlaufende Isokostengerade des Auslands eingezeichnet. P_y gibt den Faktorinhalt derjenigen Menge des Zwischenprodukts an, die für die Produktion des Endprodukts im Wert von 1 benötigt wird. Welchen in Faktorinputeinheiten gemessenen inländischen Kosten würde dies entsprechen? Dazu müssen wir uns verdeutlichen, dass durch den im Ursprung 0 beginnenden gestrichelt eingezeichneten Strahl durch den Schnittpunkt der beiden Einheitskostengeraden $c^* = c(P_x)$ gerade Faktoreinsatzkombinationen angegeben werden, die in beiden Ländern jeweils gleich viel kosten. Betrachten wir nun den Schnittpunkt zwischen der durch P_y verlaufenden Isokostengerade des Auslands mit dieser Gerade, so erhalten wir den Punkt $c = c^*(P_y)$, der uns eine Faktorkombination angibt, die im Inland die gleichen Kosten verursacht, wie sie im Ausland für den in P_y anfallenden Faktorinhalt entstehen.

Ausgehend von diesem Punkt können wir nun die Kosten des im Inland durchgeführten zweiten Produktionsschritts hinzufügen: Dies wird durch den in $c = c^*(P_y)$ beginnenden Vektor beschrieben, der die gleiche Richtung und Länge wie der Vektor $\overrightarrow{P_yP_x}$ hat. Die resultierenden Gesamtkosten werden dann durch den zu inländischen Faktorpreisen bewerteten Faktorinhalt P_x^O beschrieben, wobei der Index O dabei für Offshoring bzw. (internationales) Outsourcing steht. Da P_x^O unterhalb der Einheitskostengerade des Inlands liegt, haben sich durch die Produktion des Vorprodukts im Ausland die Gesamtkosten der Produktion von x reduziert. Falls die Handelskosten und Service-Link-Kosten geringer sind als die Differenz zwischen den Kosten in P_x und P_x^O, lohnt sich dann die internationale Fragmentierung in Form von Offshoring oder internationalem Outsourcing.

13.3.3 Wirkung von Offshoring auf die Faktorlöhne

Die bisherige Analyse der Fragmentierung ging davon aus, dass Offshoring oder internationales Outsourcing in keinem volkswirtschaftlich relevanten Umfang stattfindet und damit keine Auswirkung auf die Faktorpreise hat. Wir wollen nun analog zur Analyse bei den horizontalen Direktinvestitionen untersuchen, wie sich vertikale Direktinvestitionen im Rahmen von Offshoring-Aktivitäten auf die Faktorentlohnungen im Ursprungs- und im Zielland auswirken. Hierzu gibt es seit den 1980er-Jahren eine intensive politische Diskussion, da sich die relative Entlohnung von qualifizierter im Vergleich zu unqualifizierter Arbeit in den Industrieländern stetig erhöht hat und

Offshoring als ein potentieller Grund dafür ausgemacht wurde. Wir werden darum jetzt anhand einer dem Neo-Ricardo-Modell (vgl. Abschnitte 5.3 und 9.4) ähnlichen Modellierung zeigen, wie sich Offshoring auswirkt und dann kurz auf die empirische Evidenz zu dieser Fragestellung eingehen.

Bei der Modellanalyse wird eine Welt bestehend aus zwei Ländern betrachtet, in denen ein Endprodukt aus einem Kontinuum an Zwischenprodukten gefertigt wird (analog dem Kontinuum an Gütern im Neo-Ricardo-Modell). Es stehen hierfür drei Produktionsfaktoren zur Verfügung: Kapital K, unqualifizierte Arbeit L und qualifizierte Arbeit S (S steht dabei für *skilled labor*). Jede Einheit eines Zwischenprodukts z erfordert den Einsatz von $a_S(z)$ Einheiten an qualifizierter Arbeit und $a_L(z)$ Einheiten unqualifizierter Arbeit. Wie im Falle des Neo-Ricardo-Modells werden die Zwischenprodukte nun so angeordnet, dass $a_S(z)/a_L(z)$ in z steigend verläuft. Je höher der Indexwert ist, umso größer ist somit der bei der Herstellung des Zwischenprodukts notwendige Anteil an qualifizierter Arbeit. Dies ist analog zur Anordnung der Produktionsschritte nach der Kapitalintensität in Abbildung 13.3 – nur wird jetzt nicht nach Kapitalintensität, sondern nach dem Anteil an qualifizierter Arbeit geordnet.

Es wird angenommen, dass das Inland bezogen auf die Gesamtausstattung mit dem Faktor Arbeit im Vergleich zum Ausland relativ kapitalreich ist, d. h. $K/(L + S) > K^*/(L^* + S^*)$, und über einen höheren Anteil an qualifizierter Arbeit verfügt, d. h. $S/L > S^*/L^*$. Wie im vorigen Abschnitt wird angenommen, dass die Faktorpreise entsprechend der Faktorausstattungsunterschiede differieren, es also nicht zum Faktorpreisausgleich kommt. Mit q als Entlohnung für qualifizierte Arbeit folgt dann für die Faktorentlohnungen $r^* > r$ und $q^*/w^* > q/w$. Die Kosten der Produktion einer Einheit des Zwischenproduktes sind abhängig von der Entlohnung der drei Faktoren und dem zur Produktion notwendigen Faktoreinsatz. Während die beiden Arbeitsarten für ein gegebenes z in festem Einsatzverhältnis eingesetzt werden müssen, sind der Gesamteinsatz von beiden Arten der Arbeit und Kapital wie im HOS-Modell imperfekte Substitute.

Zunächst gehen wir davon aus, dass alle Faktoren international immobil sind. Analog zum Neo-Ricardo-Modell können wir nun bestimmen, bis zu welchem Schwellenwert $\bar{z}$ die Zwischenprodukte im Ausland hergestellt werden. Die Kosten der Zwischenprodukte steigen mit zunehmendem Einsatz an qualifizierter Arbeit, wobei wir zur Vereinfachung der graphischen Darstellung annehmen, dass die Kostenänderung in z stetig und linear ist. Wir können dann die Kostenstruktur für die beiden Länder wie in Abbildung 13.6 darstellen. Die Gerade c bezeichnet dabei die Kostengerade im Inland und c^* diejenige im Ausland. Die ausländische Kostengerade verläuft steiler, da bei der aus der Faktorausstattung resultierenden Entlohnungsstruktur die Kosten für Zwischengüter, die mit relativ viel unqualifizierter Arbeit erzeugt werden, im Ausland niedriger als im Inland sind, während umgekehrt qualifikationsintensive Güter im Inland günstiger hergestellt werden können. Da sich die beiden Kurven schneiden, gibt es ein Zwischengut $\bar{z}$, das in beiden Ländern zu den gleichen Kosten erzeugt werden kann. Alle Güter mit einem geringeren Indexwert sind dann im Inland günstiger, alle Zwischengüter mit einem höheren Indexwert im Ausland zu niedrigeren Kosten herzustellen. Entsprechend der komparativen Kostenvorteile wird somit das Ausland die Zwischenprodukte mit $z < \bar{z}$ herstellen und das Inland Zwischengüter mit $z > \bar{z}$ produzieren.

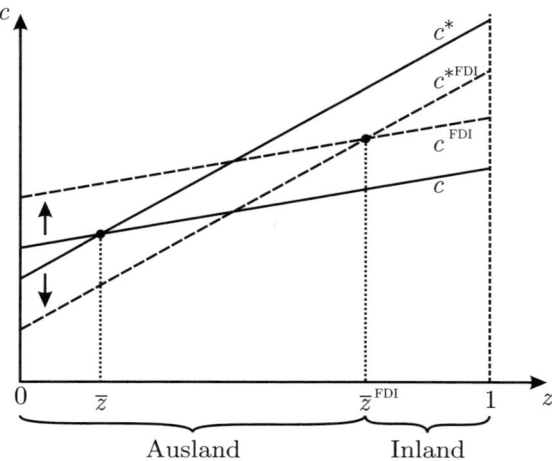

Quelle: Eigene Darstellung in Anlehnung an Feenstra, R. C. und G. H. Hanson (1997), Foreign Direct Investment and Relative Wages: Evidence from Mexico's Maquiladoras, Journal of International Economics, Vol. 42, No. 3–4, 371–394.

Abb. 13.6: Auswirkung von Offshoring

Welche Auswirkungen ergeben sich, wenn Kapital nun entgegen der bisherigen Annahme mobil ist und es somit zu Offshoring mittels vertikaler Direktinvestitionen kommen kann? Der auf den ersten Blick offensichtliche Effekt eines Kapitaltransfers vom Inland an das kapitalarme Ausland ist, dass r^* sinkt und r steigt – Kapital ist im Ausland reichlicher und im Inland knapper geworden. Blieben die Löhne unverändert, so würden sich die Kosten im Inland erhöhen und im Ausland reduzieren. In Abbildung 13.6 verschiebt sich entsprechend c nach oben und c^* nach unten. Als direkte Folge steigt der Wert für das Grenzgut $\bar{z}$ auf $\bar{z}^{\mathrm{FDI}}$, d. h. es werden nun mehr Zwischenprodukte im Ausland und weniger im Inland produziert.

Was bedeutet dies für die Arbeitsmärkte in den beiden Ländern? Der Anstieg von $\bar{z}$ auf $\bar{z}^{\mathrm{FDI}}$ führt dazu, dass nun die aus Sicht des Inlands mit relativ wenig qualifizierter Arbeit erzeugten Zwischengüter im Ausland hergestellt werden. Aus ausländischer Perspektive werden demgegenüber nun zusätzlich Güter mit relativ viel Bedarf an qualifizierter Arbeit erzeugt. Die Produktion erfordert damit in beiden Ländern eine höhere Qualifikationsintensität als ohne Offshoring, d. h. die Nachfrage nach qualifizierter Arbeit und damit die relative Entlohnung steigt in beiden Ländern (q/w und q^*/w^* steigen). Offshoring führt somit dazu, dass die qualifizierte Arbeit in beiden

Länder gewinnt. Für die reale Entlohnung der unqualifizierten Arbeit kann hingegen keine eindeutige Aussage getroffen werden: Zwar sinkt ihre relative Entlohnung, aber zugleich sinkt auch der Preis des Endprodukts, da die Zwischenprodukte nun günstiger im Ausland produziert werden.

Prinzipiell kann Offshoring und der daraus resultierende Handel mit Zwischengütern also die sinkende relative Entlohnung ungelernter Arbeit erklären. Empirisch stellt sich die Frage, ob dieser Effekt für die in der Realität beobachtbare Entwicklung verantwortlich ist oder andere Aspekte eine wichtigere Rolle spielen. Alternative Erklärungsansätze sind insbesondere technologischer Fortschritt mit einem *skill bias*, d. h. stärkeren Produktivitätssteigerungen bei qualifizierter Arbeit, und steigende Preise von nicht gehandelten Gütern, bei denen qualifizierte Arbeit intensiv eingesetzt wird. Empirische Studien zeigen, dass sowohl Offshoring als auch der verzerrte technologische Fortschritt die Lohnentwicklung zum Teil erklären können. Die Preisentwicklung nicht gehandelter Güter ist jedoch am stärksten mit der Lohnentwicklung korreliert. Allerdings besteht hier das Problem, dass die Gründe für diese Preisentwicklung nicht klar sind: Es kommen sowohl Änderungen der Nachfragestruktur bei steigenden Einkommen als auch internationale Kapitalbewegungen in Frage, die wiederum mit Entwicklungen im Außenhandel korreliert sein können.

Was haben wir gelernt?

- Ein multinationales Unternehmen (MNU) entsteht durch ausländische Direktinvestitionen und ist durch Produktionsstätten in mindestens zwei Ländern gekennzeichnet.

- MNUs verfügen über firmenspezifisches Kapital in Form immaterieller Wirtschaftsgüter (z. B. Know-how, Marken etc.), das nur innerhalb des Unternehmens effizient verwendet werden kann.

- Horizontale Direktinvestitionen dienen der Erschließung eines ausländischen Marktes. Sie werden gegenüber Exporten vorgezogen, wenn die Handelskosten höher sind als die Kostennachteile durch geringere Realisierung von Skalenerträgen und Fixkosten der Auslandsproduktion. Tendenziell besteht bei horizontalen Direktinvestitionen eine substitutive Beziehung zum Außenhandel.

- In einem Markt mit heterogenen Kosten werden die produktivsten Unternehmen eine Direktinvestition vornehmen und den ausländischen Markt über ein Tochterunternehmen versorgen, während die nicht ganz so produktiven Wettbewerber exportieren.

- Kommt es bei Direktinvestitionen zu einem Realkapitalexport, so wird im Zielland kurzfristig die Entlohnung des mobilen Faktors steigen, während diejenige des spezifischen Kapitals in beiden Sektoren abnimmt. Langfristig bleiben die Faktorpreise aber konstant und es kommt zu einer Ausweitung der Produktion im kapitalintensiven Sektor. Führt die Nutzung des firmen-spezifischen Kapitals zu steigender Produktivität in einem Sektor, so erhöht sich die Entlohnung desjenigen Faktors, der im entsprechenden Sektor intensiv eingesetzt wird.

■ Zu internationalem Outsourcing oder Offshoring kommt es dann, wenn die Kosteneinsparungen durch die ausgelagerte Produktion die Service-Link-Kosten und die Handelskosten übersteigen. Die Analyse im Lerner-Diagramm zeigt, dass im HOS-Kontext dann ein Potential für Kosteneinsparung durch Fragmentierung besteht, wenn sich die einzelnen Produktionsschritte in Bezug auf ihre Arbeitsintensität unterscheiden: Relativ arbeitsintensive Teilprozesse sollten im arbeitsreichen, relativ kapitalintensive im kapitalreichen Land durchgeführt werden.

■ Der mit Offshoring verbundene Kapitalexport in ein Land mit relativ wenig Kapital und reichlicher Ausstattung mit unqualifizierter Arbeit führt in beiden Ländern zu einer relativen und absoluten Erhöhung der Entlohnung qualifizierter Arbeit, während der Absoluteffekt auf die Entlohnung unqualifizierter Arbeit unbestimmt ist.

Ergänzende und weiterführende Literatur

Feenstra, R. C. (2004), Advanced International Trade. Theory and Evidence, Princeton: Princeton University Press, ch. 4 und 11. [*Überblick zur theoretischen und empirischen Literatur zu internationaler Fragmentierung, ausländischen Direktinvestitionen und multinationalen Unternehmen.*]

Jones, R. W. und H. Kierzkowski (1990), The Role of Services in Production and International Trade: A Theoretical Framework, in: Jones, R. W. und A. O. Krueger (eds.), The Political Economy of International Trade: Essays in Honor of Robert E. Baldwin, Cambridge, MA: Blackwell, 31–48. [*Grundlegende Arbeit zu Outsourcing und internationaler Fragmentierung.*]

Helpman, E. (2006), Trade, FDI, and the Organization of Firms, Journal of Economic Literature, Vol. 44, No. 2, 589–630. [*Überblick zu den aktuellen ökonomischen Ansätzen der Theorie multinationaler Unternehmen im Kontext des Melitz-Modells und unvollständiger Verträge.*]

Kontrollfragen und Übungsaufgaben

1. Grenzen Sie die unterschiedlichen Motive für Direktinvestitionen voneinander ab! Argumentieren Sie, welche Art von Direktinvestition Sie vermuten, wenn ein deutsches Unternehmen in (i) den USA, (ii) Vietnam und (iii) China investiert!

2. Ein Unternehmen hat die Kostenfunktion $C(x) = 5 \cdot x + 500$. Auf dem inländischen Markt können insgesamt $x_0 = 100$ Einheiten abgesetzt werden. Das Unternehmen überlegt nun, in den ausländischen Markt einzutreten, der bislang von einem Unternehmen mit der

Kostenfunktion $C(x^*) = x^* + 500$ mit $x^* = 25$ Einheiten versorgt wird. Für den Transport fallen pro Einheit Kosten in Höhe von 15 an.

a) Bestimmen Sie die Durchschnittskosten im inländischen Markt! Ist ein Export in den ausländischen Markt erfolgversprechend?

b) Es besteht die Möglichkeit, im Ausland eine Fabrik zu eröffnen. Diese könnte aufgrund von Skalenerträgen auf Unternehmensebene mit Kosten $C(x^*) = 5 \cdot x^* + 500/(0{,}025 \cdot x_0)$ produzieren. Kann damit das ausländische Unternehmen unterboten werden?

c) Begründen Sie, ob das ausländische Unternehmen seinerseits einen Anreiz hätte, in den inländischen Markt zu exportieren!

3. Welche Auswirkungen kann die Produktivität eines Unternehmens darauf haben, ob es exportiert oder im ausländischen Markt Direktinvestitionen durchführt?

4. Um den Markt besser erschließen zu können, investieren Unternehmen aus dem kapitalreichen Inland in das arbeitsreiche Nachbarland. Beide Länder gelten dabei als klein.

a) Erläutern Sie sowohl die kurzfristigen Effekte als auch die langfristigen Effekte auf die Einkommensverteilung in beiden Ländern anhand der Abbildungen, die Sie in Kapitel 8 kennengelernt haben!

b) Würde sich etwas an Ihrer Aussage über die lange Frist ändern, wenn beide Länder groß wären und ein erheblicher Kapitalexport stattfinden würde?

5. Diskutieren Sie, ob es bei einem vollständigen Faktorpreisausgleich zu Fragmentierung kommen kann!

6. Erläutern Sie, warum es nicht immer sinnvoll sein muss, den Produktionsprozess entsprechend der komparativen Vorteile der Länder auf diese zu verteilen!

7. Betrachten Sie die folgende Situation: Ein deutsches Unternehmen produziert hochwertige Elektronikprodukte. Die Produktion eines Produktes kann in verschiedene Schritte unterteilt werden, die einen unterschiedlichen Einsatz von qualifizierter und unqualifizierter Arbeit erfordern. Es überlegt nun, ob Offshoring sinnvoll wäre. Der Arbeitseinsatz pro Produktionsschritt in Stunden kann für beide Länder der folgenden Tabelle entnommen werden:

	Forschung & Entwicklung	Produktion	Montage	Marketing & Vertrieb
Deutschland				
Qualifiziert	20	10	2	15
Ungelernt	1	10	8	3
China				
Qualifiziert	100	50	10	75
Ungelernt	5	50	40	15

Die Arbeitskosten pro Stunde für qualifizierte Arbeit liegen in Deutschland bei 60 Euro und in China bei 10 Euro. Für eine Stunde unqualifizierte Arbeit fallen in Deutschland Kosten von 30 Euro an und in China von 2 Euro. Das Unternehmen hat bislang noch keine Erfahrung mit internationaler Fragmentierung und weiß daher nicht, wie hoch die Handelskosten ausfallen, die auf die Produktion in China zusätzlich aufgeschlagen werden müssen: Es hält drei Szenarien für plausibel: Handelskosten von (i) 25 %, (ii) 40 % und (iii) 60 %.

a) Ordnen Sie die einzelnen Produktionsschritte nach ihrer Qualifikationsintensität!

b) Berechnen Sie die jeweiligen Kosten der einzelnen Produktionsschritte in den drei Szenarien! Wie sollten die einzelnen Produktionsschritte jeweils auf Deutschland und China aufgeteilt werden?

c) In welchen Szenarien lohnt sich Fragmentierung, wenn pro produzierter Einheit Service-Link-Kosten in Höhe von 175 Euro anfallen?

Teil IV

Handelspolitik:
Normative und positive Analyse

14 Instrumente und Wirkung der Handelspolitik

Themenüberblick

- Handelspolitische Instrumente: Zölle, Kontingente, Exportsubventionen und sonstige nicht-tarifäre Handelshemmnisse

- Importzoll in „kleinem Land" bei vollkommenem Wettbewerb: Mengenanpassung, Wohlfahrtseffekte und Wirkung auf Exportsektor

- Äquivalenz von Kontingent und Zoll im Wettbewerbsmarkt? – Mengenwirkung vs. Einnahme- und Wettbewerbseffekte

- Kontingent vs. Zoll bei unvollständigem Wettbewerb: Geschützter Inlandsmarkt und Anreize zur Qualitätserhöhung der Importe bei Kontingenten

- Effektivzoll: Fragmentierung, Zollstruktur und Schutzwirkung

- Handelspolitik und Unternehmen: Gegenläufige Effekte für importkonkurrierende vs. exportierende Branchen

Bislang betrachteten wir Außenhandel in einer Situation ohne wirtschaftspolitische Interventionen. In der Realität beeinflussen die Staaten jedoch aus unterschiedlichen Gründen die Außenhandelsaktivitäten. In diesem Kapitel stellen wir die wichtigsten handelspolitischen Instrumente vor und zeigen auf, welche Auswirkungen sie auf Handel und Wohlfahrt in einem kleinen Land haben. Bei der Analyse beschränken wir uns dabei auf die Wirkung von Zöllen und Kontingenten in einem „kleinen Land", d. h. einem Land, das die Preise auf den Weltmärkten durch seine Politik nicht beeinflussen kann. Eine Analyse von Zöllen im Kontext „großer Länder" erfolgt später im Zusammenhang mit der Behandlung von GATT und WTO in Kapitel 17. Auf die Wirkung von Exportsubventionen im Oligopolkontext wird im Rahmen der sogenannten „strategischen Handelspolitik" in Kapitel 16 genauer eingegangen.

Box 14.1 Warum gibt es Länder?

Wenn wir uns nun damit auseinandersetzen, warum und wie Länder den Außenhandel beschränken, könnten wir zunächst auch fragen, warum überhaupt Länder existieren. Die Struktur der Nationen, so wie wir sie heute kennen, resultiert zuallererst aus ihrer (gemeinsamen) Geschichte, die weltweit durch zahlreiche Kriege und Wanderungen geprägt und dabei nicht zuletzt auch von ökonomischen Interessen getrieben war. Menschen haben sich dabei zu Gruppen (Sippen und Stämmen) und schließlich zu Ländern zusammengeschlossen, da nur so die Bereitstellung öffentlicher Güter wie etwa Sicherheit oder Umverteilung möglich wurde.

Dabei stellt sich dann aber die Frage, warum es nicht nur eine einzige Nation gibt, die aufgrund von Größenvorteilen diese öffentlichen Güter erheblich billiger herstellen könnte und einige Leistungen wie die Landesverteidigung sogar überflüssig machen würde. Hier kommen die Kosten der Landesgröße ins Spiel, die sich insbesondere daraus ergeben, dass sich die Menschen in ihren Präferenzen unterscheiden: Jeder einzelne hat seine eigene Vorstellung über die optimale gesellschaftliche und ökonomische Struktur des Gemeinwesens – z. B. über den Umfang der staatlichen Umverteilung. Je mehr Interessen vereint werden müssen, desto weniger können die individuellen Präferenzen Beachtung finden. Die Entstehung mehrerer Länder kann dann damit erklärt werden, dass sich hier Gruppen von Menschen vereint haben, die relativ homogen sind, weil sie beispielsweise eine gemeinsame Sprache und Kultur miteinander teilen.

14.1 Handelspolitische Instrumente

Handelspolitische Instrumente im engeren Sinn beeinflussen direkt den grenzüberschreitenden Verkehr von Waren und Dienstleistungen. Darunter fallen insbesondere Zölle, Kontingente und Exportsubventionen. Die Handelsströme werden jedoch auch von anderen Instrumenten beeinflusst, die zu einer Diskriminierung zwischen inländischen und ausländischen Produkten führen. Wir werden zunächst auf Zölle, Kontingente und Exportsubventionen eingehen und anschließend kurz auf einige dieser anderen Handelshemmnisse.

Die wohl älteste Form der Handelspolitik sind **Zölle**, wobei ursprünglich die Erzielung von Staatseinnahmen sicherlich im Vordergrund stand. Unter einem Zoll versteht man eine Abgabe, die bei grenzüberschreitendem Warenverkehr erhoben wird. In der Regel werden Zölle beim Import, in Ausnahmefällen auch beim Export erhoben. Der Importeur muss bei einem Importzoll generell einen bestimmten Prozentsatz des Importpreises an den Staat entrichten – man spricht hier von einem „Wertzoll" im Unterschied zum spezifischen Zoll („Stückzoll"), bei dem die Abgabe auf die Anzahl der importierten Produkteinheiten bezogen ist. Zölle sind wie andere Steuern eine staatliche Einnahmequelle, stellen aber zugleich Handelskosten für den grenzüberschreitenden Handel dar. Dies kann beispielhaft am Automobilmarkt veranschaulicht werden: Wird ein 20%iger Zoll auf ein Automobil der unteren Mittelklasse (Weltmarktpreis 15.000 Euro) erhoben, so entstehen für den Importeur Kosten in Höhe von 3.000 Euro. Der Preis im Importland erhöht sich so auf 18.000 Euro. Diese künstlich eingeführten Handelskosten verzerren die Produktions- und Konsumentscheidungen und verringern das Handelsvolumen. Bei großen Ländern können sie zudem das Weltmarktpreisverhältnis – die *Terms of Trade* – beeinflussen.

Eine alternative Form zur Beeinflussung der Handelsströme sind **Kontingente**, die eine mengenmäßige – manchmal auch wertmäßige – Beschränkung der Importe darstellen. Normalerweise werden Kontingente durch das Importland festgelegt und nach bisherigen Marktanteilen oder über ein Ausschreibungsverfahren auf die Importeure verteilt. Es gibt jedoch auch die sogenannte „freiwillige Exportselbstbeschränkung" (*voluntary export restraint* – abgekürzt VER), bei dem das Exportland die Kontingentmengen auf die Produzenten verteilt. Die Kontingente wirken sich durch die Verknappung der Importmenge ebenso wie die Zölle auf die inländischen Preise und bei großen Ländern auf die *Terms of Trade* aus. Wie wir noch sehen werden, entfalten Kontingente und Zölle unter bestimmten Voraussetzungen die gleiche Wirkung. Zum Vergleich der Protektionswirkung der beiden Instrumente werden darum in empirischen Arbeiten häufig die Kontingente in „Zolläquivalente" umgerechnet. Eine besondere Form der Kontingentierung bei fragmentierter Produktion ist die Festlegung eines Mindestanteils für die durch inländische Unternehmen zu erbringende Wertschöpfung (*local content requirement*).

Während Zölle und Kontingente die Importe beschränken, dienen **Exportsubventionen** der Förderung der Exporte. Dabei kann es sich sowohl um direkte Subventionen als auch um Steuererleichterungen oder verbilligte Kredite beim Export handeln. Solche Subventionen spielen in der Praxis zum einen in den Agrarmärkten (beispielsweise in der EU) und zum anderen – häufig in Verbindung mit anderen Formen der Förderung – in Hochtechnologie-Branchen eine wichtige Rolle. Während Exportsubventionen bei vollkommenem Wettbewerb grundsätzlich die inländische Wohlfahrt verringern, können sie bei Oligopolwettbewerb auch zu einem strategischen Vorteil der inländischen Anbieter führen.

Im Rahmen der GATT/WTO-Vereinbarungen haben sich die meisten Länder auf Beschränkungen beim Einsatz von Zöllen, Kontingenten und Exportsubventionen geeinigt. Die Regierungen versuchen dann jedoch häufig auf andere Mittel zum Schutz und zur Förderung inländischer Unternehmen auszuweichen:

■ So bevorzugen staatliche Stellen bei der Beschaffung meist heimische Produkte. Dies ist nicht nur im Rüstungsbereich oder anderen sicherheitskritischen Feldern der Fall (aktuelles Beispiel ist der Zuschlag für Boeing beim neuen Tankflugzeug für die US-Streitkräfte), sondern auch bei Infrastrukturprojekten der öffentlichen Hand. Wenn die Beteiligung ausländischer Wettbewerber auch meist nicht völlig ausgeschlossen ist, so sind beispielsweise bestimmte Wertschöpfungsanteile im Inland vorgegeben (analog zu den oben angesprochenen *local content requirements*).

■ Produktstandards können ebenfalls als Handelshemmnisse dienen. Ein Beispiel dafür ist das deutsche Reinheitsgebot für Bier, das den Zugang ausländischer Brauereien zum deutschen Markt erheblich erschwert hat.

■ Auch wenn eine Besteuerung anders als beim Zoll unabhängig von der Herkunft der Produkte erfolgt, kann durch eine geeignete Festlegung der Regeln eine Diskriminierung ausländischer Produkte erreicht werden. So können relativ hohe Steuern für Produkte vorgesehen werden, die nur oder größtenteils von ausländischen Produzenten hergestellt werden. Ein beliebtes Anwendungsgebiet sind Luxusgüter, wie beispielsweise Fahrzeuge der Oberklasse, deren Konsumbesteuerung in vielen Ländern de facto wie ein Importzoll wirkt. Aber selbst wenn Steuern und Subventionen nicht diskriminierend sind, wirken sie sich nicht nur auf den Inlandsmarkt, sondern auch auf den Handel aus.

Nachdem wir nun einen ersten Eindruck von den vielfältigen Instrumenten der Handelspolitik gewonnen haben, wollen wir im Rest des Kapitels exemplarisch an Zöllen und Kontingenten die Wirkung dieser Instrumente auf Preise, Mengen und Wohlfahrt analysieren.

14.2 Importzoll bei Wettbewerb

Während die Analyse der Handelsstruktur und der Auswirkungen der Aufnahme von Außenhandel sinnvollerweise im Kontext eines allgemeinen Gleichgewichtsmodells behandelt werden, lassen sich die zentralen Aspekte der Handelspolitik bereits in einem partialanalytischen Rahmen darstellen. Wir untersuchen deshalb zunächst die Wirkungen eines Importzolls in einem einfachen Angebots-Nachfrage-Schema. Wir nehmen dabei zur Vereinfachung an, dass ausländische und heimische Produkte perfekte Substitute sind und ohne Zoll ein Teil der Güter aus dem Ausland importiert wird. Außerdem gehen wir davon aus, dass die heimischen Konsumenten bei Freihandel jede beliebige Menge zum Weltmarktpreis p^W erwerben können – wir unterstellen also ein „kleines Land", bei dem Nachfrageänderungen keine Auswirkungen auf den Weltmarktpreis haben. In Abbildung 14.1 ist diese Situation graphisch veranschaulicht.

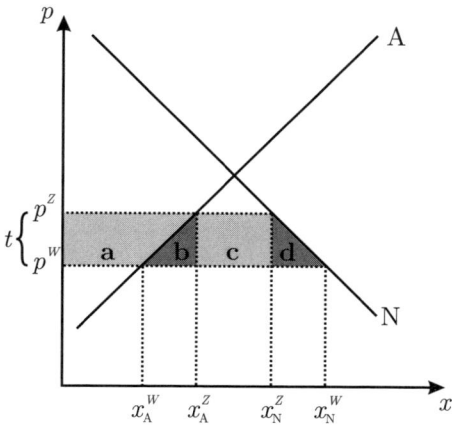

Abb. 14.1: Zollwirkung: Partialmodell für kleines Land

Die Importmenge bei Freihandel ergibt sich als Differenz zwischen der im Inland zum

Weltmarktpreis angebotenen Menge und der zu diesem Preis nachgefragten Menge. Wird jetzt ein (spezifischer) Zoll in Höhe von t auf ausländische Produkte erhoben, so ist für die inländischen Konsumenten und Produzenten als neuer Preis die Summe aus Weltmarktpreis und Zoll relevant, d. h. $p^Z = p^W + t$. Das gleiche Resultat könnte bei einem gegebenen Weltmarktpreis p^W durch einen Wertzoll in Höhe von $\tau = t/p^W$ erzielt werden – wir verwenden den spezifischen Zoll nur deswegen, weil er sich in der Graphik einfacher veranschaulichen lässt.

Welche Auswirkung hat nun der Zoll? Es können jetzt auch heimische Hersteller, die zu höheren Grenzkosten als dem Weltmarktpreis produzieren, ihre Produkte auf dem Inlandsmarkt absetzen – das inländische Angebot steigt von x_A^W auf x_A^Z. Gleichzeitig geht die Nachfrage nach dem Gut aufgrund des höheren Preises von x_N^W, auf x_N^Z zurück. Als Folge verringern sich die Importe von $x_{IM}^W = x_N^W - x_A^W$ auf $x_{IM}^Z = x_N^Z - x_A^Z$.

Die Auswirkungen auf die Wohlfahrt lassen sich mit Hilfe der Konzepte Konsumenten- und Produzentenrente veranschaulichen:

- Für die Konsumenten ergibt sich ein Rückgang der Konsumentenrente in Höhe der Gesamtfläche **abcd**.

- Die Flächen **a** und **c** stellen dabei einen **Transfer** von den Konsumenten an die inländischen Produzenten (Fläche **a**: höhere Produzentenrente aufgrund des höheren Preises) und Staat (Fläche **c**: Zolleinnahmen in Höhe der importierten Menge multipliziert mit dem Zollsatz) dar.

- Die Flächen **b** und **d** sind hingegen ein **Nettowohlfahrtsverlust** für das Land:
  - Der Verlust in Höhe der Fläche **b** ergibt sich dadurch, dass ein Teil der inländischen Produktion nun durch Produzenten erfolgt, deren Grenzkosten höher sind als der Weltmarktpreis – es wäre in diesem Fall für das Land effizienter, die entsprechenden Produkte auf dem Weltmarkt zu erwerben, anstatt sie selbst zu produzieren. Es kommt also zu einem **Verlust an Produktionseffizienz**.

  - Der durch die Fläche **d** beschriebene Nettowohlfahrtsverlust resultiert deswegen, weil die in der Nachfragekurve zum Ausdruck kommende Zahlungsbereitschaft der Konsumenten für diese nicht abgesetzten Produkteinheiten höher ist als die durch den Weltmarktpreis gegebenen gesellschaftlichen Kosten. Analog zur Wirkung auf die Produktion kann man hier von einem **Verlust an Konsumeffizienz** sprechen.

Ein Zoll hat somit zwei Effekte: Zum einen ergibt sich eine Umverteilung des Nutzens innerhalb des Landes – dies macht es eventuell für bestimmte Gruppen vorteilhaft, Handelsbeschränkungen zu fordern. Für das Land als Ganzes ergibt sich jedoch durch den Zoll eine Verminderung der Wohlfahrt. Theoretisch könnten die Verlierer des Zolls (im Partialmodell: die Konsumenten) die Gewinner vollständig kompensieren, so dass sich am Ende alle besser stellen würden. Das Problem in der Realität besteht darin, dass eine solche Kompensation normalerweise nicht stattfindet.

Bisher wurde die Auswirkung eines Zolls auf nur einen Markt betrachtet. Dies erlaubte jedoch keine Berücksichtigung möglicher Auswirkungen auf andere Sektoren der Volkswirtschaft. Um derartige Effekte untersuchen zu können, wird nun auf das **allgemeine Gleichgewichtsmodell** mit zwei Sektoren zurückgegriffen, wie wir es bereits in Kapitel 4 zur Analyse des Übergangs von Autarkie zu Freihandel verwendet haben. Wir können uns zur besseren Veranschaulichung wieder vorstellen, dass es sich bei x um Industriegüter und bei y um Agrarprodukte handelt.

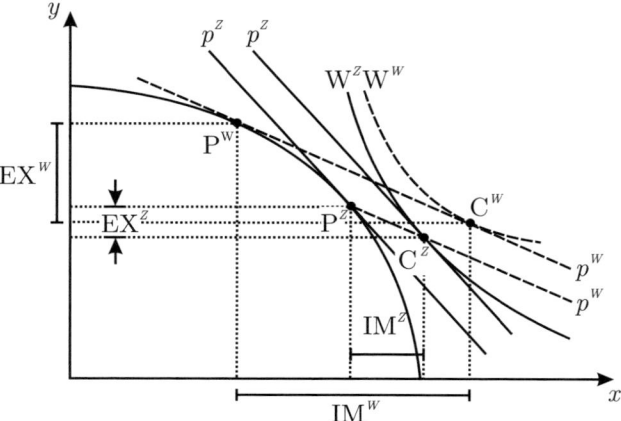

Abb. 14.2: Zollwirkung im allgemeinen Gleichgewicht

Die Referenzlösung, das Gleichgewicht bei Freihandel, ist durch die beiden Punkte P^W und C^W in Abbildung 14.2 gegeben. Das Land produziert im Punkt P^W und kann über den Export der Agrargüter und entsprechende Importe von Industrieprodukten zum Weltmarktpreis bei Freihandel p_x^W/p_y^W in Punkt C^W konsumieren. Die Handelsmöglichkeit zum Weltmarktpreis ist durch die Preisgerade p^W mit Steigung $-p_x^W/p_y^W$ veranschaulicht, die sowohl die Produktionsmöglichkeitenkurve als auch die Indifferenzkurve tangiert.

Wie ändert sich nun die inländische Produktion, wenn die inländische Regierung einen Importzoll t auf Industrieprodukte festlegt? Der für die Entscheidung der inländischen Produzenten relevante Relativpreis mit Zoll ist dann durch $(p_x^W+t)/p_y^W$ gegeben, während der Außenhandel bei Annahme eines kleinen Landes weiterhin entlang einer Weltmarktpreisgerade mit Steigung p_x^W/p_y^W erfolgt. Die Produktion erfolgt nun im Produktionspunkt P^Z, bei dem die Preisgerade p^Z mit Steigung $(p_x^W+t)/p_y^W$ gerade die Produktionsmöglichkeitenkurve tangiert. Gegenüber dem Freihandelsgleichgewicht erhöht sich somit analog zum Ergebnis im Partialmodell die Industrieproduktion ($x^Z > x^W$). Als zusätzlicher Effekt im Totalmodell kommt es jedoch auch zu einem Rückgang der Produktion im Agrarsektor ($y^Z < y^W$) aus dem die Produktionsfaktoren zugunsten des Industriesektors abgezogen werden. Der Zoll wirkt sich also nicht nur im Importsektor, sondern auch im Exportsektor aus:

Web-Service: http://www.uvk-lucius.de/morasch-bartholomae

Während die industriellen Produzenten profitieren, werden die Landwirte schlechter gestellt.

Zur Bestimmung des Gesamteffekts des Zolls müssen wir nun auch noch den Effekt auf den inländischen Konsum untersuchen. Handel erfolgt dann ausgehend von P^Z wieder entlang einer Weltmarktpreisgeraden p^W. Der optimale Konsumpunkt C^Z liegt auf dieser Preisgeraden, jedoch nicht wie bei Freihandel als Tangentialpunkt, sondern tangential zu einer inländischen Preisgerade p^Z. In unserem Fall geht der inländische Konsum beider Güter zurück, der Konsum des Industriegutes könnte jedoch bei etwas anderem Verlauf der Produktionsmöglichkeiten– und Wohlfahrts-indifferenzkurven auch steigen (die Wohlfahrt ist jedoch auch dann geringer als bei Freihandel). Eindeutig ist der Effekt auf den Handel: Importe und Exporte gehen durch den Zoll zurück.

Fassen wir nun die Auswirkung eines Importzolls für ein kleines Land zusammen:

- Der für die inländischen Produktions- und Konsumentscheidungen relevante Preis des Importgutes steigt. Dadurch erhöht sich die inländische Produktion, während die Importmenge und der inländische Konsum sinken. Im Totalmodell ergibt sich zusätzlich der Effekt, dass die Produktion im Exportsektor sinkt und die Export-menge zurückgeht.

- Die Hersteller im Importsektor profitieren vom Zoll, während die Konsumenten und die Hersteller im Exportsektor verlieren. Trotz der Zolleinnahmen ist der Gesamteffekt auf die Wohlfahrt eindeutig negativ. Dies liegt an den beiden Ver-zerrungseffekten des Zolls: Er verzerrt die Produktionsentscheidung – ineffizient hohe inländische Produktionsmenge im Importsektor – und die Konsumentschei-dung – ineffizient geringer Konsum durch die zollinduzierte Preiserhöhung.

Es stellen sich nun folgende Fragen: Haben alternative handelspolitische Instrumen-te, wie beispielsweise Kontingente, ähnliche Wirkungen? Gibt es trotz der aufgeführ-ten negativen Wohlfahrtswirkungen stichhaltige Argumente für den Einsatz von Zöl-len? Wie kann der faktisch beobachtbare Einsatz von Zöllen und anderen handelspo-litischen Instrumenten erklärt werden? Der ersten Frage wollen wir nun nachgehen, die anderen umfangreicheren Problemstellungen werden in den folgenden Kapiteln thematisiert.

14.3 Kontingent bei Wettbewerb

Wie bereits erläutert, versteht man unter einem Kontingent die mengenmäßige Be-schränkung der Importe. Im Rahmen einer statischen Analyse bei vollkommenem Wettbewerb haben Kontingente prinzipiell die gleiche Wirkung wie Zölle: Durch das Kontingent sinkt die Importmenge. Daher steigt wie beim Zoll der Preis im Inland, die heimische Produktion wird ausgeweitet und die insgesamt konsumierte Menge geht aufgrund der Preiserhöhung zurück. Diese Äquivalenz von Kontingent und Zoll soll nun zunächst in einer graphischen Analyse im Partialmodell verdeutlicht werden.

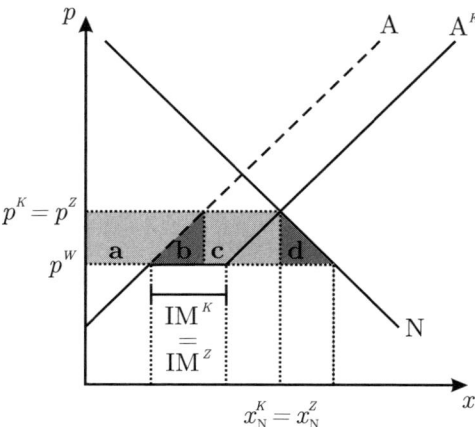

Abb. 14.3: Äquivalenz von Zoll und Kontingent bei Wettbewerb

In Abbildung 14.3 ist die Höhe des Kontingents so festgelegt, dass es der Import-menge beim Zoll t entspricht. Die „Gesamtangebotskurve" A^K (d. h. inländisches und ausländisches Angebot) ist dann aus drei Segmenten zusammengesetzt: Ganz links findet sich das inländische Angebot zu Grenzkosten unterhalb des Weltmarktpreises, dann folgt ein horizontaler Bereich in dem die Kontingentmenge zum Weltmarktpreis angeboten wird und ab der Grenze des Kontingents startet der Bereich des inländi-schen Angebots zu Grenzkosten über dem Weltmarktpreis. Da zum Weltmarktpreis noch eine Überschussnachfrage besteht, ergibt sich der Marktpreis im Inland erst im Schnittpunkt dieses dritten Teils der Angebotskurve mit der inländischen Nachfra-gekurve. Dieser Schnittpunkt liegt genau auf Höhe des Preises mit Zoll und somit sind die Preis- und Mengeneffekte mit denjenigen beim Zoll identisch.

Kontingente unterscheiden sich jedoch von Zöllen potentiell in Bezug auf die Einnah-mewirkung und damit die Gesamtwohlfahrt. Wenn die Kontingente, wie es häufig der Fall ist, auf Basis der bisherigen Marktanteile der Importeure vergeben werden, so ergeben sich im Gegensatz zu Zöllen keine Staatseinnahmen – die Fläche **c** stellt dann stattdessen einen Transfer an die Importunternehmen dar. Dieser Nachteil könnte jedoch vermieden werden, wenn die Kontingente im Rahmen einer Auktion vom Staat versteigert werden. Grundsätzlich geht es also um die Frage, wer die Im-portlizenzen erhält und ob die Lizenzeigner dafür ein Entgelt an den Staat entrichten müssen. Wenn die Lizenzen im Rahmen einer Auktion versteigert werden, ergibt sich im Idealfall eine Einnahme in gleicher Höhe wie beim Zoll – in diesem Fall wäre also die Äquivalenz auch im Hinblick auf die statische Wohlfahrtswirkung gewährleistet. Wird auf die Auktion verzichtet, so kommt es darauf an, ob Unternehmen mit in-ländischen Eignern die Importlizenzen halten oder ausländische Unternehmen. Der erste Fall ist zwar insofern ungünstiger als die Zolllösung, da er zu deutlichen Um-verteilungseffekten führt, die Rentensumme im Inland ist jedoch immerhin genauso hoch wie beim Zoll. Gehen die Importlizenzen demgegenüber an ausländische Unternehmen, so führt die Kontingentlösung zusätzlich zum Effizienzverlust **bd** auch noch zu einem Verlust in Höhe der Fläche **c**.

Dieser Effekt tritt insbesondere bei freiwilligen Exportselbstbeschränkungen auf. Da hier die ausländische Regierung das Kontingent auf ihre Exporte anwendet, ist der negative Effekt für die benachteiligten Konsumenten noch weniger offensichtlich als bei Zöllen oder Kontingenten. Die ausländischen Unternehmen werden hier für die Selbstbeschränkung durch höhere Preise zumindest teilweise entschädigt – dies wäre bei einem Zoll oder einer Auktion der Kontingente nicht der Fall. Im Extremfall führt eine freiwillige Exportselbstbeschränkung dazu, dass sich die ausländischen Unternehmen wie ein Kartell verhalten und somit den gemeinsamen Gewinn maximieren. Bei dem Begriff ist zu beachten, dass solche Selbstbeschränkungen meist nicht ganz „freiwillig" sind: So reagierte die USA auf den Bruch eines solchen Exportbeschränkungsabkommens durch Japan mit Zöllen auf eine ganze Reihe von japanischen Produkten. Exportselbstbeschränkungsabkommen wurden in der Vergangenheit häufig deswegen vereinbart, weil dadurch das Verbot von Importkontingenten im Rahmen des GATT umgangen werden konnte. Sie spielen seit 1995 keine so große Rolle mehr, da ihr Einsatz durch eine Anpassung der Regeln bei der Weiterentwicklung des GATT im Rahmen der WTO-Vereinbarung nun ebenfalls nicht mehr zulässig ist.

Ein weiterer, wichtiger Unterschied in der Wirkung zwischen Zöllen und Kontingenten besteht darin, dass die inländischen Produzenten beim Kontingent aufgrund der exakt festgelegten Importmenge vom Wettbewerb auf den Weltmärkten isoliert werden. Dies ist aus Sicht der Unternehmen durchaus attraktiv und auch die Regierungen, die Zölle häufig zum Schutz der importkonkurrierenden Branche einsetzen, finden diese Eigenschaft durchaus vorteilhaft. In dynamischer Hinsicht ist der Effekt jedoch problematisch, da eine Senkung des Weltmarktpreises (z. B. aufgrund technischen Fortschritts) bei Kontingenten zu keinem Effekt auf dem Inlandsmarkt führt, während die inländischen Konsumenten bei Zöllen von den niedrigeren Weltmarktpreisen profitieren würden und insbesondere die inländischen Unternehmen einen Anreiz zu Kostensenkungen hätten. Wie wir im nächsten Abschnitt sehen werden, sorgt diese Isolierung vom Wettbewerb auch dafür, dass bei unvollständigem Wettbewerb Zölle und Kontingente nicht mehr äquivalent sind.

14.4 Zoll und Kontingent bei inländischem Monopol

In Kapitel 10 haben wir unter anderem die Wirkung der Aufnahme von Außenhandel bei einem inländischen Monopol untersucht. Dabei zeigte sich, dass in einer importkonkurrierenden Branche der ausländische Wettbewerb die Marktmacht des Monopolisten eliminiert. Die Frage ist nun, inwieweit der Handel bei Zöllen bzw. Kontingenten eher die Situation bei Freihandel (mit höherem inländischen Preis durch den Zoll) oder im Monopol (mit verringerter Marktgröße durch die geringere

Importmenge) widerspiegelt. In einem ersten Schritt werden wir dazu wieder die
Wirkung des Zolls analysieren und dann anschließend mit derjenigen des Kontingents vergleichen.

14.4.1 Zollwirkung bei inländischem Monopol

Ausgangspunkt ist die in Abbildung 10.7 in Abschnitt 10.3.1 veranschaulichte Situation eines inländischen Monopols mit Importkonkurrenz. Wie in der Zollanalyse bei
vollkommenem Wettbewerb gehen wir nun aber davon aus, dass das Inland einen
Zoll in Höhe von t auf die Importe festlegt. In Abbildung 14.4 haben wir einen nicht
prohibitiven Zoll gewählt, d. h. einen Zoll, bei dem der Preis mit Zoll p^Z unter dem inländischen Autarkiepreis bei vollkommenem Wettbewerb p^{vK} bleibt. In diesem Fall
unterscheidet sich die Wirkung des Zolls nicht von derjenigen bei vollkommenem
Wettbewerb. Die inländische Produktion steigt auf x_A^Z, der Menge, die durch den
Schnittpunkt zwischen Preislinie mit Zoll und Grenzkostenkurve definiert ist. Der
inländische Konsum sinkt, da die Preislinie mit Zoll die inländische Nachfrage nun
bei der geringeren Menge x_N^Z schneidet. Die Importmenge geht entsprechend zurück
und der Nettowohlfahrtsverlust ist wie bei vollkommenem Wettbewerb durch den
Verlust an Produktionseffizienz – Fläche **b** – und den Verlust an Konsumeffizienz –
Fläche **d** – gegeben.

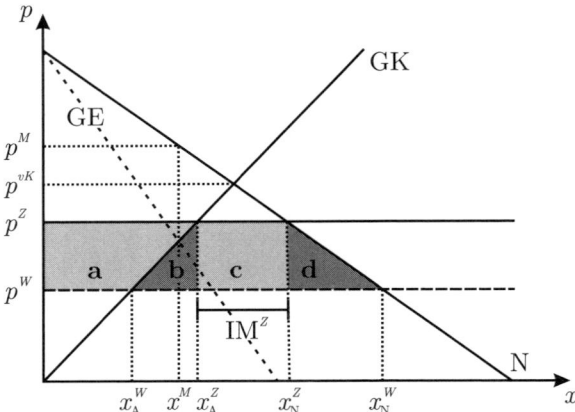

Abb. 14.4: Zoll bei inländischem Monopol

Ein Unterschied zwischen Wettbewerb und Monopol ergibt sich nur dann, wenn bei
einem Prohibitivzoll der Preis mit Zoll den Autarkiepreis bei vollkommenem Wettbewerb p^{vK} überschreitet. In beiden Fällen kommt es zu keinen Importen, aber beim
Monopol kann die potentielle ausländische Konkurrenz die Marktmacht des Monopolisten beschränken. Während bei vollkommenem Wettbewerb die genaue Höhe des
Prohibitivzolls für das Ergebnis irrelevant ist, gewinnt der Monopolist mit zunehmender Höhe des Prohibitivzolls mehr und mehr von seiner Marktmacht zurück. In

der Abbildung ergibt sich die Absatzmenge bei einem Preis p^Z zwischen p^{vK} und p^M über den Schnittpunkt zwischen der Preisgeraden mit Zoll und der Nachfragekurve. Für $p^Z \geq p^M$ ist die disziplinierende Wirkung des ausländischen Wettbewerbs eliminiert und es resultiert die Autarkielösung mit inländischem Monopol.

14.4.2 Kontingent bei inländischem Monopol

Zum Vergleich zwischen Zoll und Kontingent werden wir nun analog zur Situation bei vollkommenem Wettbewerb davon ausgehen, dass ein Kontingent in Höhe der bei Zollpolitik resultierenden Importmenge festgelegt wird. Dies bedeutet nun, dass der inländische Monopolist sich einer Restnachfrage N^Z gegenübersieht, die gegenüber der inländischen Gesamtnachfrage um die Kontingentmenge K = IM^Z parallel nach links verschoben ist. Die Situation ist nun analog zu derjenigen, die wir in Abschnitt 10.2.1 bei der Duopolanalyse angestellt haben (siehe dort Abbildung 10.4). Gegenüber dem Monopol bei Autarkie hat sich die Situation für den Monopolisten zwar verschlechtert, aber im Gegensatz zur Situation mit Zoll ist er im Bereich der Restnachfrage vom Wettbewerb durch ausländische Unternehmen geschützt und kann seine Marktmacht ausnutzen. Wie Abbildung 14.5 zeigt, führt dies zu einem deutlich höheren inländischen Preis p^K und damit zu geringerer Wohlfahrt als beim Zoll.

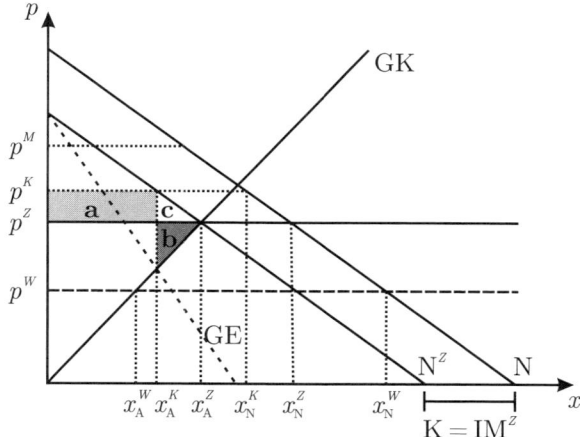

Abb. 14.5: Kontingent bei inländischem Monopol

Beachten Sie, dass im vorliegenden Fall die inländische Produktion durch das Kontingent zurückgeht. Sollte also beispielsweise das Kontingent zum Schutz von Arbeitsplätzen in der importkonkurrierenden Branche eingesetzt werden, so kann es bei unvollkommenem Wettbewerb im Gegensatz zum Zoll und im Gegensatz zu Kontingenten bei vollkommenem Wettbewerb die gewünschte Wirkung verfehlen. Ob es tatsächlich zu einem Rückgang der Produktion gegenüber der Freihandelssituation kommt, hängt von der Höhe des Weltmarktpreises und der Kontingentmenge ab. Die Menge wird jedoch immer geringer sein als beim Zoll.

Während die Schutzwirkung des Kontingents bezüglich der inländischen Absatzmenge somit nicht sichergestellt ist, ist die inländische Produzentenrente jedoch nicht nur höher als bei Freihandel, sondern übersteigt auch diejenige bei einem Zoll mit äquivalenter Importmenge: Das Rechteck **a**, das den höheren Erlös $(p^K - p^Z) \cdot x_A^K$ bis zur Absatzmenge beim Kontingent x_A^K beschreibt, ist deutlich größer als das Dreieck **b**, das durch die Vertikale bei dieser Absatzmenge, durch p^Z und GK beschrieben ist (dies ist die zusätzliche Produzentenrente, die beim Zoll durch den Absatz im Bereich zwischen x_A^K und x_A^Z erzielt wird).

Die Wohlfahrtswirkung des Kontingents ist bei unvollkommenem Wettbewerb eindeutig ungünstiger: Die Dreiecksfläche **bc** zwischen GK, N^Z und der Vertikalen bei x_A^K stellt den zusätzlichen Nettowohlfahrtsverlust dar. Dazu kommt, dass die Kontingentrente $(x_N^K - x_A^K) \cdot (p^K - p^W)$ den Zoll deutlich übersteigt: Fällt diese Rente beispielsweise bei einer freiwilligen Exportselbstbeschränkung im Ausland an, so fällt der Wohlfahrtsverlust im Vergleich zur Wirkung eines Kontingents bei vollkommenen Wettbewerb nochmals merklich höher aus.

14.5 Wirkung bei Fragmentierung und Qualitätsdifferenzierung

Bei der Analyse von Zöllen und Kontingenten sind wir bisher von homogenen Produkten ausgegangen, die vollständig von einem Unternehmen hergestellt werden. Wir wollen nun die beiden Aspekte Fragmentierung und Produktdifferenzierung aufgreifen, die wir bereits bei der Analyse des Außenhandels ausführlich behandelt haben. Konkret wollen wir den Anreiz zur Anpassung der Qualität beim Einsatz von Kontingenten und die Wirkung unterschiedlicher Zollsätze auf Vor- und Endprodukte bei einem fragmentierten Produktionsprozess betrachten.

Wir beginnen mit dem **Anreiz zur Qualitätsanpassung**, da wir hier unmittelbar an der Analyse der Äquivalenz von Kontingenten und Zöllen anschließen können. Als Beispiel können wir die Strategieanpassung japanischer Automobilhersteller während der Zeit der freiwilligen Exportselbstbeschränkungen für den amerikanischen Markt in den 1980er-Jahren betrachten. Im amerikanischen Markt stieg als Reaktion auf das Mengenkontingent der Importwert der japanischen Fahrzeuge deutlich. Das lag daran, dass bei höherwertigen und damit teureren Fahrzeugen die Differenz zwischen Erlös und Herstellungskosten je Fahrzeug deutlich höher ist. Da wegen des Kontingents die Gewinne nicht durch Ausweitung des Absatzes der einfacheren Fahrzeuge erhöht werden konnten, stellte dies die optimale Reaktion der Hersteller auf die Exportrestriktion dar. Ein vergleichbarer Effekt wäre bei den üblicherweise verhängten Wertzöllen hingegen nicht aufgetreten: Für qualitativ höherwertige Fahrzeuge wäre auch ein höherer Zoll angefallen, so dass es keinen entsprechenden Anreiz zu einer Änderung der durchschnittlichen Qualität der Exporte gegeben hätte.

Eine Anpassungsreaktion war auch in Bezug auf den Fragmentierungsaspekt zu beobachten. Die japanischen Anbieter hatten einen Anreiz, durch die Investition in US-amerikanische Fertigungsstätten die Kontingentbeschränkung zu umgehen. In den US-Fabriken musste ein ausreichender Anteil an der Gesamtwertschöpfung erzielt werden, um die *local content requirements* für inländische Produkte zu gewährleisten. Zumindest ein Teil der verwendeten Komponenten wurde aber natürlich aus den japanischen Mutterwerken importiert. Es kam somit zu einer politisch induzierten Offshoring-Aktivität der japanischen Automobilproduzenten.

In diesem Zusammenhang ist zu beachten, dass sich der Zollschutz für Rohstoffe, industrielle Vorprodukte und Endprodukte innerhalb einer Endproduktkategorie üblicherweise unterscheidet. Wie wir jetzt aufzeigen werden, gibt dann der Nominalzoll im Endproduktmarkt nicht mehr die effektive Schutzwirkung der inländischen Hersteller wieder. Um diese Schutzwirkung zutreffend zu beschreiben, muss stattdessen der **„Effektivzoll"** ermittelt werden.

Bei der graphischen Darstellung im Partialmarkt kann ein Zoll auf ein Vorprodukt als Linksverschiebung der Angebotskurve abgebildet werden – schließlich erhöht der Zoll die (Grenz-)Kosten der Produktion. Als Maß für die effektive Protektion bezieht sich der sogenannte „Effektivzoll" auf die Wertschöpfung im Inland (und nicht den gesamten Produktionswert). Wir können uns die Grundidee anhand eines einfachen Beispiels veranschaulichen: Ein Endprodukt lässt sich zum Weltmarktpreis von 10 Euro verkaufen. Die inländischen Produzenten benötigen dazu Vorprodukte im Wert von 2 Euro aus dem Ausland – die inländische Wertschöpfung beträgt also 8 Euro. Angenommen es wird nun sowohl auf Vor- als auch auf Endprodukte ein Zoll von 20 % erhoben. Dadurch verteuern sich im Inland die Vorprodukte auf 2,40 Euro und die Endprodukte auf 12 Euro. Die inländische Wertschöpfung steigt entsprechend von 8 Euro auf 9,60 Euro, d. h. ebenfalls um 20 % – Nominalzoll und Effektivzoll fallen hier zusammen. Wenn auf das Vorprodukt kein Zoll erhoben wird, so erhöht sich die Wertschöpfung auf 10 Euro, also um 25 %.

Grundsätzlich übersteigt der Effektivzoll den Nominalzoll, wenn eine „eskalierende Zollstruktur" vorliegt, d. h. der Zoll für die nachgelagerten Produktionsstufen höher als für diejenigen am Anfang der Wertschöpfungskette ist. Wenn demgegenüber der Zoll auf dem Vorprodukt höher ist, so kann es sogar zu einer negativen Schutzwirkung für die Hersteller des Endprodukts kommen. Die genaue Formel zur Berechnung des Effektivzolls (ERP – effective rate of protection) lautet:

$$ ERP = t_E - (t_E - t_V) \cdot \frac{p_V}{p_E - p_V}, \tag{14.1} $$

wobei t_E bzw. t_V den Zollsatz auf der End- bzw. Vorstufe und p_V und p_E die entsprechenden Weltmarktpreise (d. h. ohne Zoll) bezeichnen. Ob die ERP den Nominalzoll übersteigt oder unterschreitet, hängt also von den relativen Zollsätzen ab. Die Stärke des Effekts wird dann neben der Höhe des Unterschieds in den Zollsätzen vom relativen Wertschöpfungsanteil der Vorstufe determiniert: Je höher der Anteil der Vorstufe, desto stärker weichen Effektiv- und Nominalzoll voneinander ab.

14.6 Handelspolitik und Unternehmen

Wie ist der Einsatz von Zöllen, Kontingenten und anderen handelspolitischen Maßnahmen aus Unternehmenssicht zu beurteilen? Hier kommt es zunächst darauf an, ob ein Unternehmen sich in erster Linie der Konkurrenz durch Importe ausländischer Wettbewerber gegenübersieht oder als Exporteur auf den globalen Märkten aktiv ist.

Die importkonkurrierenden Branchen werden durch Zölle und Kontingente auf Kosten der Konsumenten und der Exportbranchen bessergestellt. Unabhängig davon, ob Zölle oder Kontingente eingesetzt werden, wird der Inlandspreis steigen und sich damit die Gewinnsituation der Unternehmen verbessern. Dabei sind Kontingente besonders attraktiv, weil sie die inländischen Unternehmen weitgehend vom Druck ausländischer Wettbewerber entlasten und ihnen bei Marktmacht im Inland die Nutzung dieser Marktmacht erlauben. Mögliche Ausweichreaktionen der ausländischen Anbieter wie der Export qualitativ höherwertiger Produkte oder der Einsatz von Direktinvestitionen können allerdings langfristig die Wettbewerbsposition der inländischen Unternehmen möglicherweise stärker unterminieren, als dies bei freiem oder zumindest nur zollbeschränktem Handel der Fall gewesen wäre. Bei international fragmentierter Produktion ist für die Hersteller auf der Endstufe eine eskalierende Zollstruktur besonders günstig, d. h. kein Zoll oder nur geringe Zollsätze bei Rohstoffen und Vorprodukten und ein höherer Zoll in der Endstufe.

Bei einem Exportunternehmen wirken sich sowohl Zölle auf den Vorstufen als auch Importzölle in anderen Branchen negativ aus. Der zweite Effekt ergibt sich über die Verteuerung von Inputfaktoren, die durch den Zoll in den importkonkurrierenden Branchen vermehrt eingesetzt werden. Im Ergebnis werden die Exportunternehmen weniger produzieren und sowohl auf den inländischen als auch den ausländischen Märkten weniger absetzen. Profitieren können Exportunternehmen demgegenüber von Exportsubventionen und anderen Unterstützungen für Exportaktivitäten.

Was haben wir gelernt?

■   Handelspolitische Maßnahmen verzerren die Entscheidungen von Produzenten und Konsumenten und beeinflussen dadurch die Handelsströme. Neben Zöllen, Kontingenten und Exportsubventionen können auch an sich binnenwirtschaftliche Maßnahmen wie Produktstandards oder Steuern den Handel beeinflussen.

- Ein Importzoll erhöht den lokalen Preis und führt damit zu einer Erhöhung der inländischen Produktion und zu einer Verringerung der Importe und des Konsums. Dem Rückgang an Konsumentenrente stehen eine Erhöhung der Produzentenrente und die Zolleinnahmen gegenüber. Insgesamt kommt es aber zu einem Nettowohlfahrtsverlust, der durch die ineffizient hohe inländische Produktion und den ineffizient niedrigen inländischen Konsum verursacht wird. In der Totalanalyse wurde zudem deutlich, dass dem Vorteil des Zolls für die importkonkurrierende Branche ein Nachteil für den Exportsektor gegenübersteht.

- Zölle und Kontingente haben bei vollständigem Wettbewerb die gleiche Auswirkung auf Preise und Mengen. Je nach Ausgestaltung der Vergabe der Kontingente werden jedoch möglicherweise keine Staatseinnahmen realisiert. Aus Sicht der inländischen Wohlfahrt besonders problematisch sind freiwillige Exportselbstbeschränkungen, bei denen die Kontingentrenten den ausländischen Anbietern zugute kommen.

- Bei einem Monopol im Inland führt Freihandel zu einem Verlust der Marktmacht des Monopolisten. Dieser Effekt bleibt auch bei Zollschutz im Prinzip erhalten, während ein Kontingent einen geschützten Bereich im Inland schafft, in dem der Monopolist seine Marktmacht ausspielen kann. Bei Kontingenten besteht zudem für die ausländischen Wettbewerber ein Anreiz, die Qualität der Exportprodukte zu erhöhen.

- Bei fragmentierter Produktion ist die Schutzwirkung des Zolls von der relativen Höhe der Zölle auf Vor- und Endprodukte abhängig: Werden Vorprodukte mit einem geringeren Zoll belegt, so ist die Schutzwirkung für die Endprodukte höher als der Nominalzoll.

Ergänzende und weiterführende Literatur

Feenstra, R. C. (2004), Advanced International Trade. Theory and Evidence, Princeton, NY: Princeton University Press, ch. 7 und 8. [*Vertiefte Darstellung der Analyse von Zöllen und Kontingenten mit Berücksichtigung weiterer Marktformen, theoretischer Fundierung der Wohlfahrtsanalyse und empirischer Analyse der Wirkung handelspolitischer Maßnahmen.*]

Kontrollfragen und Übungsaufgaben

1. Welche Handelspolitikmaßnahmen kennen Sie? Erläutern Sie diese für ein kleines Land anhand einer graphischen Abbildung! Welche Auswirkungen haben diese Maßnahmen auf die einzelnen Wirtschaftsakteure (Produzenten, Konsumenten, Staat, Ausland)?

2. Erläutern Sie, warum eine handelspolitische Maßnahme in einem Sektor Auswirkungen auf die gesamte Ökonomie nach sich ziehen kann!

3. Auf einem kleinen Inselstaat leben die meisten Bewohner vom Tourismus, das größte Unternehmen vor Ort ist jedoch ein Produzent von Motorrädern. Der Inselstaat kann Motorräder zum Stückpreis von 2.000 Euro importieren (als kleines Land kann die Insel diesen Weltmarktpreis nicht beeinflussen). Das inländische Angebot ist durch $x_A = -1.000 + p$ beschrieben und für die inländische Nachfrage gilt $x_N = 5.000 - p$. Von einer Reduktion der Anzahl der Motorräder auf der Insel erhofft sich die Regierung eine Verminderung der Probleme durch die Lärmbelästigung und damit eine Verbesserung der Situation im Tourismussektor. Zu diesem Zweck soll entweder ein Zoll oder eine Konsumsteuer in Höhe von 500 Euro pro Motorrad erhoben werden.

   a) Bestimmen Sie rechnerisch und graphisch für Freihandel, Zoll und Steuer das Gleichgewicht! Geben Sie dabei jeweils explizit die inländische Produktionsmenge, die Importmenge und den inländischen Konsum an! Sind beide Instrumente gleichermaßen geeignet, das politische Ziel zu erreichen? Führen Sie nun einen partialanalytischen Wohlfahrtsvergleich durch und erläutern Sie welches Instrument Sie für besser geeignet halten!

   b) Die Regierung ist nun aufgrund intensiver Lobbyarbeit des Motorradproduzenten davon überzeugt, dass eine inländische Motorradproduktion von mindestens 1.500 Einheiten sichergestellt werden sollte. Als Instrumente kommen dabei ein Zoll, eine Produktionssubvention oder die Vereinbarung einer freiwilligen Exportselbstbeschränkung mit den ausländischen Anbietern in Betracht. Bestimmen Sie zunächst jeweils die Instrumentwerte, mit denen das konkrete wirtschaftspolitische Ziel erreicht werden kann! Vergleichen Sie dann die Wohlfahrtswirkungen und geben Sie vor dem Hintergrund der Zielvorstellung der Regierung eine Empfehlung ab! Ist damit zu rechnen, dass die ausländischen Anbieter in eine freiwillige Exportselbstbeschränkung einwilligen, wenn sie davon ausgehen müssen, dass ansonsten eines der beiden anderen Instrumente zum Einsatz kommt? Warum ist die Lösung mit der freiwilligen Exportselbstbeschränkung für das inländische Unternehmen gerade in dynamischer Hinsicht besonders attraktiv?

4. Begründen Sie, wie Sie die folgenden Handelspolitikmaßnahmen hinsichtlich ihrer Wirkung auf die inländische Wohlfahrt ordnen würden: (i) Zoll in einem kleinen Land mit perfektem Wettbewerb, (ii) Zoll in einem kleinen Land mit inländischem Monopol, (iii) Kontingent in einem kleinen Land mit perfektem Wettbewerb und (iv) Kontingent in einem kleinen Land mit inländischem Monopol.

5. In einem kleinen Land sieht sich ein einziger inländischer Anbieter der Preis-Absatz-Funktion $p(x) = 150 - x$ gegenüber. Seine Kostenfunktion lautet dabei $C(x) = 0,5 \cdot x^2$. Das Gut kann jedoch ebenfalls aus dem Ausland zu $p^W = 40$ eingeführt werden.

   a) Ursprünglich konnte das inländische Unternehmen einen Zoll von 40 erwirken. Zeigen sie graphisch und rechnerisch, ob sich dadurch eine Wohlfahrtsverbesserung gegenüber dem Autarkiezustand erreichen lässt! Wie hoch dürfte der Zoll maximal sein, damit Außenhandel vorteilhaft ist?

   b) Die inländischen Importeure können eine Zollsenkung auf 20 erwirken. Bestimmen Sie graphisch und rechnerisch die Importmenge sowie den Wohlfahrtsverlust gegenüber Freihandel!

   c) Der Monopolist schlägt nun ein Kontingent in Höhe der Importe aus b) vor. Halten Sie diesen Vorschlag aus Sicht (i) des Monopolisten und (ii) der Gesamtwohlfahrt für vorteilhaft? Vergleichen Sie hierzu die Situation mit b)!

15 Begründung protektionistischer Maßnahmen

Themenüberblick

- Zölle als zweitbeste Instrumente: Was ist das beste Instrument zur Erreichung eines gesellschaftlichen Ziels oder zur Korrektur inländischen Marktversagens?
- Zoll als staatliche Einnahmequelle vs. Schutzzoll
- Erziehungszollargument: Dynamische und externe Skalenerträge als Begründung für Protektion
- Optimalzoll: „Großes Land" und Beeinflussung der *Terms of Trade* durch Zölle

Nach der bisherigen Analyse führen Zölle und Kontingente zu einer Verringerung der Wohlfahrt eines Landes, wobei die negativen Effekte von Kontingenten insgesamt noch ausgeprägter sind. Die Empfehlung für die Politik lautet damit, auf die Erhebung von Zöllen zu verzichten. Gegen diese Aussage werden jedoch die folgenden beiden Einwände erhoben:

- Effizienz ist nicht das einzige Ziel einer Gesellschaft. Die Erhebung von Zöllen könnte z. B. auch aus Verteilungsgründen gerechtfertigt sein. Außerdem gibt es Marktversagen, etwa aufgrund externer Effekte, das durch politische Maßnahmen korrigiert werden könnte.
- Die verwendeten Zollwirkungsmodelle sind zu unrealistisch. Um Zollwirkungen wirklich beurteilen zu können, sind komplexere, dynamische Modelle notwendig.

Vor dem Hintergrund dieser beiden Einwände wollen wir im Folgenden eine Reihe von Argumenten analysieren, die für die Erhebung von Zöllen angeführt werden.

15.1 Zölle als zweitbeste Instrumente

Im Zusammenhang mit dem ersten Einwand spielt folgende grundsätzliche Überlegung eine wichtige Rolle: Die Erhebung eines Zolls ist dann sinnvoll, wenn er erstens geeignet ist, ein bestimmtes gesellschaftliches Ziel zu erreichen oder ein Marktversagen zu korrigieren, und zum zweiten dieses Ziel mit den geringstmöglichen Kosten erreicht. Viele Argumente für Zölle scheitern an dieser zweiten Forderung: Ein Zoll ist dann nur eine zweitbeste Lösung zur Erreichung des Ziels und sollte nur eingesetzt werden, wenn die besser geeigneten Maßnahmen nicht verfügbar sind. Diese Überlegung ist auch als das Prinzip des zielgerichteten Eingriffs (*targeting principle*) bekannt bzw. in Anlehnung an den Ökonomen Jagdish N. Bhagwati, der diese als erster anstellte, als Bhagwati-Prinzip.

15.1.1 Erhalt bestimmter Produktionszweige

Häufig wird der Erhalt bestimmter Produktionsbereiche als Begründung für den Zollschutz angeführt. Ein Beispiel dafür ist das Ziel des Erhalts bäuerlicher Familienbetriebe zur Sicherstellung der inländischen Nahrungsmittelproduktion und zur Vermeidung negativer externer Effekte einer industriellen Agrarwirtschaft. Der Zoll soll dabei einen Schutz gegen die überlegene ausländische Konkurrenz sicherstellen, die zur Aufgabe der entsprechenden Unternehmen führen würde. Aus ökonomischer Perspektive bedeutet dies letztendlich, dass ein bestimmtes inländisches Produktionsniveau in einem Sektor politisch erwünscht ist. Aber ist es sinnvoll, dieses Ziel mit Hilfe eines Zolls zu realisieren? Dazu wollen wir nun die beiden Instrumente Zoll und Produktionssubvention miteinander vergleichen.

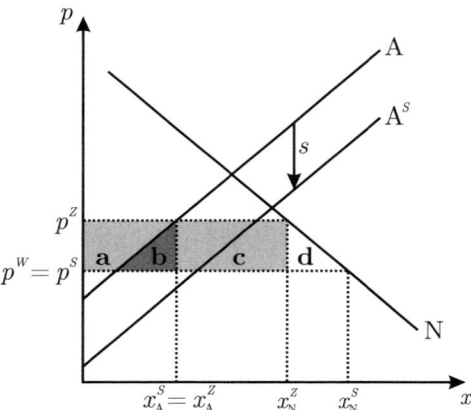

Abb. 15.1: Zoll vs. Produktionssubvention

Die Analyse erfolgt zunächst im Partialmodell, wobei der Zoll mit einer Subvention an die inländischen Produzenten verglichen wird, die zur gleichen inländischen Produktionsmenge führt wie der Zoll. Eine solche **Produktionssubvention** verschiebt die Angebotskurve der inländischen Produzenten in Abbildung 15.1 nach rechts unten: Durch die Produktionssubvention müssen sie nicht mehr die vollständigen Kosten der Produktion tragen und können somit das Gut zu einem geringeren Preis auf dem Markt anbieten.

Während durch den Zoll der Preis im Inland erhöht wird, ergibt sich durch die Subvention keine Veränderung des Inlandspreisniveaus. Die Konsumenten werden daher die gleiche Menge wie bei Freihandel konsumieren. Beim Zoll ergibt sich durch den Rückgang der Konsumentenrente in Höhe der Flächen **abcd** und Gewinnen für die Produzenten und Staat in Höhe von **a** bzw. **c** ein Nettoverlust der beiden Dreiecke **b** und **d**. Demgegenüber führt die Subventionslösung zu einem Subventionsbedarf in Höhe der Flächen **ab** (inländische Produktionsmenge x_A^S multipliziert mit der Subventionshöhe s), dem auf Seite der Produzenten eine Zunahme der Produzentenrente in Höhe der Fläche **a** gegenübersteht. Bei der Subventionslösung kommt es somit nur zum unvermeidbaren Verlust an Produktionseffizienz (Fläche **b**) – schließlich soll gerade mehr im Inland produziert werden –, während der Konsum wie bei Freihandel weiterhin effizient erfolgt.

Wenn eine Regierung die Höhe der inländischen Produktion in einem Sektor beeinflussen will – sei es aus gesellschaftlichen Gründen oder aufgrund von Marktunvollkommenheiten (z. B. bei Vorliegen positiver externer Effekte aufgrund der Landschaftspflege durch die bäuerlichen Familienbetriebe) –, so ist eine Produktionssubvention einem Zoll überlegen, weil dadurch unerwünschte Nebeneffekte beim Konsum (hier: Verteuerung der Nahrungsmittel durch den Zoll) vermieden werden. Beachten Sie jedoch, dass eine Produktionssubvention nur dann optimal ist, wenn tatsächlich ein bestimmtes Produktionsniveau gewünscht wird: Wenn es nur um die Sicherung des Einkommens der bäuerlichen Familienbetriebe geht, ist eine direkte Einkommenssubvention vorzuziehen, da sie auch den Verlust an Produktionseffizienz vermeidet.

15.1.2 Beeinflussung des Konsumverhaltens

Ein zweites Argument, das häufig für Zölle angeführt wird, ist die Verminderung des Konsums bestimmter Güter (etwa Alkohol oder Zigaretten). Ähnlich wie bei der Subvention gilt in diesem Zusammenhang: Ein Zoll ist zwar zur Erreichung dieses Ziels prinzipiell geeignet, eine Besteuerung des Gutes ist jedoch effizienter.

Wir können uns dies im Partialmodell in Abbildung 15.2 veranschaulichen: Durch die **Konsumsteuer** wird das Angebot im Inland verteuert. Bei identischer Höhe von Steuer und Zoll resultiert in beiden Fällen ein identischer Rückgang des Konsums gegenüber der Freihandelssituation ($x_N^Z = x_N^{St}$). Die Steuer führt jedoch im Gegensatz zum Zoll dazu, dass auch die inländische Produktion verteuert wird – die inländische Angebotskurve verschiebt sich nach links oben. Die Produktion im Inland verbleibt somit bei der Erhebung der Steuer auf dem Freihandelsniveau. Dadurch kann der Verlust an Produktionseffizienz (Fläche **b**) vermieden werden, der sich bei einem Zoll ergäbe: Bei der Steuer stehen dem Verlust an Konsumentenrente (Flächen **abcd**) entsprechende Steuereinnahmen aus der Besteuerung der inländischen und ausländischen Produktion (Flächen **abc**) gegenüber.

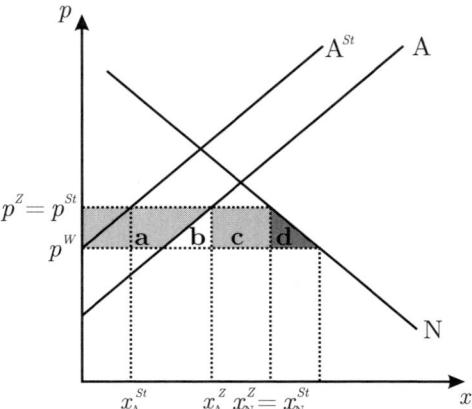

Abb. 15.2: Zoll vs. Konsumsteuer

15.1.3 Zoll als Mittel zur Erzielung von Staatseinnahmen

Die Aussage, dass Produktionssubventionen bzw. Konsumsteuern als Instrumente zur Erreichung binnenwirtschaftlicher Politikziele einem Zoll vorzuziehen sind, gilt nur dann uneingeschränkt, wenn das entsprechende Land über ein funktionierendes und weitgehend effizientes Steuersystem verfügt. Dies ist jedoch insbesondere in Entwicklungsländern häufig nicht der Fall. Für solche Länder ist es oft sehr viel einfacher, **Staatseinnahmen über Zölle** zu erhalten, als über eine allgemeine Besteuerung von Einkommen, Vermögen und Konsum. Die Finanzierung einer Produktionssubvention über Steuern führt dann möglicherweise zu erheblichen Verzerrungen oder ist überhaupt nicht durchführbar (ähnliches gilt für die Erhebung von Konsumsteuern). Der Einsatz des zweitbesten Instruments Zoll ist also dann gerechtfertigt, wenn die jeweilige erstbeste Lösung nicht zur Verfügung steht. Dabei muss jedoch beachtet werden, dass beim Einsatz des Zolls unerwünschte Nebenwirkungen entstehen, die den Vorteilen der Zollerhebung gegenüberzustellen sind.

Wie kann nun die Höhe des Zollsatzes optimal festgelegt werden, wenn aufgrund der mangelnden Verfügbarkeit des erstbesten Instruments der **Zoll als zweitbestes Instrument** eingesetzt wird? Abbildung 15.3 veranschaulicht dies am Beispiel eines positiven externen Effekts bei der Produktion, wie er im Zusammenhang mit der Förderung der bäuerlichen Familienbetriebe schon kurz angesprochen wurde. Ein positiver externer Effekt bei der Produktion liegt dann vor, wenn über die Erlöse des Produzenten hinaus ein zusätzlicher Nutzen entsteht, der dem Produzenten nicht über den Marktpreis entgolten wird und es damit effizienter wäre, wenn er mehr produzieren würde. Im konkreten Fall wäre das die Landschaftspflege durch die Familienbetriebe, die der Allgemeinheit zugute kommt und ansonsten etwa durch vom Staat entlohnte Landschaftsgärtner durchgeführt werden müsste. Die eingesparte Entlohnung der Landschaftsgärtner wäre dann der positive externe Effekt.

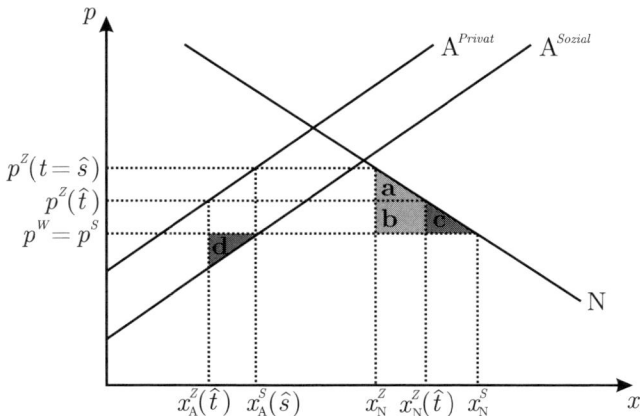

Abb. 15.3: Zoll als zweitbestes Instrument

In der Abbildung wird der externe Effekt dadurch abgebildet, dass die privaten Grenzkosten, die sich in der Angebotskurve A^{Privat} widerspiegeln, die sozialen Grenzkosten A^{Sozial} um die Höhe des positiven externen Effekts übersteigen. Beim optimalen Einsatz des erstbesten Instruments, einer Produktionssubvention, würde die Subventionshöhe $\hat{s}$ gerade dem positiven externen Effekt pro Mengeneinheit entsprechen. Beachten Sie, dass es hier im Gegensatz zum Einsatz einer Produktionssubvention zur Erreichung eines gesellschaftlichen Ziels zu keinem Effizienzverlust kommt, da der Einsatz der Politik das Marktversagen korrigiert und somit gerade die effiziente Lösung herstellt.

Wenn die Subventionslösung nun nicht realisiert werden kann und zur Korrektur des externen Effekts stattdessen ein Importzoll eingesetzt werden soll, so würde durch einen Zollsatz in Höhe der Subvention $t = \hat{s}$ zwar die optimale inländische Produktionsmenge x_A^S erreicht, durch den verringerten inländischen Konsum käme es jedoch zu einem Verlust an Konsumeffizienz, der in der Graphik durch das große hell- und dunkelgraue Dreieck **abc** markiert ist. Durch eine Reduktion des Zolls kann dieser Verlust reduziert werden, wobei jedoch gleichzeitig ein Verlust an Produktionseffizienz gegenüber dem sozialen Optimum eintritt. Die Höhe des Zolls sollte dann so festgelegt werden, dass der Gesamtverlust minimiert wird. In der graphischen Darstellung bedeutet dies, dass der Zollsatz so gewählt werden sollte, dass die gemeinsame Fläche der beiden dunklen Dreiecke **c** und **d** möglichst klein wird. In Abbildung 15.3 wird diese Lösung mit dem zugehörigen Zollsatz $\hat{t}$ und dem daraus resultierenden Inlandspreis $p^Z(\hat{t})$ veranschaulicht.

15.1.4 Protektion und nationale Sicherheit

Ein weiterer Grund, der für protektionistische Maßnahmen angeführt wird, ist die nationale Sicherheit: Bei strategisch wichtigen Gütern will man nicht vom Ausland, insbesondere einem potentiellen Konfliktpartner, abhängig sein. Eine möglichst ausgeprägte Unabhängigkeit von ausländischen Importen ist bei militärischen Gütern wie Waffen und Munition, aber auch bei der Energie- und Nahrungsversorgung sicherlich wünschenswert – in Europa spielt dieses Argument beispielsweise bei der aktuellen politischen Diskussion über die Abhängigkeit von russischen Gaslieferungen eine Rolle.

Auch hier stellt sich jedoch die Frage, ob Protektion oder die Förderung der inländischen Produktion hier die erstbeste Maßnahme darstellen. So werden bzw. wurden etwa auf Grundlage dieser Argumentation sowohl die US-amerikanische Ölförderung als auch der deutsche Kohlebergbau durch Zölle und Produktionssubventionen massiv unterstützt. Es wäre jedoch zur Sicherung der Unabhängigkeit möglicherweise günstiger, die Vorräte zwar zu erschließen und Anlagen betriebsbereit zu halten (um im Ernstfall darauf zurückgreifen zu können), auf die laufende Produktion aber zu verzichten und stattdessen Lager für eine Übergangszeit anzulegen.

15.2 Erziehungszollargument

Die zweitbeste Natur des Zolls spielt auch beim sogenannten Erziehungszollargument eine Rolle, dem folgende Idee zugrunde liegt: Ein Land sei nicht in der Lage, seinen wahren komparativen Vorteil auszunutzen, wenn Hersteller aus anderen Ländern in den entsprechenden Sektoren bereits etabliert sind. Mit diesem Argument wurden und werden insbesondere in Schwellenländern Branchen geschützt, wie etwa die Computerindustrie in Brasilien oder die Automobilbranche in China. Aber auch für technologieintensive Branchen der Industrieländer wird diese Argumentation vorgebracht – das prominenteste Beispiel ist dabei sicherlich Airbus.

Aus ökonomischer Sicht kann ein Erziehungszoll prinzipiell wirksam (aber damit noch nicht notwendigerweise wohlfahrtssteigernd) sein, wenn externe oder dynamische Skalenerträge (sogenannte Lernkurveneffekte) vorliegen:

■ Bei **externen Skalenerträgen** können Unternehmen kostengünstiger produzieren, wenn im lokalen Markt viele weitere Unternehmen in der gleichen Branche aktiv sind. Häufig dafür angeführte Beispiele sind die Computerunternehmen im Silicon Valley oder in historischer Perspektive die Schweizer Uhrenindustrie. Die potentiellen Vorteile für die einzelnen Unternehmen können sich hier beispielsweise aus der Verfügbarkeit qualifizierter Arbeitskräfte oder über Spillover-Effekte durch informellen Austausch von Ideen ergeben.

■ Bei **dynamischen Skalenerträgen** erlernen die Unternehmen die effizienten Herstellungsmethoden erst im Verlauf der Produktion (*learning by doing*). Typische Beispiele sind die Produktion von Speicherchips, bei denen sich die Produktionskosten exponentiell verringern, oder die Herstellung von Flugzeugen.

Wenn nun beispielsweise das Inland aufgrund der relativen Faktorausstattung potentiell einen komparativen Vorteil in der betrachteten Branche hätte, so könnten die inländischen Unternehmen wettbewerbsfähig werden, wenn sie durch Zölle für eine gewisse Zeit vor der übermächtigen Auslandskonkurrenz geschützt werden. Die Grundidee der Wirkung eines solchen Schutzes ist in Abbildung 15.4 für externe und dynamische Skalenerträge veranschaulicht.

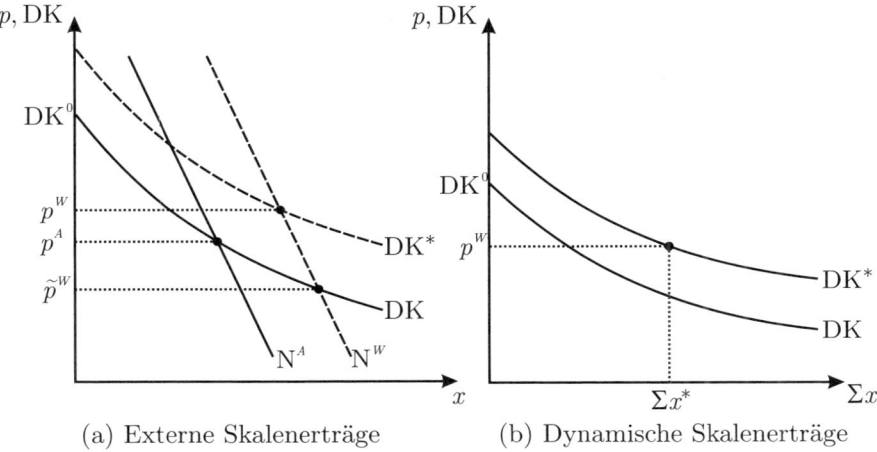

(a) Externe Skalenerträge   (b) Dynamische Skalenerträge

Abb. 15.4: Erziehungszoll bei externen und dynamischen Skalenerträgen

Bei externen Skalenerträgen in Abbildung 15.4 (a) verlaufen die Durchschnittskosten in Abhängigkeit von der im jeweiligen Land insgesamt produzierten Menge fallend. Es wird nun unterstellt, dass aus historischen Gründen die Produktion bisher nur im Ausland erfolgt, etwa weil das betrachtete Produkt dort ursprünglich entwickelt wurde. Die inländische Durchschnittskostenkurve verläuft aber aufgrund der potentiellen komparativen Vorteile unterhalb der ausländischen (DK < DK*). Da in der Ausgangssituation jedoch die Kosten eines einzelnen inländischen Unternehmens bei DK^0 > p^W liegen, besteht kein Anreiz für einen Markteintritt. Wird jedoch nun der Import des Gutes verboten oder durch einen Prohibitivzoll verhindert, so treten inländische Unternehmen in den Markt ein und es wird sich mittelfristig ein Preis p^A einstellen, der unter dem ursprünglichen Weltmarktpreis p^W liegt. Wird der Zollschutz dann wieder aufgehoben, können die effizienteren inländischen Unternehmen den gesamten Weltmarkt zum neuen und deutlich niedrigeren Preis $\tilde{p}^W$ versorgen.

In ähnlicher Weise kann bei dynamischen Skalenerträgen in Abbildung 15.4 (b) argumentiert werden. Es bestehen jedoch zwei grundlegende Unterschiede: Zum einen werden Erfahrungskurveneffekte normalerweise innerhalb einzelner Unternehmen realisiert, so dass im Gegensatz zu externen Skalenerträgen im Inland nur ein Unternehmen aktiv wäre. Der zweite Unterschied besteht darin, dass die Durchschnittskosten nun nicht von der Produktionsmenge in einer bestimmten Periode, sondern von der kumulierten Produktionsmenge abhängen, d. h. der bisherigen Gesamtproduktion des Unternehmens, $\sum x$. Hier wird der dynamische Aspekt noch deutlicher: Durch den Schutz kann das inländische Unternehmen nach und nach die Durchschnittskosten so weit verringern, bis es auf dem Weltmarkt konkurrenzfähig wird.

Zu beachten ist beim Einsatz von Erziehungszöllen zunächst, dass sie nur dann ökonomisch sinnvoll sind, wenn der Wohlfahrtsgewinn nach der Etablierung der inländischen Unternehmen auf dem Weltmarkt die Wohlfahrtsverluste während der Schutzphase übersteigt. Selbst wenn dies der Fall ist, müssen wir uns wieder fragen, ob Zölle das geeignetste Instrument sind. Da es um die Förderung der inländischen Produktion geht, ist dies nicht der Fall, sondern eine Produktionssubvention wäre vorzuziehen (es besteht schließlich kein Grund, den inländischen Konsum zu besteuern). Gegen dieses „dynamische Argument" für Zölle können jedoch noch weitere **Einwände** vorgebracht werden:

- Wenn langfristig Gewinne zu erwarten sind, so wäre bei effizienten Kapitalmärkten auch durch private Finanzgeber eine Vorfinanzierung über die Verlustjahre hinweg möglich. Das Argument ist also nur dann stichhaltig, wenn Kapitalmarktunvollkommenheiten gegeben sind.

- Dass Kapitalmärkte nicht perfekt sind, ist nicht erst seit der Finanzkrise bekannt. Dies löst jedoch noch nicht das Problem, welche Branchen denn konkret gefördert werden sollten. *„Picking the Winners"* ist für die Regierung eines Landes nicht einfacher als für private Finanzgeber. Deshalb sollte sich der Staat – außer vielleicht im Fall von sehr kapitalintensiven, langfristigen Großprojekten – eher auf das Setzen von möglichst effizienten Rahmenbedingungen (Grundlagenforschung, allgemeine F&E-Subventionierung) beschränken.

- Bei der Anwendung von Erziehungszöllen (bzw. entsprechenden Produktionssubventionen wie etwa bei Airbus) zeigte sich ein weiteres Problem: Die geschützten Branchen werden häufig nicht „erwachsen", d. h. Zölle bzw. Subventionen bleiben auf Dauer bestehen – die Branchen haben keinen Anreiz effizient zu werden, schließlich würden dann der Zollschutz bzw. die Produktionssubventionen wegfallen.

15.3 Zoll beim großen Land: Optimalzolltheorie

Ein Zoll kann die *Terms of Trade* (das Weltmarktpreisverhältnis) zugunsten des zollerhebenden Landes verbessern, wenn dieses Land entsprechend groß ist und damit als Ganzes auf den Weltmärkten Marktmacht besitzt. Ein solcher Zoll reduziert zwar auch das Handelsvolumen und verursacht deswegen Produktions- und Konsumkosten, aber durch einen geeignet gewählten moderaten Zoll (deutlich unterhalb der Höhe des Prohibitivzolls) kann ein großes Land bessergestellt werden. Wir wollen die

Funktionsweise nun im Rahmen einer Partialanalyse mit zwei Ländern analysieren.

In Abbildung 15.5 verwenden wir hierzu die gleiche Darstellung wie bei der Bestimmung des Weltmarktpreisverhältnisses in Kapitel 3. Wenn das große Inland (z. B. die EU) ausgehend vom Weltmarktpreis einen (spezifischen) Stückzoll in Höhe von t erhebt, so ist die Importmenge, die sich bei diesem erhöhten Preis $p^W + t$ ergibt, geringer als die gewünschte Exportmenge zum Weltmarktpreis p^W. Durch das Überschussangebot wird sich der Weltmarktpreis nach unten anpassen, bis die Bedingung Exportmenge = Importmenge wieder erfüllt ist – dies ist zum Preis p^{WZ} (Weltmarktpreis mit Zoll) der Fall.

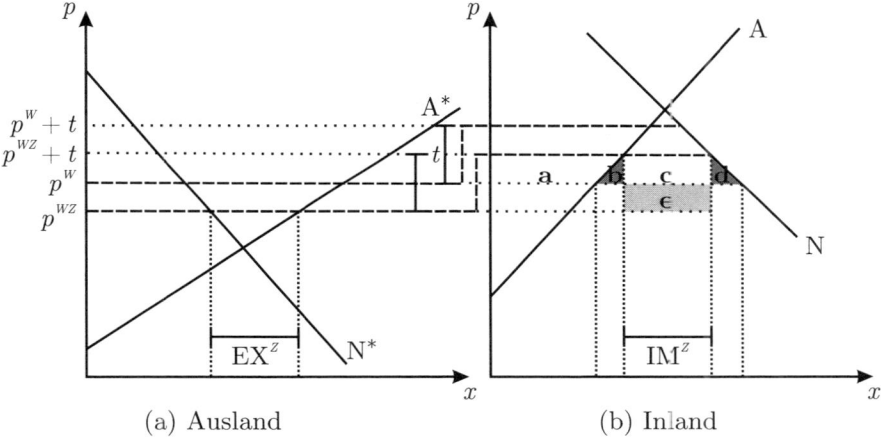

(a) Ausland   (b) Inland

Abb. 15.5: Zoll als zweitbestes Instrument

Durch den Zoll ergibt sich gegenüber der Situation des kleinen Landes ein geringerer Verlust an Konsumentenrente (Flächen **abcd**). Diesem Verlust an Konsumentenrente steht eine Zunahme an Produzentenrente in Höhe der Fläche **a** entgegen. Die Zolleinnahmen betragen jedoch anders als beim kleinen Land nicht nur die Fläche **c**, sondern zusätzlich auch **e**. Der Zoll führt damit zu einer Erhöhung der Wohlfahrt des Inlands, wenn die Fläche **e** größer ist als die Flächen **b** und **d**. Beim Optimalzoll wird die Differenz zwischen den Flächen **bd** und der Fläche **e** maximiert.

Der Vorteil durch einen Optimalzoll ist umso ausgeprägter, je geringer die Elastizität der Weltangebotskurve ist: Bei vollkommen elastischem Angebot ergibt sich der Fall des „kleinen Landes". Im anderen Extremfall – vollkommen unelastisches Angebot (z. B. kurzfristig bei Agrarerzeugnissen ohne Nachfrage im Ausland) – ergibt sich wegen $p^W = p^{WZ} + t$ durch den Zoll kein Mengeneffekt im Inland, und die einzige Auswirkung des Zolls besteht in einem Transfer vom Ausland an das Inland in Höhe der Zolleinnahmen. Diese Situation ist zwar aus Sicht der Gesamtwohlfahrtswirkung für das Inland optimal, die inländischen Produzenten fordern in diesem Fall aufgrund des fehlenden Mengeneffekts jedoch meist eine Kontingentierung der Importe.

Ein grundsätzliches Problem beim Einsatz des Optimalzolls ist die negative Auswirkung auf das Ausland. Wenn es sich beim Handelspartner ebenfalls um ein großes Land handelt, so ist zu erwarten, dass dieser als Reaktion einen Zoll auf die inländischen Exportprodukte festlegt. Diesen Aspekt werden wir im Detail in Kapitel 17 in einem allgemeinen Gleichgewichtsmodell diskutieren.

Was haben wir gelernt?

- Zur Erreichung eines wirtschaftspolitischen Ziels sollte grundsätzlich dasjenige Instrument gewählt werden, das nicht nur dieses Ziel erreichen kann, sondern dabei auch möglichst geringe Nebenwirkungen hat. Die meisten Argumente für Zölle scheitern an der zweiten Forderung.

- Besteht das Ziel in der Erreichung eines bestimmten inländischen Produktionsniveaus, so ist eine Produktionssubvention vorzuziehen. Soll der Inlandskonsum reduziert werden, so ist eine Konsumsteuer günstiger als ein Zoll.

- Ist das erstbeste Instrument, etwa wegen eines ineffizienten Steuersystems, nicht verfügbar, so ist bei der Festlegung des Zollsatzes die Nebenwirkung zu berücksichtigen. Normalerweise führt dies im Vergleich zum erstbesten Instrument auf einen geringeren Zollsatz und damit einen geringeren Zielerreichungsgrad beim angestrebten wirtschaftspolitischen Ziel.

- Bei Vorliegen externer oder dynamischer Skalenerträge kann es dazu kommen, dass eine inländische Branche trotz komparativer Vorteile nicht konkurrenzfähig ist, wenn die ausländischen Unternehmen bereits im Markt etabliert sind. In diesem Fall kann ein Erziehungszoll potentiell helfen, die inländischen Unternehmen konkurrenzfähig zu machen.

- Bei einem großen Land kann ein moderater Zoll die *Terms of Trade* des Inlands verbessern und dadurch zu einer Wohlfahrtssteigerung führen.

Ergänzende und weiterführende Literatur

Krugman, P. R. (1987), The Narrow Moving Band, the Dutch Disease, and the Competitive Consequences of Mrs. Thatcher. Notes on Trade in the Presence of Dynamic Scale Economies, Journal of Development Economics, Vol. 27, No. 1–2, 41–55. [*Erweiterung des Neo-Ricardo-Modells um dynamische Skalenerträge mit Anwendung auf das Erziehungszollargument.*]

Krugman, P. R. und M. Obstfeld (2009), International Economcis. Theory and Policy, Boston: Pearson Education, S. 140–147. [*Gut verständliche Einführung in das Konzept externer und dynamischer Skalenerträge mit Anwendung auf Beispielbranchen.*]

Kontrollfragen und Übungsaufgaben

1. Welche Argumente können angeführt werden, um die Erhebung von Zöllen zu rechtfertigen? Halten Sie diese Gründe für vertretbar?

2. Welche Aussage trifft das Prinzip des zielgerichteten Eingriffs und welche Bedeutung kommt dabei der Zielvorstellung der Politik zu?

3. Im Zuge der Finanzkrise wurden Forderungen laut, die einheimische Wirtschaft vor ausländischem Einfluss besser zu schützen. Die Auswirkungen eines solchen Eingriffs sollen im Folgenden anhand eines stilisierten Beispiels näher erläutert werden. Betrachten Sie hierzu den Handel zwischen den USA und Europa. In Europa herrscht eine Nachfrage von $x_N = 6 - p$ und ein Angebot von $x_A = 2 \cdot p$ und in den USA entsprechend $x_N^* = 12 - p$ und $x_A^* = 0{,}5 \cdot p$. Im Importland gibt es dabei zwei sich streitende Gruppen, welche Zollhöhe am Besten dazu geeignet ist, den ausländischen Einfluss einzuschränken. Die moderate Gruppe fordert einen Importzoll in Höhe von $t_l = 3$, während die Hardliner eher an $t_h = 6$ denken.

   a) Bestimmen Sie zunächst rechnerisch die Autarkiepreise und -mengen der beiden Länder! Folgern Sie aus ihren Ergebnissen, welches Land Importeur und welches Exporteur sein wird! Bestimmen Sie nun rechnerisch das Exportangebot und die Importnachfrage sowie den sich einstellenden Weltmarktpreis und die gehandelte Menge! Stellen Sie nun die Märkte graphisch dar und kennzeichnen Sie die exportierten und importierten Mengen! [*Hinweis: Das Exportangebot ergibt sich aus dem Überschussangebot des Exportlandes, d. h. $x_A^{EX} = x_A - x_N$, und die Importnachfrage entsprechend aus der Überschussnachfrage des Importlandes, d. h. $x_N^{IM} = x_N - x_A$.*]

   b) Zeigen Sie nun rechnerisch und graphisch, welche Auswirkungen t_l auf Angebot, Nachfrage, Gleichgewichtspreis und -menge hat! Diskutieren Sie in diesem Zusammenhang, ob jede handelspolitische Entscheidung eines beliebigen Landes den Weltmarktpreis beeinflussen kann! Berechnen Sie nun die Wohlfahrt (Konsumentenrente, Produzentenrente und Einnahmen des Staates) bei Freihandel und t_l! Begründen Sie anhand Ihrer Ergebnisse, wie hoch dieser Importzoll hier sein müsste! Stellt sich auch der Handelspartner durch den Zoll besser? Berechnen Sie die Wohlfahrtsänderung für den Exporteur und die Welt bei t_l! Gibt es auch inländische Gruppen, die von der Maßnahme profitieren?

   c) Zeigen Sie graphisch, welche Auswirkungen es hätte, wenn sich die Hardliner durchsetzen würden und einen Zoll von t_h einführen! Was für ein Zoll ist t_h demzufolge? Gehen Sie kurz auf das Prinzip des zielgerichteten Eingriffs ein und diskutieren Sie auf dieser Grundlage, welche Zollhöhe Ihrer Meinung nach am besten zur Erreichung des vom Importland verfolgten Ziels ist! Verwenden Sie dazu auch Ihre Ergebnisse aus b)!

4. Die Regierung eines Entwicklungslandes will, ausgehend vom „Erziehungszollargument", die inländische Automobilindustrie vor der übermächtigen Auslandskonkurrenz schützen. Da Produktionssubventionen aufgrund fehlender Finanzkraft ausscheiden, kommen prinzipiell zwei Ansätzen in Frage: Die Erhebung eines Zolls oder die Festlegung eines Importkontingents. Geplant ist ein Zoll in Höhe von 20 je Auto bzw. ein Kontingent mit der gleichen Mengenwirkung. Das Gesamtkontingent wird dabei entsprechend der bisherigen Marktanteile auf die ausländischen Anbieter aufgeteilt. Das inländische Angebot ist durch $x_A = -40 + p$ bestimmt, die inländische Nachfrage durch $x_N = 200 - p$ und der

Weltmarktpreis liegt bei $p^W = 80$.

a) Ermitteln Sie zunächst rechnerisch und graphisch sowohl das Freihandelsgleichgewicht als auch die Gleichgewichte mit Zoll und mit Kontingent! Wie wirken sich die beiden Instrumente auf Mengen und Preise aus? Wie unterscheiden sie sich hinsichtlich der Auswirkungen auf die Gesamtwohlfahrt und auf die Wohlfahrt einzelner Gruppen (Anbieter, Nachfrager und Staat) in dem Entwicklungsland?

b) Wie müsste die Vergabe der Kontingente verändert werden, dass sich in Bezug auf die statischen Wohlfahrtswirkungen eine vollkommene Äquivalenz zwischen Kontingent und Zoll ergibt?

c) Wie wirkt sich bei den beiden Lösungen technischer Fortschritt im Ausland aus, der den Weltmarktpreis auf $p^W = 60$ senkt? Welches der beiden Instrumente ist somit aus Sicht der inländischen Unternehmen attraktiver? Erläutern Sie, warum diese Lösung jedoch gerade unter dem dynamischen Blickwinkel des Erziehungszollarguments gesamtwirtschaftlich kaum vorteilhaft sein dürfte!

16 Exportsubventionen und strategische Handelspolitik

Themenüberblick

- Darstellung und Analyse strategischer Situationen:
  Matrixform vs. Spielbaum
- Exportsubventionen in Märkten mit unvollkommenem Wettbewerb
- Strategische Handelspolitik im internationalen Oligopolwettbewerb
- Strategische Allianzen als Substitut für strategische Handelspolitik

Bislang beschränkten wir uns bei der Analyse der Handelspolitik zum einen auf die Beeinflussung von Importen durch Zölle und Kontingente und zum anderen auf Märkte ohne strategische Interaktion zwischen den Unternehmen. In diesem Kapitel wollen wir uns nun im Gegensatz dazu insbesondere mit der Förderung von Exporten durch die Gewährung von Exportsubventionen im Kontext eines oligopolistisch strukturierten Marktes beschäftigen. Dazu werden zunächst einige für die Analyse grundlegende spieltheoretische Konzepte erläutert. Anschließend veranschaulichen wir uns die grundsätzliche Wirkungsweise von Exportsubventionen bei unvollständigem Wettbewerb im Rahmen eines einfachen Markteintrittsspiels. Die Beeinflussung des Unternehmensverhaltens im Oligopol durch den Einsatz „strategischer Handelspolitik" verdeutlicht anschließend die Möglichkeiten und Grenzen einer derartigen Politik. Wie die Unternehmen selbst eine strategische Selbstbindung realisieren können und wie die staatliche Rahmensetzung hier helfen kann, ist Thema des letzten Abschnitts.

16.1 Spieltheoretische Grundlagen

In Kapitel 10 haben wir im Zusammenhang mit dem Oligopolwettbewerb bereits kurz auf einige spieltheoretische Konzepte wie Reaktionsfunktionen und Nash-Gleichgewicht hingewiesen. In diesem und im nächsten Kapitel wollen wir die Interaktion zwischen wirtschaftspolitischen Maßnahmen und dem Oligopolwettbewerb sowie die Interaktion zwischen den wirtschaftspolitischen Entscheidungen in mehreren Ländern thematisieren. Dazu ist es notwendig, das spieltheoretische Analyseinstrumentarium etwas genauer kennenzulernen. Wir werden dabei zunächst auf die Analyse von Simultanspielen mit diskreten Strategien eingehen, die sich mit Hilfe einer

Spielmatrix veranschaulichen lassen. In einem zweiten Schritt werden dann Darstellungsmöglichkeiten und Lösungsansätze für sequentielle Spiele thematisiert.

16.1.1 Matrixspiele

Die Spieltheorie beschäftigt sich mit strategischen Entscheidungssituationen, d. h. Situationen bei denen das Ergebnis vom Verhalten mehrerer Entscheidungsträger abhängig ist und die Akteure sich dieser Interdependenz bewusst sind. Zentrale Aspekte sind dabei die Interessenkonflikte und Koordinationsprobleme zwischen den Akteuren, die sich im Grundsatz bereits in sehr einfachen Spielen abbilden lassen. Wir werden das in diesem Abschnitt im Duopolkontext anhand einer stilisierten Abbildung des Kollusionsproblems und der Wahl einer Produktvariante veranschaulichen.

Unter einem **Spiel** versteht man die formal exakte Abbildung eines strategischen Entscheidungsproblems. Ein Spiel ist bestimmt durch die Menge der Spieler, die Menge der Strategiekombinationen, die aus den Strategiekombinationen resultierenden Auszahlungsvektoren und durch die Spielregeln. In den hier betrachteten Spielen gibt es stets zwei Spieler, die zwischen jeweils zwei Strategien wählen können, weshalb wir die strategische Situation, d. h. den Zusammenhang zwischen Strategien und Auszahlungen, in einer 2x2-Matrix abbilden können.

Neben der strategischen Situation ist ein Spiel wesentlich durch die zeitliche Struktur (Anzahl und Reihenfolge der Spielzüge) und die Informationsstruktur (Beobachtbarkeit der Spielzüge und Kenntnis der Strategiemöglichkeiten und Auszahlungen der anderen Spieler) gekennzeichnet. Bei einem **Simultanspiel** (wie z. B. Stein-Papier-Schere) bestimmen alle Spieler gleichzeitig ihre jeweilige Strategie. Da sie in diesem Fall die Strategiewahl der Gegenspieler nicht beobachten können, liegt ein Spiel mit imperfekter Information vor. Bei einer rein **sequentiellen Spielstruktur** (wie z. B. beim Schach) ergäbe sich demgegenüber ein Spiel mit perfekter Information – zwischen der zeitlichen Struktur und der Informationsstruktur besteht also ein enger Zusammenhang. Sowohl die hier zunächst untersuchten Matrixspiele als auch Schach sind Spiele mit vollständiger Information, weil im Gegensatz zu Spielen mit unvollständiger Information die Aktionsmöglichkeiten und Auszahlungen aller Spieler gemeinsames Wissen sind.

Als erste Spielsituation betrachten wir zwei Unternehmen, die nach einer informellen Absprache entscheiden müssen, ob sie die vereinbarte Kollusionsmenge (maximiert den gemeinsamen Gewinn) oder die Cournot-Nash-Menge (liefert für das von der Kollusionslösung abweichende Unternehmen einen höheren Gewinn) wählen sollen. Die entsprechenden Gewinne können grundsätzlich in Abhängigkeit von Nachfrage und Kosten entsprechend der Analyse in Kapitel 10 bestimmt werden. Wir beschränken uns hier auf eine Darstellung der grundlegenden Auszahlungsstruktur: Der höchste Gewinn $\pi_i = 4$ wird erzielt, wenn ein Unternehmen selbst die Cournot-Nash-Menge wählt, das andere Unternehmen sich aber für die Kollusionsmenge entscheidet (dieses Unternehmen realisiert dann den geringstmöglichen Gewinn $\pi_j = 1$). Wählen beide die Kollusionslösung, so erzielen sie einen Gewinn von $\pi_i = 3$ während im Cournot-Nash-Gleichgewicht Gewinne von $\pi_i = 2$ realisiert werden. Wer mit spieltheoretischen Konzepten bereits vertraut ist, wird erkennen, dass die Auszahlungsstruktur derjenigen im bekannten „Gefangenendilemma" entspricht.

	s_{21}	s_{22}
s_{11}	$(3, 3)$	$(1, \underline{4})$
s_{12}	$(\underline{4}, 1)$	$(\underline{2}, \underline{2})$

Tab. 16.1: Auszahlungsmatrix für Kollusionsproblem

Wir werden anhand dieses Spiels nun die Darstellung eines Spiels in **Matrixform** (Tabelle 16.1) erläutern und das Gleichgewicht in dominanten Strategien veranschaulichen. In der Matrix wird abgebildet, dass Spieler 1 zwischen den beiden zeilenweise angeordneten Strategien s_{11} (Wahl der Kollusionsmenge) bzw. s_{12} (Wahl der Cournot-Nash-Menge) und Spieler 2 entsprechend zwischen den Strategien s_{21} und s_{22} wählen kann. Die erste Ziffer im Index kennzeichnet also den Spieler, die zweite Ziffer dessen Strategie. Die Zellen in der Matrix enthalten die Auszahlungen für beide Spieler, die aus den möglichen Strategiekombinationen resultieren. Wenn etwa beide Spieler ihre erste Strategie wählen, dann ergibt sich aus der Strategiekombination (s_{11}, s_{21}) die Auszahlungskombination $(3,3)$ oben links in der Matrix. Die erste Auszahlung wird dabei konventionsgemäß dem ersten Spieler zugeordnet, die zweite entsprechend dem zweiten Spieler.

Wie kann nun eine plausible Vorhersage über das zu erwartende Verhalten der Unternehmen getroffen werden? Eine wichtige Annahme in Bezug auf die Spieler ist, dass diese sich (individuell) rational verhalten, d. h. stets diejenige Strategie wählen, die ihnen die höchste Auszahlung liefert. Eine strikt dominante Strategie ist dann dadurch gekennzeichnet, dass ein Spieler durch diese Strategie unabhängig von der Strategiewahl des Gegenspielers immer eine höhere Auszahlung realisiert. Verfügt ein rationaler Spieler über eine strikt dominante Strategie, so wird er diese wählen.

Zur Bestimmung dominanter Strategien bietet es sich an, die Auszahlungen für die verschiedenen Strategiekombinationen zu vergleichen und für Spieler 1 in jeder Spalte (für Spieler 2 in jeder Zeile) die höchste Auszahlung zu unterstreichen. Liegen wie im vorliegenden Fall alle unterstrichenen Auszahlungen für Spieler 1 (2) in der gleichen Zeile (Spalte), so haben wir eine dominante Strategie ermittelt. Im Kollusionsproblem sind somit die Strategien s_{i2} (Cournot-Nash-Menge) dominant. Die Strategiekombination (s_{12}, s_{22}) stellt dann ein **Gleichgewicht in dominanten Strategien** dar. Die Spieltheorie sagt also vorher, dass die Unternehmen bei simultaner Festlegung der Mengen ohne bindende Absprachen die Kollusionslösung nicht realisieren können.

Während dieses Ergebnis aus Sicht der Gesellschaft vorteilhaft ist, ist es aus Perspektive der beiden Unternehmen unattraktiv. Für die Bewertung eines Spielergebnisses lässt sich grundsätzlich das Konzept der **Pareto-Effizienz** heranziehen. Eine Auszahlungskombination wird als pareto-optimal bezeichnet, wenn sich kein Spieler verbessern kann, ohne den anderen dabei schlechter zu stellen. In der Matrix (Tabelle 16.1) sind die drei Auszahlungskombinationen $(3,3)$, $(4,1)$ und $(1,4)$ pareto-optimal. Die im Gleichgewicht resultierende Kombination $(2,2)$ wird durch $(3,3)$ strikt pareto-dominiert oder anders formuliert, $(3,3)$ stellt gegenüber $(2,2)$ eine strikte Pareto-Verbesserung dar. Die Auszahlung $(3,3)$ könnte jedoch nur realisiert werden, wenn entweder bindende Absprachen zwischen den Spielern oder im Rahmen wiederholter Spiele eine Bestrafung bei Abweichung von der Strategiekombination (s_{11}, s_{21}) möglich wären, da jeder Spieler sich durch die Abweichung auf Kosten des Mitspielers besserstellt. Diese spieltheoretische Grundstruktur tritt auch bei der Interaktion von Handelspolitik auf und wir werden im nächsten Kapitel erläutern, wie die institutionellen Details von GATT/WTO helfen können, eine pareto-optimale Lösung zu erreichen.

Beim Kollusionsproblem hat jeder der Spieler eine dominante Strategie. Das ist jedoch bei den meisten anderen Spielstrukturen nicht der Fall. Im Folgenden betrachten wir darum als zweites Beispiel die simultane Wahl der FDI-Strategie durch zwei konkurrierende Unternehmen. Angenommen zwei US-Firmen mit einem ähnlichen Produktspektrum müssen sich entscheiden, ob sie Vertriebsstätten für ihre Produkte in Deutschland (s_{i1}) oder Frankreich (s_{i2}) eröffnen möchten, wobei das Marktvolumen in Deutschland höher ist. Wählen beide den gleichen Standort, so kommt es zu einem intensiven Preiswettbewerb und beide Unternehmen machen keinen Gewinn ($\pi_i = 0$). Wählen sie verschiedene Standorte, so macht derjenige, der in den deutschen Markt investiert, einen höheren Gewinn ($\pi_i(s_{i1}, s_{j2}) = 2$, $\pi_j(s_{i1}, s_{j2}) = 1$).[1]

Anhand der in Tabelle 16.2 dargestellten strategischen Situation lässt sich das allgemeinere Konzept des **Nash-Gleichgewichts** veranschaulichen. Zudem ist die Auszahlungsstruktur dieses Spiels auch sehr gut geeignet, um im nächsten Unterabschnitt den Einfluss der zeitlichen Struktur auf das Ergebnis zu analysieren.

	s_{21}	s_{22}
s_{11}	$(0, 0)$	$(\underline{1}, \underline{2})$
s_{12}	$(\underline{2}, \underline{1})$	$(0, 0)$

Tab. 16.2: Auszahlungsmatrix für FDI-Entscheidung

Wie wir sehen können, führt hier das Unterstreichungsverfahren nicht auf dominante Strategien. Bei zwei Strategiekombinationen sind jedoch die Auszahlungen beider Spieler unterstrichen, was auf das für die Spieltheorie zentrale Konzept des

---

[1]Diese Auszahlungsstruktur entspricht derjenigen im „Battle of Sexes" (Kampf der Geschlechter).

Nash-Gleichgewichts verweist: Im Nash-Gleichgewicht wählt jeder Spieler die optimale Strategie zu gegebener Gleichgewichtsstrategie seines Gegenspielers. Somit stellen im Gleichgewicht die Strategien beider Spieler ein Paar wechselseitig bester Antworten dar. Ein Spieler kann sich folglich bei Wahl einer anderen Strategie nicht besser stellen, solange alle anderen ihre Gleichgewichtsstrategie verfolgen. Im Gegensatz zu einer dominanten Strategie, bei der ein Spieler unabhängig vom Verhalten der Mitspieler immer die höchstmögliche Auszahlung erreicht, ist eine Nash-Gleichgewichtsstrategie nur dann optimal, wenn die anderen Spieler ebenfalls die zugehörige Gleichgewichtsstrategie gewählt haben.

Gibt es nur ein Nash-Gleichgewicht, so stellt dieses die einzige plausible Lösung dar. Existieren jedoch wie im vorliegenden Fall mehrere Nash-Gleichgewichte, so müssen sich die Spieler erst auf eines dieser Gleichgewichte koordinieren. In einem Simultanspiel kann diese Koordination über das Konzept des Fokuspunktes erreicht werden – z. B. könnte sich eine Koordination auf (s_{11}, s_{21}) einstellen, wenn das erste Unternehmen schon bislang in den deutschen Markt exportiert hat, während Unternehmen 2 hauptsächlich den französischen Markt bediente. Für die Anwendung spieltheoretischer Konzepte in der Handelspolitik ist jedoch eher die Auswahl eines der beiden Gleichgewichte im Kontext eines sequentiellen Spiels von Interesse. Damit wollen wir uns nun im folgenden Teilabschnitt beschäftigen.

16.1.2 Sequentielle Spiele

Während wir bislang davon ausgegangen sind, dass die Spieler ihre Strategien simultan festlegen, ist in der Realität häufig eine sequentielle Struktur zu beobachten. In diesem Fall kann man häufig durch das Verfeinerungskonzept der „Teilspielperfektheit" unplausible Nash-Gleichgewichte ausschließen und damit eine eindeutige Lösung bestimmen. Dies lässt sich am FDI-Spiel gut veranschaulichen: Wird davon ausgegangen, dass Unternehmen 1 seine Vertriebsstätte zuerst bindend festlegt, während Unternehmen 2 diese Entscheidung beobachtet und anschließend seine Wahl trifft, so stellt nur noch eines der beiden Nash-Gleichgewichte in reinen Strategien eine plausible Lösung des Spiels dar.

Darstellung in extensiver Form: Zur Analyse von dynamischen Spielen ist die Matrixform wenig geeignet, da hier die sequentielle Struktur nicht explizit abgebildet wird. Stattdessen ist es sinnvoll, auf die sogenannte „extensive Form" zurückzugreifen. Dabei wird bei Spielen mit diskreter und endlicher Strategiemenge die zeitliche Struktur (und die Informationsstruktur) mit Hilfe eines Spielbaums erfasst. Abbildung 16.1 zeigt zur Veranschaulichung die Spielbäume für die beiden Versionen des FDI-Problems.

Der Zug eines Spielers wird durch einen „Knoten" (zum Beispiel **A**) dargestellt, an dem zwischen verschiedenen „Ästen" (Handlungsalternativen – im Beispiel s_{11} und s_{12}) gewählt werden kann. Der Spielbaum gibt somit exakt an, wer wann zum Zug kommt. Wenn, wie im vorliegenden sequentiellen Spiel, niemals beide Spieler

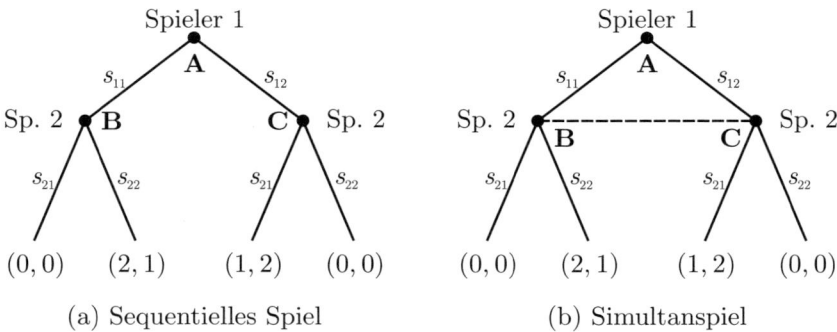

(a) Sequentielles Spiel   (b) Simultanspiel

Abb. 16.1: Baumdarstellung für FDI-Entscheidung

gleichzeitig ziehen und jeder Spieler die Züge seiner Mitspieler beobachten kann, lässt sich die Spielstruktur damit vollständig beschreiben.

Auf welche Art kann aber ein simultaner Zug, wie in der ursprünglichen Formulierung des FDI-Problems, abgebildet werden? Für die Spielstruktur ist die tatsächliche zeitliche Struktur nicht entscheidend, sondern nur, ob Spieler 2 zum Zeitpunkt seiner Entscheidung die Wahl von Spieler 1 kennt. Ist dies nicht der Fall, so liegt imperfekte Information vor: Im Simultanspiel in Abbildung 16.1 (b) weiß Spieler 2 bei seiner Entscheidung nicht, ob er sich in Knoten **B** oder **C** des Spiels befindet – dies wird durch die gestrichelte Linie zwischen den beiden nicht unterscheidbaren Knoten gekennzeichnet. An den Enden des Spielbaums werden zur vollständigen Beschreibung des Spiels an jedem Ast die Auszahlungen $u = (u_1, \ldots, u_n)$ der einzelnen Spieler angegeben, die bei der entsprechenden Strategiekombination realisiert werden – ganz links also beispielsweise die Auszahlungen $(u_1(s_{11}, s_{21}) = 0, u_2(s_{11}, s_{21}) = 0)$.

Teilspielperfektheit: Da die Matrixform der beiden Spiele identisch ist, wissen wir, dass auch im sequentiellen Spiel zwei Nash-Gleichgewichte in reinen Strategien existieren. Das Gleichgewicht (s_{12}, s_{21}) stellt jedoch keine plausible Lösung des modifizierten Spiels in Abbildung 16.1 (a) dar: Spieler 1 wird nur dann s_{12} wählen, wenn er davon ausgeht, dass sich Spieler 2 auch bei einer Abweichung auf s_{11} weiter für s_{21} entscheiden würde. Dies ist jedoch bei Unterstellung rationalen Verhaltens von Spieler 2 keine plausible Erwartung: Gegenüber s_{21} stellt sich Spieler 2 durch die Wahl von s_{22} besser.

Die Grundidee der Teilspielperfektheit besteht nun darin, solche unplausiblen Nash-Gleichgewichte auszuschließen. Um das Konzept erläutern zu können, muss zunächst der Begriff des „Teilspiels" definiert werden: Am Entscheidungsknoten X fängt ein (eigenständiges) Teilspiel (*proper subgame*) an, wenn alle nachfolgenden Knoten mit dem Rest des Spiels nur über den Knoten X verbunden sind. Im sequentiellen Spiel beginnt somit in Knoten **B** und **C** jeweils ein eigenständiges Teilspiel, während beim simultanen Spiel keine Teilspiele existieren, da **B** und **C** in diesem Fall durch die gestrichelte Linie miteinander verbunden sind.

Auf dieser Grundlage lässt sich jetzt das Lösungskonzept definieren: Ein **teilspiel-perfektes (Nash-)Gleichgewicht** liegt dann vor, wenn für keinen Spieler in irgendeinem Teilspiel, das an einem beliebigen Knoten des Spielbaums beginnt, ein Anreiz zur Abweichung besteht. Wie oben erläutert, ist diese Bedingung beim Nash-Gleichgewicht (s_{12}, s_{21}) nicht erfüllt: An Knoten **B** wählt Spieler 2 s_{22}, an Knoten **C** s_{21}. Wenn Spieler 1 dies bei seiner Entscheidung berücksichtigt, so wird er s_{11} wählen, um das für ihn vorteilhaftere Ergebnis $u_1(s_{11}, s_{22}) = 2$ zu realisieren. An diesem Beispiel wird bereits die grundlegende Vorgehensweise zur Bestimmung eines teilspielperfekten Gleichgewichts deutlich: Die Lösung wird durch Rückwärtsinduktion ermittelt, d. h. es wird zunächst im letzten Teilspiel die optimale Strategie bestimmt, ausgehend von dieser Lösung wird das vorletzte Teilspiel analysiert usw., bis schließlich, am ersten Entscheidungsknoten angelangt, das teilspielperfekte Gleichgewicht des Spiels ermittelt ist.

Im vorliegenden Spiel mit perfekter Information und diskreten Strategien ist die Bestimmung des teilspielperfekten Gleichgewichts unmittelbar einleuchtend. Das grundsätzliche Vorgehen ist aber auch für Spiele mit stetigen Strategiemengen und, in leicht modifizierter Form, für sogenannte mehrstufige Spiele mit beobachtbaren Handlungen (*games of almost perfect information*) geeignet. Diese für die Modellierung des Oligopolwettbewerbs grundlegende Spielform ist dadurch gekennzeichnet, dass sich das Spiel in zeitlich aufeinander folgende Stufen unterteilen lässt, wobei allen Spielern bei ihren Entscheidungen auf Stufe k die Aktionen auf den davor liegenden Stufen $1, \ldots, k-1$ bekannt sind (insoweit also perfekte Information vorliegt), auf einer einzelnen Stufe die Aktionen aber simultan bestimmt werden (im Stufenspiel also imperfekte Information gegeben ist). Analog zur einfachen Rückwärtsinduktion wird dann auf der letzten Stufe das Nash-Gleichgewicht dieses Stufenspiels als Funktion der Aktionen auf den davor liegenden Stufen ermittelt. Das Ergebnis wird in die vorletzte Stufe eingesetzt und dieses Verfahren solange fortgesetzt, bis auf der ersten Stufe das Gesamtergebnis des Spiels bestimmt ist. Die konkrete Anwendung dieses Konzepts werden wir bei der Analyse der strategischen Handelspolitik im Oligopolmodell noch genauer erläutern.

16.2 Wirkung einer Exportsubvention: Airbus-Boeing-Beispiel

Bereits in Kapitel 14 wurden Exportsubventionen kurz angesprochen und es wurde erläutert, dass es sich dabei sowohl um direkte Subventionen als auch um Steuererleichterungen oder verbilligte Kredite beim Export handeln kann. Solche **Exportsubventionen** führen dazu, dass die Exporte ausgeweitet werden.

Bei **vollkommenem Wettbewerb** gilt dann, dass die tatsächlichen Grenzkosten (d. h. vor Abzug der Subvention) höher sind als der auf dem Weltmarkt erzielbare Preis. Wie bei einem Zoll ergibt sich insgesamt eine Wohlfahrtseinbuße: Der Subventionsbetrag übersteigt den Zuwachs an Produzentenrente. Bei einem großen Land führt die Exportsubvention zu einer Verschlechterung der *Terms of Trade* (optimal wäre hier ein Exportzoll, keine Exportsubvention). Zwar können im allgemeinen Gleichgewichtsmodell Situationen konstruiert werden, bei denen eine positive Exportsubvention vorteilhaft ist (z. B. durch Nachfrageerhöhung für ein komplementäres Exportgut), aber empirisch dürfte dies kaum relevant sein.

Anders sieht die Situation bei **unvollkommenem Wettbewerb** aus: Die Exportsubvention kann hier unter Umständen dem bzw. den inländischen Unternehmen gegenüber ihren ausländischen Wettbewerbern einen Vorteil verschaffen, der es ihnen ermöglicht, Renten in ausländischen Märkten zu erwerben. Analog zum Optimalzollargument kann es dann zu einem *rent shifting* von den ausländischen zu den inländischen Unternehmen kommen. Diesen Aspekt wollen wir nun im Weiteren genauer analysieren.

Das zugrundeliegende Prinzip wird in diesem Abschnitt anhand eines einfachen Beispiels verdeutlicht. Wir gehen dabei von einer Situation aus, bei der ein inländisches und ein ausländisches Unternehmen in einem Drittland miteinander im Wettbewerb stehen (in diesem Fall entspricht die Produzentenrente des inländischen Unternehmens der inländischen Wohlfahrt). Konkret sei von Boeing und Airbus ausgegangen, die beide beabsichtigen, ein Großraumflugzeug für die Länder Südostasiens herzustellen. Es wird nun die Markteintrittsentscheidung der Unternehmen untersucht, wobei der Markteintritt nur dann profitabel ist, wenn das andere Unternehmen dem Markt fernbleibt. Abbildung 16.2 verdeutlicht die strategische Situation, wobei die Zahlenbeträge als Periodengewinne in Mio. US Dollar interpretiert werden können.

Boeing	Airbus **Markteintritt** (s_{21})	**Kein Markteintritt** (s_{22})
Markteintritt (s_{11})	$(-5, -5)$	$(100, 0)$
Kein Markteintritt (s_{12})	$(0, 100)$	$(0, 0)$

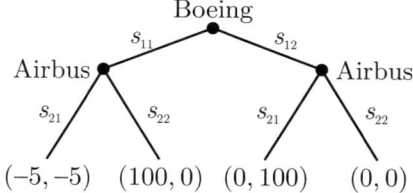

Abb. 16.2: Auszahlungsmatrix und Spielbaum ohne Politik

Treten beide Unternehmen in den Markt ein (Strategien s_{i1}), so erleidet jedes einen Verlust in Höhe von 5 Mio. US-Dollar. Tritt nur einer der Wettbewerber ein, so beträgt sein Gewinn 100 Mio. US-Dollar. Verzichtet ein Unternehmen auf den Markteintritt (Strategie s_{i2}), so ist der Gewinn unabhängig von der Strategie des Wettbewerbers gleich Null.

Boeing	Airbus	Markteintritt (s_{21})	Kein Markteintritt (s_{22})
Markteintritt (s_{11})		$(-5, 5)$	$(100, 0)$
Kein Markteintritt (s_{12})		$(0, 110)$	$(0, 0)$

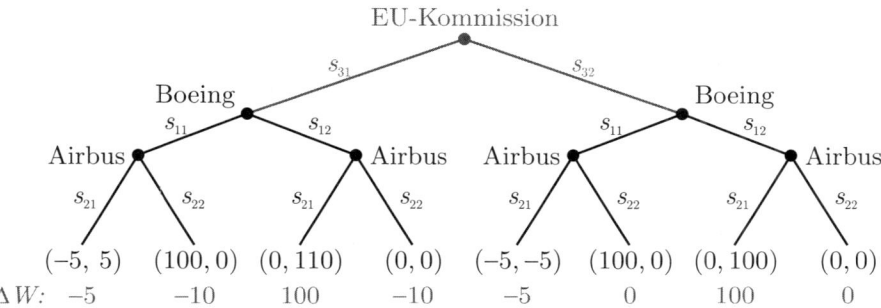

Abb. 16.3: Auszahlungsmatrix und Spielbaum mit Politik

Wir nehmen nun im Ausgangsfall an, dass das ausländische Unternehmen (im Beispiel Boeing) bereits ein weitgehend marktreifes Produkt entwickelt hat und somit als erster in den Markt eintreten kann – in der sequentiellen Struktur ist das dadurch abgebildet, dass Boeing als erstes Unternehmen seine Entscheidung trifft. Wenn Boeing eingetreten ist, besteht für Airbus kein Anreiz zum Markteintritt. Als teilspielperfektes Gleichgewicht stellt sich somit (s_{11}, s_{22}) ein, d. h. Boeing erzielt einen Gewinn von 100 Mio. US-Dollar während Airbus leer ausgeht.

Dieses Ergebnis ist aus Sicht der Europäischen Union unattraktiv. Die EU-Kommission kündigt darum verbindlich an, Airbus durch eine Exportsubvention in Höhe von umgerechnet 10 Mio. US-Dollar zu unterstützen. Dadurch verändert sich die Entscheidungssituation für die Unternehmen grundlegend. Die neue Auszahlungsstruktur für die Unternehmen ist zusammen mit dem Spielbaum, der jetzt die EU-Kommission als zusätzlichen Spieler berücksichtigt, in Abbildung 16.3 dargestellt, wobei s_{31} für die Gewährung der Exportsubvention steht und s_{32} für den Verzicht auf diese Handelspolitikmaßnahme.

Durch die Exportsubvention hat Airbus nun immer einen Anreiz, in den Markt einzutreten. Aus diesem Grund ist es für Boeing im Ast des Spielbaums mit Subvention optimal, auf den Markteintritt zu verzichten. Die Subvention ändert das optimale Verhalten von Airbus und veranlasst Boeing dazu sein Verhalten ebenfalls anzupassen. Durch die Exportsubvention in Höhe von 10 Mio. US-Dollar lässt sich damit ein Wohlfahrtszuwachs – die unterste Zeile im Spielbaum gibt die Wohlfahrtsänderung für die EU als Ganzes an – für die Europäische Union in Höhe von 100 Mio. US-Dollar realisieren (den zusätzlichen Gewinnen von Airbus in Höhe von 110 Mio.

US-Dollar stehen die Subventionsausgaben der EU in Höhe von 10 Mio. US Dollar gegenüber).

Der Einsatz einer Exportsubvention ist im vorgegebenen Modellkontext für die EU äußerst attraktiv. Bei Umsetzung dieser Idee in die praktische Politik treten jedoch zwei grundlegende **Probleme** auf, die sich bereits in unserem stilisierten Beispiel gut veranschaulichen lassen:

- **Informationsanforderungen**: Wir sind davon ausgegangen, dass der Regierung die Auszahlungen beider Unternehmen für alle möglichen Strategiekombinationen bekannt sind. Gerade in Bezug auf das ausländische Unternehmen (im Beispiel Boeing) ist das vermutlich eine recht heroische Annahme. Angenommen, die EU täuscht sich hier und Boeing hat im Fall des Markteintritts durch Airbus keine negativen Gewinne, sondern erzielt immer noch einen Gewinn in Höhe von 5 Mio. US-Dollar. In diesem Fall führt die Subvention zu einer Wohlfahrtseinbuße, weil Boeing jetzt trotz der Subvention für Airbus in den Markt eintritt!

- **Vergeltung:** Selbst wenn die Informationsvoraussetzungen gegeben sind, muss man sich klar machen, dass der Einsatz von Exportsubventionen analog zum Optimalzoll eine Politik auf Kosten des Auslands – in diesem Fall den USA darstellt. Es ist dann zu erwarten, dass die USA einen Anreiz zu Vergeltungsmaßnahmen hat und beispielsweise ebenfalls eine Exportsubvention gewährt. Wie man zeigen kann, würde sich bei simultaner Entscheidung über die Subventionierung durch die beiden Regierungen ein Gleichgewicht mit Exportsubventionen durch die EU und die USA ergeben, der zu einer Wohlfahrtminderung in beiden Ländern führt – es liegt erneut eine Gefangenendilemma-Situation vor – während die Länder in Südostasien von dem Subventionswettlauf profitieren.

16.3 Strategische Handelspolitik im Oligopolmodell

Wir wollen nun die Analyse gegenüber dem doch recht stilisierten Modell erweitern, indem wir keine Markteintrittssituation sondern Oligopolwettbewerb im Absatzmarkt zugrunde legen. Zum einen können wir dadurch zeigen, wie strategische Handelspolitik die Position der inländischen Unternehmen im Oligopolwettbewerb direkt beeinflussen kann. Zum anderen können wir den Fokus erweitern, indem wir zusätzlich die strategischen Möglichkeiten der Unternehmen im internationalen Wettbewerb untersuchen.

Ausgangssituation sei der **Duopol-Wettbewerb ohne Subvention** wie er in der Analyse in Kapitel 10 eingeführt wurde. Wie im vorherigen Abschnitt wird außerdem angenommen, dass das Produkt ausschließlich in einem Drittland konsumiert wird. Zusätzlich zu den Reaktionskurven, die die jeweils optimale Reaktion auf eine gegebene Absatzmenge des Wettbewerbers angeben, haben wir in der Abbildung 16.4 auch die Isogewinnkurven des inländischen Unternehmens eingezeichnet. Eine Isogewinnkurve gibt die Kombinationen der Absatzmengen an, die für ein Unternehmen zu identischen Gewinnen führen. Für das inländische Unternehmen sind diese Isogewinnkurven nach unten geöffnet und spiegeln einen umso höheren Gewinn wider, je näher sie der x-Achse sind (d. h. je geringer die Absatzmenge des Konkurrenten ist). Im Schnittpunkt mit der Reaktionskurve $R(x^*)$ verlaufen sie waagrecht: Für eine gegebene Menge $\hat{x}^*$ wird x gerade so gewählt, dass die der x-Achse am nächsten liegende Isogewinnkurve erreicht wird (mit Berührpunkt zur Horizontalen bei $\hat{x}^*$).

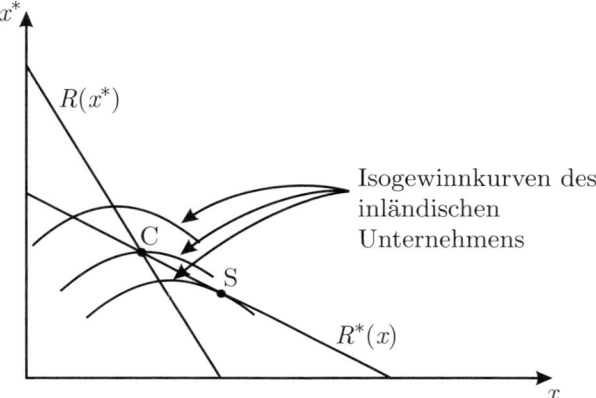

Abb. 16.4: Strategische Handelspolitik: Cournot vs. Stackelberg

Entscheiden beide Unternehmen simultan, resultiert das **Cournot-Nash-Gleichgewicht** C im Schnittpunkt zwischen den beiden Reaktionskurven. Hier hat keines der beiden Unternehmen bei gegebener Absatzmenge des Wettbewerbers einen Anreiz zur Abweichung. Anders sieht es aus bei einer sequentiellen Spielstruktur: Kann sich das inländische Unternehmen zeitlich vor dem ausländischen bindend und für dieses Unternehmen beobachtbar auf eine Absatzmenge festlegen, so resultiert das sogenannte **Stackelberg-Gleichgewicht** S im Tangentialpunkt zwischen einer Isogewinnkurve des inländischen Unternehmens und der Reaktionskurve des ausländischen Unternehmens. Dem liegt folgende Überlegung zugrunde: Wir haben hier ein zweistufiges Spiel mit perfekter Information, das durch Rückwärtsinduktion gelöst werden kann. Das ausländische Unternehmen wählt in der zweiten Stufe gemäß seiner Reaktionskurve die optimale Menge x^* in Abhängigkeit der von dem inländischen Unternehmen in der ersten Stufe gewählten Menge x. Bei der Wahl von x berücksichtigt das inländische Unternehmen diese Reaktion und bestimmt den Punkt auf der Reaktionskurve, der seinen eigenen Gewinn maximiert. Graphisch ist der höchste Gewinn durch die am weitesten unten liegende Isogewinnkurve gegeben, die die Reaktionskurve gerade noch berührt (alle anderen Punkte auf $R^*(x)$ befinden sich dann auf einer weiter oben liegenden Isogewinnkurve).

Wir werden nun erläutern, wie die inländische Regierung durch eine **mengenabhängige Exportsubvention** für das inländische Unternehmen erreichen kann, dass das Stackelberg-Gleichgewicht realisiert wird. Die Subvention muss dazu zeitlich vor

der simultan gefällten Absatzentscheidung der Unternehmen verbindlich und beobachtbar festgelegt werden. Durch die Subvention verringern sich die Grenzkosten des
inländischen Unternehmens: Wird bei Grenzkosten von 10 Euro eine Subvention von
2 Euro pro exportierter Mengeneinheit gewährt, so betragen aus Sicht des Unternehmens die Grenzkosten nur noch 8 Euro. Dadurch wird es zu jeder gegebenen Menge
x^* des Wettbewerbers eine höhere Absatzmenge x wählen – die Reaktionskurve
verschiebt sich nach rechts von $R(x^*)$ auf $R^S(x^*)$. Bei der optimalen Subventionshöhe $s^{\text{Opt.}}$ verschiebt sich die Reaktionskurve gerade so weit, dass sie $R^*(x)$ im
Stackelberg-Punkt S schneidet, wie wir in Abbildung 16.5 erkennen können.

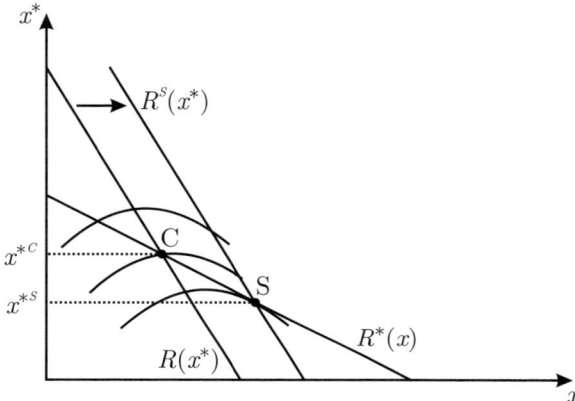

Abb. 16.5: Strategische Handelspolitik: Optimale Subvention verschiebt Reaktionskurve

Spieltheoretisch gesehen haben wir hier ein mehrstufiges Spiel mit beobachtbaren
Handlungen: In Stufe 1, der Politik-Stufe, legt die Regierung die Subventionshöhe s
fest. In Stufe 2, der Output-Stufe, bestimmen die beiden Unternehmen dann simultan
ihre Mengen $(x(s), x^*(s))$. Beachten Sie, dass dabei auch x^*, die Gleichgewichtsmenge des ausländischen Unternehmens, durch die Subvention beeinflusst wird: Da die
Subvention die Reaktionskurve des inländischen Unternehmens verschiebt, ändert
sich auch die Gleichgewichtsmenge von x^{*C} auf x^{*S}. Diese Verringerung der Menge
durch das ausländische Unternehmen macht die Subventionierung für das Inland attraktiv. Berücksichtigt man nämlich, dass aus Sicht der inländischen Regierung die
Wohlfahrtswirkung der Subventionierung durch die Veränderung des Gewinns des
inländischen Unternehmens abzüglich des Subventionsbetrags gegeben ist, so stellen
die ursprünglichen Isogewinnkurven (ohne Subventionen) gerade die Isowohlfahrts-
kurven des Inlands dar. Ohne Reaktion des ausländischen Wettbewerbers würde das
inländische Unternehmen $x = R(x^{*C})$ produzieren, was zu einer Wohlfahrtseinbuße
gegenüber der Ausgangssituation führen würde. Durch die Verringerung der Menge auf x^{*S} erhöhen sich die Gewinne des inländischen Unternehmens so stark, dass
der Gewinnzuwachs den Subventionsbetrag übersteigt. Dieser Vorteil für das Inland
ergibt sich aber auf Kosten des ausländischen Wettbewerbers – es kommt zu einem

rent shifting der im Duopolmarkt erzielten Monopolrenten.

Bereits beim Markteintrittsspiel hatten wir auf das Informationsproblem und die Gefahr der Vergeltung durch die Regierung des anderen Produktionslandes hingewiesen. Gerade das Informationsproblem ist bei der Beeinflussung des Oligopolwettbewerbs noch ausgeprägter, da die **optimale Politik von** den Details der **Wettbewerbssituation abhängig** ist:

- In einem Duopolmodell mit Preis- anstelle von Mengenstrategien (Bertrand-Wettbewerb) sollte statt einer Exportsubvention ein Exportzoll erhoben werden.

- In einem Oligopolmodell mit mehreren inländischen Wettbewerbern muss die Subvention verringert oder möglicherweise sogar eine Exportsteuer gewählt werden, um den negativen externen Effekt einer Produktionsausweitung eines Unternehmens auf seine inländischen Konkurrenten zu internalisieren.

- Findet Konsum im Inland statt, so sollte statt der Exportsubvention eine Produktionssubvention gewählt werden. Diese Subvention müsste außerdem höher festgelegt werden, weil der Gesamtabsatz im Duopol auch im Stackelberg-Gleichgewicht unterhalb des sozial optimalen Werts liegt.

- Wenn auch die Auswirkungen auf andere Sektoren der Volkswirtschaft berücksichtigt werden, so muss man beachten, dass durch die Subventionierung Produktionsfaktoren aus diesen anderen Sektoren abgezogen werden. Man müsste also wissen, in welchen Sektoren das Potential für *rent shifting* am höchsten ist und sich auf diese Sektoren spezialisieren.

Vor dem Hintergrund dieser Informationsprobleme empfiehlt Krugman bereits 1987 in seinem Artikel „Is free trade passé?"[2] trotz der potentiellen Vorteile strategischer Handelspolitik die Freihandelspolitik als „Daumenregel". Dies gilt insbesondere bei Berücksichtigung möglicher Vergeltungsmaßnahmen des Auslands, die im Ergebnis auf eine Gefangenendilemmasituation wie beim Optimalzoll führen. Wir werden uns im nächsten Kapitel genauer damit beschäftigen, wie institutionelle Regelungen im Rahmen von GATT/WTO helfen können, diese Konfliktsituation zu überwinden.

16.4 Unternehmensstrategien statt strategischer Handelspolitik?

Eines der wesentlichen Probleme bei der Implementation einer strategischen Handelspolitik ist die Informationsanforderung für den politischen Entscheidungsträger. Wenn wir realistischer von einer besseren Informationslage auf Seiten der Unternehmen ausgehen, stellen sich die Fragen, ob die Unternehmen nicht selbst in der Lage wären, eine entsprechende **strategische Selbstbindung** zu erzielen und welche institutionellen Voraussetzungen z. B. im Rahmen der Wettbewerbspolitik dafür geschaffen werden müssten.

---

[2]Krugman, P.R. (1987), Is free trade passé?, Journal of Economic Perspectives, Vol. 1, No. 2, 131–44.

Grundsätzlich können Unternehmen natürlich selbst versuchen, durch geeignete Maßnahmen einen strategischen Vorteil zu erzielen. Dies ist ein zentrales Thema sowohl der industrieökonomischen Literatur als auch der Literatur zum strategischen Management. Wenn wir unser Markteintrittsbeispiel aus Abschnitt 16.2 aufgreifen, könnte sich ein Unternehmen beispielsweise durch eine frühzeitige Investition in entsprechende Kapazitäten oder eine frühzeitige Werbekampagne für das neue Produkt selbst binden. Angenommen, eine solche Maßnahme würde Kosten in Höhe von 10 Mio. US Dollar verursachen und wäre bei tatsächlichem Markteintritt auf jeden Fall notwendig gewesen, während die Investitionen im Fall eines Verzichts auf den Markteintritt als „sunk costs" nicht mehr reversibel sind (dieser Aspekt dürfte insbesondere bei der Werbekampagne sichergestellt sein, während die Kapazitäten möglicherweise se auch für andere Zwecke genutzt werden könnten). Damit ergibt sich im Fall des Verzichts auf den Markteintritt ein Verlust von 10 Mio. US Dollar während die Auszahlungen bei Markteintritt unverändert bleiben. Da der Markteintritt nun eine dominante Strategie darstellt, ist es für den Konkurrenten optimal, seinerseits auf einen Markteintritt zu verzichten.

In ähnlicher Form können strategische Investitionen auch im Oligopolmodell wirken. Wie in Morasch (2000) gezeigt wird, könnte darüber hinaus auch eine Gruppe inländischer Unternehmen ihre strategische Position durch die Bildung einer sogenannten **„Strategischen Allianz"** verbessern. Allgemein wird unter strategischen Allianzen die Zusammenarbeit von ansonsten selbständigen Unternehmen in bestimmten Teilbereichen z. B. bei der Forschung, der Beschaffung oder auch im Vertrieb verstanden. Eine solche Zusammenarbeit ist allerdings wettbewerbsrechtlich nur in bestimmten Fällen zulässig, da die Unternehmen die Allianz benutzen könnten, um sich kollusiv zu verhalten, um so im Idealfall gemeinsam die Monopollösung zu erreichen. Es lässt sich jedoch zeigen, dass eine Allianz eines Teils der Unternehmen in einer Branche durchaus auch zu einem wettbewerblicheren Ergebnis führen kann und sich hier die kooperierenden Unternehmen (und die Konsumenten) auf Kosten der anderen Wettbewerber besser stellen können.

Im Außenhandelskontext könnte dann eine Allianz der inländischen Unternehmen auf Kosten der ausländischen Wettbewerber *rent shifting* betreiben. Wie kann hier die strategische Selbstbindung realisiert werden? Die Unternehmen könnten beispielsweise in Rahmen eines Gemeinschaftsunternehmens (*joint venture*) ein Vorprodukt herstellen und dabei den Transferpreis unterhalb der Herstellungskosten für das Vorprodukt festlegen. Der resultierende Verlust des Gemeinschaftsunternehmens wird dann gleichmäßig auf die Allianzmitglieder verteilt. In diesem Fall würden sich für ein einzelnes Allianzmitglied die Grenzkosten bei der Endproduktion verringern und es hätte entsprechend einen Anreiz, seine Absatzmenge auszuweiten.

Wir können uns die Wirkung des Mechanismus am besten an einem Beispiel veranschaulichen. Gehen wir davon aus, dass zwei inländische Unternehmen eines internationalen symmetrischen Cournot-Oligopols mit fünf Wettbewerbern ein solches *joint venture* bilden. Nehmen wir außerdem zur Vereinfachung an, dass die Produktion komplett im Rahmen des Gemeinschaftsunternehmens abgewickelt wird. Wenn nun die Grenzkosten der Herstellung 4 Euro betragen und der Transferpreis auf 2 Euro gesetzt wird, so betragen aus Sicht eines Allianzmitglieds die Grenzkosten für eine zusätzliche Einheit nur noch 3 Euro: 2 Euro Transferpreis plus die Hälfte des durch die Ausweitung der Produktion entstehenden zusätzlichen Verlusts des Gemeinschaftsunternehmens in Höhe von 2 Euro. Die Reaktionsfunktionen der Allianzmitglieder verschieben sich damit nach rechts und die Unternehmen werden ihre Menge ausweiten, während die ausländischen Konkurrenten die Produktion einschränken.

Wann ist eine solche Ausweitung der Produktion vorteilhaft? Im Cournot-Oligopol mit linearer Nachfrage und Kostenstruktur ist dies erfüllt, wenn weniger als die Hälfte der Wettbewerber in einem Markt an der Kooperation beteiligt sind (vgl. Morasch/Welzel, 1994). Als Alternative zur strategischen Handelspolitik könnte der Staat also die Bildung von strategischen Allianzen inländischer Unternehmen erleichtern. Dabei sind jedoch zwei Aspekte zu beachten: Zum einen berücksichtigen die Allianzmitglieder nur die Gewinne und nicht die Auswirkung auf die Konsumenten. Zum anderen bleibt das Problem der Vergeltung bestehen: Auch das Ausland kann Allianzen zulassen und wie zwischen den Ländern kann sich dann auch zwischen den Allianzen eine Gefangenendilemmasituation ergeben.

Was haben wir gelernt?

- Die strategische Situation eines Spiels, d. h. der Zusammenhang zwischen Strategien und Auszahlungen, lässt sich bei Spielen mit diskreten Strategien gut in der Matrixform veranschaulichen. Während Simultanspiele unmittelbar in der Matrix analysiert werden können, ist bei sequentieller Struktur die Darstellung im Spielbaum besser geeignet.

- Im Airbus-Boeing-Beispiel wird die strategische Wirkung einer Exportsubvention deutlich: Durch die Subvention der EU ändert sich die Erwartung von Boeing bezüglich des Verhaltens von Airbus und dies führt dazu, dass Boeing seine Strategie ändert und selbst auf einen Markteintritt verzichtet.

- Im Cournot-Oligopol sind Exportsubventionen potentiell vorteilhaft, da sie die inländischen Unternehmen aggressiver machen, wodurch auf Kosten der ausländischen Wettbewerber ökonomische Renten ins Inland umgelenkt werden. Dieses Ergebnis ist jedoch nicht robust (beispielsweise ist bei Preiswettbewerb eine Besteuerung der Exporte optimal) und zudem besteht die Gefahr von ausländischen Vergeltungsmaßnahmen durch die ausländische Regierung. Vor dem Hintergrund der beschränkten Information politischer Entscheidungsträger erscheint somit auch in Oligopolmärkten ein Verzicht auf handelspolitische Interventionen empfehlenswert.

■ Eine mögliche Alternative könnte die Schaffung von Rahmenbedingung sein, die strategisches Verhalten durch die Unternehmen erleichtern. So können die inländischen Unternehmen durch Bildung einer strategischen Allianz potentiell ähnliche Effekte wie bei einer strategischen Handelspolitik entfalten. Die Zulassung solcher Allianzen im Rahmen wettbewerbspolitischer Regelungen könnte dann ein Substitut für strategische Handelspolitik darstellen. Aufgrund der besseren Informationslage der Unternehmen ist diese Option letztlich vorteilhaft, obwohl die Unternehmen sich nur an der Wirkung auf die eigenen Gewinne und nicht an der inländischen Wohlfahrt orientieren.

Ergänzende und weiterführende Literatur

Feenstra, R. C. (2004), Advanced International Trade: Theory and Evidence, Princeton, NJ: Princeton University Press, ch. 8. [*Überblick zur Analyse von Exportsubventionen bei vollkommenem Wettbewerb und im Oligopol mit Berücksichtigung empirischer Arbeiten zum Verkehrsflugzeugmarkt.*]

Morasch, K. (2000), Strategic Alliances as Substitute for Strategic Trade Policy?, Journal of International Economics, Vol. 52, No. 1, 37–67. [*Analyse strategischer Allianzen als potentielles Substitut für strategische Handelspolitik.*]

Morasch, K. und P. Welzel (1994), Strategische Allianzen. Wettbewerbsbeeinflussung durch Kooperation, WiSt – Wirtschaftswissenschaftliches Studium, Jg. 23, 395–400. [*Anschauliche Erläuterung des Konzepts strategischer Allianzen im Rahmen von Reaktionskurvendiagrammen.*]

Morasch, K., Bartholomae, F. und M. Wiens (2010), Spieltheoretische Grundkonzepte, wisu, Jg. 39, Nr. 8–9, 1135–1140. [*Eine Einführung in spieltheoretische Grundkonzepte anhand der Analyse einfacher Matrixspiele.*]

Kontrollfragen und Übungsaufgaben

1. Was wird unter strategischer Handelspolitik verstanden?

2. Die beiden Flugzeugproduzenten Airbus ($i = 1$) und Boeing ($i = 2$) stehen vor der Entscheidung, ob sie sich mehr auf Großraumflugzeuge (s_{i1}), Standardrumpfflugzeuge (s_{i2}) oder Militärflugzeuge (s_{i3}) konzentrieren sollen. Für Militärmaschinen findet sich auf jeden Fall der europäische bzw. amerikanische Markt als Abnehmer. Während Airbus besser in der Produktion größerer Flugzeug ist, fällt Boeing die Produktion kleinerer Flugzeuge leichter – allerdings ist der Markt für Großraumflugzeuge sehr attraktiv. Betrachten Sie hierzu das folgende Matrixspiel:

	s_{21}	s_{22}	s_{23}
s_{11}	$(20, -10)$	$(150, 80)$	$(150, 20)$
s_{12}	$(100, 100)$	$(-10, 10)$	$(120, 20)$
s_{13}	$(10, 100)$	$(10, 80)$	$(10, 20)$

a) Bestimmen Sie alle Nash-Gleichgewichte des Spiels! Begründen Sie, ob eines davon plausibler als das andere erscheint! Würde sich an Ihrer Aussage etwas ändern, wenn die Auszahlung bei $(s_{11}, s_{22}) = (150, 105)$ betragen würde?

b) Die EU möchte, dass Airbus sich auf Großraumflugzeuge konzentriert. Wie hoch müsste eine Subvention mindestens sein, damit sich dieses Ergebnis als alleiniges Nash-Gleichgewicht realisiert? Sollte die EU die Subvention gewähren?

c) Stellen Sie das Spiel nun in sequentieller Form dar! Spielt es für das Ergebnis eine Rolle, welcher Spieler zuerst zieht? Begründen Sie Ihre Antwort! Könnte die EU sich demnach die Subvention sparen, wenn sie erreichen könnte, dass sich Airbus vor Boeing entscheiden kann?

3. Das inländische Badezubehörunternehmen Splash möchte in den ausländischen Markt expandieren. Dort ist bereits das Unternehmen Plitschplatsch ansässig. Die Preis-Absatz-Funktion im Ausland ist gegeben durch $p(X) = 66 - X$, wobei sich das Gesamtangebot X aus dem Angebot von Splash, x_S, und der Produktionsmenge von Plitschplatsch, x_P, ergibt. Plitschplatsch produziert mit konstanten Grenz- und Durchschnittskosten von 2, während Splash, auch aufgrund der Handelskosten, mit Kosten von 4 produziert. Die inländische Regierung möchte daher dem heimischen Unternehmen mit einer Exportsubvention helfen.

a) Berechnen Sie das Cournot-Nash-Gleichgewicht (Preis, Mengen und Gewinne)!

b) Bestimmen Sie nun die Stackelberg-Lösung (Preis, Mengen und Gewinne)! [*Hinweis: Bestimmen Sie hierzu zunächst die Reaktion von Plitschplatsch auf eine gegebene Menge von Splash. Setzen Sie diese Reaktion in die Gewinnfunktion von Splash ein und maximieren Sie den Gewinn.*]

c) Wie hoch müsste eine Subvention s pro Stück sein, um die unter b) berechneten Mengen zu erhalten? Kann der Gewinnzuwachs die Subventionskosten kompensieren?

d) Zeigen Sie, dass ihre Lösung aus c) die Wohlfahrt des Landes insgesamt maximiert! [*Hinweis: Berücksichtigen Sie den Unternehmensgewinn und die Subventionskosten.*]

17 Politische Ökonomie und weltwirtschaftliche Institutionen

Themenüberblick

- Positive Theorie: Erklärung der beobachtbaren Handelspolitik
- Entwicklung von GATT/WTO und zentralen institutionellen Regelungen
- Anti-Dumping-Zölle: Konzeption und Problematik der Verfahrensregeln
- Analyse der Optimalzollpolitik mit Hilfe von Tauschkurven
- Funktion der GATT-Prinzipien „Reziprozität" und „Meistbegünstigung" zur Überwindung des Gefangenendilemmas bei der Optimalzollpolitik
- Verzerrte Integration durch Freihandelszonen und Zollunionen: Konzept und Wirkung auf Mitgliedsländer und außenstehende Nationen

Bislang gingen wir davon aus, dass die Träger der Handelspolitik auf die Maximierung der inländischen Wohlfahrt abzielen. Wir haben uns entsprechend überlegt, wie sich handelspolitische Maßnahmen in Bezug auf diese Zielvorstellung auswirken würden und konnten Empfehlungen für eine optimale Ausgestaltung der Politik geben. Neben diesem normativen Blickwinkel kann man sich der Handelspolitik jedoch auch aus einer positiven Perspektive nähern (politische Ökonomie). Wir fragen uns dabei nicht, welche Politik optimal ist, sondern wie es zu der (nicht optimalen) Politik kommt, die in der Realität zu beobachten ist. Ausgangspunkt einer solchen Analyse sind die Eigeninteressen der Akteure im politischen Prozess und ihr Zusammenspiel im gegebenen institutionellen Rahmen. Vor dem Hintergrund dieser Beobachtungen können wir dann auch auf einer höheren Ebene die Frage stellen, wie Institutionen gestaltet werden sollten, damit sich im Rahmen eines solchen politischen Prozesses ein möglichst gutes Ergebnis einstellt.

Konkret wollen wir diese Frage anhand der Regelungen diskutieren, die im Rahmen von GATT/ WTO (*General Agreement on Tariffs and Trade/World Trade Organization*) auf weltwirtschaftlicher Ebene vereinbart wurden. Zum einen betrachten wir dabei, wie die zentralen Prinzipien „Reziprozität" und „Meistbegünstigung" bei der Überwindung von Gefangenendilemma-Situationen zwischen den Ländern helfen können. Zum anderen untersuchen wir die Auswirkungen zweier wichtiger Ausnahmeregelungen: Die Zulassung von Anti-Dumping-Zöllen und die Ausnahme von der Meistbegünstigung bei Freihandelszonen und Zollunionen.

17.1 Politische Ökonomie der Handelspolitik

Die tatsächlich beobachtbare Handelspolitik lässt sich auf Grundlage der bisherigen normativen Überlegungen nicht erklären: Freihandel ist normalerweise die optimale Politik einer Regierung, um die inländische Wohlfahrt zu maximieren. Ausnahmen davon sind nur das Optimalzollargument, das bestenfalls für große wirtschaftliche Einheiten wie die USA oder die EU relevant sein könnte, oder die wenig robusten Empfehlungen für strategische Handelspolitik. In der Realität beobachten wir aber, dass Länder unabhängig von ihrer Größe Zölle und andere handelspolitische Instrumente einsetzen. Darüber hinaus unterscheiden sich die Formen und das Ausmaß der Handelsbeschränkungen zwischen verschiedenen Sektoren, ohne dass dies mit der normativen Theorie aus den Kapiteln 14 und 15 erklärbar wäre. Schließlich werden in vielen Fällen aus Wohlfahrtssicht wenig attraktive Instrumente wie Exportselbstbeschränkungsabkommen oder in neuerer Zeit Anti-Dumping-Zölle gewählt.

Eine Erklärungsmöglichkeit für diese Phänomene bieten die Ansätze der ökonomischen Theorie der Politik. Dabei wird davon ausgegangen, dass die politischen Entscheidungsträger nicht oder zumindest nicht in erster Linie an der Maximierung der Wohlfahrt, sondern an ihren Eigeninteressen – in einer Demokratie an der Sicherung der Wiederwahl – orientiert sind. Zudem versuchen Lobbyorganisationen wie Unternehmensverbände oder Gewerkschaften die Entscheidungen zugunsten ihrer Mitglieder zu beeinflussen, indem sie zum einen den Politikern Wählerstimmen zusichern oder finanzielle Unterstützung geben und zum anderen durch ihre Informationspolitik die öffentliche Willensbildung beeinflussen.

Ein zentraler Ansatz der ökonomischen Theorie der Politik ist das **Medianwählermodell**. In diesem Modellzusammenhang wird unterstellt, dass die Wähler ihre Entscheidung an den Auswirkungen der Politik auf den eigenen Nutzen ausrichten. In einem Zwei-Parteien-System führt das dazu, dass es für eine Partei optimal ist sich am „Medianwähler" zu orientieren, da hierdurch ein Stimmenanteil von mindestens 50 % sichergestellt wird: Wenn sich beispielsweise die Präferenzen der Wähler im Hinblick auf die Höhe der Steuerbelastung unterscheiden, so wäre die optimale Politik ein Steuerniveau zu wählen, bei dem jeweils die Hälfte der Wähler ein höheres bzw. niedrigeres Niveau vorziehen würde.

Wird im Kontext des HOS-Modells realistischerweise davon ausgegangen, dass Kapitaleinkommen in einem Land sehr viel ungleicher verteilt sind als Arbeitseinkommen, so würde diese Theorie für kapitalreiche Länder vorhersagen, dass Zölle auf die relativ arbeitsintensiv hergestellten Importe erhoben werden. Dies ist dadurch begründet, dass durch den Import der arbeitsintensiven Güter deren Preis sinkt, wodurch gemäß dem Stolper-Samuelson-Theorem auch die Entlohnung der Arbeitskräfte zurückgehen wird. Daher würden nur Wähler mit einer relativ hohen Kapitalausstattung vom Außenhandel profitieren, während die Mehrheit, die weniger reichlich mit Kapital ausgestattet ist, stärker vom negativen Effekt der Lohnsenkung betroffen ist und daher für einen Zoll auf diese Importgüter stimmen wird. In arbeitsreichen Ländern müssten demgegenüber die Importe der kapitalintensiven Güter subventioniert werden.

Da wir in allen Ländern positive Zollsätze beobachten, ist das Medianwählermodell alleine nicht in der Lage, die empirisch beobachtbare Zollstruktur zu erklären. Es lässt sich jedoch empirisch belegen, dass – wie es das Modell vorhersagt – stärkere Ungleichverteilung in kapitalreichen Ländern zu höheren Zollsätzen führt, während sie in arbeitsreichen Ländern ein geringeres Ausmaß an Protektion zur Folge hat. Damit sind allerdings die positiven Zölle in arbeitsreichen Ländern noch nicht erklärt. Eine potentielle Erklärung bietet die Unsicherheit der Wähler darüber, ob sie selbst tatsächlich zu den Gewinnern oder Verlierern einer bestimmten Politik zählen werden. Da Zölle üblicherweise zum Schutz bestehender importkonkurrierender Branchen eingesetzt werden, entscheiden sich risikoaverse Wähler für den Status quo und damit für einen Zollschutz. Dies liefert auch eine politökonomische Begründung für die Annahme einer „konservativen sozialen Wohlfahrtsfunktion", d. h. der Annahme, dass ein zentrales Ziel der Politik die Beibehaltung der ursprünglichen Einkommensverteilung ist.

Wir können allerdings mit dem Medianwählermodell nicht das unterschiedliche Niveau der Protektion in verschiedenen Branchen und den Einsatz ineffizienter handelspolitischer Instrumente erklären. Dazu bedarf es einer **Theorie des Lobbying**. Lobbys wenden Ressourcen auf, um die Politik im Interesse ihrer Mitglieder zu beeinflussen. Wir können dann das Ergebnis des politischen Prozesses darüber erklären, dass sich bestimmte Interessen leichter organisieren lassen als andere. Grundsätzlich besteht das Problem bei Interessengruppen, dass der Vorteil aus einer bestimmten Politik nicht nur den (zahlenden) Mitgliedern sondern auch den „Trittbrettfahrern" zugute kommt. Von Vorteil ist es dann zum einen, wenn eine relativ kleine Gruppe von einer Maßnahme stark betroffen ist (bei Produzenten eher gegeben als bei Konsumenten), und zum anderen, wenn eine entsprechende Gruppe bereits für andere Zwecke organisiert ist (z. B. Unternehmensverbände oder Gewerkschaften). Dieser Erklärungsansatz steht somit in starker Verbindung zum Modell mit spezifischen Faktoren und kann damit auch erklären, warum vielfach Gewerkschaften und Unternehmensverbände einer Branche gleichermaßen protektionistische Maßnahmen fordern und häufig auch durchsetzen können, obwohl doch Arbeitnehmer und Kapitaleigner nach dem HOS-Modell gegenläufige Interessen haben sollten.

Bei der Durchsetzung von Spezialinteressen einer Branche ist ebenfalls erklärbar, warum nicht unbedingt das effizienteste Instrument gewählt wird. Da die Interessen umso eher durchgesetzt werden können, je weniger klar die negativen Auswirkungen auf die anderen Gesellschaftsmitglieder ausfallen, ist der Einsatz von Instrumenten leichter durchzusetzen, bei denen diese Auswirkungen verschleiert werden. Beispielsweise dreht sich dann die Reihung der Instrumente zur Sicherstellung eines bestimmten inländischen Produktionsniveaus unter Wohlfahrtsgesichtspunkten genau um: Bei Produktionssubventionen wissen die Steuerzahler, dass sie einen Transfer an die Unternehmen leisten. Ein Zoll scheint demgegenüber auf den ersten Blick nur den Ausländern zu schaden und dem Inland zusätzlich Zolleinnahmen zu bringen (und führt damit potentiell zu Steuersenkungen) – der indirekte Effekt über die erhöhten Preise im Inland ist den meisten Konsumenten demgegenüber nicht ausreichend bewusst. Noch weniger klar ist die preissteigernde Wirkung eines freiwilligen Exportselbstbeschränkungsabkommens – zum einen wird hier kein direkt sichtbarer Aufschlag auf den Importpreis vorgenommen wie beim Zoll und zum anderen beschränkt nicht das Inland die Importe, sondern die faktische Umsetzung der Politik erfolgt durch die ausländische Regierung.

Anhand des Exportselbstbeschränkungsabkommens kann auch der Blick über das einzelne Land hinaus erweitert werden. In der Interaktion mit anderen Ländern ist nämlich auch die unterschiedliche Auswirkung auf die Wohlfahrt des Exportlandes wichtig. Da bei einem Exportselbstbeschränkungsabkommen die Vorteile der Mengenverknappung in Form höherer Preise bei den ausländischen Unternehmen anfallen, ist die negative Wirkung der Handelsbeschränkung auf das Ausland geringer als bei einem Zoll und die Maßnahme ist darum für die ausländische Regierung eher akzeptabel. Die grundsätzliche Überlegung, dass für die schädigende Wirkung der Handelspolitik dem Ausland ein Ausgleich gewährt werden muss, findet sich auch als zentrales Prinzip in den multilateralen GATT/WTO-Vereinbarungen, deren Implikationen als Rahmen für die Handelspolitik auf weltwirtschaftlicher, regionaler und nationaler Ebene wir im Weiteren diskutieren werden.

17.2 GATT/WTO als institutioneller Rahmen der Handelspolitik

In der Zeit zwischen den beiden Weltkriegen war es zu einem Protektionswettlauf unter den Regierungen gekommen, der die internationale Arbeitsteilung immer mehr erschwerte und schließlich in eine weltweite Depression mündete. Am Ende des Zweiten Weltkriegs hatten die Initiatoren einer neuen Welthandelsordnung (insbesondere die USA und Großbritannien) das Ziel, eine Wiederholung der national orientierten Wirtschaftspolitiken der Zwischenkriegszeit zu vermeiden. Geplant war eine umfassende Welthandelsordnung, deren Einhaltung durch die internationale Institution ITO (*International Trade Organization*) überwacht werden sollte. Die entsprechende Charta wurde jedoch nie unterzeichnet und deshalb war bis 1995 nur die als Übergangsregelung geplante, 1948 in Form eines internationalen Vertrags geschlossene, GATT-Vereinbarung in Kraft. Dieser **GATT-Vertrag** (*General Agreement on Tariffs and Trade*) ist auch in modifizierter Form Bestandteil der am Ende der sogenannten „Uruguay-Runde" abgeschlossenen WTO-Vereinbarung, die neben den Regelungen zum Warenhandel auch Vereinbarungen zu Dienstleistungen (*General Agreement on Trade in Services* – GATS) und zu geistigen Eigentumsrechten (*Agreement on Trade-Related Aspects of Intellectual Property Rights* – TRIPS) beinhaltet und insbesondere die **Welthandelsorganisation** (*World Trade Organization* – WTO) als eigenständige internationale Organisation mit einem Mandat zur Schlichtung in Handelsstreitigkeiten ins Leben rief.

Das zentrale Ziel des GATT ist es, Zölle und andere Handelsbeschränkungen zu verringern. Von besonderer Bedeutung sind dabei die **multilateralen Verhandlungsrunden**, in deren Rahmen Zollsenkungen und der Abbau anderer Handelsbeschränkungen vereinbart werden. In den ersten GATT-Runden nach dem Zweiten Weltkrieg gelang es dabei innerhalb relativ kurzer Zeit die Zölle erheblich zu senken. Die späteren Verhandlungsrunden, wie die oben bereits angesprochene Uruguay-Runde, beschäftigten sich mit erweiterten bzw. bislang ausgeklammerten Fragestellungen wie Umweltstandards oder Agrarhandel und waren, auch aufgrund der gewachsenen Zahl an Mitgliedsländern, sehr viel langwieriger. Die jüngste Verhandlungsrunde, die Doha-Runde, begann im November 2001 in Doha (Qatar) und war zum Zeitpunkt der Drucklegung dieses Buches noch nicht abgeschlossen.

Im GATT-Vertrag sind einige **grundlegende Standards** für die Handelspolitik festgelegt: Zum einen das Verbot von Mengenbeschränkungen (Kontingenten bzw. Quoten) und zum anderen die **Meistbegünstigungsklausel**, d. h. bilaterale Zollsenkungen sind für alle GATT-Länder wirksam. Ein wichtiger Aspekt ist zudem das Prinzip der **Reziprozität** bei Zollsenkungen: Wenn ein Mitgliedsland einem anderen eine Zollsenkung in einem seiner Importsektoren gewährt, so soll das davon begünstigte Land im Gegenzug eine vergleichbare Zollsenkung in einem Exportsektor des ersten Landes gewähren. Neben diesen zentralen Standards gibt es jedoch auch eine Reihe von **Ausnahmen**. So sind Kontingente zur Behandlung temporärer Zahlungsbilanzprobleme zulässig (heutzutage aufgrund der stärkeren Verbreitung flexibler Wechselkurse weniger relevant) und die Meistbegünstigungsklausel gilt nicht bei Freihandelszonen und Zollunionen (die also gegenüber Drittländern weiter Zölle erheben können) sowie bei niedrigeren Zöllen für Importe aus Entwicklungsländern. Zudem können Länder in definierten Ausnahmefällen auf bestimmte Güter höhere als die vereinbarten Zollsätze erheben. Zwar widerspricht dies eigentlich der Bindungswirkung des Vertrags, macht es jedoch den Ländern leichter, eine solche Vereinbarung in einem durch Unsicherheit gekennzeichneten Umfeld einzugehen.

17.3 Anti-Dumping-Zölle als endogene Protektion

Wie gerade angesprochen, kann ein Land im Rahmen der GATT-Regeln in bestimmten Ausnahmefällen Zölle erheben, die das vereinbarte Zollniveau überschreiten. Eine Möglichkeit dafür bietet die sogenannte **Escape Clause** in Artikel 19 des GATT-Vertrags, der „Maßnahmen in nicht vorgesehenen Fällen" erlaubt. Solche Fälle sind konkret dann gegeben, wenn die inländischen Produzenten durch gestiegene Importmengen ernstlich geschädigt werden. Während jedoch in diesem Fall gemäß dem Prinzip der Reziprozität dem betroffenen Handelspartner eine Kompensation gewährt werden muss, ist dies bei den **Anti-Dumping-Zöllen** und den damit eng verwandten Ausgleichszöllen bei ausländischen Exportsubventionen nicht der Fall. Dies ist darin begründet, dass Dumping und Exportsubventionen als „unfaire" Handelspraktiken des Auslands angesehen werden und das Ausland somit natürlich auch nicht kompensiert werden muss. Dieses Argument ist bei Exportsubventionen durchaus einleuchtend. Wie wir jedoch in Kapitel 10 gezeigt haben, kann sich Dumping ohne schädigende Absicht als Ergebnis der Gewinnmaximierung in segmentierten Märkten ergeben. Über diese möglicherweise falsche Zuschreibung eines „unfairen" Verhaltens hinaus besteht bei den konkreten Anti-Dumping-Regelungen zudem die Gefahr, dass sie von den Unternehmen als wettbewerbsbeschränkendes Instrument missbraucht werden.

In einem ersten Analyseschritt wollen wir nun annehmen, dass der **Anti-Dumping- oder Ausgleichszoll aus ökonomisch plausiblen Gründen** erhoben wird. Dies wäre bei Dumping beispielsweise dann der Fall, wenn ausländische Unternehmen mit kurzfristig niedrigen Preisen die inländischen Wettbewerber vom Markt verdrängen wollen, um anschließend bei fehlender Inlandskonkurrenz ihre Marktmacht ausspielen zu können. Ein anderes Beispiel wären stark konjunkturabhängige Branchen wie die Stahlindustrie, bei denen es in der Abschwungphase dazu kommen kann, dass die Unternehmen aufgrund der dann bestehenden Überkapazitäten einen Anreiz haben, ihre Produkte unter den Durchschnittskosten zu verkaufen, um zumindest einen Deckungsbeitrag für die Fixkosten zu erzielen. Entsprechend kann bei ausländischen Exportsubventionen, die die wahren komparativen Vorteile verfälschen oder mit dem Ziel des *rent shifting* in Oligopolmärkten gewährt werden, ein Ausgleichszoll sinnvoll sein.

Heimische Produzenten können im Fall von ausländischen Exportsubventionen und Dumping sowohl in der EU als auch in den USA Zollschutzmaßnahmen beantragen, wenn sie durch die geringeren Preise der ausländischen Konkurrenz wahrnehmbar geschädigt werden. Wie Abbildung 17.1 für den Fall eines kleinen Landes und vollkommenem Wettbewerb zeigt, kann durch einen Zoll der Preis vom Dumpingniveau auf das „echte" Weltmarktpreisniveau angehoben werden.

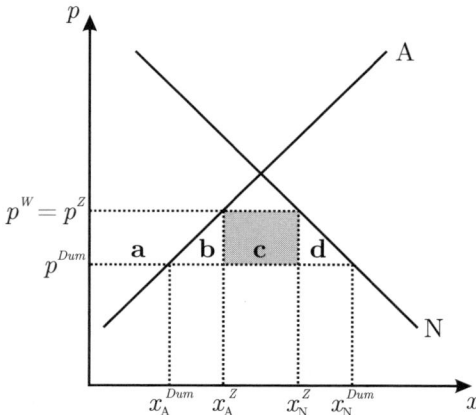

Abb. 17.1: Wirkung eines Anti-Dumping-Zolls

Gegenüber der Referenzsituation, bei der weder ein Importzoll erhoben noch eine ausländische Exportsubvention oder Dumping vorliegen, ergibt sich dann folgender Effekt: Aus inländischer Perspektive erfolgt der Handel zum eigentlichen Weltmarktpreis $p^W = p^Z$ und es ergeben sich Zolleinnahmen (Fläche **c**), die im Prinzip einen Transfer von der ausländischen Regierung (bei Exportsubventionen) bzw. von den ausländischen Unternehmen (bei Dumping) an das Inland darstellen.

Wie sieht es aber mit der Auswirkung des Anti-Dumping-Zolles aus, wenn sich Dumping im Sinne von Preisdiskriminierung als „normales" gewinnmaximierendes Verhalten der ausländischen Wettbewerber einstellt? Der Dumpingpreis p^{Dum} ist dann aus Sicht des Inlands der relevante Weltmarktpreis, der auch langfristig bestehen bleibt. Die Erhebung eines Zolls senkt somit die inländische Wohlfahrt. Andererseits wissen wir aus der Analyse der Wirkung von Handelspolitikmaßnahmen, dass ein Zollschutz für die importkonkurrierenden Unternehmen vorteilhaft ist und sie somit auch in diesem Fall einen Anreiz haben, den Einsatz eines Anti-Dumping-Zolls zu fordern. Im Rahmen einer ökonomisch sinnvollen Anti-Dumping-Regelung sollte es in solchen Fällen nicht zu einem Anti-Dumping-Zoll kommen. Wie wir nun zeigen werden, ist dies aber bei der konkreten Ausgestaltung des Anti-Dumping-Verfahrens in der EU oder den USA nicht der Fall.

Entsprechend der GATT-Regeln zählt als Dumping, wenn der Preis im Inland geringer ist als der Preis auf dem Heimatmarkt des ausländischen Wettbewerbers abzüglich der Transport- und sonstigen Handelskosten („fairer" Preis). Falls das Unternehmen in einem der Märkte über Marktmacht verfügt, hängen die gewinnmaximalen Preise von den Nachfrageelastizitäten auf den beiden Märkten ab. Gerade wenn ein Unternehmen auf dem Exportmarkt über relativ geringe Marktmacht verfügt (und damit Dumping zur Verdrängung der Inlandskonkurrenz kaum erfolgversprechend ist), wird die optimale Preissetzung somit als Dumping gewertet.

Die **Struktur des Anti-Dumping-Verfahrens** macht es möglich, dass die inländischen Unternehmen ihre Forderung nach Anti-Dumping-Zöllen im Verlauf des Verfahrens zurückziehen, wenn die ausländischen Wettbewerber entsprechende Zugeständnisse machen. Anderenfalls wird ein Anti-Dumping-Zoll in Höhe der Differenz zwischen Dumpingpreis und dem „fairen" Preis erhoben. Dieser Anti-Dumping-Zoll bleibt bestehen, solange der Preis vor Zoll über dem „fairen" Preis liegt. Das ausländische Unternehmen muss also den Preis erhöhen, worauf dann zusätzlich noch der Zoll erhoben wird, was das Ergebnis für die inländischen Unternehmen besonders attraktiv macht.

Wie wir gleich auch an einem Beispiel noch verdeutlichen werden, sind insbesondere die folgenden Aspekte im Anti-Dumping-Verfahren problematisch:

- Es werden nur die Auswirkungen auf die inländischen Unternehmen berücksichtigt, nicht diejenigen auf die Konsumenten. Damit kann es grundsätzlich zu Anti-Dumping-Zöllen kommen, die wohlfahrtssenkend sind.

- Auslöser eines Dumping-Verfahrens sind die inländischen Unternehmen, nicht die

Regierung. Das ausländische Unternehmen kann das Ergebnis durch eigene Aktionen vor und während des Dumping-Verfahrens beeinflussen. Somit sind die Erhebung und die Höhe des Zolls endogen, d. h. die Politik wird durch Aktionen der inländischen und ausländischen Unternehmen determiniert.

■ Die Regelungen des Anti-Dumping-Verfahrens sorgen dafür, dass während des Zeitraums der Verhängung des Anti-Dumping-Zolls der Preis der Importe nach Zoll, p^Z, über dem „fairen" Preis, p^{fair}, liegt: Die Preise in der Vergangenheit $p^{Dum} < p^{fair}$ werden als Berechnungsgrundlage für die Dumping-Marge und damit die Zollhöhe herangezogen. Der Preis vor Zoll muss während des Zeitraums der Verhängung des Anti-Dumping-Zolls mindestens auf Höhe des „fairen" Preises liegen; ansonsten wird der Zeitraum verlängert. Wenn nachvollziehbar unterstellt wird, dass die ausländischen Unternehmen eine Aufhebung des Anti-Dumping-Zolls erreichen wollen, gilt somit anders als in der Abbildung 17.1 unterstellt, der Preis $p^Z = p^{fair} + t$ und nicht $p^Z = p^{Dum} + t$!

■ Zudem bietet der konkrete Ablauf des Anti-Dumping-Verfahrens für die inländischen und ausländischen Unternehmen die Möglichkeit, sich auf eine kollusive Lösung zu verständigen. Nach der Voruntersuchung, in der abgeklärt wird, ob entsprechend der Regelungen Dumping vorliegt und die inländischen Produzenten dadurch wahrnehmbar geschädigt werden, hat der Kläger nämlich die Möglichkeit, sich mit dem ausländischen Unternehmen zu einigen und seinen Antrag zurückzuziehen (*withdrawl*). Dies geschieht durchaus häufig: So wurden in den USA im Zeitraum von 1980–1988 von insgesamt 400 Anträgen etwa 100 und damit ein Viertel zurückgezogen (bei den restlichen Anträgen wurde in der Hälfte der Fälle tatsächlich Anti-Dumping-Zölle verhängt).

Zur **Veranschaulichung der Effekte** betrachten wir nun folgende Situation: Automobilunternehmen aus Südkorea gewinnen in der EU insbesondere im Kleinwagensegment zunehmend Marktanteile. Nehmen wir nun konkret an, dass die Transportkosten nach Europa 2.000 Euro je Auto betragen und die Fahrzeuge in Südkorea und in Europa zu 10.000 Euro angeboten werden. Die europäischen Hersteller können nun mit guten Erfolgsaussichten ein Dumping-Verfahren gegen die koreanischen Hersteller initiieren: Der „faire" Preis in Europa müsste wegen der Transportkosten bei 12.000 Euro liegen und somit liegt nach den Anti-Dumping-Regeln Dumping vor. Aufgrund der Ausweitung der Marktanteile der koreanischen Hersteller ergibt sich auch eine wahrnehmbare Schädigung der inländischen Anbieter, da deren Marktanteile zurückgehen.

Welche problematische Effekt könnten sich nun vor dem Hintergrund der Anti-Dumping-Regeln ergeben?

■ Zum ersten könnten die südkoreanischen Unternehmen in Kenntnis der Anti-Dumping-Regelungen den Preis in Europa nicht auf 10.000 Euro, sondern auf 12.000 Euro festlegen und damit ein Anti-Dumping-Verfahren vermeiden. Dies würde für Europa, als Importeur von Kleinwagen zu einem negativen *Terms-of-*

Trade-Effekt führen, ohne dass irgendwelche Zolleinnahmen entstehen. Der Nettowohlfahrtsverlust im Zollwirkungsdiagramm (Abbildung 17.1) ist für die EU in diesem Fall durch die Flächen **bcd** gegeben, schließlich fallen keine Zolleinnahmen an. Beachten Sie zudem, dass dieser negative Effekt entsteht, ohne dass es überhaupt zu einem Anti-Dumping-Verfahren kommt!

- Würden die südkoreanischen Anbieter demgegenüber den für sie gewinnmaximalen Preis von 10.000 Euro wählen, so käme es zur Eröffnung eines Anti-Dumping-Verfahrens. Bei einer positiven Entscheidung wird dann ein Anti-Dumping-Zoll in Höhe von 2.000 Euro erhoben. Solange die koreanischen Unternehmen ihre Preise nicht anpassen, bleibt dieser Zoll bestehen. Nur wenn die Preise vor Zoll auf 12.000 Euro erhöht werden (und damit in Europa die koreanischen Fahrzeuge zu einem Preis mit Zoll in Höhe von 14.000 Euro angeboten werden), wird es nach Überprüfung durch die europäischen Behörden in der Folgeperiode zu einer Löschung des Zolls kommen.

- Kommt es zur Eröffnung eines Anti-Dumping-Verfahrens, so haben die europäischen Unternehmen nach Abschluss der Voruntersuchung auch die Möglichkeit, mit den koreanischen Unternehmen zu verhandeln und ihnen anzubieten, den Anti-Dumping-Antrag zurückzuziehen, wenn die koreanischen Unternehmen entsprechende Zugeständnisse machen. Beachten Sie, dass für die koreanischen Unternehmen selbst eine Erhöhung des Preises auf mindestens 14.000 Euro (bzw. eine entsprechende Reduktion der Exportmengen) gegenüber der Situation mit dem Anti-Dumping-Zoll klar vorteilhaft ist. Kommt es somit zu einer Einigung, so entstehen wiederum keine Zolleinnahmen und wegen der konkreten Anti-Dumping-Drohung werden die inländischen Unternehmen voraussichtlich einen Preis deutlich über dem fairen Preis durchsetzen können.

Während die *Escape Clause* nur sehr selten zur Anwendung kommt, spielen Anti-Dumping-Zölle eine wichtige Rolle in der handelspolitischen Praxis. So wurden alleine in den USA im Zeitraum zwischen 1980 und 1994 über 700 Anti-Dumping-Verfahren initiiert. Zum Versuch, einen Zollschutz über die *Escape Clause* zu erhalten, kam es demgegenüber nur in 21 Fällen. Vor dem Hintergrund der durch die Regelungen des Anti-Dumping-Verfahrens gegebenen Anreize für die inländischen Unternehmen ist das wenig verwunderlich: Unabhängig davon, ob tatsächlich „unfaires" Dumping vorliegt und wie das Anti-Dumping-Verfahren letztlich ausgeht, wird es zu höheren Importpreisen (nach Zoll) bzw. zu einer Einschränkung der Importmenge durch die ausländischen Konkurrenten kommen, was beides zu einer höheren Produzentenrente für die inländischen Unternehmen führt.

17.4 Optimalzoll und Handelskrieg im Tauschkurvendiagramm

In Kapitel 15 hatten wir gezeigt, dass die Regierung eines „großen" Landes, d. h. eines Landes, das den Weltmarktpreis durch seine Handelspolitik beeinflussen kann, durch einen geeignet gewählten Zoll die inländische Wohlfahrt gegenüber der Frei-handelssituation erhöhen kann. Beim Einsatz eines solchen „Optimalzolls" ist jedoch zu beachten, dass der Vorteil für das Inland sich auf Kosten des Auslands ergibt (dies wurde bei vollkommen unelastischer Inlandsnachfrage besonders deutlich). Falls das Ausland auch bei bestimmten Gütern in der Position eines großen Landes ist, besteht die Gefahr von Vergeltungsmaßnahmen durch Zölle auf Exportgüter des Inlands. Ei-ne solche Situation wäre z. B. bei einem Handelskrieg zwischen den USA und der EU gegeben. Insgesamt ergibt sich dann ein Wohlfahrtsverlust: Der Außenhandel geht zurück und die realen *Terms of Trade* verändern sich möglicherweise gar nicht.

Dieser Aspekt der Vergeltung lässt sich mit Hilfe von **Tauschkurven** (*offer curves*) veranschaulichen, einer Darstellung zur Bestimmung des Weltmarktgleichgewichts (Preise und Handelsmengen) für zwei Güter und zwei Länder. Die Tauschkurve kann aus den Abbildungen mit Produktionsmöglichkeitenkurven und Wohlfahrts-indifferenzkurven abgeleitet werden, wie wir sie in den Kapiteln 4 und 5 verwendet haben. Im Tauschkurvendiagramm werden die relativen Preise (in Mengeneinheiten des anderen Gutes) bestimmt, wobei im Gleichgewicht für beide Länder und beide Güter gelten muss, dass die gewünschte Exportmenge der gewünschten Importmenge zu diesem Preisverhältnis entspricht. Die Tauschkurve eines Landes gibt dabei alle Kombinationen von gewünschten Export- und Importmengen an. Sie beantwortet somit die Frage: Welche Exportmenge ist ein Land bereit zu „bezahlen", um eine bestimmte Importmenge zu erhalten?

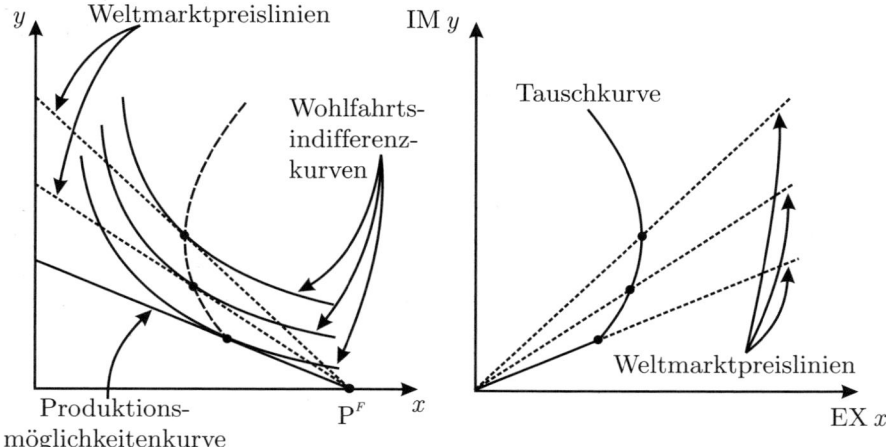

Abb. 17.2: Ableitung der inländischen Tauschkurve im Ricardo-Modell

In Abbildung 17.2 wird zunächst die Tauschkurve TK des Inlands auf der Grund-lage einer Ricardo-Situation abgeleitet.[1] Wir gehen davon aus, dass sich das Inland

---

[1]Die Ableitung für ein Zwei-Faktoren-Modell mit der nach außen gewölbten Produktionsmöglich-keitenkurve erfolgt analog, ist aber von der Zeichnung her etwas unübersichtlicher, da sich bei

bei Freihandel vollkommen auf die Produktion von x (Industrieprodukte) spezialisiert. Die gewünschte Konsummenge zu einem bestimmten Preisverhältnis ist dann
durch den Tangentialpunkt der Wohlfahrtsindifferenzkurve der im Produktionspunkt
P^F beginnenden Weltmarktpreislinie gegeben. Die gestrichelte nach rechts gebogene
Kurve durch diese Tangentialpunkte gibt dann jeweils die gewünschten Konsummengen zum entsprechenden Weltmarktpreisverhältnis an. Diese Kurve lässt sich
in das rechte Diagramm übertragen, in dem nicht die Konsum- und Produktionsmengen der Güter, sondern die Exportmengen von x und die Importmengen von y
(Agrarprodukte) abgetragen sind. Wir können das linke Diagramm an einer durch
P^F senkrecht verlaufenden Linie (nicht in der Abbildung eingezeichnet) spiegeln,
um die Tauschkurve des Inlands zu erhalten. Die Steigung einer Geraden, die den
Ursprung und die Tauschkurve schneidet, gibt dann die *Terms of Trade* im entsprechenden Schnittpunkt mit der Tauschkurve an.

Diese Darstellungsform erlaubt es uns nun wie in Abbildung 17.3 die Tauschkurve
TK^* des Auslandes in die gleiche Graphik einzuzeichnen, wobei jetzt auf der x-Achse
die Importe der Industrieprodukte und auf der y-Achse die Exporte der Agrarprodukte gemessen werden – die für das Ausland abgeleitete Tauschkurve ist somit im
Prinzip an der durch den Ursprung verlaufenden 45°-Linie gespiegelt.

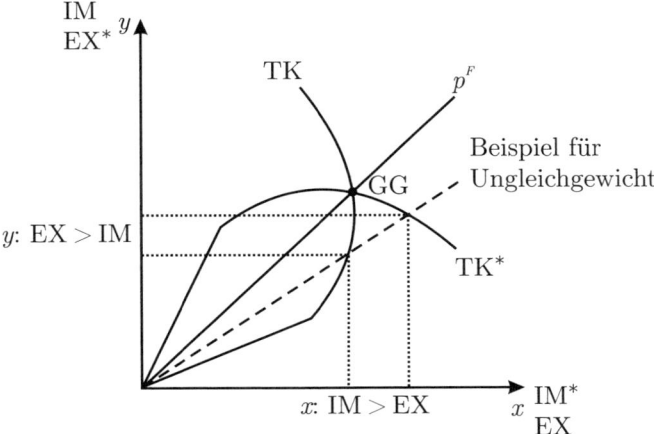

Abb. 17.3: Tauschkurve für Inland und Ausland

Im **Weltmarktgleichgewicht** muss dann gelten, dass sich bei beiden Gütern die
gewünschten Export- und Importmengen entsprechen. Dies ist im Schnittpunkt GG
der beiden Tauschkurven der Fall – die Steigung der Geraden durch diesen Punkt
gibt dann die gleichgewichtigen *Terms of Trade* an. Zur Veranschaulichung haben
wir noch eine weitere gestrichelte Preislinie eingezeichnet. Bei diesem Preisverhältnis
würde sich eine Ungleichgewichtssituation ergeben: Während es bei den Industriepro-

---

Änderung des Relativpreises nicht nur der Konsumpunkt, sondern auch der Produktionspunkt
verschiebt.

Web-Service: http://www.uvk-lucius.de/morasch-bartholomae

dukten hier zu einem Nachfrageüberschuss käme (gewünschte Importmenge größer als gewünschte Exportmenge), läge bei den Agrarprodukten ein Angebotsüberschuss vor (gewünschte Exportmenge übersteigt die gewünschte Importmenge).

Mit Hilfe des Tauschkurvendiagramms können wir nun folgende Fragen analysieren:

- Welche Auswirkung hat ein Zoll, den das Inland auf Agrarprodukte erhebt?

- Wie wirkt sich ein Vergeltungszoll des Auslands auf Industrieprodukte aus?

Betrachten wir zunächst den **Optimalzoll** in Abbildung 17.4. Wird auf die Agrarprodukte y ein Zoll erhoben, so dreht sich die Tauschkurve des Inlands nach links innen von TK^0 zu TK^1 – durch den Zoll besteht für das Inland ein geringerer Anreiz, durch den Export von Industriegütern die Agrarprodukte zu erwerben. Im neuen Gleichgewicht GG^1 ergibt sich dann aus Sicht des Inlands ein günstigeres Weltmarktpreisverhältnis: Gegenüber GG^0 wird eine deutlich geringere Menge an Industriegütern exportiert, während die Agrarimporte nur marginal zurückgehen (bei einem etwas anderen Verlauf der Handelsindifferenzkurven könnte es sogar zu einer Erhöhung der Importe kommen).

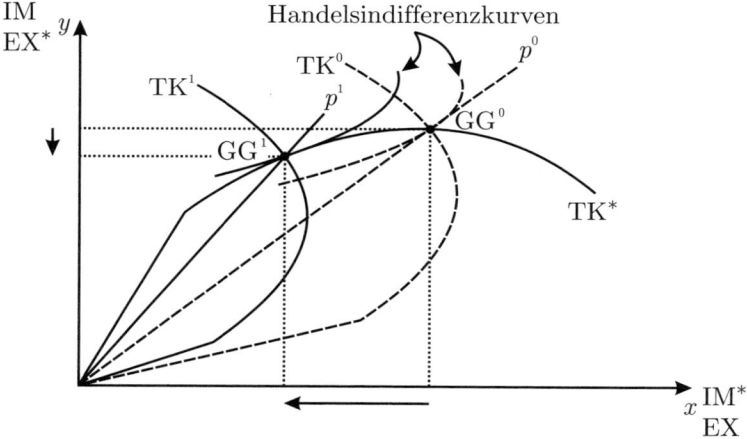

Abb. 17.4: Bestimmung des Optimalzolls im Tauschkurvendiagramm

Beachten Sie, dass die Höhe des Zolls in der Abbildung aus der relativen Steigung der beiden Preisgeraden ersichtlich ist: Bei einem Wertzoll in Höhe von t erhöht sich die Steigung um den Faktor $1/(1+t)$. In der Abbildung haben wir zusätzlich Handelsindifferenzkurven eingezeichnet, die die Kombinationen von Export- und Importmengen angeben, für die im Inland das gleiche Wohlfahrtsniveau resultiert. Solche Indifferenzkurven verlaufen konvex und steigend. Sie geben ein umso höheres Wohlfahrtsniveau an, je weiter sie von der x-Achse entfernt sind und tangieren im Schnittpunkt mit der Tauschkurve die zugehörige Preisgerade. Der Optimalzoll kann dann ähnlich wie das Stackelberg-Gleichgewicht graphisch dadurch ermittelt werden, dass wir diejenige Indifferenzkurve suchen, die die Tauschkurve des Auslands gerade berührt. Die Preisgerade durch den Berührpunkt gibt dann dasjenige Preisverhältnis an, das durch Wahl des Optimalzolls realisiert werden soll.

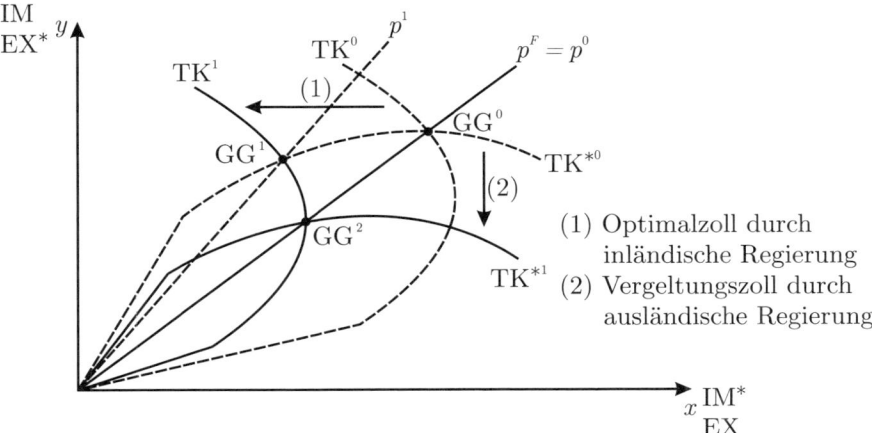

Abb. 17.5: Handelskrieg im Tauschkurvendiagramm

Kommen wir nun zur Analyse des **Vergeltungszolls**. Wie wir Abbildung 17.4 entnehmen können, ergibt sich der Vorteil für das Inland durch den Optimalzoll auf Kosten des Auslands – eine Verbesserung der inländischen *Terms of Trade* ist gleichbedeutend mit einer Verschlechterung der ausländischen *Terms of Trade*. Da es sich dabei ebenfalls um ein großes Land handelt, kann es durch einen Vergeltungszoll auf Industrieprodukte seine Wohlfahrt erhöhen. Die Tauschkurve des Auslands dreht sich durch einen solchen Zoll wie in der Abbildung 17.5 zu erkennen ist nach rechts unten von TK^{*0} zu TK^{*1}. Im Beispiel befindet sich das neue Gleichgewicht GG^2 auf der ursprünglichen Weltmarktpreislinie (damit entspricht es dem Ergebnis, das sich bei Zollerhebung durch ein kleines Land ergeben hätte). Dies muss nicht notwendigerweise gelten, macht jedoch den Gesamteffekt eines Optimalzolls mit Vergeltung besonders drastisch deutlich: Insgesamt stellen sich gegenüber der Freihandelssituation eindeutig beide Länder schlechter – das Handelsvolumen ist zurückgegangen und die *Terms of Trade* haben sich nicht verändert.

EU, USA	Freihandel	Protektion
Freihandel	(10, 10)	(−10, 20)
Protektion	(20, −10)	(−5, −5)

Tab. 17.1: Handelskrieg als Gefangenendilemma

Dies wird in der Auszahlungsmatrix in Tabelle 17.1 nochmals exemplarisch verdeutlicht. Wie die Auszahlungsstruktur zeigt, ergibt sich bei der Handelspolitik großer

Länder eine Gefangenendilemma-Situation, die durch eine Verhandlungslösung überwunden werden müsste. Da bindende Verträge, die durch eine externe Institution durchgesetzt werden, im internationalen Kontext nicht möglich sind, gäbe es im statischen Kontext keine Möglichkeit, dieses Problem zu lösen. In dynamischer Perspektive kann jedoch die Androhung von Vergeltung durch den Handelspartner die pareto-optimale Verhandlungslösung realisierbar machen. Konkret lässt sich bei Annahme eines unendlich oft wiederholten Spiels mit ausreichend geringem Diskontfaktor zeigen, dass die Verhandlungslösung durch die sogenannte „Grim-Trigger-Strategie" realisierbar ist, bei der zunächst Freihandel gewählt wird, aber im Falle einer Abweichung durch eines der beiden Länder das andere Land für immer zum Optimalzoll wechselt („Totale Vergeltung").

Für symmetrische, große Länder in einem statischen Umfeld wäre somit zwar zur Realisierung der effizienten Lösung ein Handelsabkommen notwendig, das durch die angedrohte „Bestrafung" bei Abweichung durchgesetzt wird. Eine Begründung für eine Institution wie die WTO und die spezifischen Regelungen des GATT kann daraus jedoch nicht abgeleitet werden. Unter der realitätsnäheren Annahme von mehr als zwei unterschiedlich großen Ländern, die in einem dynamischen Umfeld interagieren, wollen wir nun aber zeigen, dass die GATT-Regeln, insbesondere Reziprozität und Meistbegünstigung, für eine erfolgreiche Kooperation auf jeden Fall hilfreich, teilweise sogar unabdingbar sind. Insbesondere macht die Rahmensetzung durch den GATT-Vertrag die Teilnahme an Handelsvereinbarungen auch für relativ kleine Länder mit schwacher Verhandlungsposition attraktiv.

17.5 Ökonomie des GATT: Reziprozität und Meistbegünstigung

Im Tauschkurvendiagramm haben wir anhand der Optimalzollpolitik gesehen, dass Zollpolitik eines großen Landes zu einer *Terms-of-Trade*-Externalität führt. Dies gilt auch dann, wenn die Handelspolitik nicht explizit auf eine Änderung des Weltmarktpreisverhältnisses abzielt, sondern der Realisierung binnenpolitischer Ziele dient oder Ergebnis des politischen Prozesses ist.

Das Prinzip der **Reziprozität** in der GATT-Vereinbarung kann nun so interpretiert werden, dass bei der Verhandlung über die Reduktion von Zollsätzen das Weltmarktpreisverhältnis gegenüber der Ausgangssituation unverändert bleiben soll. Dies wird nicht explizit so formuliert, doch die Gewährung verstärkten Marktzugangs für ausländische Exporte im Gegenzug zu einer Zollreduktion des Auslands ist gerade notwendig, um eine Veränderung des Weltmarktpreisverhältnisses zu verhindern. Konkret führt eine simultane Anpassung der Handelspolitik in zwei Ländern dann zu unveränderten *Terms of Trade*, wenn sich der Wert der Importe jedes Landes in gleichem Umfang erhöht wie der Wert der Exporte. Zwar bleiben dann die *Terms of Trade* konstant, aber das lokale Preisverhältnis verschiebt sich zugunsten des Exportsektors. Dieser Aspekt ist politökonomisch wichtig, da dies die politische Unterstützung der exportierenden Unternehmen beim Abbau der Protektion sicherstellt.

Der Vorteil der Reziprozität wird in Abbildung 17.6 veranschaulicht. Zunächst liegen hier Nash-Gleichgewichtszölle vor, die sich aus der simultanen Festlegung der Zollsätze durch die Länder unter Berücksichtigung ihrer Politikziele und der *Terms-of-Trade*-Effekte ergeben. Wird von diesen Zöllen ausgehend, eine reziproke Zollsenkung durchgeführt, kommt es zu einer Pareto-Verbesserung. Im Nash-Gleichgewicht verläuft die Indifferenzkurve der Zielfunktion G der inländischen Regierung waagerecht und die der ausländischen Regierung G* senkrecht: Zum gegebenen Gleichgewichtszoll des anderen Landes wird dann jeweils die höchstmögliche Zielerreichung realisiert (analog zu den Isogewinnkurven, die auch im Cournot-Gleichgewicht senkrecht bzw. waagerecht verlaufen).

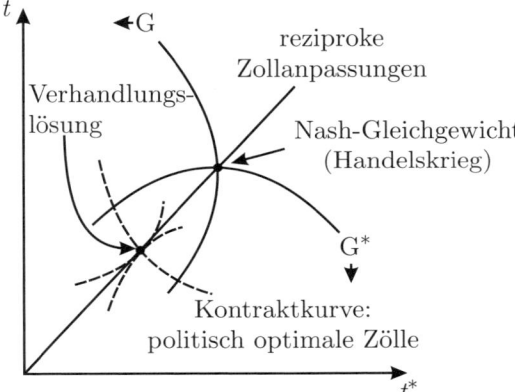

Abb. 17.6: Reziproke Zollsenkung

Im Nash-Gleichgewicht wollen beide Länder mehr Handel solange sich das Weltmarktpreisverhältnis nicht zu ihren Ungunsten verschiebt. Genau dies wird durch Reziprozität beim Abbau der Handelsbeschränkungen sichergestellt. Im in der Abbildung dargestellten Idealfall symmetrischer Länder führt dies auf eine Verhandlungslösung, die auf der Kontraktkurve mit den pareto-optimalen Zöllen liegt. Bei asymmetrischen Ländern kann diese Lösung zwar möglicherweise nicht erreicht werden, weil eines der Länder bereits bei einem höheren Zollsatz einen Berührpunkt zwischen der Indifferenzkurve und der Preisgeraden realisiert. Da die Steigung der Geraden mit den reziproken Zollanpassungen aber zwischen den Steigungen der beiden Indifferenzkurven liegen muss, ist immer eine Verbesserung gegenüber dem nicht-kooperativen Nash-Gleichgewicht realisierbar.

Eine wichtige Rolle spielt die Reziprozität auch bei der Notwendigkeit von Vertragsanpassungen bei veränderten ökonomischen Rahmenbedingungen. Dies wurde in Abschnitt 17.3 bei der Vorstellung der *Escape Clause* bereits angedeutet. Dieser Aspekt macht die Teilnahme relativ verhandlungsschwacher Länder im GATT attraktiver, da ein Land nun weniger fürchten muss, dass nach der ökonomischen Anpassung seiner Volkswirtschaft an die nach dem Abbau der Handelsbeschränkung gegebene Situation, ein verhandlungsstärkeres Land seine Verhandlungsmacht ausnutzen kann, um die *Terms of Trade* in der neuen Situation zu seinen Gunsten zu verändern. Man spricht in diesem Zusammenhang auch von einer verringerten Gefahr des Holdup, ein Konzept, das wir bei der Diskussion des Transaktionskostenansatzes in Kapitel 19 noch genauer kennenlernen werden.

Was ist nun die Funktion der **Meistbegünstigung**? Auf den ersten Blick scheint dieses Konzept wenig sinnvoll, da es einem Drittland ermöglicht, als „Trittbrettfahrer" von zwischen zwei anderen Ländern vereinbarten Zollsenkungen zu profitieren. Bei dieser Argumentation wird jedoch nicht berücksichtigt, dass die verhandelnden Länder ohne Meistbegünstigung einen Anreiz hätten, die bilaterale Vereinbarung zu Lasten des Drittlandes auszugestalten. Diesen Aspekt werden wir im nächsten Abschnitt noch im Zusammenhang mit der potentiellen Wirkung von Freihandelszonen und Zollunionen genauer untersuchen. Um diese Möglichkeit wirksam zu verhindern ist das Prinzip der Meistbegünstigung notwendig – Reziprozität alleine genügt nicht, da sich auch bei konstantem Weltmarktpreisverhältnis die lokalen Preise anpassen können und damit beispielsweise die Nachfrage nach Produkten aus dem Drittland verringert werden kann.

Die Prinzipien Meistbegünstigung und Reziprozität sind komplementär zueinander: Während die Meistbegünstigung sicherstellt, dass zwischen den Handelspartnern nur *Terms-of-Trade*-Externalitäten auftreten können, stellt Reziprozität sicher, dass diese *Terms-of-Trade*-Externalitäten neutralisiert werden. Daher ist es auch durchaus problematisch, dass im Rahmen des GATT das Prinzip der Meistbegünstigung bei Zollunionen und Freihandelszonen durchbrochen wird. Mit dieser Problemstellung werden wir uns im folgenden Abschnitt auseinandersetzen.

17.6 Regionale Integration: Zollunionen und Freihandelszonen

Eine verzerrte Integration liegt dann vor, wenn es zum Abbau wirtschaftlicher Schranken innerhalb einer Ländergruppe, aber nicht zwischen diesen Ländern und dem Rest der Welt kommt. In diesem Abschnitt stellen wir zunächst die verschiedenen Formen der verzerrten Integration vor. Anschließend werden wir die potentiellen Wirkungen verzerrter Integration genauer analysieren. Zum Abschluss wenden wir diese Überlegungen auf die EU, als ein Beispiel für regionale Integration, an.

17.6.1 Zollunionen und andere Formen verzerrter Integration

Es lassen sich folgende Hauptformen der verzerrten Integration unterscheiden:

■ Im Rahmen einer **verzerrten Zollsenkung** reduziert eine Gruppe von Ländern die Zölle auf diejenigen Güter, die zum größten Teil zwischen ihnen gehandelt werden, während andere Zölle unverändert bleiben.

■ Von **diskriminierenden Zollpräferenzen** spricht man, wenn eine Ländergruppe die Zölle untereinander reduziert (aber nicht eliminiert) und gegenüber Produkten aus dritten Ländern unverändert lässt.

■ In **Freihandelszonen** eliminieren die Mitgliedsländer die Zölle untereinander vollständig. Jedes Mitglied behält jedoch gegenüber anderen Nichtmitgliedsländern seine individuellen Zollsätze bei. Ein Beispiel hierfür ist die NAFTA (*North American Free Trade Agreement*) in der sich die USA, Kanada und Mexiko zusammengeschlossen haben.

■ Im Rahmen einer **Zollunion** werden wie bei Freihandelszonen die Zölle untereinander vollständig eliminiert. Zusätzlich wird jedoch ein gemeinsames Zollsystem für Importe von Ländern außerhalb der Zollunion festgelegt. Ein Beispiel dafür ist der Vorläufer der EU, die EG (Europäische Gemeinschaft), die sich zumindest aus außenhandelspolitischer Perspektive bis 1993 auf eine Zollunion beschränkte.

■ Ein **gemeinsamer Markt** liegt vor, wenn wie im EU-Binnenmarkt zusätzlich zur Aufhebung der Zölle auch Faktorbewegungen zwischen den Mitgliedsländern uneingeschränkt möglich sind.

■ Bei einer **Wirtschaftsunion** vereinheitlichen die Mitgliedsländer auch ihre Wirtschaftspolitiken. Als Beispiel kann die EU ab 1999 nach dem Vertrag von Maastricht und der Einführung der Europäischen Währungsunion genannt werden.

17.6.2 Auswirkungen verzerrter Integration

Im Folgenden werden die wesentlichen Effekte der verzerrten Integration am Beispiel einer Zollunion dargestellt. Wir gehen dabei von einer Situation mit drei Ländern – Frankreich, Deutschland und Japan – aus, die Autos handeln. Zur Vereinfachung und zur Konzentration auf den Aspekt der verzerrten Integration gehen wir dabei von einem Markt mit vollkommenem Wettbewerb aus und beschränken uns auf eine Partialmarktanalyse. In der Ausgangssituation seien in Deutschland und Frankreich unterschiedlich hohe nicht-diskriminierende Importzölle gegeben, die im Rahmen der Zollunion zwischen Frankreich und Deutschland beim Handel entfallen, während gegen Japan ein gemeinsamer Außenzoll festgelegt wird. Diese verzerrte Integration führt nun zu zwei Effekten:

■ **Handelsschaffung**: Die Eliminierung der Zölle im Zuge der Zollunion zwischen Frankreich und Deutschland schafft zusätzlichen Handel zwischen den beiden Ländern entsprechend der jeweiligen komparativen Vorteile. Dieser Handelsschaffungseffekt führt zu positiven Wohlfahrtswirkungen.

■ **Handelsumlenkung**: Da die Zollschranken zwischen Frankreich und Deutschland aufgehoben sind, während auf japanische Importe weiterhin Zölle erhoben werden, wird es nun attraktiv, Produkte anstatt aus Japan aus Frankreich bzw. der Bundesrepublik zu importieren. Die Handelsumlenkung ist ineffizient, da die Güter außerhalb der Zollunion kostengünstiger beschafft werden könnten.

Wir wollen uns diesen zweiten Effekt nun zunächst anhand eines einfachen Zahlenbeispiels verdeutlichen. Angenommen, die Kosten für die Herstellung eines Fahrzeugs der oberen Mittelklasse (z. B. 5er BMW, Peugeot 508, Lexus GS) betragen in Frankreich 60.000 Euro, in Deutschland 40.000 Euro und in Japan 30.000 Euro. Ursprünglich erheben Frankreich und Deutschland Importzölle in Höhe von 60 % bzw. 40 % des Importwertes. Dies führt dazu, dass Frankreich japanische Fahrzeuge importiert [$(1 + 0{,}6) \cdot 30.000 = 48.000 < 60.000$], während die Bundesrepublik die Fahrzeuge selbst herstellt [$(1+0{,}4)\cdot 30.000 = 42.000 > 40.000$]. Wird nun eine Zollunion zwischen Frankreich und der Bundesrepublik vereinbart, wobei der gemeinsame Außenzoll auf 50 % festgelegt wird, so wird Frankreich die Autos nicht mehr aus Japan, sondern aus Deutschland importieren [$(1 + 0{,}5)\cdot 30.000 = 45.000 > 40.000$]. Es erfolgt also eine Handelsumlenkung zum relativ ineffizienten Hersteller Deutschland (40.000 Euro anstatt 30.000 Euro je Fahrzeug), wodurch sich für die Mitglieder der Zollunion insgesamt gegenüber der Ausgangssituation ein Wohlfahrtsverlust ergibt.

Zur Veranschaulichung von Handelsschaffungs- und Handelsumlenkungseffekt wollen wir die Auswirkung der Zollunion im Beispiel nun im partialanalytischen Angebot-Nachfrage-Diagramm für ein kleines Land anhand von Abbildung 17.7 darstellen. Dabei wird die Situation für das Importland Frankreich betrachtet, wobei im Unterschied zum Zahlenbeispiel nun für Frankreich eine steigende Angebotskurve (und damit steigende Grenzkosten unterstellt werden). Frankreich ist damit zwar Importland, produziert aber auch selbst Fahrzeuge für den Inlandsmarkt.

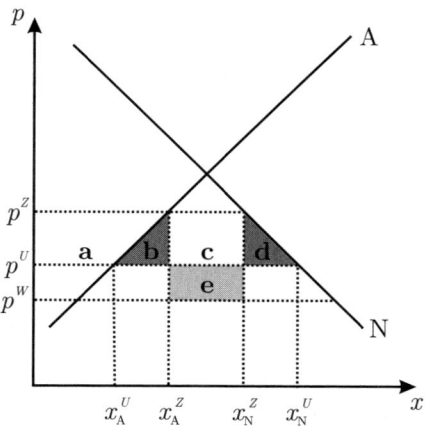

Abb. 17.7: Zollunion: Handelsschaffung und Handelsumlenkung

Für Frankreich treten dann durch die Zollunion sowohl (wohlfahrtssteigernde) Handelsschaffungs- als auch (wohlfahrtsmindernde) Handelsumlenkungseffekte auf:

■ Durch die Zollunion sinkt der Inlandspreis in Frankreich von p^Z (im Zahlenbeispiel 48.000 Euro) auf p^U (im Beispiel 45.000 Euro). Dadurch steigt die Konsumentenrente (Flächen **abcd**) gegenüber der Ausgangssituation, in der ein Zoll auf die

Fahrzeuge aus beiden Ländern erhoben wird. Dem stehen jedoch Verluste an Produzentenrente aufgrund der geringeren inländischen Produktion (Fläche **a**) und dem Verlust der Zolleinnahmen (Fläche **c**) gegenüber. Insgesamt ergibt sich durch den Handelsschaffungseffekt (mehr Importe als im Ausgangsgleichgewicht) aber ein Nettowohlfahrtszuwachs (Flächen **b** und **d**).

■ Die Zolleinnahmen verringern sich jedoch nicht nur um die Fläche **c**, sondern zusätzlich um die Fläche **e** (Differenz zwischen p^U und p^W multipliziert mit der ursprünglichen Importmenge). Dieser Verlust an Zolleinnahmen kann im Prinzip als Folge der Handelsumlenkung interpretiert werden: Wäre die Bundesrepublik genauso effizient wie Japan, so würden sich Weltmarktpreis und Preis bei Zollunion entsprechen, und die Verluste an Zolleinnahmen würden durch die entsprechende Erhöhung der Konsumentenrente vollkommen ausgeglichen.

Über den Gesamteffekt der Zollunion auf die französische Wohlfahrt lässt sich somit keine allgemeingültige Aussage treffen: Je nachdem, ob die Summe der Flächen **b** und **d** oder die Fläche **e** größer ist, führt die Zollunion für Frankreich zu einer Wohlfahrtssteigerung oder zu einer Wohlfahrtseinbuße. Im Gegensatz zum Abbau der Zölle zwischen allen Ländern ist der Wohlfahrtseffekt bei verzerrter Integration wegen der Möglichkeit der Handelsumlenkung nicht eindeutig bestimmbar. Tendenziell dominiert der positive Handelsschaffungseffekt eher bei relativ ähnlichen Industrieländern (Ausweitung intra-industriellen Handels), geringem Außenzoll (wenig Handelsumlenkung) und vielen Mitgliedsländern (höheres Potential zur Handelsschaffung und geringere Gefahr der Handelsumlenkung).

Box 17.1 Optimale Anzahl regionaler Handelsblöcke

Bei der Analyse der Auswirkungen von regionalen Handelsblöcken sind wir von einem kleinen Land ausgegangen. Gerade bei der Bildung großer Freihandelszonen und Zollunionen wie der EU müsste aber realistischerweise angenommen werden, dass sich diese gegenüber dem Rest der Welt als große Länder verhalten und versuchen werden durch ihre Zollpolitik die *Terms of Trade* zu ihren Gunsten zu beeinflussen.

Im Kontext des Krugman-Modells (Abschnitt 12.1) lässt sich zeigen, dass in einer Welt ohne Handelskosten eine Zahl von drei Handelsblöcken am ungünstigsten ist: Wenn alle Länder Mitglieder einer großen Freihandelszone wären, hätten wir Freihandel auf Weltebene. Auf der anderen Seite könnten viele kleine Freihandelszonen kaum Einfluss auf die *Terms of Trade* nehmen und die Zölle wären sehr niedrig. Bei einigen wenigen Handelsblöcken kommt es demgegenüber zu der in Abschnitt 17.4 abgeleiteten Gefangenendilemma-Situation mit hohen Zollsätzen und damit geringerer Wohlfahrt. Vor dem Hintergrund der möglichen Bildung von drei großen regionalen Handelsblöcken in Amerika, Europa und den USA stimmt dieses Ergebnis wenig zuversichtlich für die Zukunft des Welthandels.

Allerdings sollte man berücksichtigen, dass dieses Ergebnis unter der Annahme friktionslosen Handels abgeleitet wurde. Berücksichtigt man, dass Handelskosten zwischen benachbarten Ländern im allgemeinen sehr viel geringer sind als zwischen Ländern auf verschiedenen Kontinenten, so verstärken regionale Handelsblöcke wie die EU möglicherweise nur die natürlicherweise vorhandenen Vorteile des Handels zwischen diesen Ländern und verringern den aufgrund der Handelskosten relativ ineffizienten Handel zwischen den Kontinenten. Wenn man nun als andere Extremposition annimmt, dass die nicht politisch bedingten Handelskosten innerhalb eines Kontinents Null sind und diejenigen zwischen den Kontinenten prohibitiv, dann würde die Bildung von drei Handelsblöcken die Wohlfahrt maximieren.

Die Wirklichkeit liegt wohl irgendwo zwischen diesen beiden Extremen und die Vorteilhaftigkeit einer bestimmten Struktur hängt davon ab, ob die Unterschiede in den Handelskosten oder die Beeinflussung der *Terms of Trade* durch große Handelsblöcke gewichtiger sind.

17.6.3 Empirie: EU, NAFTA und MERCOSUR

Die Europäische Union (damals noch Europäische Wirtschaftsgemeinschaft – EWG) war bei ihrer Gründung zunächst eine Zollunion. Inzwischen ist jedoch eine weitreichendere Integration realisiert, die auch die Faktormobilität, die politische Integration und die Währungsintegration betrifft. Seit 1993 gibt es den sogenannten „Gemeinsamen Markt" und zu Beginn des 20. Jahrhunderts ist zumindest innerhalb der Eurozone eine vollständige Währungsintegration und durch den Vertrag von Maastricht auch eine stärkere Koordination der Wirtschaftspolitik gegeben. Die Probleme der Währungsintegration von Ländern mit unterschiedlichem wirtschaftlichen Entwicklungsstand und nicht ausreichend koordinierter Wirtschaftspolitik sind aktuell im Rahmen der Folgen der internationalen Finanzkrise deutlich geworden. Da es hierbei insbesondere um makroökonomische und Finanzmarktaspekte geht, kann dies mit dem uns zur Verfügung stehenden Instrumentarium nicht fundiert diskutiert werden.

Wir konzentrieren uns daher auf die Effekte der Zollunion und des gemeinsamen Marktes. Bezüglich der **Effekte der Europäischen Union als Zollunion** zeigen empirische Studien, dass die positiven Auswirkungen der Handelsschaffung zumindest in Bezug auf die Mitgliedsländer der Europäischen Union im allgemeinen überwogen haben – für einzelne Nicht-Mitgliedsländer haben sich demgegenüber möglicherweise deutliche negative Effekte ergeben. Empirische Schätzungen des positiven Wohlfahrtseffekts auf Grundlage eines statischen Modells fallen jedoch relativ gering aus und beziffern ihn mit ungefähr 0,5 % bis 1 % des Bruttosozialprodukts der EU. Von größerer Bedeutung sind vermutlich die dynamischen Effekte, die sich durch die Ausnutzung von Skalenerträgen auf dem größeren gemeinsamen Markt und dem intensiveren Wettbewerb oligopolistischer Unternehmen auf diesem Markt ergeben. Diese Auswirkungen haben sich durch die weitreichende Integration im Rahmen des gemeinsamen Marktes in den letzten zwanzig Jahren noch verstärkt. Eine zuverlässige quantitative Schätzung dieser Phänomene ist allerdings kaum realisierbar, weil die Wirkung der Integration schwer von anderen Effekten isoliert werden kann.

Für die nordamerikanische Freihandelszone NAFTA und die südamerikanische Zollunion MERCOSUR (*Mercado Común del Sur* – Gemeinsamer Markt des Südens) gibt es einige relativ aktuelle empirische Studien, die ein Licht auf die Abhängigkeit der Handelsumlenkung von der Ähnlichkeit der Länder und die negativen *Terms-of-Trade*-Effekte für unbeteiligte Länder werfen. So zeigt sich, dass der Vorläufer der **NAFTA**, das Freihandelsabkommen zwischen den USA und Kanada, kaum zu Handelsumlenkungseffekten geführt hat (konkret war der Effekt auf die US-amerikanischen Importe aus dem Rest der Welt zwar negativ, aber statistisch insignifikant). Anders sieht es aus, wenn man die Erweiterung um Mexiko auf die NAFTA betrachtet: Hier gab es die größten Zollsenkungen gerade bei Gütern, die die USA bisher von außerhalb Nordamerikas bezog, was zu deutlichen Handelsumlenkungseffekten führte. Für **MERCOSUR** konnte empirisch ein deutlicher *Terms-of-Trade*-Effekt nachgewiesen werden, der beispielsweise 1996 für die USA im Handel mit Brasilien einen Verlust in Höhe von mehr als 10 % des Exportwertes ausmachte. In diesem Zusammenhang konnte auch gezeigt werden, dass der direkte Effekt der Anpassung des Außenzolls (Unterschied zwischen ursprünglichem brasilianischen Zollsatz und MERCOSUR-Zollsatz) schwächer war als der indirekte Effekt, der sich insbesondere durch die Eliminierung der Zölle zwischen Argentinien und Brasilien ergab (eigentlicher Handelsumlenkungseffekt).

Was haben wir gelernt?

■ Mit dem Medianwählermodell kann man die Zollpolitik im Rahmen des HOS-Modells analysieren: Wegen der ungleicheren Verteilung des Kapitals kommt es in kapitalreichen Ländern zu Protektion bei den relativ arbeitsintensiven Gütern. Zur Erklärung des unterschiedlichen Niveaus der Protektion in verschiedenen Branchen und der Wahl ineffizienter Instrumente braucht man jedoch eine Theorie des Lobbying: Konzentrierte Gruppen setzen sich eher durch und es wird dasjenige Instrument vorgezogen, das politisch eher durchsetzbar ist.

■ Im Rahmen des GATT kam es nach dem Zweiten Weltkrieg im Rahmen multilateraler Verhandlungsrunden zu einem weltweiten Abbau von Handelsbeschränkungen. Im Jahr 1995 gelang es schließlich, die WTO als eigenständige internationale Organisation zur Schlichtung bei Handelsstreitigkeiten zu etablieren. Die Regeln in GATT/WTO-Vereinbarungen versuchen eine Balance zwischen einer Bindung der Länder durch Prinzipien und der Gewährleistung von Flexibilität durch Ausnahmetatbestände herzustellen. Zentrale Prinzipien von GATT/WTO sind neben einem grundsätzlichen Verbot von Mengen-beschränkungen die Reziprozität und die Meistbegünstigung.

■ Anti-Dumping und Ausgleichszölle sind zwei der im GATT-Vertrag vorgese-henen Ausweichmöglichkeiten für durch den Handel verursachte Probleme im Inland. Die konkreten Verfahrensregeln begünstigen jedoch eine strategische Nutzung durch die inländischen Unternehmen mit dem Ziel einer Beschrän-kung des Wettbewerbs.

■ Wie sich in der Analyse mit Tauschkurven zeigen lässt, führt die Optimal-zollpolitik zweier Länder zu einer Gefangenendilemma-Situation: Durch eine Eliminierung der Zölle würden sich beide Länder besserstellen, jedes Land für sich hat jedoch einen Anreiz, die *Terms of Trade* mit einem Zoll zu seinen Gunsten zu beeinflussen.

■ Reziprozität und Meistbegünstigung helfen bei der Überwindung des Ge-fangenendilemmas in einer Situation mit mehreren asymmetrischen, unter-schiedlich großen Ländern: Meistbegünstigung stellt sicher, dass nur *Terms-of-Trade*-Externalitäten zwischen den Handelspartnern auftreten können, und die Reziprozität sorgt dann dafür, dass diese Externalität „neutralisiert" wird.

■ Die im Rahmen von GATT/WTO zulässige verzerrte Integration durch Frei-handelszonen und Zollunionen stellt eine Durchbrechung des Prinzips der Meistbegünstigung dar. Entsprechend führen solche Vereinbarungen neben dem positiven Effekt der Handelsschaffung zwischen den Mitgliedsländern auch zum negativen Effekt der Handelsumlenkung von effizienteren Dritt-ländern auf Mitgliedsländer.

Ergänzende und weiterführende Literatur

Feenstra, R. C. (2004), Advanced International Trade: Theory and Evidence, Princeton, NJ: Princeton University Press, ch. 6, 7 und 9. [*Aktueller Stand der ökonomischen Lite-ratur zu regionaler Integration (ch. 6), Anti-Dumping-Zöllen (ch. 7) und politischer Ökonomie mit Anwendung auf GATT/WTO (ch. 9).*]

Bagwell, K. und R. W. Staiger (2002), The Economics of the World Trading System, Cam-bridge, MA: MIT Press. [*Eine umfassende ökonomische Analyse der Funktionsweise und der Prinzipien von GATT/WTO.*]

World Trade Report (2009), Trade Policy Commitments and Contingency Measures, Genf: World Trade Organization. [*Darstellung der theoretischen Konzepte und der Empirie zu Anti-Dumping-Zöllen und anderen Ausnahmetatbeständen des GATT. Download über Internetseite der WTO möglich.*]

Kontrollfragen und Übungsaufgaben

1. Warum können handelspolitische Maßnahmen für ein großes Land vorteilhaft sein und warum kann das zu einer internationalen Gefangenendilemma-Situation führen?

2. In Abbildung 17.2 wurde die Tauschkurve für das Inland graphisch abgeleitet. Leiten Sie analog die Tauschkurve für das Ausland ab, das sich auf Gut y spezialisieren wird!

3. Analysieren Sie anhand der Tauschkurven den Handel zwischen einem kleinen und einem großen Land! [*Hinweis: Berücksichtigen Sie die unterschiedlichen Produktionsmöglichkeiten der Länder.*]

4. Die EU erwägt, die bisherigen Zölle auf Textilimporte aus China abzubauen. China hat daher seinerseits die Reduktion der Zölle auf europäische High-Tech-Produkte angekündigt. In der bisherigen Situation mit Zöllen hatten beide Länder jeweils einen Vorteil von 10 aus der Handelsbeziehung. Bei einer unilateralen Zollsenkung würden sich die *Terms of Trade* zuungunsten des Senkenden verschlechtern und die Wohlfahrt auf 5 reduzieren. Der andere Partner würde hingegen von einem Wohlfahrtsanstieg auf 20 profitieren. Bei einer bilateralen Zollsenkung blieben die *Terms of Trade* unverändert, aber die Wohlfahrt beider würde auf 15 steigen.

   a) Stellen Sie zunächst die Wirkung der Zollsenkung der EU in einem Tauschkurven-Diagramm dar! Welche Auswirkung hat die Zollsenkung von China?

   b) Diskutieren Sie in einem sequentiellen Spiel, in dem die EU als erstes entscheidet, ob es tatsächlich zu einer Zollsenkung kommen wird! Würde sich Ihre Aussage bei simultaner Strategiewahl ändern? Worauf ist Ihr Ergebnis zurückzuführen? Wie könnte ein vorteilhafteres Ergebnis realisiert werden?

5. Inwieweit sind das Prinzip der Reziprozität und die Meistbegünstigungsklausel im Rahmen des GATT zur Lösung der Gefangenendilemmasituation auf Weltebene notwendig?

6. Aufgrund klimatischer Bedingungen ist das Inland nicht in der Lage, Bananen anzubauen und muss daher seinen gesamten Bedarf durch Importe decken. Die inländische Nachfrage nach Bananen ist gegeben durch $x_N = 10 - p$. Weltweit gibt es drei Bananenproduzenten A, B und C, die zu $p^A = 3$, $p^B = 4$ und $p^C = 5$ anbieten. Das kleine Inland erhebt pauschal auf Importe pro Stück einen Zoll von 4.

   a) Aus welchem Land wird das Inland Bananen beziehen? Bestimmen Sie graphisch und rechnerisch die resultierende inländische Wohlfahrt (Konsumentenrente und Zolleinnahmen)!

   b) Es besteht nun die Möglichkeit mit (i) Land B, (ii) Land C oder (iii) Land B und Land C eine Zollunion zu gründen. Aus welchem Land wird das Inland jeweils Bananen beziehen? Bestimmen Sie graphisch und rechnerisch die resultierende inländische Wohlfahrt! Erläutern Sie, was unter Handelsschaffung und -umlenkung zu verstehen ist! In welchem Umfang kommt es zu diesen beiden Phänomenen in den drei Szenarien? Argumentieren Sie, warum es generell vorteilhafter sein kann, mit mehreren Ländern eine Zollunion einzugehen!

   c) Als neuer Bananenproduzent tritt Land D auf, der zu $p^D = 7{,}5$ anbietet. Welche Auswirkungen hätte eine Zollunion nur mit D auf die inländische Wohlfahrt? Diskutieren Sie auch, ob und in welchem Umfang es zu einer Handelsschaffung und -umlenkung kommt!

Teil V

Unternehmenssicht:
Handel als Chance und Bedrohung

18 Handelstheorie und Unternehmenspraxis

Themenüberblick

- Globalisierung als prägende Rahmenbedingung für Unternehmen
- Ausnutzung von komparativen Kostenvorteilen und Skalenerträgen bei der internationalen Arbeitsteilung
- Ausrichtung des Produktangebots nach der Präferenz für Produktdifferenzierung und Präferenzunterschieden zwischen Ländern
- Nutzung der Unterschiede im technischen Wissen und Anpassung an die dynamische Entwicklung globaler Märkte

In den bisherigen Kapiteln haben wir uns mit grundlegenden Theorien zur Erklärung des Handels und von handelspolitischen Maßnahmen beschäftigt. Zusammen mit den Informationen zur Entwicklung und Struktur des Außenhandels sowie der Handelskosten haben wir damit die Grundlage für ein Verständnis der Rahmenbedingungen unternehmerischen Handelns in globalen Märkten geschaffen.

Wir wollen nun vor diesem Hintergrund in einem ersten Schritt in Abschnitt 18.1 das Gesamtphänomen der Globalisierung aus der Unternehmensperspektive beleuchten. Dabei geht es um zwei grundlegende Fragestellungen: Was sind die zentralen Kennzeichen von Globalisierung? Wie unterscheidet sich die Situation eines Unternehmens in einem globalen Umfeld von derjenigen einer Firma in weitgehend voneinander abgeschotteten lokalen Märkten?

In einem zweiten Schritt wollen wir dann in den Abschnitten 18.2 bis 18.4 die Ergebnisse der bisherigen volkswirtschaftlichen Analyse aus dem Blickwinkel ihrer Implikationen für die Unternehmenspraxis zusammenfassen: Wie wirkt sich die Möglichkeit internationaler Arbeitsteilung auf der Produktions- und Beschaffungsseite aus? Was bedeutet der Zugang zu internationalen Absatzmärkten und die Konkurrenz ausländischer Wettbewerber für die strategischen Optionen eines Unternehmens? Wie können Firmen von der Dynamik globaler Märkte profitieren?

Zum besseren Verständnis der organisatorischen und strategischen Optionen der Unternehmen werden wir dann in den nächsten beiden Kapiteln zusätzlich Konzepte aus dem Bereich der ökonomischen Vertragstheorie und der Intermediationstheorie einführen. Damit lassen sich die Entscheidung zur Integration von Aktivitäten im Rahmen multinationaler Unternehmen (Kapitel 19) und die Tätigkeit als Intermediär in globalen Märkten (Kapitel 20) fundiert analysieren.

18.1 Globalisierung aus Sicht des Unternehmers

Als wesentliches Merkmal des Phänomens „Globalisierung" wird die internationale Tätigkeit von Unternehmen angesehen, die sich nicht auf den Export der Endprodukte beschränkt, sondern die Beschaffung von Zwischenprodukten bei ausländischen Herstellern, die teilweise Verlagerung der Produktion ins Ausland und die Bildung von Allianzen mit Unternehmen aus anderen Ländern beinhaltet.

Aus gesamtwirtschaftlicher Sicht ist die zunehmende Integration im Rahmen des Globalisierungsprozesses nahezu uneingeschränkt positiv zu bewerten. Aus dem Blickwinkel eines einzelnen Unternehmens steht den Chancen der Globalisierung durch Öffnung neuer Absatzmärkte und Optionen zur kostengünstigeren Produktion jedoch die Bedrohung durch den Wettbewerb effizienterer ausländischer Konkurrenten gegenüber. Diese Bedrohung ist insbesondere für Unternehmen in Importsektoren offensichtlich, aber auch bei einer Aktivität im Exportsektor ist nicht sichergestellt, dass eine Firma tatsächlich von Handelsliberalisierungen profitiert.

> ### Box 18.1 Was bedeutet Globalisierung?
>
> Nach der Definition der OECD[1] ist unter Globalisierung die zunehmende Internationalisierung der Finanzmärkte und der Märkte für Waren und Dienstleistungen zu verstehen. Dabei bezieht sich die Globalisierung auf einen dynamischen und mehrdimensionalen Prozess der wirtschaftlichen Integration, der die internationale Mobilität nationaler Ressourcen intensiviert und so zu einer zunehmenden wechselseitigen Abhängigkeit der Volkswirtschaften führt. Innerhalb des in diesem Buch thematisierten realwirtschaftlichen Kontexts sind globale Märkte insbesondere durch internationale Direktinvestitionen und damit multinationale Unternehmen, durch die zunehmende Bedeutung intraindustriellen Handels, insbesondere mit Zwischenprodukten, und durch internationale Unternehmenskooperationen gekennzeichnet.
>
> Der aktuelle Globalisierungsprozess begann bereits unmittelbar nach dem Zweiten Weltkrieg mit dem Abbau protektionistischer Maßnahmen im Rahmen des GATT-Vertrags. Aber erst seit Ende der 1990er-Jahre wird der Begriff mit der Geschwindigkeit und Intensität der wirtschaftlichen Veränderung im globalen Umfeld in Verbindung gebracht. Durch diesen Prozess haben nationale Grenzen, Staatsstrukturen und inländische Wirtschaftspolitikmaßnahmen an Bedeutung verloren. Stattdessen ist es zur Entstehung einer globalen Wirtschaft gekommen, die durch die Öffnung der Märkte, die zunehmende Bedeutung multinationaler Unternehmen und die weltweite Verknüpfung über moderne Informationstechnologien gekennzeichnet ist. Gleichzeitig stieg dabei auch der Einfluss internationaler Institutionen wie der WTO, der Weltbank

---

[1]OECD (2005), OECD Handbook on Economic Globalisation Indicators, Paris: OECD Publishing, 11.

oder des Internationalen Währungsfonds (*International Monetary Fund –* IMF).

Historisch betrachtet sind weltwirtschaftliche Integrationsprozesse keine Sonderentwicklung der letzten Jahrzehnte. Eine erste Globalisierungswelle gab es als Folge einer drastischen Reduktion der Transportkosten bereits zwischen 1870 und 1914. Die damalige Integration war so ausgeprägt, dass der Anteil des weltweiten Warenhandelsvolumens an der Weltproduktion erst in den 1970er-Jahren wieder den Wert von 1913 erreichen konnte. Für manche Länder war sogar Ende der 1980er-Jahre noch nicht das gleiche Maß an Integration erreicht: So lag in Großbritannien die Exportquote 1987 mit 21% noch deutlich unter dem Wert von 28% aus dem Jahr 1913.

Nach Paul Krugman[2] unterscheidet sich aber die derzeitige zweite Globalisierungswelle von der ersten in den folgenden vier grundlegenden Aspekten:

- Die Bedeutung des intra-industriellen Handels.
- Die internationale Fragmentierung der Wertschöpfungskette, bei der die einzelnen Produktionsschritte über mehrere Länder verteilt ausgeführt werden.
- Die durch die Fragmentierung mit verursachte Entstehung von *Supertradern* (vgl. Box 1.2).
- Die zunehmende Bedeutung von Exporten aus Niedriglohnländern in Hochlohnländer.

Aus Sicht eines Unternehmens ist als positiver Effekt der Integration der weltweiten Märkte zum einen sicherlich die **Eröffnung neuer Absatzmärkte** mit Millionen von Konsumenten in Schwellenländern wie China oder Brasilien zu sehen. So streben etwa derzeit viele große wie auch kleinere Unternehmen an, Niederlassungen in China zu errichten, da der dortige Markt große Absatzchancen verspricht. Zum anderen eröffnen sich auch zusätzliche Möglichkeiten, Vorprodukte günstiger zu beschaffen oder komplette Produktionsprozesse effizienter zu gestalten, indem die komparativen Vorteile der Länder genutzt werden.

Diese Chancen der Globalisierung können aber gleichzeitig auch zu einer **Bedrohung für die Wettbewerbsposition** eines Unternehmen werden. Schließlich stehen nicht nur ihnen, sondern auch ihren (internationalen) Wettbewerbern diese Chancen offen, wodurch der Wettbewerb intensiviert wird. Dies kann daraus resultieren, dass ausländische Firmen mit höherer Produktivität oder besseren Produkten in den heimischen Markt drängen oder inländische Konkurrenten durch Auslagerung von Produktionsprozessen nun kostengünstiger anbieten können. Ob ein Unterneh-

---

[2]Krugman, P. (1995), Growing World Trade: Causes and Consequences, Brookings Papers on Economic Activity, Vol. 26, No. 1, 327–362.

men von der Globalisierung profitiert, hängt somit entscheidend davon ab, wie es die Chancen nutzt und den Bedrohungen begegnet.

Bei der Diskussion über die Globalisierung der Märkte ist zu beachten, dass davon nicht alle Märkte gleichermaßen betroffen sind. Neben Branchen mit globalem Wettbewerb, wie beispielsweise die Automobilindustrie, gibt es andere Sektoren, die von der Globalisierung bislang in erster Linie durch Rückwirkungen über die Faktormärkte betroffen sind, wie etwa weite Teile des lokalen Dienstleistungssektors.

Die Wettbewerbssituation ändert sich dabei durch die Globalisierung eines Marktes grundlegend: In einem relativ abgeschotteten lokalen oder **nationalen Markt** können sich Firmen auf ihre etablierten Marken und ihr Image verlassen. Da auch die inländischen Konkurrenten in einem vergleichbaren Umfeld agieren, können überhöhte Arbeitskosten oder eine geringere Produktivität eher toleriert werden. Zudem sind die Marktgegebenheiten normalerweise relativ stabil – zumindest gibt es aufgrund der Nähe zu den Absatz- und Faktormärkten kaum überraschende Veränderungen.

In einem **globalen Markt** gibt es demgegenüber ausländische Konkurrenten, die aus einem grundlegend anderen Umfeld kommen. Die Öffnung des Marktes nach außen erfordert damit auch einen weltweiten Strategierahmen, um mit der Vielzahl an unterschiedlichen Mitbewerbern erfolgreich konkurrieren zu können. Zudem nimmt die Komplexität der Unternehmensprozesse drastisch zu, da vorgelagerte und nachgelagerte Märkte global verstreut sein können. Ein Unternehmen muss dann gleichermaßen in der Lage sein mit Zulieferern aus China zusammenzuarbeiten, Kunden in den USA zu gewinnen, mit Geschäftspartnern aus Dubai zu verhandeln und gegenüber Wettbewerbern aus Japan zu bestehen. Gleichermaßen beschleunigt sich durch den internationalen Wissenstransfer die Geschwindigkeit technologischer Entwicklungen, die wiederum neue Möglichkeiten für Geschäftsfelder eröffnen oder bisherige gefährden können. Ein erfolgreiches Unternehmen muss daher versuchen, sowohl auf der Produktions- und Beschaffungsseite als auch auf den Absatzmärkten alle sich bietenden Vorteile der Internationalisierung zu nutzen. Dazu ist es wichtig, die dahinter stehenden ökonomischen Wirkungsweisen zu verstehen, um darauf aufbauend konkrete betriebliche Restrukturierungsmaßnahmen zur Realisierung der Vorteile entwickeln zu können.

18.2 Produktion und Beschaffung: Nutzung von Kostenvorteilen

Bei der Analyse in Teil II und III haben wir gesehen, dass die internationale Arbeitsteilung und Spezialisierung viele Möglichkeiten bietet, wie Produkte kostengünstiger und effizienter hergestellt werden können.

So konnten wir beispielsweise in Kapitel 5 zeigen, dass sich ein Land auf die Produktion und den Export derjenigen Güter spezialisieren sollte, in denen es relativ produktiver als seine Handelspartner ist. Außenhandel ist dabei für beide Länder gegenüber der Autarkiesituation vorteilhaft. Unternehmen können diesen Vorteil nutzen, indem sie sich entweder auf die Produktion in einem inländischen Sektor mit komparativen Vorteilen spezialisieren oder im Kontext fragmentierter Produktionsprozesse ihre Produktionsstandorte entsprechend der Kostenvorteile geeignet wählen.

Bei der **Standortwahl** ist es dabei wichtig, sich nicht nur an der Höhe der Arbeitslöhne zu orientieren. Ein Ergebnis des Ricardo-Modells war, dass in Ländern mit absoluten Kostennachteilen aufgrund niedrigerer Produktivität auch geringere Löhne gezahlt werden. Die Produktionskosten eines Standorts hängen somit von der (Arbeits-)Produktivität und der Lohnstruktur im entsprechenden Land ab: Wenn ein deutscher Arbeitnehmer in der Automobilindustrie zweimal so produktiv ist wie ein tschechischer, so lohnt es sich nur dann die Produktion nach Tschechien zu verlagern, wenn die Löhne in Deutschland mehr als doppelt so hoch sind wie in Tschechien. Nur wenn die Wahl des Produktionsstandortes eines Gutes oder Produktionsteilprozesses nach dem komparativen Vorteil des Standorts gewählt wird, ist tatsächlich eine kostengünstigere Produktion gewährleistet.

Die unterschiedliche Produktivität der Arbeitnehmer in den verschiedenen Ländern ist von Faktoren wie dem dort vorhandenen Know-how, der Infrastruktur und der Bildungsqualität abhängig. Darüber hinaus kann sich in dynamischer Betrachtung ein **Kostenvorteil aus Lerneffekten** ergeben, wenn die am Produktionsstandort verfügbaren Arbeitskräfte bereits viel Erfahrung mit der Produktion bestimmter Güter oder einem bestimmten Produktionsprozess erworben haben. Wie wir in Abschnitt 15.2 gesehen haben, können historische Zufälle oder politische Maßnahmen („Erziehungszoll") zu diesem Ergebnis führen. Sind in einem Land die dynamischen Skalenerträge noch nicht ausgeschöpft, so kann die Produktion dort trotzdem erfolgversprechend sein, wenn dieses Land z. B. aufgrund seiner Faktorausstattung einen potentiellen komparativen Vorteil in diesem Sektor aufweist. Zwar müssen dann zunächst höhere Kosten in Kauf genommen werden, dieser Nachteil wird aber durch die langfristig günstigere Produktion ausgeglichen.

Wie wir im letzten Abschnitt schon kurz angesprochen haben, sind neben Produktivitätsdifferenzen die Unterschiede in der relativen **Faktorausstattung** eine weitere Quelle der komparativen Vorteile. In Kapitel 6 haben wir gelernt, dass sich ein Land auf die Produktion derjenigen Güter konzentrieren sollte, in deren Herstellung der dort relativ reichlich vorhandene Produktionsfaktor intensiv eingesetzt wird. So wird sich das im Vergleich zu Deutschland relativ reichlich mit Arbeit ausgestattete China auf arbeitsintensive Tätigkeiten wie beispielsweise die Herstellung von Textilien konzentrieren, während das relativ kapitalreiche Deutschland insbesondere kapitalintensive Produkte wie Autos oder Werkzeugmaschinen produzieren wird, um einen Teil der Produktion dann gegen die chinesischen Textilien zu tauschen. Während sich in der Idealwelt des HOS-Modells die Faktorpreise angleichen würden und damit Faktorausstattungsunterschiede für die Standortentscheidung irrelevant wären, sind diese Unterschiede in der Realität aufgrund von Handelskosten und nicht-handelbaren Gütern durchaus bedeutsam.

Unternehmen können diese landesspezifischen Vorteile nutzen, indem sie entlang der Wertschöpfungskette einzelne Produktionsabschnitte geeignet auf die Länder verteilen. In Abschnitt 13.3 haben wir analysiert, wie derartige **Fragmentierungsentscheidungen** getroffen werden sollten. So kann bereits lokales Outsourcing, bei dem die gesamte Produktion nach wie vor im selben Land stattfindet, aufgrund von Spezialisierungsvorteilen und Skalenerträgen bei der Herstellung von Zwischenprodukten vorteilhaft sein. Wir können dabei beispielsweise an die Arbeitsteilung zwischen den Automobilherstellern und der Zuliefererindustrie in Deutschland denken. Eine grenzüberschreitende Fragmentierung durch internationales Outsourcing oder Offshoring kann die Vorteile dann weiter verstärken, wenn arbeitsintensive Schritte wie etwa der Zusammenbau von Handys oder anderen elektronischen Geräten in arbeitsreiche Länder ausgelagert werden, während die humankapitalintensive Forschung und Entwicklung sowie die kapitalintensive Chipproduktion in den Industrieländern verbleibt.

Die unterschiedliche Verfügbarkeit von Produktionsfaktoren kann sich ferner auch endogen durch Unternehmensentscheidungen vor Ort ergeben. So kann die Agglomeration vieler Firmen mit ähnlichem Produktspektrum an einem Ort dafür sorgen, dass sich dort ebenfalls besonders viele spezialisierte Zulieferer ansiedeln und sich die dortigen Faktormärkte an die besonderen Bedürfnisse dieser Branche anpassen. Dies ist etwa dadurch möglich, dass die Ausbildung der lokalen Arbeitskräfte die benötigten Qualifikationen von vornherein sicherstellt. Dadurch werden **externe Skalenerträge** ermöglicht, die den dortigen Unternehmen zugute kommen.

18.3 Absatzmarkt: Berücksichtigung der Präferenzen

Die Globalisierung der Absatzmärkte stellt die Unternehmen vor große Herausforderungen, müssen sie doch ihre Marktposition im Inland bei zunehmender Konkurrenz sicherstellen und gleichzeitig versuchen, auch in Auslandsmärkten erfolgreich zu sein, um in ausreichendem Umfang von Kostendegressionseffekten zu profitieren.

Ein wichtiger Aspekt des aktuellen Globalisierungsprozesses ist die zunehmende Bedeutung intra-industriellen Handels. Wie die empirisch beobachtbare Entwicklung zeigt, trägt der internationale Handel erheblich zur Förderung der **Produktvielfalt** in einem Land bei. So stieg etwa in den USA die Anzahl der importierten Gütertypen von 7.731 im Jahr 1972 auf 16.390 im Jahr 2001 und hat sich damit in knapp dreißig Jahren mehr als verdoppelt. Die Gesamtanzahl der Varianten dieser Importgüter stieg sogar um den Faktor 3,6 von 71.420 auf 259.215.[3] Ermöglicht wird diese Vielfalt dadurch, dass die Öffnung und Integration ausländischer Märkte die Gewährleistung einer höheren Produktvielfalt für die Konsumenten bei gleichzeitiger Realisierung von Skalenerträgen bei den einzelnen Unternehmen ermöglicht, die ihre Produktvariante nun im In- und im Ausland absetzen können. Diesen Effekt haben

---

[3]Broda, C. und D. E. Weinstein (2006): Globalization and the Gains from Variety, The Quarterly Journal of Economics, Vol. 121, No. 2, 550f.

wir bereits in Kapitel 11 kennengelernt und im Detail im Rahmen der theoretischen Analyse in Kapitel 12 besprochen.

Was das für die Unternehmen konkret bedeutet, können wir uns am Beispiel der Automobilindustrie veranschaulichen: Die Autohersteller führen zunehmend die Produktion verschiedener Modelle auf einer gemeinsamen Plattform durch und nutzen einzelne Komponenten und Technologien gemeinsam mit Partnerunternehmen, um damit von Kostendegressionseffekten zu profitieren. Gleichzeitig wird den Kunden durch die unterschiedliche Kombination der Komponenten und Detailanpassungen ein möglichst breites Modellspektrum angeboten. So zielte beispielsweise die strategische Allianz des französischen Renault-Konzerns mit dem japanischen Unternehmen Nissan darauf ab, sowohl eine größere Produktvielfalt anbieten zu können als auch in der Produktion Skalenerträgen zu realisieren.

Wir sehen in diesem Zusammenhang zwei wichtige Effekte, die im einfachen Krugman-Modell des intra-industriellen Handels noch nicht erfasst sind:

■ Die Unternehmen versuchen durch die Anpassung der Herstellung kostengünstiger als ihre Konkurrenten zu produzieren, was uns in die Welt des Melitz-Modells mit unterschiedlich produktiven Firmen bringt.

■ Ein Unternehmen stellt nicht nur eine Produktvariante her, sondern bedient selbst bereits den Wunsch der Konsumenten nach Produktvielfalt. Damit befinden wir uns im Kontext der Analyse mit Mehrproduktunternehmen, die in Abschnitt 12.4 vorgestellt wurde.

Wie im Melitz-Modell gezeigt, wird bei **heterogenen Unternehmen** der Außenhandel für die sehr produktiven Unternehmen vorteilhaft sein, für weniger produktive aber zu Gewinneinbußen oder gar zum Marktaustritt führen. Damit ist in zunehmend globalisierten Märkten die Steigerung der Produktionseffizienz eine Überlebensfrage.

Wie sieht es mit der Produktvielfalt bei **Mehrproduktunternehmen** aus? Intensiverer internationaler Wettbewerb führt hier dazu, dass sich ein Unternehmen verstärkt seinen Kernprodukten mit hoher Gewinnmarge zuwenden muss und die Produktion relativ unprofitabler Varianten einstellen sollte. Nur im Bereich seiner Kernkompetenz ist ein Unternehmen auch im internationalen Wettbewerb ausreichend produktiv und kann durch die Konzentration sicherstellen, dass es dort in ausreichendem Umfang Skalenerträge realisiert.

Somit werden auch bei Mehrproduktunternehmen an einem Produktionsstandort bzw. in einem Land nicht länger alle möglichen Varianten eines Gutes hergestellt, sondern es erfolgt eine Konzentration auf Teilbereiche. So spezialisierten sich beispielsweise amerikanische Hersteller wie General Motors in den 2000er-Jahren tendenziell auf SUVs (*sport utility vehicles*) und Geländewagen, während deutsche Firmen eher auf das Premiumsegment in der Mittel- und Oberklasse setzten. Japanische Wettbewerber wie Toyota haben demgegenüber bei Fahrzeugen mit Hybridantrieb eine Vorreiterrolle übernommen, was sich bei den steigenden Ölpreisen am Ende der 2000er-Jahre als erfolgreiche Strategie herausstellte. Im Unterschied dazu war in diesem veränderten Umfeld die Spezialisierung der US-amerikanischen Firmen auf SUVs mit relativ hohem Benzinverbrauch ungünstig.

Unternehmen können beim internationalen Handel auch von der Heterogenität der Konsumentenpräferenzen profitieren. Je nachdem, wie diese Unterschiede beschaffen sind, kommen dafür unterschiedliche **Produktdifferenzierungsstrategien** in Frage. Wie wir in Kapitel 11 gesehen haben, gibt es zwei Arten, wie Produkte differenziert werden können und damit besser an die jeweiligen Präferenzen der Konsumenten angepasst werden können:

- Bei der horizontalen Differenzierung werden einzelne Produktspezifika variiert, z. B. sportliches vs. komfortables Auto.

- Bei der vertikalen Produktdifferenzierung werden unterschiedliche Qualitätsstufen angeboten, z. B. Standardmodell vs. Premiumvariante.

Somit kann bei der **horizontalen Differenzierung** versucht werden, Produkte herzustellen, die dem Geschmack möglichst vieler in- wie ausländischer Konsumenten nahe kommen. Hier spielt insbesondere die Größe des Heimatmarktes des Unternehmens eine wichtige Rolle: In einem relativ kleinen Markt lohnt es sich nicht, speziell diesen Geschmack zu bedienen, da bei einer geringen Produktionsmenge kaum Skalenerträge erwirtschaftet werden können. Firmen aus solchen Ländern müssen daher auch die Präferenzen ausländischer Kunden berücksichtigen, um Skalenerträge zu realisieren und im Wettbewerb mit ausländischen Unternehmen bestehen zu können. So orientiert sich IKEA weniger an den Vorlieben der absolut gesehen relativ geringen Anzahl der schwedischen Konsumenten als am Geschmack seiner internationalen Kundschaft.

Bei der **vertikalen Differenzierung** kommt der Einkommensverteilung in den Ländern eine wichtige Rolle zu, da reichere Konsumenten tendenziell höherwertige Produkte als ärmere Haushalte nachfragen werden. Aufgrund von Plattform- und Baukastensystemen ist es Unternehmen der Automobilbranche aus Industrieländern möglich, ihre Produkte auch qualitativ an die Bedürfnisse der verschiedenen Importmärkte speziell anzupassen und ihre Fahrzeuge entsprechend mit einfacherer oder umfangreicherer Ausstattung anzubieten. Häufig werden die Fahrzeuge die für Transformations- oder Schwellenländer gedacht sind dann in Tochterwerken in entsprechenden Ländern hergestellt – man denke an Volkswagen do Brasil oder die zu Renault-Nissan gehörige rumänische Tochter Dacia, die aber beispielsweise auch bei preissensitiven Kunden in den Industrieländern erfolgreich ist. Noch besser auf die konkreten Bedürfnisse der Konsumenten in Schwellenländer eingestellt sind jedoch häufig lokale Unternehmen wie beispielsweise Tata Motors in Indien, das mit dem Tata Nano einen konkurrenzlos billigen Kleinstwagen anbietet.

Generell kann ein Unternehmen auch von der **Nicht-Verfügbarkeit** bestimmter Güter oder Produktionsfaktoren in einem Land profitieren. So haben wir in Kapitel 4 in einem einfachen Tauschmodell gezeigt, dass Außenhandel für zwei Länder mit gleichen Präferenzen aber unterschiedlicher Güterausstattung vorteilhaft ist. Entsprechend wird etwa ein Land, das über Bodenschätze wie Diamanten oder Erdöl verfügt, aber aufgrund seines Klimas keine Landwirtschaft betreiben kann, sich auf dem Weltmarkt geeignete Handelspartner suchen, die es im Austausch für seine Ressourcen mit Nahrungsmittel versorgen. Von dieser unterschiedlichen Ressourcenverteilung auf die Länder können Unternehmen profitieren, indem sie die Rolle von Intermediären übernehmen, welche die Kaufinteressenten mit den Verkäufern der nachgefragten Produkte zusammen bringen, indem sie entweder eine Marktplattform dafür anbieten oder als Zwischenhändler agieren. Mit dieser Intermediärstätigkeit werden wir uns in Kapitel 20 noch genauer beschäftigen.

18.4 Langfristiger Erfolg: Dynamische Anpassung und Innovation

Oftmals ist der optimale Produktionsstandort abhängig von der jeweiligen Stufe im **Produktlebenszyklus**. Die anfängliche innovative Leistung wird zumeist in entwickelten, humankapitalreichen Ländern erbracht, die dann gleichfalls als erste Produktionsstandorte für die Befriedigung der in- als auch ausländischen Nachfrage dienen. In dieser frühen Phase variiert der Faktoreinsatz der verschiedenen Hersteller noch in gewissem Umfang und die Nachfrage nach dem Produkt ist relativ preisunelastisch. Sobald die (weltweite) Nachfrage ausreichend hoch ist und genügend Produktionserfahrung gesammelt wurde, kann der Produktionsprozess im Zuge der Produktreifung mehr und mehr standardisiert werden. Gleichermaßen nimmt die Preissensibilität der Verbraucher zu, wodurch der Druck entsteht, die Produktionskosten zu senken. Es kommt entsprechend zu einer Verlagerung der Produktion in weniger entwickelte, arbeitsreiche Länder. Somit wird während des Produktlebenszyklus der Heimatmarkt von einem Export- zu einem Importland. Beispielsweise waren die USA nach dem Zweiten Weltkrieg zunächst ein wichtiger Exporteur von Radiogeräten. Im Laufe der Zeit erlernten jedoch die japanischen Produzenten die Technologie zur Herstellung von Radios und konnten diese aufgrund der geringeren Arbeitskosten günstiger herstellen, so dass die USA schließlich zu einem Nettoimporteur wurden. Eine ähnliche Entwicklung war bei der deutschen Kameraindustrie zu beobachten, die bis zum Zweiten Weltkrieg führend war, aber ab den 1950er-Jahren gegenüber der japanischen Konkurrenz zunehmend ins Hintertreffen geriet.

Unternehmen können auch dadurch von Handel profitieren, dass sie sich den unterschiedlichen Stand des technischen Fortschritts zwischen den Ländern zunutze machen. Der **Technologiehandel** kann in Form von Lizenzen, Blaupausen oder Wissen zwischen unabhängigen Unternehmen oder innerhalb eines multinationalen Unternehmens erfolgen. Technologisches Know-how und wissenschaftliche Erkenntnisse werden in Form von Dienstleistungen wie Beratung, Training und Softwareentwicklung weitergegeben. Aber auch internationale Forschungskooperationen zwischen den Firmen ebenso wie der internationale Wettbewerb zwischen den Innovatoren und Erfindern fördern den technischen Fortschritt. Multinationale Unternehmen können ihre Erfolgschancen erhöhen und vom technologischen Fortschritt profitieren, wenn sie Forschungsanstrengungen ihrer internationalen Niederlassungen verbinden und sich am Handel von geistigen Eigentumsrechten und neuen Anwendungen von Innovationen beteiligen.

Grundsätzlich ist es für die Innovationstätigkeit eines Unternehmens wichtig, ob in den Produktions- und Absatzländern ein ausreichender **Patentschutz** gewährleistet wird. Das TRIPS-Abkommen (*Trade-Related Aspects of Intellectual Property Rights*) im Rahmen der WTO-Vereinbarung gewährleistet hier zwar einen gewissen Mindeststandard, der faktische Patentschutz unterscheidet sich jedoch erheblich zwischen den verschiedenen WTO-Mitgliedern. Außerdem ist zu beachten, dass der Patentschutz grundsätzlich nur in denjenigen Ländern gilt, in denen die Erfindung zum Patent angemeldet wurde.

Für die Länder gibt es aus Sicht der Gesamtwohlfahrt einen *trade-off* beim Patentrecht, der in Entwicklungs- und Schwellenländern eher einen Anreiz zu schwachem Patentschutz bietet: Sobald eine Innovation gemacht wurde, ist es vorteilhaft, dass sie allen Wirtschaftsakteuren zugute kommt. Diesem Aspekt steht aber gegenüber, dass die Innovatoren für eine Erfindung häufig hohe Kosten aufwenden müssen und zu dieser Investition somit nur bereit sind, wenn sie bei Erfolg ökonomische Gewinne realisieren können. Daher wird ihnen in den meisten Ländern für einen gewissen Zeitraum ein Patentschutz gewährt, der es ihnen erlaubt, die Monopolrente abzuschöpfen und so ihre Entwicklungskosten zu decken. Gleichzeitig wird aber im Zuge des Patentverfahrens das Wissen öffentlich und kann zur Entwicklung neuer Technologien verwendet werden. Vor diesem Hintergrund kann es für ein Land wie China zwar im Zuge eines Aufholprozesses sinnvoll sein, Produktpiraterie zu dulden, langfristig muss es jedoch daran interessiert sein, Innovationen zu schützen, um Forschung und Entwicklung im Inland zu fördern.

Für Unternehmen ist es wichtig, den unterschiedlichen Umgang mit Schutzrechten in den Absatzländern zu berücksichtigen. Gerade bei Prozessinnovationen kann es möglicherweise günstiger sein, beim Schutz der Innovation statt auf eine Patentierung (mit der Pflicht zur Offenlegung) auf Geheimhaltung zu bauen. Bei Produktinnovationen muss entsprechend überlegt werden, welche Märkte so bedeutsam sind, dass es sich rechnet, dafür ein Patent anzumelden. Auf der anderen Seite müssen Unternehmen beim Eintritt in neue Absatzmärkte auch sehr sorgfältig prüfen, ob ihre Produkte nicht Patente in diesem Markt verletzen, da es sonst zu empfindlichen Schadensersatzzahlungen kommen kann.

Was haben wir gelernt?

- Wettbewerb ist in einem globalen Markt viel intensiver und viel dynamischer als in einem nationalen, abgeschotteten Markt. Durch die global verstreuten vor- und nachgelagerten Märkte nimmt die Komplexität der Unternehmensprozesse deutlich zu. Die verschiedenen ausländischen Konkurrenten kommen zum Teil aus einem grundlegend anderen Umfeld und ein Unternehmen benötigt einen weltweiten Strategierahmen, um hier erfolgreich bestehen zu können.

- An welchem Standort welcher Teilprozess einer fragmentierten Wertschöpfungskette durchgeführt werden soll, ist dabei einer der zentralen strategischen Entscheidungen. Ziel ist hier die bestmögliche Nutzung von komparativen Kostenvorteilen der verschiedenen Länder.

- Die Orientierung an den Präferenzen der Konsumenten steht auf den globalen Absatzmärkten im Mittelpunkt. Dabei muss bei Mehrproduktunternehmen eine geeignete Balance zwischen der Erfüllung der Konsumentenwünsche nach Produktvielfalt und der Realisierung von Kostendegressionseffekten gefunden werden. Die drastisch unterschiedlichen Einkommensniveaus von Industrie- und Entwicklungsländern machen zudem eine Qualitätsdifferenzierung der Produkte notwendig.

- Unternehmen müssen sich der Dynamik globaler Märkte bewusst sein und rechtzeitig erkennen, wenn beispielsweise im Verlauf des Produktlebenszyklus das Heimatland vom Export- zum Importland wird. Der Schutz eigener Innovationen durch Patente und die internationale Diffusion von Technologien über Lizenzen oder Direktinvestitionen ist ein wichtiger Aspekt einer globalen Wettbewerbsstrategie in technologieintensiven Märkten.

Ergänzende und weiterführende Literatur

Spulber, D. F. (2007), Global Competitive Strategy, New York: Cambridge University Press. [*Analyse von Unternehmensstrategien unter ökonomischen Gesichtspunkten.*]

Vernon, R. (1966), International Investment and International Trade in the Product Cycle, The Quarterly Journal of Economics, Vol. 80, No. 2, 190–207. [*Grundlegender Aufsatz zum Produktlebenszyklus mit vielen empirischen Beispielen.*]

Kontrollfragen und Übungsaufgaben

1. Was sind prinzipiell die Chancen und Bedrohungen, denen sich ein Unternehmen durch die Globalisierung gegenübersieht?

2. Argumentieren Sie, warum es bei der Beurteilung der komparativen Vorteile eines Standorts auch sinnvoll sein kann, die (langfristige) Entwicklung in dieser Region zu betrachten!

3. Ein aufstrebendes Start-up-Unternehmen ist auf der Suche nach Regionen bzw. Länder, in die es expandieren kann.

   a) Auf welche Faktoren sollte es besonders bei der Auswahl eines Produktionsstandorts achten?

   b) Inwiefern ändert sich Ihre Analyse, wenn es nicht um Produktionsstätten, sondern um die Auswahl von Absatzmärkten geht?

4. Erläutern Sie, welche Produktdifferenzierungsstrategien es prinzipiell gibt! Begründen Sie, welche Strategie Sie konkret vorschlagen würden, wenn ein deutsches Unternehmen plant, seine Produkte in (i) den USA, (ii) Indien, (iii) Polen und (iv) China anzubieten!

5. Warum ändert sich der Produktionsstandort eines Gutes im Laufe seines Produktlebenszyklus?

6. Diskutieren Sie, welche Rolle der Patentschutz bei der Auswahl von Produktionsstandorten spielen kann! Welche Auswirkungen hat demnach ein schwacher Patentschutz in der kurzen und in der langen Frist?

19 Holdup, unvollständige Verträge und multinationale Unternehmen

Themenüberblick

- Transaktionskostenansatz und Analyse der Organisationsform
- Holdup als Problem bei faktorspezifischen Investitionen im Kontext unvollständiger Verträge
- OLI-Ansatz zur Erklärung der Entscheidung zwischen Export, Lizenzierung und Direktinvestitionen
- Entscheidung zwischen Integration und Outsourcing bei (internationaler) Fragmentierung auf der Grundlage der relativen Bedeutung des firmenspezifischen Kapitals des Endherstellers im Verhältnis zu faktorspezifischen Investitionen des Zwischengutproduzenten

In Kapitel 13 haben wir uns mit den Anreizen zu Direktinvestitionen und der Entstehung multinationaler Unternehmen beschäftigt. Dabei blieb jedoch die Frage ungeklärt, warum Aktivitäten im Ausland innerhalb eines Unternehmens durchgeführt werden sollten, anstatt sie mit unabhängigen Firmen über den Markt abzuwickeln. Diese Frage nach der organisatorischen Form lässt sich nicht auf der Grundlage komparativer Kostenvorteile oder von Skalenerträgen erklären. Vielmehr wird eine ökonomische Theorie der Organisation benötigt, wie sie durch den Transaktionskostenansatz und seiner formalen Umsetzung im Rahmen der ökonomischen Vertragstheorie vorliegt.

Wir werden in diesem Kapitel darum zunächst die zentrale Idee des Transaktionskostenansatzes und dessen wichtigste Konzepte und Begriffe kennenlernen. In einem zweiten Schritt wird dann das bei faktorspezifischen Investitionen im Zusammenspiel mit unvollständigen Verträgen auftretende Holdup-Problem erläutert, das den zentralen Erklärungsrahmen in der aktuellen Modellierung von Direktinvestitionsentscheidungen darstellt. In enger Beziehung zur Transaktionskostentheorie steht auch der auf Dunning zurückgehende OLI-Ansatz, der die Entstehung multinationaler Unternehmen und anderer Formen der internationalen vertraglichen Zusammenarbeit auf der Grundlage der Bedeutung des firmenspezifischen Kapitals (*Ownership*), Standortvorteilen (*Location*) und Vorteilhaftigkeit der Internalisierung von Aktivitäten innerhalb des Unternehmens (*Internalization*) erklärt. Wir werden in diesem Kontext die Entscheidung zwischen Exporten, Lizenzierung und Gründung einer ausländischen Tochterunternehmung bei horizontalen Direktinvestitionen thematisieren. Im letzten Abschnitt wird dann im Rahmen einer Erweiterung des Melitz-Modells das Thema Integration vs. Outsourcing bei fragmentierten Produktionsprozessen analysiert: Hierbei kommt es neben der Produktivität des Endproduzenten auf die relative Bedeutung des firmenspezifischen Kapitals dieses Unternehmens im Vergleich zur faktorspezifischen Investition des Zulieferers an.

19.1 Transaktionskostenansatz

Der Transaktionskostenansatz liefert eine zum rein technologischen Blick auf des Unternehmens komplementäre Perspektive. Im Rahmen der bisherigen Analyse ausländischer Direktinvestitionen haben wir uns auf die Herstellungskosten konzentriert. Damit lässt sich jedoch nicht erklären, warum sich manche Unternehmen im Rahmen der internationalen Fragmentierung für internationales Outsourcing entscheiden, während andere Offshoring, d. h. die Produktion im Rahmen eines Tochterunternehmens, vorziehen. Der Transaktionskostenansatz liefert hier eine Antwort: Bei identischen Herstellungskosten sollte für eine Transaktion, wie beispielsweise die Beschaffung eines Zwischenprodukts, diejenige Organisationsform gewählt werden, die die geringsten Transaktionskosten verursacht. Auf Basis dieser Überlegungen lässt sich dann beispielsweise klären, ob bei der Beschaffung von Zwischenprodukten bzw. der Lizenzierung bei der Verwertung firmenspezifischen Kapitals die Organisationsform Integration (im Inland oder im Rahmen eines multinationalen Unternehmens) gegenüber Outsourcing vorzuziehen ist.

Unter einer **Transaktion** wird die Übertragung von Verfügungsrechten (*property rights*) verstanden, die dem Gütertausch logisch und zeitlich vorgelagert ist. Im Rahmen eines Liefervertrages werden dabei neben dem Preis beispielsweise auch Menge, Qualität und Zeitpunkt der Lieferung festgelegt. Die dabei anfallenden **Transaktionskosten** stehen im Zusammenhang mit der Bestimmung, Übertragung und Durchsetzung von Verfügungsrechten. Dabei handelt es sich vor allem um Informations- und Kommunikationskosten, die bei Anbahnung, Vereinbarung, Kontrolle und Anpassung wechselseitiger Leistungsbeziehungen auftreten.

Grundlegend für das Auftreten solcher Transaktionskosten sind die beiden zentralen **Verhaltensannahmen** des Transaktionskostenansatzes:

- Die erste Annahme ist **eingeschränkte Rationalität**, d. h. die Akteure wollen rational handeln, aber ihre begrenzte Informationsaufnahme und -verarbeitungskapazität lässt vollständig rationales Verhalten nicht zu.

  Dies macht den Abschluss **vollständiger Verträge** unmöglich, d. h. von Verträgen, die bei Vertragsschluss (ex ante) alle während der Vertragslaufzeit (ex post) möglichen Zustände berücksichtigen. Die somit resultierenden **unvollständigen Verträge** sind dadurch gekennzeichnet, dass sie bei den nicht explizit festgelegten Aspekten Regelungen treffen, wer in diesem Fall die Entscheidungsmacht hat. Ein typisches Beispiel dafür ist ein Arbeitsvertrag, der zwar Arbeitszeit und Entlohnung festlegt, aber nicht welche konkrete Arbeit zu welchem Zeitpunkt durchgeführt werden muss. Diese Festlegung erfolgt vielmehr zeitnah durch den Unternehmenseigner bzw. einen Manager, der als sein Vertreter fungiert.

- Die zweite Annahme ist **Opportunismus**, d. h. die Akteure verfolgen ihr Eigeninteresse – auch zum Nachteil anderer und unter Missachtung sozialer Normen. Dies impliziert, dass das Konzept eines Vertrages als Versprechen nicht angemessen ist. So kann einerseits nicht davon ausgegangen werden, dass bei der Ausfüllung unvollständiger Verträge eine Orientierung an der Intention des Vertrages bei Vertragsschluss erfolgt. Vielmehr wird der Akteur mit Entscheidungsmacht im Vertragsrahmen die für ihn günstigste Lösung wählen. Zum anderen werden aber Verträge auch nur dann eingehalten, wenn sich dies für einen Vertragspartner lohnt bzw. wenn er bei Vertragsbruch entsprechend bestraft würde. Dies beschränkt dann die Entscheidungsmacht, die ein Akteur im Rahmen eines unvollständigen Vertrages erhält: Führt seine Entscheidung für den anderen Vertragspartner zu einem sehr unattraktiven Ergebnis, so wird dieser nicht mehr bereit sein, den Vertrag zu erfüllen.

Wie problematisch die auf Grund dieser Verhaltensannahmen notwendige Beschränkung auf unvollständige Verträge ist und welche Organisationsform (d. h. welche konkrete Ausgestaltung des unvollständigen Vertrags) dann am besten geeignet ist, hängt von der **Transaktionstechnologie** ab, die durch die drei Dimensionen Faktorspezifität, Verhaltensunsicherheit und Transaktionshäufigkeit beschrieben wird:

- Im Kontext der Analyse von Direktinvestitionen ist dabei die **Faktorspezifität** der zentrale Aspekt. Faktorspezifität liegt dann vor, wenn ein Produktionsfaktor oder ein Gut nicht alternativ verwendet bzw. an einen anderen Nutzer verkauft werden kann, ohne an Wert zu verlieren. Darunter fallen etwa standortspezifische Faktoren (z. B. ein Stahlwerk in der Nähe einer Kohlegrube), anlagenspezifische Faktoren (z. B. die Produktion einer Spezialmaschine für einen bestimmten Abnehmer) und spezifisches Humankapital (unternehmensspezifisches Wissen von Arbeitnehmern).

  Bei (beidseitiger) Faktorspezifität kommt es zu einer „fundamentalen Transformation" in der Beziehung zwischen den Vertragspartnern: Ex ante besteht Wettbewerb, ex post ergibt sich aufgrund der Faktorspezifität ein (bilaterales) Monopol – wer eine faktorspezifische Investition vorgenommen hat, ist an seinen Vertragspartner gebunden. Das daraus resultierende Holdup-Problem werden wir im nächsten Abschnitt an einem Außenhandelsbeispiel veranschaulichen.

- Eine zweite Dimension der Transaktion ist der Grad der **Verhaltensunsicherheit**, die sich aus asymmetrischer Information ergibt. So ist die Effizienz bei Neuverhandlungen im Rahmen der Konkretisierung unvollständiger Verträge nicht sichergestellt, wenn Eigenschaften des Partners nicht bekannt sind, dessen Verhalten nicht oder nur unter Inkaufnahme hoher Kosten beobachtet werden kann oder wenn die Beobachtungen gegenüber einer dritten Stelle (z. B. einem Gericht) nicht beweisbar sind. Es kann dann beispielsweise dazu kommen, dass eine Vertragsbeziehung aufgelöst wird, obwohl sich beide Vertragspartner bei einer Fortführung besserstellen würden.

■ Schließlich spielt die **Transaktionshäufigkeit** eine wichtige Rolle. Wenn beispielsweise zwischen Zulieferer und Endproduzenten regelmäßig neue Lieferverträge abgeschlossen werden, ist die Problematik unvollständiger Verträge dadurch reduziert, dass opportunistisches Verhalten eines Vertragspartners dadurch bestraft werden kann, dass in Zukunft mit ihm keine Transaktionen mehr durchgeführt werden. Diese Situation ist beispielsweise bei der Interaktion zwischen Automobilherstellern und Zulieferern gegeben.

Je nachdem wie stark diese drei Charakteristika einer Transaktion ausgeprägt sind, werden andere Anforderungen an den institutionellen Rahmen gestellt, der die Transaktionskosten möglichst gering halten kann. Welche Organisationsformen konkret in Frage kommen, wird im Rahmen des Holdup-Beispiels im nächsten Abschnitt diskutiert.

19.2 Holdup-Problem und optimale Organisationsform

Sind im Rahmen einer Transaktion faktorspezifische Investitionen notwendig, so kann es sinnvoll sein, diese Transaktion innerhalb einer organisatorischen Einheit wie etwa einer Unternehmung durchzuführen. Dadurch kann das Holdup-Problem vermieden oder zumindest reduziert werden, das bei Zusammenarbeit mit einem unabhängigen Unternehmen auftreten würde. Dies wollen wir uns nun anhand eines fiktiven Außenhandelsbeispiels veranschaulichen, bei dem ein deutsches Softwareunternehmen sein Produkt in China in Zusammenarbeit mit einem chinesischen Partner vertreiben will.

Eine Marktstudie hat ergeben, dass das deutsche Unternehmen mit seinem Produkt in China in den kommenden fünf Jahren einen jährlichen Umsatz von 20 Mio. Euro erzielen könnte. Die reinen Herstellungskosten für die jährlich nachgefragte Menge (CDs, Verpackung, Handbücher) würden sich demgegenüber nur auf 2 Mio. Euro belaufen. Zur Sprachanpassung und der Anpassung an die spezifischen Anforderungen der chinesischen Nachfrager sind jedoch Investitionen von insgesamt 50 Mio. Euro erforderlich. Dabei handelt es sich um eine faktorspezifische Investition, da die Anpassung speziell auf den chinesischen Markt ausgerichtet ist und die so angepasste Software nur dort abgesetzt werden kann.

Den Vertrieb und das Marketing in China soll ein lokaler Kooperationspartner übernehmen. Für das chinesische Unternehmen, das am Besten für diese Aufgabe qualifiziert ist, entstehen dabei Kosten von umgerechnet 2 Mio. Euro pro Jahr. Vor dem Hintergrund der Kosten der beiden Unternehmen einigt man sich auf eine Provision von 25 % des Erlöses, was zu einer gleichmäßigen Aufteilung des Gesamtvorteils von

30 Mio. Euro führt.[1] Der Gewinn des Softwareunternehmens über den Planungszeitraum von fünf Jahren wäre somit mit $5 \cdot (0{,}75 \cdot 20 - 2) - 50 = 15$ Mio. Euro genauso hoch wie der durch $5 \cdot (0{,}25 \cdot 20 - 2) = 15$ Mio. Euro gegebene Gewinn des chinesischen Partners.

Nach Abschluss des Vertrages und der Durchführung der Investition in die Anpassung der Software meldet sich der chinesische Kooperationspartner und verlangt eine Anpassung der Provision auf 50 %. Andernfalls sei er nicht nicht mehr bereit, den Vertrieb zu übernehmen. Der Hinweis des deutschen Geschäftsführers, dass er bereits Produktionsanpassungskosten in Höhe von 50 Mio. Euro aufbringen musste, wodurch für ihn letztlich ein negativer jährlicher Gewinn von $0{,}5 \cdot 20 - 2 - 50/5 = -2$ Mio. Euro resultieren würde, beeindruckt das chinesische Unternehmen nicht. Diese Produktionsanpassungskosten seien jetzt nicht mehr relevant, da diese unabhängig davon anfielen, ob das Produkt in China vertrieben werde oder nicht. Das deutsche Unternehmen könne sich gerne einen anderen Vertriebspartner suchen. Da die anderen chinesischen Unternehmen aufgrund des intensiven Interesses ausländischer Unternehmen am chinesischen Markt und damit großer Nachfrage nach Vertriebspartnern in einer guten Verhandlungsposition wären, könnte es dabei jedoch nicht mit einem besseren Deal rechnen. Der Gang vor ein chinesisches Gericht sei auch nicht erfolgversprechend: Bis dort eine Entscheidung gefallen sei, seien die fünf Jahre vermutlich bereits vorbei und selbst bei einem positiven Urteil könnte das Vertriebsunternehmen nicht wirksam gezwungen werden, sich wirklich ernsthaft für den Vertrieb der Produkte einzusetzen.

Eine spieltheoretische Analyse zeigt, dass dieses Ergebnis für das deutsche Unternehmen vorhersehbar war. In Abbildung 19.1 wird die Situation anhand eines Spielbaums verdeutlicht, wie wir ihn in Abschnitt 16.1 kennengelernt haben. Das deutsche und das chinesische Unternehmen sind dabei die beiden Spieler. Das deutsche Unternehmen muss sich zuerst entscheiden, ob es in den chinesischen Markt einsteigt und die Produktionsanpassung durchführt oder auf einen Markteintritt verzichtet. Ist die Investition getätigt, kann das chinesische Unternehmen entweder den Vertrag erfüllen oder sich opportunistisch verhalten und die hohe Provision verlangen. Mittels Rückwärtsinduktion können wir dann das teilspielperfekte Gleichgewicht bestimmen.

Beginnen wir auf der letzten Stufe mit dem chinesischen Unternehmen. Akzeptiert es die vertraglich festgelegte Provision, so erhält es eine Gesamtauszahlung von 15 Mio. Euro. Verhält es sich demgegenüber opportunistisch und erhöht es die Provision auf 50 %, so steigt seine Auszahlung auf 40 Mio. Euro. Das deutsche Unternehmen wird dieses Angebot annehmen, da es dabei zwar einen Gesamtverlust von 10 Mio. Euro erleidet, aber zumindest 80 % seiner Investitionskosten in Höhe von 50 Mio. Euro abdecken kann.[2] Bitte beachten Sie, dass in beiden Fällen der ökonomische Vorteil aus

---

[1]Dies ist die sogenannte Nash-Verhandlungslösung, die für Verhandlungen bei vollständiger Information und identischem Verhandlungsgeschick eine plausible Lösung darstellt.

[2]Da die Produktanpassungskosten nach erfolgter Investition nicht mehr entscheidungsrelevant sind,

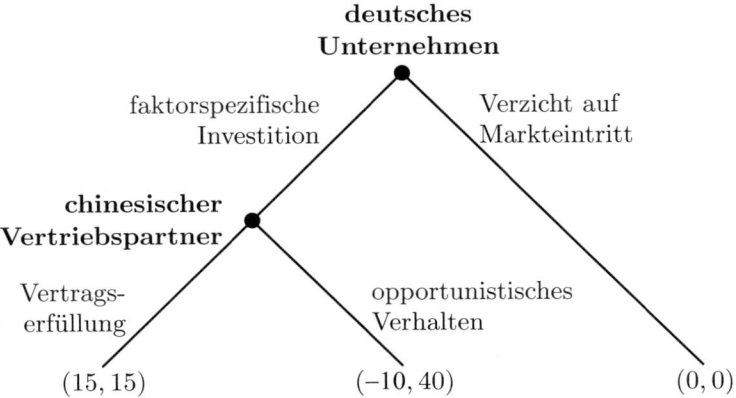

Abb. 19.1: Holdup-Problem im Außenhandel

gesamtwirtschaftlicher Sicht gleich bleibt: $15+15 = -10+40$. Einzig die Verteilung auf die beiden Vertragspartner ändert sich durch die aus der fundamentalen Transformation resultierenden Veränderung der Verhandlungspositionen: Die Außenoption für das deutsche Softwareunternehmen führt nun nicht mehr auf eine Auszahlung von Null, sondern auf -50 – ein Verlust von „nur" -10 ist aus dieser Perspektive relativ attraktiv.

Das chinesische Unternehmen hat sich somit vollkommen rational verhalten. Wenn das deutsche Unternehmen jedoch diese Reaktion vor der Entscheidung über die Investition vorhersieht, so wird es auf die Investition und damit auf die Belieferung des chinesischen Marktes verzichten. Beachten Sie, dass somit die Möglichkeit zum **Holdup**, d. h. zur Ausnutzung der Abhängigkeitsposition nach erfolgter Investition, für das chinesische Unternehmen keineswegs zu einem Vorteil führt, sondern sich vielmehr beide Unternehmen gegenüber einer Situation mit einem vollständigen Vertrag schlechter stellen: Dort hätte jedes Unternehmen einen Gewinn von 15 Mio. Euro erzielt, während es nun zu keiner Transaktion kommt und somit der potentielle Gesamtvorteil von 30 Mio. Euro nicht realisiert wird.

Wenn es also nicht möglich ist, einen vollständigen und bindenden Vertrag zu schließen, so kommt es aufgrund des **Holdup-Problems** dazu, dass vorteilhafte spezifische Investitionen unterbleiben. Das investierende Unternehmen muss nämlich befürchten, dass der Vertragspartner die Verbesserung seiner Verhandlungsposition nach erfolgter Investition ausnutzt und das investierende Unternehmen somit keine zur Deckung der Investitionskosten ausreichenden Rückflüsse erzielen kann.

Welche **Lösungsansätze** gibt es für dieses Problem?

▪ Eine **Verbesserung des institutionellen Rahmens** könnte im vorliegenden Fall einen vollständigen Vertrag ermöglichen: Ein effizientes Rechtssystem könnte

---

stellt die Provision von 50 % jetzt die Nash-Verhandlungslösung dar.

zusammen mit der Festlegung von Vertragsstrafen sicherstellen, dass das chinesische Unternehmen keinen Anreiz mehr hat, vom vereinbarten Vertrag abzuweichen. Es ist jedoch zu beachten, dass bei hinreichend komplexen Transaktionen keine vollständigen Verträge mehr möglich sind und zudem immer ein gewisses Maß an Rechtsunsicherheit bestehen bleiben wird.

- Wenn das chinesische Unternehmen regelmäßig und von außen beobachtbar vergleichbare Aufgaben übernimmt oder Folgeaufträge des deutschen Unternehmens geplant sind, könnte sich auch ein **relationaler Vertrag** als Lösung anbieten. Hier resultieren die Anreize zu vertragstreuem Verhalten aus dem drohenden Verlust an Reputation. Die Bestrafung bei Vertragsabweichung wird dann nicht durch eine dritte Stelle (das Gericht) vorgenommen, sondern durch die Vertragspartner: Wenn das chinesische Unternehmen sich sichtbar opportunistisch verhält, wird es von anderen Firmen keine Aufträge mehr erhalten bzw. die Folgeaufträge des Softwareunternehmens verlieren.

- Prinzipiell kann die Gefahr des Holdup auch durch eine **Außenoption** reduziert werden. Wenn das deutsche Unternehmen beispielsweise zwei chinesische Unternehmen mit dem Vertrieb betraut oder die Anpassung so vornimmt, dass das Produkt auch für andere asiatische Märkte geeignet ist, so kann es seine Abhängigkeit reduzieren. Dabei ist allerdings zu beachten, dass diese höhere Flexibilität auch Kosten verursacht.

- Die im Weiteren diskutierte Lösung der **Integration** könnte durch die Akquisition des chinesischen Unternehmens erfolgen. Die Transaktion würde dann unternehmensintern durchgeführt und es bestünde keine Gefahr des opportunistischen Verhaltens durch den Vertriebspartner.

Prinzipiell ist alles das hilfreich, was die Verhandlungsposition des deutschen Unternehmen nach Vertragsabschluss stärkt oder dem chinesischen Unternehmen hilft, sich glaubhaft zu binden. Der letzte Lösungsvorschlag bedeutet nichts anderes, als dass das deutsche Unternehmen zu einem multinationalen Unternehmen werden sollte. Diese Lösung ist jedoch dann möglicherweise problematisch, wenn auch auf Seiten des Vertriebspartners faktorspezifische Investitionen vorgenommen werden sollen: Aufgrund der Verteilung der Verfügungsmacht hat hier ein eigenständiges Unternehmen deutlich größere Anreize als das Management eines Tochterunternehmens.

19.3 OLI-Ansatz und horizontale Direktinvestitionen

Mit dem Transaktionskostenansatz haben wir uns nun eine theoretische Grundlage erarbeitet, mit der wir die Internalisierungsentscheidung im Rahmen der Analyse ausländischer Direktinvestitionen fundiert behandeln können. Dabei ist allerdings zu beachten, dass Transaktionskostenüberlegungen nur einen Aspekt bei der Wahl der bestmöglichen Organisationsform in einem globalen Markt darstellen. Wir wollen uns darum nun mit dem von John H. Dunning entwickelten **OLI-Ansatz** beschäftigen.Im Kontext horizontaler Direktinvestitionen wollen wir dann vor diesem Hintergrund die Entscheidung zwischen Export, Lizenzierung und Direktinvestition analysieren.

„OLI" steht als Akronym für *Ownership*, *Location* und *Internalization* und gibt die drei nach Dunning wesentlichen Bedingungen für eine Vorteilhaftigkeit der Direktinvestitionsstrategie an: Vorteile aus dem Eigentum firmenspezifischen Kapitals, Vorteile aus der Produktion an einem bestimmten Standort und Vorteile aus der Internalisierung innerhalb eines (multinationalen) Unternehmens. Wir wollen nun diese drei Aspekte etwas genauer betrachten.

- **Ownership-Advantage**: Hierunter fällt der Vorteil der Nutzung von firmenspezifischem Kapital im Rahmen eines multinationalen Unternehmens. Wie wir bereits in Kapitel 13 diskutiert haben, handelt es sich bei firmenspezifischem Kapital insbesondere um immaterielle Werte wie Know-how, Patente, Produktionserfahrung oder Reputation für Qualität. In der englischsprachigen Literatur wird dafür üblicherweise der Begriff *headquarter services* verwendet. Die Nutzung dieses firmenspezifischen Kapitals ermöglicht es den Tochterunternehmen, effizienter als ihre lokalen Konkurrenten zu produzieren oder ein qualitativ hochwertigeres Gut zu erstellen. Diese Vorteile müssen ausreichend stark ausgeprägt sein, um die Nachteile einer Produktion fernab des Firmensitzes zu kompensieren.

- **Location-Advantage**: Hierunter werden die standortspezifischen Vorteile der Länder zusammengefasst. Diese Vorteile sind firmenextern und somit durch die unternehmerische Aktivität nicht zu beeinflussen. Wie wir in Kapitel 13 gesehen haben, können Unternehmen mit ihrem ausländischen Engagement unterschiedliche Motive verfolgen, die die Wahl des Standorts beeinflussen: Dient der Standort dazu, die Distribution des Produkts im ausländischen Markt zu verbessern (horizontale Direktinvestition) oder die Produktionskosten durch Ausnutzung von Faktorpreisunterschieden zu reduzieren (vertikale Direktinvestition)?

Die Herstellung an einem ausländischen Standort ist sinnvoll, wenn die Vorteile dieses Standorts die höheren Transaktionskosten bei Produktion im Ausland überwiegen. Eine horizontale Direktinvestition kann dann empfehlenswert sein, wenn erhebliche Handelskosten vorliegen, die bei Produktion im Ausland vermieden werden, oder es die Nähe zum Absatzmarkt ermöglicht, die Produkte besser an die Konsumentenpräferenzen anzupassen und dadurch Wettbewerbsvorteile realisiert werden. Für eine vertikale Investition ist ausschlaggebend, dass die komparativen Vorteile des Standorts stark genug ausgeprägt sind, um die Handelskosten bei Import des Zwischenprodukts und die höheren Service-Link-Kosten bei Produktion im Ausland zu kompensieren.

- **Internalization-Advantage**: Auch wenn die obigen beiden Bedingungen erfüllt sind, ist noch nicht sichergestellt, dass sich eine Direktinvestition lohnt. Schließlich könnten die Vorteile auch durch eine entsprechend ausgestaltete Auftragsvergabe

an Zulieferer, Franchising und Lizensierung oder durch eine Unternehmensko-
operation realisiert werden. Es muss somit vorteilhaft sein, das firmenspezifische
Kapital innerhalb des Unternehmens zu verwerten, anstatt es anderen Unternehmen gegen Entgelt zugänglich zu machen oder die Transaktion durch Outsourcing
über den Markt zu regeln.

Wie unterscheiden sich die Transaktionskosten für die verschiedenen Organisa-
tionsformen? Integration bietet einerseits den Vorteil, dass das firmenspezifische
Kapital besser geschützt ist. Andererseits können innerhalb eines multinationalen
Unternehmens beispielsweise keine so starken Anreize für den Arbeitseinsatz des
Management gegeben werden, wie dies bei Markttransaktionen mit unabhängigen
Unternehmen möglich ist. Wie wir im nächsten Absatz noch sehen werden, können
die unterschiedlichen Außenoptionen bei der Integration anstelle der Produktion
im unabhängigen Unternehmen einen wichtigen Aspekt darstellen. Grundsätzlich
ist es wegen asymmetrischer Information sehr schwierig, firmenspezifisches Kapital im Sinne von allgemeinem Know-how oder Produktionserfahrung effizient an
ein anderes Unternehmen zu transferieren, während dies bei patentierten Erfin-
dungen oder geschützten Markenrechten eher möglich ist.

In Tabelle 19.1 werden für eine horizontale Direktinvestition die aus dem OLI-
Ansatz resultierenden Handlungsempfehlungen für das ausländische Engagement eines Unternehmens zusammengefasst. Es werden hierbei nur die drei Haupteintritts-
strategien Integration (ausländische Direktinvestition), Export und Lizenzierung
bzw. Franchising (vertraglicher Ressourcentransfer) betrachtet. Wie wir erkennen
können, lohnt sich eine Direktinvestition nur dann, wenn sich aus allen drei Quellen
Vorteile für das damit entstehende multinationale Unternehmen ergeben. Der Export
des Produktes in den fremden Markt ist dann sinnvoll, wenn die Standortvorteile
eine Produktion im Ausland nicht rechtfertigen, aber gegenüber den ausländischen
Konkurrenten firmenspezifische Vorteile bestehen und eine Produktion innerhalb des
eigenen Unternehmens vorteilhaft ist. Ist die letztgenannte Bedingung nicht erfüllt,
kann das firmenspezifische Wissen lizenziert werden oder es können Markenrech-
te über Franchiseverträge weitergegeben werden. Ohne standortspezifische Vorteile
(z. B. aufgrund von Handelskosten) wäre aufgrund der einfacheren Kontrolle eine
Lizensierung oder Franchising an heimische Unternehmen („lokal") vorzuziehen, die
dann ihrerseits das Produkt exportieren könnten. Wenn die Handelskosten oder die
Standortvorteile für eine Produktion im Ausland bedeutsam sind, wäre die Lizenzvergabe bzw. das Franchising an ein ausländisches Unternehmen („international")
günstiger.

Neben diesen drei Strategien gibt es allerdings noch weitere Möglichkeiten, wie sich
ein Unternehmen im Ausland engagieren kann: So könnte die Produktion im Ausland
im Rahmen eines Gemeinschaftsunternehmens (*joint venture*) erfolgen – dies könnte
beispielsweise dann sinnvoll sein, wenn sowohl firmenspezifisches Wissen des inländischen Unternehmens als auch seines ausländischen Kooperationspartners wichtig
sind. Bei der Direktinvestitionsentscheidung muss sich ein Unternehmen zudem über-

	Vorteil aus...		
	Ownership	*Internalization*	*Location*
Integration	Ja	Ja	Ja
Export	Ja	Ja	Nein
Lizenzierung/ Franchising	Ja	Nein	Ja → international Nein → lokal

Quelle: Eigene Darstellung auf Grundlage von Dunning, J. H. (1977)

Tab. 19.1: Wahl der Eintrittsstrategie in einen Auslandsmarkt

legen, ob die Akquisition eines lokalen Unternehmens oder ein *greenfield investment* besser zur Erschließung des Standorts geeignet ist: Bei Akquisition des lokalen Unternehmens ist der Marktzugang bereits gegeben, andererseits ist es organisatorisch anspruchsvoller, eine bestehende Firma mit gegebener Unternehmenskultur zu integrieren als ein neues Unternehmen aufzubauen.

19.4 Faktorspezifität und Fragmentierungsentscheidung

Im Rahmen des Melitz-Modells haben wir in Kapitel 13 gezeigt, dass Unternehmen mit hoher Produktivität eine horizontale Direktinvestition dem Export vorziehen. Wir wollen nun die produktivitätsorientierte Analyse um den Aspekt der relativen Bedeutung des Schutzes des firmenspezifischen Kapitals (*headquarter services*) des Endproduzenten und der faktorspezifischen Investitionen des Zwischenproduktherstellers ergänzen. Wir gehen dabei davon aus, dass die Produktion des Zwischenprodukts entweder innerhalb eines Unternehmens integriert stattfindet, wodurch die Investition in das firmenspezifische Kapital besser geschützt ist, oder im Rahmen von Outsourcing in einem unabhängigen Unternehmen. Integration ist dabei annahmegemäß insofern ungünstiger, als sie höhere Fixkosten verursacht.

Es wird eine stilisierte Situation angenommen, bei der das Endprodukt x mit Hilfe des firmenspezifischen Kapitals K_{fs} des Endherstellers und des faktorspezifischen Zwischenprodukts y_{fs} hergestellt wird. Die Produktion von x erfolgt mittels einer Cobb-Douglas-Technologie der Form $x = \varphi \cdot K_{fs}^{\eta} \cdot y_{fs}^{1-\eta}$, d. h. es werden zwar beide Inputs benötigt, wenn aber von einem Input weniger vorhanden ist, so kann dies durch eine höhere Menge des anderen Inputs teilweise ausgeglichen werden. Der Exponent η kann Werte zwischen 0 und 1 annehmen und beschreibt, wie wichtig die Inputs sind: Bei $\eta = 1$ würde nur das firmenspezifische Kapital benötigt, bei $\eta = 0$ nur das Zwischenprodukt. φ ist der aus der Analyse in den Abschnitten 12.3 und 13.2.2 bekannte Produktivitätsparameter des Melitz-Modells.

Ob die faktorspezifische Investition durch den Zwischenprodukthersteller vorgenommen wurde, ist zwar von den beiden Unternehmen beobachtbar, gegenüber einer dritten Stelle (einem Gericht) aber nicht beweisbar. Somit kann die Eigenschaft des Zwischenprodukts nicht vertraglich festgeschrieben werden und es kommt nach erfolgter Investition zu einer Verhandlung analog zu derjenigen in Abschnitt 19.2. Die Wahl der Organisationsform ändert dann annahmegemäß die Außenoption und damit die Verhandlungsposition:

- Bei Outsourcing erzielen sowohl der Endproduzent als auch der Zwischenprodukthersteller bei Scheitern der Verhandlung eine Auszahlung von Null. Dies entspricht der symmetrischen Verhandlungssituation in Abschnitt 19.2, die vor der faktorspezifischen Investition des deutschen Softwareherstellers gegeben war.

- Bei Integration kann der Endproduzent das Zwischenprodukt jedoch notfalls auch ohne Kooperation des Managements des Tochterunternehmens herstellen, was allerdings zusätzliche Kosten verursachen würde. Da das Management des Tochterunternehmens ebenso wie der unabhängige Zwischenprodukthersteller bei Scheitern der Verhandlung eine Auszahlung von Null erhält (gleiche Außenoption), die Auszahlung des Endproduzenten jetzt aber strikt größer als Null ist (verbesserte Außenoption), hat sich seine Verhandlungsmacht vergrößert. Wegen der zusätzlichen Kosten bei Scheitern der Verhandlung, hat der Zwischenprodukthersteller jedoch immer noch eine gewisse Verhandlungsmacht und damit auch einen Anreiz zur faktorspezifischen Investition (im vorliegenden Modellkontext wird y damit zwar geringer als bei Outsourcing, aber nicht gleich Null sein).

Diese stilisierte Modellierung bildet sicherlich die Situation im Rahmen einer realistischen Fragmentierungsentscheidung nicht exakt ab. Sie erlaubt jedoch eine möglichst einfache Modellierung des grundsätzlichen *trade-offs* zwischen dem besseren Schutz des firmenspezifischen Kapitals bei Integration und dem größeren Anreiz zur faktorspezifischen Investition durch den Zwischengutproduzenten bei Outsourcing. Eine mögliche Interpretation wäre beispielsweise, dass aufgrund der Anreizprobleme das Zwischenprodukt bei internationalem Outsourcing weniger spezifisch auf den Bedarf des Endproduzenten ausgerichtet wird als im Rahmen von Offshoring.

Welche Aussage lässt sich nun in einem solchen Modellkontext ableiten? Zunächst kann man einen Grenzwert $\bar{\eta}$ bestimmen, unterhalb dem die faktorspezifische Investition beim Zwischenprodukthersteller so wichtig ist, dass Outsourcing grundsätzlich günstiger ist. Da die Fixkosten bei internationalem Outsourcing höher, die variablen Kosten jedoch niedriger sind als bei lokalem Outsourcing, wird sich analog zur Analyse bei horizontalen Direktinvestitionen in Kapitel 13 ergeben, dass die produktivsten Unternehmen internationales Outsourcing vorziehen, während die weniger Produktiven die Herstellung an lokale Unternehmen auslagern.

Interessanter ist der Fall, bei dem $\eta > \bar{\eta}$ gilt, d. h. der Schutz des eingesetzten firmenspezifischen Kapitals so bedeutsam ist, dass Integration trotz der höheren Fixkosten potentiell vorteilhaft ist. Hier kann es in Abhängigkeit von der Produktivität des Endproduzenten zu allen vier möglichen Lösungen in Bezug auf die Entscheidung über geographische und organisatorische Fragmentierung kommen (vgl. Tabelle 13.1). Wir bezeichnen nun mit dem Index V die vertikale Integration der Produktion und mit O das Outsourcing an ein unabhängiges Unternehmen. Außerdem wird durch das Superskript * die geographische Fragmentierung (Offshoring oder internationales Outsourcing) gekennzeichnet. Es ist dann plausibel anzunehmen, dass für die Fixkosten $f_V^* > f_O^* > f_V > f_O$ gilt: Dies bedeutet, dass zum einen bei Verlagerung ins Ausland immer höhere Fixkosten anfallen als bei Produktion im Inland und zum anderen die Fixkosten bei Integration höher sind als bei Outsourcing. Gleichzeitig führen die geringeren variablen Kosten bei der Herstellung des Zwischenprodukts im Ausland aufgrund des Standortvorteils dazu, dass die Gewinne bei internationaler Fragmentierung mit der Produktivität stärker zunehmen (im Produktivität-Gewinne-Diagramm in Abbildung 19.2 verläuft die Gewinnkurve steiler). Schließlich impliziert der bessere Schutz des firmenspezifischen Kapitals bei Integration, dass K_{fs} einen höheren Wert annimmt und aufgrund der relativ hohen Bedeutung des firmenspezifischen Kapitals somit die variablen Kosten bei Integration im Inland niedriger sind als bei lokalem Outsourcing und bei Offshoring geringer als bei internationalem Outsourcing.

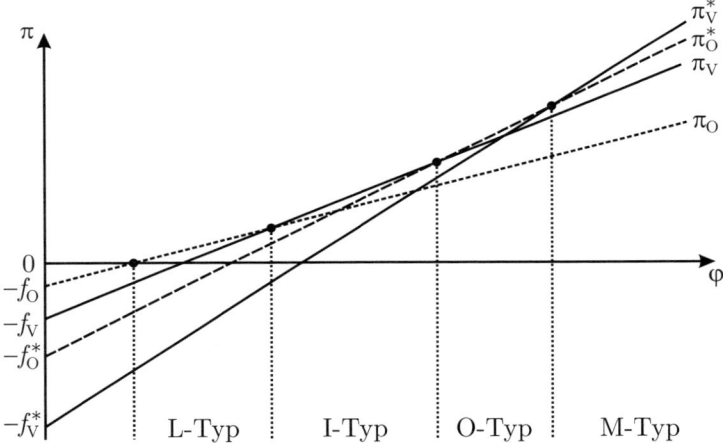

Quelle: Eigene Darstellung auf Grundlage von Helpman (2006).

Abb. 19.2: Faktorspezifität, Produktivität und Outsourcing vs. Offshoring

Abbildung 19.2 zeigt für die verschiedenen Optionen den *trade-off* zwischen Fixkosten und variablen Kosten in Abhängigkeit der Produktivität auf:

- L-Typ (lokales Outsourcing): Liegt die Produktivität nur knapp über der Marktaustrittsschwelle (zwischen dem Schnittpunkt von π_O mit der φ-Achse und demjenigen mit π_V), so wird das Unternehmen sich für lokales Outsourcing entscheiden, weil dort die niedrigsten Fixkosten auftreten und dies aufgrund der relativ geringen Absatzmenge eines unproduktiven Unternehmens wichtiger ist als niedrige variable Kosten.

■ I-Typ (Integration): Etwas produktivere Unternehmen werden sich demgegenüber für Integration im Inland entscheiden (dies gilt für Produktivitäten zwischen dem Schnittpunkt von π_O mit π_V und demjenigen von π_V mit π_O^*). Sowohl bei L-Typen als auch bei I-Typen kommt es weder zu vertikalem intra-industriellen Handel noch zu Direktinvestitionen – in gewissem Sinne sind diese beiden Typen damit mit den mittelproduktiven Unternehmen im originalen Melitz-Modell vergleichbar (P-Typ), die nur für den lokalen Markt produzieren.

■ O-Typ (internationales Outsourcing): Nochmals produktivere Unternehmen (mit Produktivität zwischen den Schnittpunkten von π_V mit π_O^* und π_O^* mit π_V^*) werden das Zwischenprodukt von einem unabhängigen ausländischen Unternehmen importieren und somit internationales Outsourcing betreiben.

■ M-Typ (Offshoring und damit Gründung eines multinationalen Unternehmens): Nur die produktivsten Unternehmen (Produktivität rechts vom Schnittpunkt zwischen π_O^* und π_V^*) entscheiden sich schließlich für Offshoring, d. h. ausländische Direktinvestitionen, die zur Gründung eines Tochterunternehmens führen, das die Zwischenprodukte herstellt, die dann im Rahmen unternehmensinternen Außenhandels importiert werden. Wenn bei den beiden produktivsten Typen (O-Typ und M-Typ) die Endprodukte anschließend ins Ausland exportiert werden, kommt es dabei zu vertikalem intra-industriellen Handel.

Zum Abschluss soll noch kurz auf eine vor dem Hintergrund der empirischen Fakten interessante Variante dieser Art der Modellierung hingewiesen werden. So ist empirisch die Bedeutung des firmenspezifischen Kapitals des Endproduktherstellers bei relativ kapitalintensiven Produktionsprozessen üblicherweise höher. Somit kann erklärt werden, wieso in manchen Märkten eher internationales Outsourcing und in anderen Offshoring als Beschaffungsstrategie gewählt wird. Die Modellvorhersagen decken sich dabei mit den Fakten, dass Offshoring in relativ kapitalintensiven Sektoren häufiger gewählt wird, während sich die Firmen bei arbeitsintensiven Prozessen eher für internationales Outsourcing entscheiden.

Was haben wir gelernt?

■ Der Transaktionskostenansatz erklärt die Entscheidung über die optimale Organisationsform – z. B. zwischen Outsourcing und internationalem Offshoring – auf Grundlage des Ziels der Transaktionskostenminimierung. Diese Transaktionskosten resultieren dabei aus dem Zusammenspiel zwischen den Verhaltensannahmen des Transaktionskostenansatzes (beschränkte Rationalität und Opportunismus) und der Transaktionstechnologie einer spezifischen Technologie (Faktorspezifität, Verhaltensunsicherheit und Häufigkeit).

■ Aus der Verhaltensannahme der beschränkten Rationalität ergibt sich, dass nur unvollständige Verträge geschlossen werden können. Die notwendige Ausfüllung solcher Verträge durch Verhandlungen führt aber bei faktorspezifischen Investitionen zum Holdup-Problem und damit zu einer Unterinvestition. Integration im Rahmen eines multinationalen Unternehmens stellt dann eine potentielle Lösung dieses Holdup-Problems dar.

■ Nach dem OLI-Ansatz ist eine horizontale Direktinvestition dann den Alternativen Export und Lizensierung/Franchising vorzuziehen, wenn sowohl Vorteile aus dem Eigentum firmenspezifischen Kapitals (*Ownership*), aus der Produktion an einem bestimmten ausländischen Standort (*Location*) und aus der organisatorischen Integration im Rahmen eines multinationalen Unternehmens (*Internalization*) gegeben sind.

■ In einer Erweiterung des Melitz-Modells um faktorspezifische Inputs im Rahmen eines fragmentierten Produktionsprozesses lässt sich die organisatorische und geographische Fragmentierungsentscheidung analysieren. Ist das firmenspezifische Kapital des Endproduzenten hinreichend wichtig, so kann es in Abhängigkeit der Produktivität zu allen vier möglichen Formen kommen: Bei geringer Produktivität lokales Outsourcing, bei höherer Produktivität Integration, bei noch produktiveren Unternehmen internationales Outsourcing und bei den Produktivsten schließlich Offshoring.

Ergänzende und weiterführende Literatur

Aghion, P. und R. Holden (2011), Incomplete Contracts and the Theory of the Firm: What Have We Learned over the Past 25 Years?, Journal of Economic Perspectives, Vol. 25, No. 2, 181–197. [*Überblick zum aktuellen Forschungsstand beim Konzept unvollständiger Verträge und seiner Anwendungen.*]

Dunning, J. H. (1977), Trade, Location of Economic Activity and the Multinational Enterprise: A Search for an Eclectic Approach, in: Ohlin, B., Hesselborn P. und P. M. Wijkman (Hrsg.), The International Allocation Of Economic Activity, London: Macmillan, 395–418. [*Grundlegender Aufsatz über den OLI-Ansatz.*]

Helpman, E. (2006), Trade, FDI, and the Organization of Firms, Journal of Economic Literature, Vol. 44, No. 2, 589–630. [*Abschnitt 3 gibt einen ausgezeichneten Überblick zu den aktuellen ökonomischen Ansätzen zur Erklärung ausländischer Direktinvestitionen im Kontext unvollständiger Verträge.*]

Kontrollfragen und Übungsaufgaben

1. Das Gut y ist ein Zwischengut, das bei der Produktion von x benötigt wird. Unternehmen A hat ein Patent auf Gut y und kann es zu Grenzkosten in Höhe von Null herstellen. Unternehmen B überlegt, ob es eine Maschine kaufen soll, mit der aus 10.000 Einheiten von Gut y 10.000 Einheiten von Gut x hergestellt werden können. Eine solche Maschine

kostet 30.000 Euro, kann nicht wieder verkauft werden und ist nach der Produktion der 10.000 Einheiten auch nicht mehr weiterverwendbar. B kann Gut x für 5 Euro pro Stück verkaufen. A bietet an, das Gut y zu einem Preis von 1 Euro pro Stück an B zu verkaufen.

a) Angenommen A und B können einen bindenden Vertrag über die Belieferung abschließen. Wird B die Maschine kaufen? Welche Gewinne ergeben sich für die beiden Firmen? Welches Problem wird bestehen, wenn der Vertrag nicht bindend ist?

b) Gehen Sie nun davon aus, dass der Abschluss eines bindenden Vertrags nicht möglich ist. Bezogen auf die Verteilung der Verhandlungsmacht sind in dieser Situation drei Szenarien denkbar: (i) A diktiert den Preis, (ii) der Vorteil aus dem Geschäft wird gleichmäßig auf beide aufgeteilt und (iii) B diktiert den Preis.

Beantworten Sie für die drei Szenarien jeweils folgende Fragen: Ist das Versprechen von A glaubwürdig? Wird B die Maschine kaufen? Welche Gewinne ergeben sich?

c) Angenommen A kann mit Unternehmen C einen Lizenzvertrag abschließen, der es C ermöglicht, das Gut y zu Grenzkosten in Höhe von c herzustellen. (Der Lizenzvertrag beinhaltet weder Zahlungen von C an A pro Stück noch ein Wettbewerbsverbot.)

Ist die Zusage von A gegenüber B glaubhaft, wenn A eine Lizenz an C vergeben hat, wobei die Grenzkosten $c = 1{,}01$ Euro betragen? Ist diese Lizenzvergabe für A vorteilhaft? Begründen Sie Ihre Antwort! Nehmen Sie nun alternativ an, dass c größer als 1,01 Euro aber kleiner als 2 Euro ist. Was würden Sie in diesem Fall erwarten? Was passiert, wenn c kleiner als 1 Euro ist? Angenommen A kann die Höhe von c festlegen: Welches c maximiert den Gewinn von A?

2. Sie sind Manager eines internationalen Automobilkonzerns. Sie halten nach neuen Vertriebswegen Ausschau und überlegen, ob Sie eigene Vertriebsstätten bauen oder einen externen Vertriebspartner für den Verkauf Ihrer Autos beauftragen.

a) Diskutieren Sie Pro und Contra einer Auslagerung des Vertriebs!

b) Nennen Sie je zwei Beispiele für unkritische und kritische Transaktionen innerhalb eines Automobilkonzerns, die an externe Dienstleister ausgelagert werden können!

3. Welche Voraussetzungen müssen nach dem OLI-Ansatz erfüllt sein, damit die Gründung eines ausländischen Tochterunternehmens vorteilhaft ist? Welche Alternativen stehen demgegenüber zur Verfügung, wenn nur einige Bedingungen zutreffen?

4. Wenden Sie den OLI-Ansatz für den Fall an, ob vertikale Direktinvestitionen sinnvoll sind! Welche Alternativen kämen hier in Frage, wenn nur einzelne Bedingungen erfüllt sind?

5. Wie hängt die Entscheidung über die Fragmentierungsentscheidung von der Produktivität des Unternehmens ab? Unterscheiden und charakterisieren Sie die vier möglichen Ausprägungsformen!

20 Intermediation in globalen Märkten

Themenüberblick

- Außenhandel braucht Händler: Intermediation als zentrale Unternehmensaufgabe in globalen Märkten
- Intermediationstheorie: Funktion von Intermediären und Vorteilhaftigkeit gegenüber dezentralen Verhandlungen
- Globale Intermediäre als *Market Maker* und *Match Maker*
- Implikationen von Transaktionskostenansatz und Intermediationstheorie für die Unternehmenspraxis global tätiger Firmen

In den bisher behandelten Modellen gab es nur Produktionsunternehmen, die Güter herstellten und über einen anonymen Markt absetzten. Damit ein Markt mit vielen Anbietern und Nachfragern funktionieren kann, sind aber in der Realität Intermediäre wie Handelsunternehmen, Makler oder Banken notwendig, die als *Match Maker* Angebot und Nachfrage zusammenbringen und als *Market Maker* Preise setzen und Märkte betreiben. Da Intermediation eine zentrale Unternehmensaufgabe in globalen Märkten darstellt, ist ein grundlegendes Verständnis der Intermediationsfunktion und der Leistung von Intermediären für eine umfassende Betrachtung von globalen Märkten essenziell.

In diesem letzten Kapitel wird darum zunächst eine knappe Einführung in die Intermediationstheorie gegeben, bevor in einem zweiten Schritt die Aufgabe von Intermediären in globalen Märkten am Beispiel der Internetplattform eBay und des Handelshauses Li & Fung verdeutlicht wird. Den Abschluss bildet dann eine Darstellung der Implikationen von Transaktionskostenansatz und Intermediationstheorie für die Unternehmenspraxis in globalen Märkten.

20.1 Intermediationstheorie und globale Intermediäre

Eine ökonomische Theorie der Intermediation muss erklären, wieso Transaktionen nicht direkt, sondern über einen Intermediär abgewickelt werden. Dafür muss zum einen klar werden, welche Funktionen ein Intermediär erfüllt und zum anderen, wieso er diese Aufgaben besser und/oder kostengünstiger als die Transaktionspartner wahrnehmen kann.

20.1.1 Schaffung von Märkten und Preissetzung durch Intermediäre

Die zentrale **Funktion von Intermediären** besteht darin, Märkte zu schaffen und zu betreiben. Zum besseren Verständnis dieser Intermediationsfunktion ist es hilfreich, wie in Abbildung 20.1, das einfache ökonomische Kreislaufdiagramm mit Haushalten und Unternehmen um die dazwischen angeordneten Intermediäre zu ergänzen.

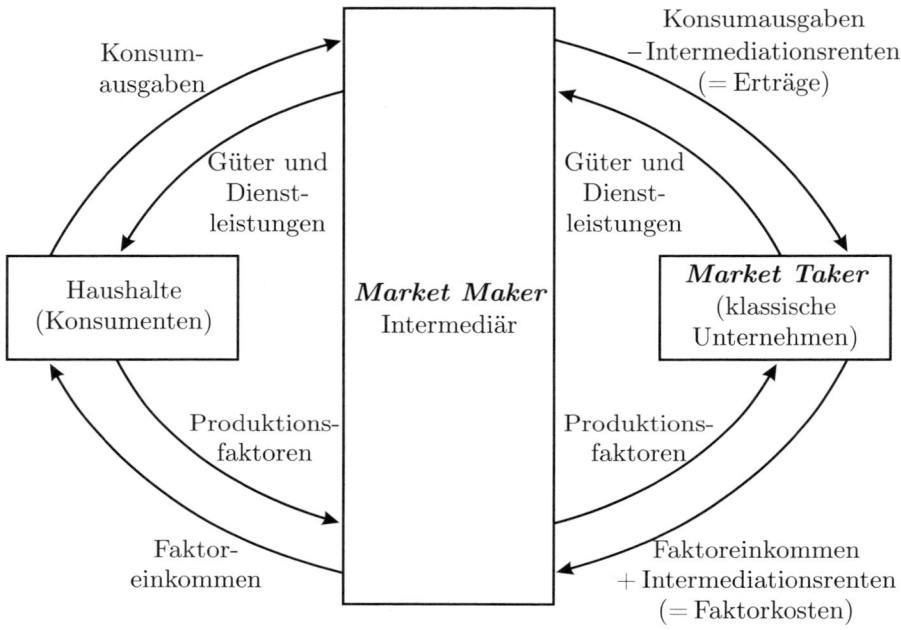

Abb. 20.1: Wirtschaftskreislauf mit Intermediation

Haushalte und klassische Produktionsunternehmen sind hier wie im Modell mit vollkommener Konkurrenz Mengenanpasser und somit *Market Taker*. Dazwischen sind die Intermediäre platziert, die als *Market Maker* den Markt betreiben und Preise so setzen, dass es zur Markträumung kommt. Da jedoch diese Aufgabe Kosten verursacht und Intermediäre zudem meist über Marktmacht verfügen, realisieren sie Intermediationsrenten, die somit einen Keil zwischen den Kaufpreis der Haushalte und den Verkaufspreis der Unternehmen treiben. Wir wollen uns diesen Aspekt nun für einen monopolistischen Intermediär im Angebots-Nachfrage-Diagramm verdeutlichen.

In Abbildung 20.2 wird die Preisbildung auf einem Markt mit einem **monopolistischen Intermediär** im Vergleich zu einem idealen Markt bei vollkommenem Wettbewerb dargestellt. Im idealen Markt bildet sich der Marktpreis p^{vK} im Schnittpunkt von Angebot und Nachfrage. Die Anbieter und Nachfrager haben perfekte Information und alle Akteure die zum Marktpreis handeln wollen, können dann auf dem

Markt die gewünschte Menge absetzen bzw. kaufen. Dabei entspricht die insgesamt angebotene Menge x^{vK} der zu diesem Preis nachgefragten Menge.

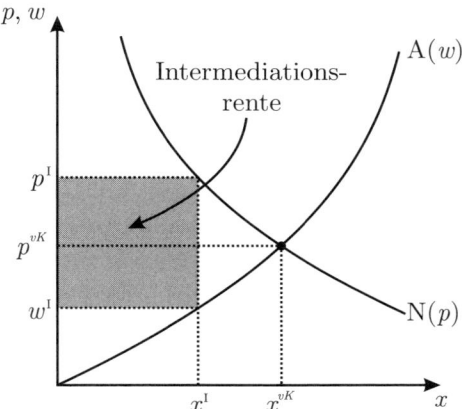

Abb. 20.2: Wirtschaftskreislauf mit Intermediation

In der Realität gibt es diesen anonymen Markt so jedoch nicht. Vielmehr braucht es Intermediäre, die als Händler eine Art Brückenfunktion zwischen Verkäufer und Käufer übernehmen. Wir gehen nun beispielhaft von einem monopolistischen Intermediär aus, der diesen Markt mit dem Ziel betreibt, eine möglichst hohe Intermediationsrente zu erzielen. Der Einfachheit halber nehmen wir dabei an, dass dieser Intermediär analog zur Analyse des Monopolisten in Kapitel 10 die Nachfragefunktion $N(p)$ und die Angebotsfunktion $A(w)$ kennt.

Der Intermediär bietet dann den Herstellern des Produktes an, das Gut zum als „Bid-Preis" bezeichneten Preis w^I zu erwerben. Auf der anderen Marktseite wird den Nachfragern ein Verkaufsangebot in Höhe des „Ask-Preises" p^I unterbreitet. Die Preise sind dabei so gewählt, dass der Markt geräumt wird: $A(w^I) = N(p^I) = x^I$. Gleichzeitig wird der Monopolist den *Bid-ask-Spread*, d. h. die Differenz zwischen p^I und w^I, so wählen, dass seine Intermediationsrente $(p^I - w^I) \cdot x^I$ maximiert wird. Der Intermediär wird im Markt aktiv sein, wenn diese Intermediationsrente seine Kosten übersteigt.

Ein monopolistischer Intermediär sorgt somit einerseits aufgrund des *Bid-ask-Spreads* für einen Effizienzrückgang gegenüber dem Ergebnis auf dem idealen Markt ($x^I < x^{vK}$). Andererseits gewährleistet der Intermediär jedoch, dass überhaupt ein Markt existiert, indem er Bid- und Ask-Preise so setzt, das sich die angebotene und die nachgefragte Menge entsprechen. Zudem ist zu beachten, dass sich bei Wettbewerb zwischen Intermediären der *Bid-ask-Spread* verringert (bei vollkommenem Wettbewerb auf die Intermediationskosten pro Mengeneinheit) und das Ergebnis sich dann demjenigen im idealen Markt annähert.

20.1.2 Was macht Intermediation vorteilhaft?

Wir haben nun gesehen, wie ein Intermediär durch die Schaffung eines Marktes endogen einen Preissetzungsmechanismus etabliert, der für die Allokation von Gütern und Dienstleistungen sorgt. Darüber hinaus erfüllen Intermediäre aber noch einige weitere wichtige Funktionen:

- Zur Koordination von Transaktionen **halten** sie **Lager** oder **rationieren** die Anbieter oder Nachfrager. Sie gewährleisten somit die kurzfristige Anpassung an Schwankungen des Angebots oder der Nachfrage.

- Als zentrale Tauschplätze **reduzieren** sie die **Suchkosten**. Dieser Aspekt ist gerade in den komplexen und unübersichtlichen globalen Märkten wichtig. Wir werden darum diese Funktion des Intermediärs in einem einfachen theoretischen Modell aufzeigen und zudem im nächsten Abschnitt erläutern, wie sie konkret von globalen Intermediären erfüllt wird.

- Durch verbindliche Preise **vermeiden** Intermediäre **Verhandlungskosten**. Im Kontext des Transaktionskostenansatzes hatten wir ja bereits angesprochen, dass insbesondere bei asymmetrischer Information die Effizienz einer Verhandlungslösung nicht mehr sichergestellt ist. Dieses Problem wird durch Intermediation vermieden und die Abwicklung über den Intermediär kann somit selbst dann vorteilhaft sein, wenn der Intermediationspreis ungünstiger ist als der erwartete Preis bei der Verhandlungslösung.

- Intermediäre **verringern** Ineffizienzen aufgrund von **Informationsasymmetrien**. Zum einen können sie aufgrund der häufigen Beteiligung an Transaktionen leichter eine Reputation aufbauen und es ist zugleich für sie weniger attraktiv einen Informationsvorteil kurzfristig auszunutzen, da der Verlust dieser Reputation für sie entsprechend kostspielig ist. Zum anderen sind sie durch die auf Dauer angelegte Marktteilnahme eher in der Lage, gute Qualität zu signalisieren (z. B. durch eine Garantie) als Transaktionspartner, die nur einmalig oder gelegentlich in einem Markt aktiv sind.

Die **Reduzierung der Suchkosten** durch Intermediation können wir uns anhand eines stilisierten Beispiels der Suche eines Endproduzenten nach einem geeigneten ausländischen Zwischenprodukthersteller verdeutlichen. Dazu gehen wir davon aus, dass es jeweils zwei Typen von Endprodukt- und Zwischenproduktherstellern gibt: Solche mit hoher Produktivität, was wir im Weiteren durch den Index h kennzeichnen werden, und solche mit geringer Produktivität, bei denen der Index g verwendet wird. Wir nehmen dabei an, dass jeweils die Hälfte der potentiellen Transaktionspartner vom Typ h und die andere Hälfte vom Typ g ist.

Da produktivere Endprodukthersteller auch bei höheren Beschaffungskosten noch wettbewerbsfähig sind, haben sie eine höhere maximale Zahlungsbereitschaft v als unproduktive: $v_h > v_g$. Umgekehrt sind die Kosten c und damit der notwendige Mindestpreis für produktive Zwischenprodukthersteller geringer als für unproduktive:

$c_h < c_g$. Weiter gehen wir davon aus, dass sich eine Transaktion zwischen unproduktiven Transaktionspartnern nicht lohnt: $v_g < c_g$.

Bei dezentralem Tausch ist der Typ des Handelspartner vor Markteintritt nicht bekannt. Treffen aber ein Endproduzent und ein Zwischenprodukthersteller aufeinander, so erfahren sie den Typ des Partners. Somit sind Ineffizienzen im Verhandlungsprozess aufgrund asymmetrischer Information ausgeschlossen und es kommt zur Nash-Verhandlungslösung, d. h. einer gleichmäßigen Aufteilung des Gesamtvorteils auf die beiden Transaktionspartner. Treffen zwei unproduktive Unternehmen aufeinander, so kommt es nicht zu Handel. Andernfalls betragen die Auszahlungen jedes Unternehmens $(v_i - c_j)/2$.

Bei Intermediation legt ein monopolistischer Intermediär mit Intermediationskosten c^I bindende Preise p^I und w^I fest. Um eine Intermediationsrente zu erzielen, wird er diese Preise so festlegen, dass sie für produktive Unternehmen gerade attraktiv sind. Mit $\bar{v}$ als Erwartungswert $(v_h + v_g)/2$ für die maximale Zahlungsbereitschaft eines Endproduzenten und $\bar{c}$ als Erwartungswert $(c_h + c_g)/2$ für die Kosten eines Zulieferers führt dies auf $p^I = v_h - (v_h - \bar{c})/2$ und $w^I = c_h + (\bar{v} - c_h)/2$. Bei diesen Preisen sind die produktiven Unternehmen gerade indifferent zwischen dezentralem Tausch und der Abwicklung des Handels über den Intermediär. Damit werden alle produktiven Unternehmen den Handel über den Intermediär abwickeln, während die unproduktiven Unternehmen aufgrund $v_g < c_g$ auf Handel verzichten. Beachten Sie, dass dieses Ergebnis hier effizient ist, da der Gesamtvorteil maximiert wird, wenn nur die produktiven Unternehmen miteinander Handel treiben.

Der Vorteil der Intermediation wird vom Intermediär über den positiven Bid-ask-Spread abgeschöpft:

$$p^I - w^I = v_h - \frac{v_h}{2} + \frac{\bar{c}}{2} - c_h - \frac{\bar{v}}{2} + \frac{c_h}{2} = \underbrace{\left[\frac{v_h}{2} - \frac{\bar{v}}{2}\right]}_{>0} - \underbrace{\left[\frac{c_h}{2} - \frac{\bar{c}}{2}\right]}_{<0} > 0 \qquad (20.1)$$

Intermediation ist somit dann vorteilhaft, wenn die Intermediationskosten geringer sind als der *Bid-ask-Spread*, d. h. wenn $c^I < p^I - w^I$. Da der Wert für den *Bid-ask-Spread* umso größer wird, je unterschiedlicher die Typen sind, lohnt sich Intermediation eher, wenn die Produktivitätsunterschiede sehr ausgeprägt sind.

20.2 Intermediationsstrategien in globalen Märkten

Wir wollen nun anhand der Internetplattform eBay und des Handelshauses Li & Fung die Funktion von Intermediären in der Praxis der globalen Wirtschaft veranschaulichen. An diesen Beispielen können wir sehen, wie globale Intermediäre als *Match Maker* über Ländergrenzen hinweg Anbieter und Nachfrager zusammenbringen und wie sie als *Market Maker* einen weltweiten Markt schaffen und betreiben. Schließlich werden wir analysieren, was die potentiellen Quellen der Wettbewerbsvorteile global tätiger Intermediäre sind.

20.2.1 Als globaler *Match Maker* Marktteilnehmer zusammen bringen

Globale **Match Maker** zeichnen sich dadurch aus, dass sie Käufer und Verkäufer aus verschiedenen Ländern auf eine Weise zusammenbringen, die für diese besonders vorteilhaft ist. Ein *Match Maker* stellt Anbietern und Nachfragern die für die Transaktion relevanten Informationen bereit und bietet den institutionellen und rechtlichen Rahmen für eine effiziente Vertragsgestaltung und Vertragsabwicklung. Dadurch, dass er als zentrale Anlaufstelle dient, reduziert er die Suchkosten, die gerade auf globalen Märkten trotz fortgeschrittener Kommunikationstechnik nach wie vor hoch sind, da insbesondere lokale Informationen nur schwer verfügbar und zum Teil nur Insidern zugänglich sind.

Wie erfüllen nun eBay und Li & Fung konkret diese Funktion eines globalen *Match Makers*?

▪ Die Internetplattform eBay startete zunächst in Amerika und dehnte dann ihre Auktionswebsite auf immer mehr Länder aus. Ziel war es, „The World's Online Marketplace" zu werden und weltweit Angebot und Nachfrage nach vielen Produkten zusammenzubringen. Geographische Entfernung und Ländergrenzen verlieren durch die elektronische Interaktion an Bedeutung – jeder der einen Computer mit Internetzugang hat, kann an einer Auktion teilnehmen.

  Die Auktionen von eBay stehen sowohl Privatleuten als auch kleinen mittelständischen Unternehmen offen, welche die Auktionsplattform für eigene nationale und internationale Handelsaktivitäten nutzen. Da die Angebotsstruktur und der Service für Verkäufer von Neuwaren in den letzten Jahren immer mehr verbessert wurde, hat sich eBay von einem Gebrauchtwarenmarkt immer mehr zum Neuwarenmarkt entwickelt.

▪ Das 1906 gegründete Exporthandelsunternehmen Li & Fung mit Sitz in Hong Kong setzt demgegenüber nicht auf dem Endverbrauchergeschäft, sondern auf der diesem Markt vorgelagerten Stufe an. Es fungiert als Supply Chain Manager, der hersteller- und länderübergreifend tätig ist, wobei es alle Stufen der Wertschöpfungskette abdeckt, wie etwa Produktentwicklung, Qualitätssicherung und Transport, so dass sich die Kunden nur noch um die Vermarktung der Produkte kümmern müssen.

  Li & Fung verfolgt dabei eine globale Netzwerkstrategie, die es ihm erlaubt, obwohl es selbst keine Produktionskapazitäten vorhält, Aufträge mit Lieferfristen zeitnah an andere Unternehmen zu vergeben und so die Bedürfnisse seiner Kunden wie etwa Toys'R'Us, Nike, Marks & Spencer oder WalMart zu erfüllen. Eigenen Angaben zufolge umfasst das globale Netzwerk mehr als 15.000 internationale Lieferanten. Mit weltweit 240 Büros und Vertriebszentren kann es damit 40 Länder abdecken.

  Aufgrund eines zentralen *Hub-and-Spoke*-Netzwerks, wie in Abbildung 20.3 schematisch gezeigt, vermindert eine Abwicklung von Transaktionen über Li & Fung

die Suchkosten nach einem geeigneten Zulieferer drastisch. Wie wir im Suchkos-
tenmodell gezeigt haben, wird dadurch die Effizienz des *matching*, d. h. des Zu-
sammenfindens geeigneter Partner, gesteigert.

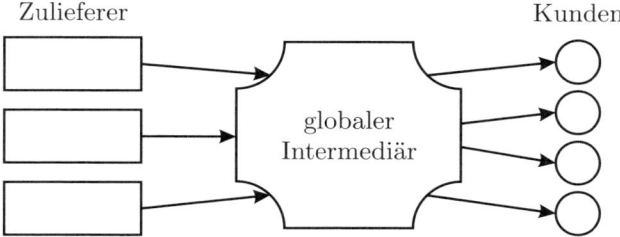

Abb. 20.3: Netzwerk eines globalen Intermediärs

20.2.2 Als *Market Maker* einen weltweiten Markt schaffen

Sowohl eBay als auch Li & Fung beschränken sich aber nicht auf die Funktion eines
Match Makers, sondern haben durch ihre Aktivitäten einen Markt geschaffen, den sie
als **Market Maker** betreiben. Ein *Market Maker* muss zusätzlich entweder einen
Preisbildungsmechanismus bereitstellen oder er muss durch seine Aktivitäten das
Angebot und die Nachfrage bündeln und zum Ausgleich bringen. Während eBay
mit seiner Auktion eine Preisbildung ermöglicht, bündelt Li & Fung aus Sicht der
Nachfrager das Marktangebot und aus Sicht der Zulieferer die Nachfrage nach ihren
Produktionsleistungen.

▪ Der Auktionsmechanismus, der von eBay bereitgestellt wird, ermöglicht eine effiziente Preissetzung insbesondere in Gebrauchtwarenmärkten und für Restposten,
für die kein „regulärer" Marktpreis existiert. Vorzugsweise für Neuwaren bietet
eBay inzwischen mit der Sofort-Kaufen-Option zudem einen alternativen Preissetzungsmechanismus an. Im Unterschied zum monopolistischen Intermediär im
Modell aus dem vorigen Abschnitt tritt eBay nicht selbst als Händler auf, der
dadurch die Marktpreise setzt, indem er Kaufangebote und Verkaufsangebote unterbreitet. Stattdessen wird ein Markt dadurch geschaffen, indem ein Preisbildungsmechanismus in technischer Form zur Verfügung gestellt wird.

▪ Die Beteiligung von Li & Fung am eigentlichen Marktgeschehen ist demgegenüber sehr viel intensiver. So wird die Wahl der Lieferanten nicht nur an den
komparativen Kostenvorteilen ihrer Standorte ausgerichtet, sondern auch an der
augenblicklichen Verfügbarkeit des entsprechenden Angebots in den verschiedenen
Standorten. Dadurch, dass nicht alle Produzenten, die mit Li & Fung zusammen-
arbeiten, zu einem bestimmten Zeitpunkt voll ausgelastet sind, wird analog zur
Lagerhaltung von Waren Liquidität im Markt für Produktionskapazität geschaffen.

20.2.3 Quellen globaler Wettbewerbsvorteile für Intermediäre

Welche Wettbewerbsvorteile machen globale Intermediäre wie eBay oder Li & Fung erfolgreich? Oder anders formuliert: Worin besteht das firmenspezifische Kapital von eBay und Li & Fung?

■ Bei eBay dürfte unter anderem der leicht verständliche Preisbildungsmechanismus und die ausgeprägte Unterstützung bei der Kaufabwicklung einen wichtigen Wettbewerbsvorteil darstellen. Darüber hinaus bietet die Möglichkeit zur Abgabe von Bewertungen die Chance zur Bildung von Reputation, was gerade in den anonymen Online-Marktplätzen von erheblicher Bedeutung ist. Zudem spielen jetzt, nachdem eBay als weltweit bedeutendster Onlineauktionsanbieter etabliert ist, auch nachfrageseitige externe Skalenerträge eine wichtige Rolle: Wer über eBay verkauft hat eine größere Zahl an potentiellen Käufern und damit eine höhere Chance, einen attraktiven Preis zu erzielen als auf einer weniger bekannten Auktionsplattform. Daraus resultiert ein sich selbst verstärkender Prozess, der die Abwicklung von entsprechenden Transaktionen über eBay immer attraktiver macht.

■ Bei Li & Fung trägt die globale Netzwerkstrategie dazu bei, die Transaktionskosten niedrig zu halten. So deckt das Unternehmen als Supply Chain Manager alle Stufen der Wertschöpfungskette aus einer Hand ab, was die Unsicherheit für die Kunden deutlich reduziert. Zudem kann die durch langjährige Geschäftsbeziehungen und Geschäftserfahrung geschaffene Vertrauensbasis gegenüber Zulieferern und Kunden nur sehr schwer von Konkurrenten dupliziert werden.

20.3 Implikationen für globale Wettbewerbsstrategien

Wir haben gesehen, wie sehr Globalisierung die Rahmenbedingungen von Unternehmen verändert. Wie können Manager eines Unternehmens am Besten auf diese Herausforderungen reagieren? Die Orientierung an klassischen Wettbewerbsstrategien für nationale Märkte wie beispielsweise Kostenführerschaft und Produktdifferenzierung ist für Unternehmen im globalen Wettbewerb nicht ausreichend. Das Ziel von multinationalen Unternehmen muss es sein, die Wertschöpfungskette so zu gestalten, dass es die größte Nettowertschöpfung im Vergleich zu seinen Mitbewerbern generiert. Gelingt dies, entsteht ein **globaler Wettbewerbsvorteil**. Maximiert werden sollen dabei die Nettogewinne des Handels, d. h. die Differenz aus den Vorteilen des Handels abzüglich der durch Handel entstehenden Kosten. Je mehr ein international agierendes Unternehmen von diesem durch Handel geschaffenen Mehrwert für sich behalten kann, desto profitabler ist es.

Zur Bestimmung dieser **globalen Wettbewerbsstrategie** bietet sich folgender Analyserahmen an:

■ Erstellung einer globalen Wettbewerbsanalyse, in der insbesondere die komparativen Vorteile des Heimatlandes, der potentiellen Beschaffungs- und Absatzländer sowie diejenigen der Partnerländer und Wettbewerbsländer ermittelt werden.

- Bestimmung des firmenspezifischen Kapitals, des *added value*, des eigenen Unternehmens.

- Formulierung einer Wettbewerbsstrategie, die das firmenspezifische Kapital nutzt und bestmöglich mit den komparativen Vorteilen des Heimatlandes sowie der Beschaffungs- und Partnerländern verknüpft.

- Entwurf einer der Wettbewerbsstrategie angemessenen Organisationsstruktur, die sowohl die interne Organisation als auch das Netzwerk der Beziehung zu Zulieferern, Partnern und Kunden beinhaltet.

Mit diesem Analyserahmen können Manager die Stärken und Schwächen ihres Unternehmens erkennen und darauf basierend Strategien und Organisationsformen entwickeln, die es erlauben, internationale Marktchancen zu nutzen und einen globalen Wettbewerbsvorteil zu erzielen.

In Kapitel 18 haben wir bereits die Implikationen der Außenhandelstheorie für die Unternehmen diskutiert. Diese Konzepte bieten eine theoretische Grundlage für eine fundierte **globale Wettbewerbsanalyse** und geben auch Hinweise, welche Wettbewerbsstrategien erfolgversprechend sind. Mit dem Transaktionskostenansatz und der Intermediationstheorie haben wir in diesem und dem letzten Kapitel Konzepte kennengelernt, die wichtige Hinweise zur bestmöglichen Nutzung des firmenspezifischen Kapitals und zur Gestaltung der Organisationsstruktur liefern. Diese Aspekte wollen wir zum Abschluss dieses Buches nun noch kurz ansprechen.

Zwar hat der technische Fortschritt dazu beigetragen, die **Transaktionskosten** teilweise erheblich zu senken: So hat beispielsweise die Entstehung von Online-Marktplätzen die Suche nach geeigneten Geschäftspartnern deutlich vereinfacht. Für international agierende Unternehmen sind jedoch die Kosten bei grenzüberschreitenden Transaktionen nach wie vor um ein Vielfaches höher als bei rein nationalen Transaktionen. So müssen bei internationalen Geschäften die verschiedenen Bräuche und Geschäftstraditionen berücksichtigt werden und es müssen soziale Netzwerke aufgebaut werden, um in Kontakt mit den geeigneten Geschäftspartnern treten zu können. Firmenstrategien und Organisationsstrukturen müssen angepasst werden, um sprachliche und kulturelle Besonderheiten zu berücksichtigen. Diesen Kosten stehen aber eine Reihe von erheblichen Vorteilen aus der internationalen Tätigkeit gegenüber. Es kommt somit entscheidend darauf an, die Vorteile aus einer internationalen Tätigkeit mit den Nachteilen der höheren Transaktionskosten abzuwägen und auf dieser Grundlage eine geeignete Strategie zu entwerfen. Dabei ist eine zentrale Frage, wie weit die vertikale und horizontale Integration reichen soll.

In Tabelle 13.1 wurden die Möglichkeiten aufgezeigt, wie die Wertschöpfungskette geographisch und organisatorisch fragmentiert werden kann. Im Zuge der organisatorischen **Fragmentierung** können aber erhebliche Transaktionskosten auftreten, die wir in Kapitel 13 unter dem Begriff „Service-Link-Kosten" zusammengefasst haben. Bei internationalem Outsourcing, aber auch bei Offshoring, d. h. der Gründung eines ausländischen Tochterunternehmens, sind diese Kosten zudem deutlich größer als bei Outsourcing im Inland, da in diesem Fall die Unterschiede in den institutionellen, rechtlichen und kulturellen Rahmenbedingungen der Länder berücksichtigt werden müssen. Andererseits sind aber bei internationaler Fragmentierung natürlich auch die potentiellen Vorteile der Fragmentierung aufgrund der Faktorpreisunterschiede sehr viel ausgeprägter. Wichtig ist somit eine sorgfältige Abwägung der Vor- und Nachteile internationaler Fragmentierung und die Beschränkung der Risiken durch Wahl der bestmöglichen Organisationsform entsprechend der Transaktionskostenaspekte.

Ähnlich sieht es aus, wenn wie im Beispiel in Abschnitt 19.2 nicht das Ziel einer Kostenreduktion (vertikal), sondern der **Markterschließung** (horizontal) verfolgt wird. Generell verursacht der Selbstbetrieb ausländischer Produktions- und Vertriebsstätten zusätzliche Organisations- und Koordinationskosten, die beim reinen Export mit Vertrieb durch ein unabhängiges Unternehmen nicht anfallen. Diese Kosten müssen jedoch gegen die Transaktionskosten abgewogen werden, die bei faktorspezifischen Investitionen im Kontext unvollkommener Verträge anfallen. Letztlich muss dann geklärt werden, welche Organisationsform den höheren (erwarteten) Nettoerlös generiert und ob aufgrund der zusätzlichen Kosten der erwartete Erlös aus dem Auslandsgeschäft überhaupt ausreicht, die Kosten zu decken.

Verursacht etwa eine Vertragsbeziehung eines deutschen Unternehmens mit Partnern in den Mitgliedstaaten der EU im Vergleich zur Beziehung mit deutschen Geschäftspartnern nur unwesentlich höhere Transaktionskosten – schließlich garantiert die EU-Mitgliedschaft ein gewisses Mindestmaß an Rechtsstaatlichkeit und übergeordnete Instanzen wie der Europäische Gerichtshof können bei Problemen angerufen werden – ist ein Engagement in Entwicklungs- und Schwellenländer wie beispielsweise China schon wesentlich riskanter. Das Management muss daher berücksichtigen, dass der chinesische Markt zwar viele Chancen bietet, wie beispielsweise einen großen Absatzmarkt und kostengünstige Vorprodukte, diesen Chancen aber eben auch in Bezug auf Vertragssicherheit und Rechtsstaatlichkeit große Risiken und damit hohe Transaktionskosten gegenüberstehen. Dies muss bei der Wahl der Geschäftspartner und der Entscheidung über ausländische Direktinvestitionen immer berücksichtigt werden.

Hilfreich kann bei einem Engagement im wenig vertrauten Umfeld der Einsatz eines **globalen Intermediärs** sein, der über lokale Information verfügt und gleichzeitig vertrauenswürdig ist, da er einen hohen Anreiz hat, seine Reputation zu wahren. Diese Lösung ist aufgrund der Intermediärsrente zwar auch nicht kostenlos, schränkt jedoch die Risiken ein. Vom Blickwinkel des Intermediärs aus gesehen, kann damit lokale Information und die Reputation ein firmenspezifisches Kapital darstellen, das in globalen Märkten gewinnbringend verwertet werden kann.

Was haben wir gelernt?

- Intermediäre schaffen und betreiben Märkte. Global tätige Intermediäre erfüllen damit eine zentrale Funktion im internationalen Handel.

- Intermediäre bringen Anbieter und Nachfrager zusammen, koordinieren Transaktion durch Lagerhaltung und Rationierung und reduzieren Such- und Transaktionskosten. Intermediäre werden dann ihre Leistung anbieten, wenn dieses Vorteile die Intermediationskosten übersteigen.

- Die Internetplattform eBay und das Handelshaus Li & Fung sind gute Beispiele für die gelungene Umsetzung einer globalen Intermediärstrategie: Sie bringen als *Match Maker* über Ländergrenzen hinweg Käufer und Verkäufer zusammen und schaffen als *Market Maker* globale Märkte.

- Für globale Märkte benötigen Unternehmen eine Wettbewerbsstrategie, die auf einer globalen Wettbewerbsanalyse beruht und durch eine geeignete Ausgestaltung der internationalen Transaktionen das firmenspezifische Kapital bestmöglich nutzt.

Ergänzende und weiterführende Literatur

Buckley, P. J. und M. C. Casson (1998), Analyzing Foreign Market Entry Strategies: Extending the Internalization Approach, Journal of International Business Studies, Vol. 29, No. 3, 539–561. [*Überblick über die verschiedensten Eintrittsstrategien in ausländische Märkte.*]

Spulber, D. F. (1999), Market Microstructure: Intermediaries and the Theory of the Firm, Cambridge, UK: Cambridge University Press. [*Grundlegende Einführung in die Intermediationstheorie.*]

Kontrollfragen und Übungsaufgaben

1. Was wird unter einem *Match Maker* und was unter einem *Market Maker* verstanden? Nennen Sie je zwei Beispiele!

2. Auf einem homogenen Markt mit atomistischer Struktur ist die Nachfrage beschrieben durch die Funktion $x_N = 11 - p$ und die Angebotsfunktion lautet $x_A = 2 \cdot p - 4$. Auf diesem Markt agiert ein monopolistischer Intermediär als Preissetzer (*Market Maker*).

   a) Stellen Sie Angebot und Nachfrage in einem Preis-Mengen-Diagramm dar!

   b) Welchen Preis und welche Ausbringungsmenge wird der Intermediär wählen? Bestimmen Sie graphisch und rechnerisch den gewinnmaximalen *Bid-Ask-Spread* sowie den maximalen Gewinn des Intermediärs! [*Hinweis: Aus Sicht des Intermediärs werden durch die Angebotsfunktion die Kosten beschrieben.*]

   c) Kennzeichnen Sie in Ihrer Graphik die Konsumentenrente, die Produzentenrente sowie die Rente des Intermediärs!

d) Es tritt nun ein negativer Nachfrageschock auf, d. h. die Nachfragefunktion ändert sich zu $x_N = 8 - p$. Berechnen Sie, welchen neuen *Bid-Ask-Spread* der Intermediär längerfristig festlegen wird! Beschreiben Sie verbal, welche kurzfristigen Strategien der Intermediär verfolgen kann, um auf die veränderte Nachfragesituation zu reagieren!

3. Weltweit gibt es drei Unternehmen (L, M, H), die spezielle Fördermaschinen für den Abbau seltener Erden (in etwa gleicher Qualität) anbieten. Die Kosten, die den Spezialfirmen für die Produktion entstehen, belaufen sich auf $c_L = 40$ *Mio. Euro*, $c_M = 60$ *Mio. Euro* sowie $c_H = 80$ *Mio. Euro*. Kürzlich konnten drei Bergbaufirmen (L, M, H) Gebiete erwerben, die für den Abbau seltener Erden geeignet sind. Der Wert der jeweils abbaubaren seltenen Erden schwankt jedoch, so dass die Zahlungsbereitschaften für den Erwerb von Fördermaschinen mit $v_L = 60$ *Mio. Euro*, $v_M = 80$ *Mio. Euro* sowie $v_H = 100$ *Mio. Euro* unterschiedlich ausfallen. Sowohl die Fördermaschinenbaufirmen als auch die Bergbaufirmen kennen jeweils nur ihre eigenen Kosten bzw. ihre eigene Zahlungsbereitschaft. Zusätzlich ist aber allen die Verteilung der Kosten bzw. Zahlungsbereitschaften bekannt.

a) Stellen Sie den weltweiten Markt für die Spezialfördermaschinen graphisch in einem Preis-Mengen-Diagramm dar! Wie hoch ist die auf diesem Markt maximal erreichbare Wohlfahrt?

b) Unterstellen Sie zunächst eine Situation ohne Intermediär, d. h. beide Marktseiten werden einander zufällig zugeordnet (*random matching*). Geben Sie alle möglichen Anbieter-Nachfrager-Konstellationen sowie die mit jeder Konstellation verbundene Wohlfahrt an! Wie hoch ist die durchschnittlich erreichbare Wohlfahrt?

c) Begründen Sie, inwiefern die in b) beschriebene Situation einen Anreiz für Intermediation birgt! Wie hoch ist der vom Intermediär festgelegte *Bid-Ask-Spread*? Wie hoch ist die (durchschnittlich) erreichbare Wohlfahrt in dieser Situation mit Intermediation? Beurteilen Sie abschließend: Ist Intermediation bei Suchproblemen stets der optimale Transaktionsmechanismus?

Index

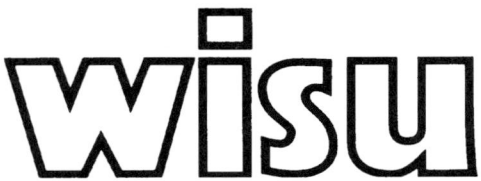

Die Zeitschrift für den Wirtschaftsstudenten

Die Ausbildungszeitschrift, die Sie während Ihres ganzen Studiums begleitet · Speziell für Sie als Wirtschaftsstudent geschrieben · Studienbeiträge aus der BWL, Wirtschaftsinformatik, VWL und Wirtschaftsmathematik/Wirtschaftsstatistik · Original-Klausuren und Fallstudien · Prüfungstipps · WISU-Repetitorium · WISU-Studienblatt · WISU-Lexikon · WISU-Kompakt · WISU-Magazin mit Beiträgen zu aktuellen wirtschaftlichen Themen, zu Berufs- und Ausbildungsfragen · WISU-Firmenguide für Bewerber · WISU-Praktikantenguide · WISU-Abschlussarbeitenguide · Stellenanzeigen

Nur als WISU-Abonnent haben Sie Zugang zum umfangreichen WISU-Archiv im Internet.

Erscheint monatlich · Bezugspreis für Studenten halbjährlich 37,80 Euro zzgl. Versandkosten (Stand 2011) · Ein Probeheft können Sie unter www.wisu.de bestellen.

Lange Verlag · Düsseldorf

wisu-texte bei UTB

Die Lehrbuchreihe für den Wirtschaftsstudenten

Betriebswirtschaft

Koppelmann
Marketing
8. Aufl. 2006
222 S., kt. 19,90 €
ISBN 978-3-8252-8320-9

Schildbach/Homburg
Kosten- und Leistungsrechnung
10. Aufl. 2008
356 S., kt. 32,90 €
ISBN 978-3-8252-8312-4

Homburg/Bonenkamp/Lorenz
Übungsbuch Kosten- und Leistungsrechnung
2. Aufl. 2009
316 S., kt. 26,90 €
ISBN 978-3-8252-8384-1

Nicolai
Personalmanagement
2. Aufl. 2009
400 S., kt. 26,90 €
ISBN 978-3-8252-8323-0

Nicolai
Betriebliche Organisation
2009, 362 S., kt. 25,90 €
ISBN 978-3-8252-8421-3

Vanini
Controlling
2009, 307 S., kt. ca. 25,90 €
ISBN 978-3-8252-8419-0

Günther
Ökologieorientiertes Management
2008, 407 S., kt. 29,90 €
ISBN 978-3-8252-8383-4

Aschfalk-Evertz
Internationale Konzernrechnungslegung
2011, 296 S., kt. 29,90 €
ISBN 978-3-8252-8445-9

Kloock/Kuhner
Bilanz- und Erfolgsrechnung
4. Aufl. 2011 i. V.
ISBN 978-3-8252-8293-6

Volkswirtschaft

Görgens/Ruckriegel/Seitz
Europäische Geldpolitik
5. Aufl. 2008
590 S., Ln. 39,90 €
ISBN 978-3-8252-8285-1

Görgens/Ruckriegel
Makroökonomik
10. Aufl. 2007
341 S., kt. 24,90 €
ISBN 978-3-8252-8350-6

Hoyer/Eibner
Grundlagen der mikroökonomischen Theorie
4. Aufl. 2011 i.V.
ISBN 978-3-8252-8418-3

Kirsch
Neue Politische Ökonomie
5. Aufl. 2004
474 S., kt. 32,90 €
ISBN 978-3-8252-8272-1

Funk/Voggenreiter/Wesselmann
Makroökonomik
8. Aufl. 2008
478 S., kt. 28,90 €
ISBN 978-3-8252-8352-0

Koch/Czogalla/Ehret
Grundlagen der Wirtschaftspolitik
3. Aufl. 2008
516 S., kt. 28,90 €
ISBN 978-3-8252-8265-3

Morasch/Bartholomae
Internationale Wirtschaft
2011, 352 S., kt. 29,90 €
ISBN 978-3-8252-8475-6

Streit
Theorie der Wirtschaftspolitik
6. Aufl. 2005
480 S., kt. 34,90 €
ISBN 978-3-8252-8298-1

Scherf
Öffentliche Finanzen
2. Aufl. 2011
568 S., kt. 34,90 €
ISBN 978-3-8252-8478-7

Wagner/Jahn
Neue Arbeitsmarkttheorien
2. Aufl. 2004
445 S., kt. 29,90 €
ISBN 978-3-8252-8258-5

Rechtswissenschaft

Weimar/Schimikowski/Tietze
Bürgerliches Recht (I-III)
5. Aufl. 2011 i.V.

Diederichsen/Tietze
Grundkurs im BGB in Fällen und Fragen
5. Aufl. 2007
128 S., kt. 15,90 €
ISBN 978-3-8252-8322-3

Klicken + Blättern

Leseproben und Inhaltsverzeichnisse unter

www.uvk.de

Erhältlich auch in Ihrer Buchhandlung.

UVK Lucius